"十四五"职业教育国家规划教材

融合型·新形态教材
复旦社云平台　fudanyun.cn

U0731060

幼儿园教育活动设计与指导·综合版

（第四版）

主　编　杨　白

副主编　李　慧　邓艳华　程　健

编　委　杨　白　李　慧　邓艳华　程　健　康素洁

顾丽梅　安　然　徐华莉　唐艳华　陈金平

邬尔娜　李艳君　雷碧洋　万荃双　刘　璐

李亚玲　刘　扬　杨　靓

复旦大学出版社

内容提要

本教材紧扣课程思政要求，立足"岗课赛证"综合育人模式，着力培养学生的思想品德、实践能力和创新意识。

本教材根据《幼儿园教育指导纲要（试行）》及《3-6岁儿童学习与发展指南》，密切结合《教师教育课程标准（试行）》和国家考试中心发布的《综合素质》（幼儿园）与《保教知识与能力》考试大纲编写，把幼儿园健康教育、语言教育、科学教育、社会教育、艺术教育五大领域的内容合为一本，既便于学生学习相应的理论知识与技能，又有助于学生顺利通过国家教师（幼儿园）资格考试。

本教材共9章，采用了"整—分—整"的编写思路，第一章、第九章分别为总论和综合部分，第二章至第八章分别为各领域教育活动设计与指导部分。每章前均采用学习目标提示、知识结构导图；每章中均有基础知识和观点阐述、典型案例佐证、案例评析引导；每章后均有"真题再现吧"和"能力提升训练营"，可扫码进行在线练习，提高了教材的实用性与实战性。

本教材配有视频，与教材中的典型案例匹配，可扫码看视频，给读者提供直观、生动的参考资料，便于模仿学习和深刻领悟相关理论。

本教材配有课件、教案、习题答案等教学资源，可登录复旦社云平台（www.fudanyun.cn）免费下载。

复旦社云平台
数字化教学支持说明

为提高教学服务水平，促进课程立体化建设，复旦大学出版社建设了"复旦社云平台"，为师生提供丰富的课程配套资源，可通过"电脑端"和"手机端"查看、获取。

🖥 【电脑端】

电脑端资源包括PPT课件、电子教案、习题答案、课程大纲、音频、视频等内容。可登录"复旦社云平台"（fudanyun.cn）浏览、下载。

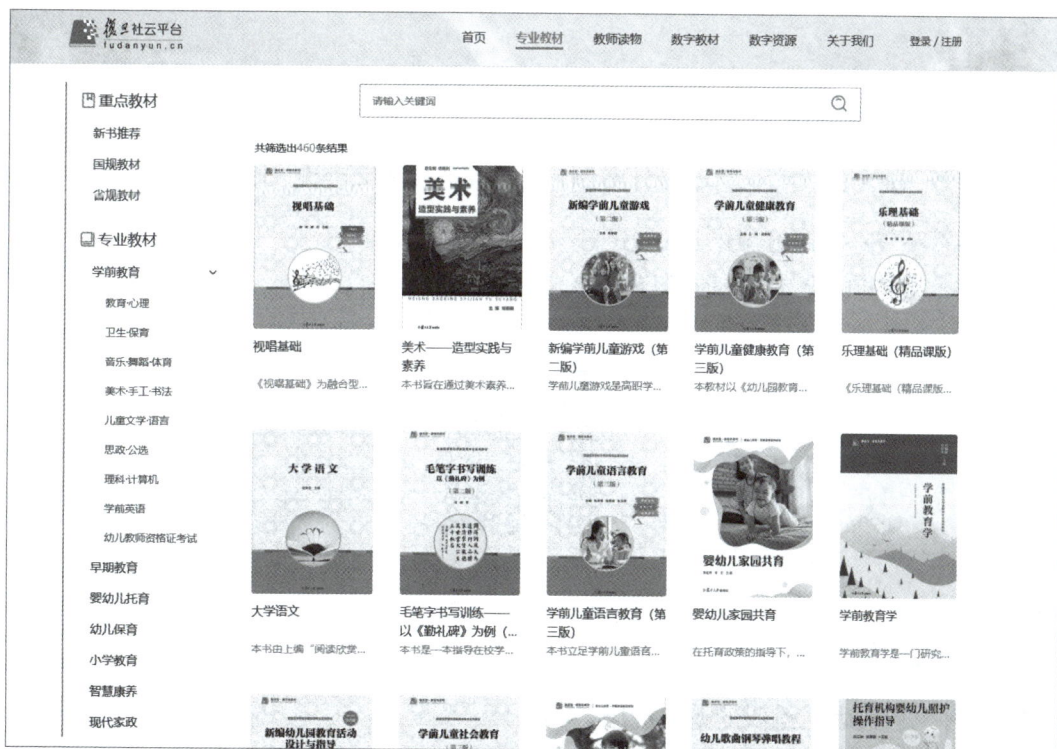

Step 1 登录网站"复旦社云平台"（fudanyun.cn），点击右上角"登录/注册"，使用手机号注册。

Step 2 在"搜索"栏输入相关书名，找到该书，点击进入。

Step 3 点击【配套资料】中的"下载"（首次使用需输入教师信息），即可下载。音频、视频内容可点击【数字资源】，搜索书名进行浏览。

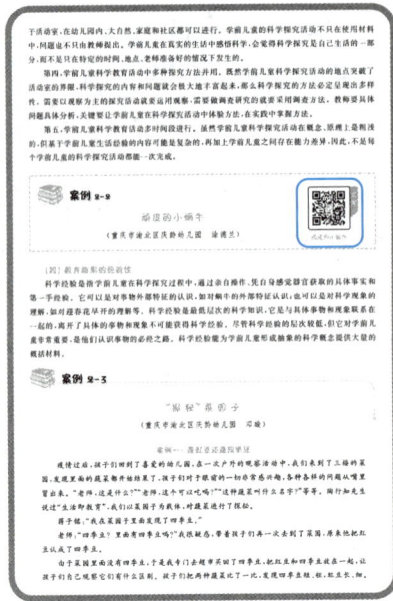

"幼儿园教育活动"是面向学前教育专业学生开设的理论与实践相结合的专业核心课程,"幼儿园教育活动设计与指导"教材是促进幼儿园岗位实践能力的形成及幼儿园教育活动质量提升的重要载体。"幼儿园教育活动"的学科性质决定其教材的内容必须与时俱进,本教材通过不断地修订和完善,获得了全国高职高专相关院校学前教育专业师生的较好评价。本次教材修订在广泛收集相关院校使用情况及修订意见的基础上,在保留第三版教材主体内容和特色的基础上,再次对各章节内容进行了修订,以便更好地使教材建设与课程建设同步,与"课、岗、证"的课程体系建设融合,提升学前教育专业人才培养质量。

本教材的编写努力呈现时代性、系统性、实用性和操作性等特点。

1. 课程思政有机融入,坚持立德树人

本教材编写有针对性地挖掘各章节蕴含的思政元素。在概述部分,注重引导学生树立正确的儿童观和教育观,培养职业道德感、责任感和使命感;在活动设计与指导部分,加强中华优秀文化的渗透与融入;在典型案例评析、实践演练部分,着重培养学生创新精神和实践能力。

2. 适应幼儿园教育活动改革的需要,时代性与前沿性相统一

本教材根据《幼儿园教育指导纲要(试行)》《3~6岁儿童学习与发展指南》《幼儿园工作规程》和《中华人民共和国学前教育法》,密切结合《教师教育课程标准(试行)》《幼儿园教师专业标准(试行)》和国家考试中心发布的幼儿园教师资格考试科目《综合素质》(幼儿园)与《保教知识与能力》考试大纲的要求编写与修订。第四版修订适应"幼儿园教育活动"课程的教学与改革,有针对性地对本教材各章节中的内容进行科学的取舍和补充,力求与国家最新的教育政策紧密结合,力图使教材的内容有一定的创新性,呈现幼儿园教育活动最前沿的研究成果。另外,第四版教材加强教材的数字化,实现优质资源共享,及时丰富和更新了教学资源包和相关教学视频,更方便教师教学和学生自主学习。

3. 综合各领域教育活动内容,系统性强

本教材把五大领域(或七个方面)的内容合为一本,采用了"整—分—整"的编写思路,避免了各领域之间的重复和互相割裂。以活动设计为主线,把各领域的教育看成一个整体,系统性强,便于学生对幼儿园教育活动的基本理论和观点有系统的认识,在学习上互相迁移,达到事半功倍的效果。

4. 以学生为本,实用性、操作性强

每章均采用学习目标提示、知识结构导图、基础知识和观点阐述、典型案例佐证、案例评析与课堂实录引导、思考与练习的结构,提升了教材的实用性、实战性,方便学生使用和操作。此外,聚焦国家幼儿园教

师资格考试,注重实战练习。每章后的思考与练习分为"真题再现吧"和"能力提升训练营"两部分。通过形式多样的训练方式,促进学生专业水平的提高与教师资格的获得。

本教材编写工作采用集体讨论,分章编写的方式。具体分工为:第一章:陈金平;第二章:康素洁、李艳君;第三章:邬尔娜、顾丽梅;第四章:邓艳华;第五章:程健;第六章:李慧;第七章:安然;第八章:唐艳华、雷碧洋;第九章:唐艳华、万荃双。全书统稿工作由主编负责。限于学识水平,教材中难免有疏漏与不当之处,敬请广大读者提出宝贵的意见,以便不断修订完善。

本教材在编写过程中参考、引用、借鉴了许多国内外学者的研究成果和一些幼儿园教师的优秀活动设计方案,在参考书目中均一一作了注明,但是也难免挂一漏万,未能全部注明,在此我们向所有被参考、引用和借鉴文献的作者一并表示衷心的感谢。

目　录

第一章

幼儿园教育活动设计与指导概述

学习目标

1. 理解幼儿园教育活动的含义、特点、目标和内容。
2. 掌握幼儿园教育活动设计的原则、方法及设计的一般步骤。
3. 掌握幼儿园教育活动的观察、组织和语言运用策略。
4. 能运用幼儿园教育活动的相关知识分析幼儿园教育活动方案。

知识导图

幼儿园教育活动设计与指导概述
- 幼儿园教育活动概述
  - 幼儿园教育活动的实质
  - 幼儿园教育活动的内容
- 幼儿园教育活动的设计
  - 幼儿园教育活动设计的基本原则
  - 幼儿园教育活动设计的方法
  - 幼儿园教育活动的组织形式
  - 幼儿园教育活动方案设计的步骤
  - 幼儿园教育活动方案的编制
- 幼儿园教育活动的指导策略
  - 教育活动中观察幼儿的策略
  - 教育活动的组织策略
  - 教育活动的语言运用策略

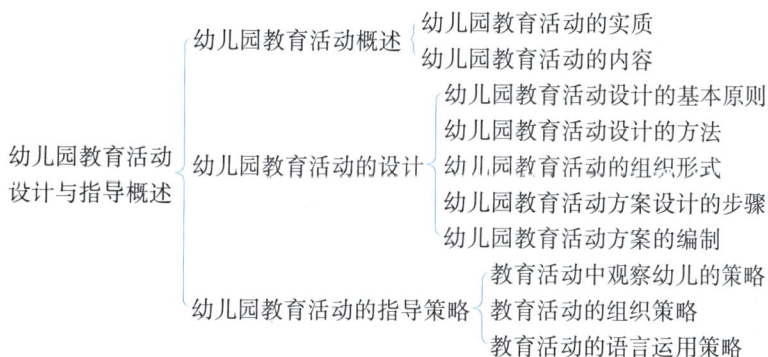

第一节 幼儿园教育活动概述

一、幼儿园教育活动的实质

(一)幼儿园教育活动的含义

教育部 2001 年颁布的《幼儿园教育指导纲要(试行)》(以下简称《纲要》)指出:"幼儿园的教育活动,是有目的、有计划引导幼儿生动、活泼、主动活动的,多种形式的教育过程。"幼儿园教育活动有广义和狭义两方面的含义。广义的幼儿园教育活动是指幼儿园全部教育工作的总和。包括游戏活动、教学活动、生活活动、劳动活动、散步以及教师家访等幼儿园活动,这些活动构成幼儿园教育活动的有机整体,它们相互联系,相互渗透,有机结合,共同促进幼儿身心全面和谐发展。狭义的幼儿园教育活动是指幼儿教师为了某种特定的目标而专门设计、组织和指导的活动。

我们可以从以下三个方面来理解幼儿园教育活动。

首先,幼儿园教育活动是一种有目的、有计划的活动。幼儿园教育活动是教师根据幼儿园保育与教育的目标,根据幼儿身心发展的实际水平,有目的、有计划地选择活动内容,创设和利用幼儿园的环境与材料,激发幼儿积极参与活动,最大限度地使幼儿在原有的基础上得到发展。

其次,幼儿园教育活动是以幼儿为主体进行的活动。幼儿园教育活动是师生双方的互动活动,教师是幼儿活动的引导者。幼儿既是教育活动的执行者、探索者,又是活动结果的最终体现者。因此,教育活动应是教师引导幼儿主动参与的活动。

第三,幼儿园教育活动是多种形式的活动。幼儿园教育活动形式就是关于幼儿园教育活动应该怎样组织,活动时间和空间应该怎样加以控制和利用的问题,即幼儿园教育活动进行的方式。幼儿园教育活动按照不同的分类标准,可分为不同的类型。(1)根据幼儿园教育活动的内容结构来划分,可分为学科领域活动、主题单元结构活动和区域活动。(2)根据幼儿园教育活动的组织形式来划分,可分为集体活动、小组活动和个别活动。(3)根据幼儿园教育活动的一日流程来划分,可分为生活活动、游戏活动、教育活动(狭义,下文若无特别说明,均取其狭义)。(4)根据活动方式来划分,可以是幼儿按照自己想法进行的自由活动,也可以是教师按照预先制订的计划组织幼儿进行的活动。(5)根据活动地点来划分,可以是室内活动,也可以是室外活动。

教师可根据教育目标、教育内容,幼儿园的实际情况及幼儿身心发展水平,选择适宜的教育形式。

(二)幼儿园教育活动的特点

1. 广泛性与启蒙性

幼儿园教育活动的内容、教育过程涉及幼儿的一日活动,可按照幼儿学习活动的范畴相对划分为健康、社会、科学、语言、艺术五个领域。各领域的内容都应发展幼儿的知识、技能、能力、情感态度等。

根据幼儿的认知水平和年龄特点,其所能接受的内容是粗浅的、基础的、具体的、容易理解的、简单的知识与技能。应从认识简单的事物与现象入手,引导幼儿认识事物之间的关系,运用已有的生活经验,获得粗浅的知识。如幼儿科学教育的内容十分广泛,我们可以把选择范围确定在幼儿广泛的日常生活方面,如"好玩的水""各种各样的线团""有趣的滚动"等,这些内容来源于幼儿生活,能帮助幼儿理解和接受;也可以确定在广泛的学科知识方面,按知识领域确定内容,如认识植物可以从"不一样的小草""有趣的叶子""好吃的蔬菜"等开始,启发幼儿探索、获取有关植物方面的粗浅知识。

2. 游戏性与趣味性

幼儿的思维具有直觉行动性和具体形象性的特点,教师在教育活动时需要借助一定的游戏或情境,唤起和调动幼儿的兴趣,吸引他们在游戏的情境中积极地交往与想象、主动地探索与交流。如"动物饼干商店",让幼儿在玩的过程中了解饼干的特征,发展幼儿数概念以及社会交往、口语表达能力。

3. 活动性与参与性

幼儿主要是在与人、物相互作用的过程中获得经验,他们的学习是以直接经验为基础。所以,幼儿园教育活动是在幼儿积极、主动的活动过程中完成的,强调每个幼儿实践与参与。

4. 综合性与整合性

(1)幼儿园各类(或各个)教育活动相互联系、相互渗透,综合构成一个整体,各类或各个教育活动都是整体的一个部分,它们综合发挥作用,共同促进幼儿的全面发展。

(2)幼儿园教育活动的目标、内容、过程、方法、手段、评价以及环境、教材、设备、材料等因素相互联系、相互制约,共同构成教育活动的整体结构。

(3)幼儿园教育活动作为幼儿发展的基础和重要源泉,能整体反映幼儿在活动中产生的认知、技能、情感态度等方面的发展,在教育过程中应依据幼儿已有经验和学习的兴趣与特点,灵活、综合地组织和安排各方面的教育内容,使幼儿获得相对完整的综合发展。

二、幼儿园教育活动的内容

幼儿园教育活动的内容是实现教育活动目标的载体,其合适与否,直接影响到目标能否顺利地实现。因此,幼儿园教师应当选择适当的活动内容。

（一）幼儿园教育活动的内容

教师组织幼儿在园的一切活动都是教育活动。因此，按照幼儿在园一日活动的类型，可以将幼儿园教育活动的内容分为以下三类。

生活活动的内容。如进餐、午睡、吃点心、如厕、盥洗等。

游戏活动的内容。如角色游戏、结构游戏、其他区角游戏等。

教育活动的内容。包括教学、节日庆祝、参观、劳动、做操、运动会、郊游等。其中，教学活动包括语言、科学、健康、社会、艺术五大领域，各领域的具体内容如下。

健康领域包括身体健康、心理健康、生活习惯与生活活动、安全、体育五个方面。

社会领域包括人际关系、社会环境、社会行为规范和社会文化四个方面。

科学领域包括数学与科学两部分。数学部分包括分类、排序与对应，10 以内的数及其加减，几何形体，量，空间和时间。科学部分包括自然环境及其和人们生活的关系、与人们生活有关的自然现象及变化规律、常用的科技产品及其对生活的影响等。

语言领域包括听说游戏、谈话、讲述、欣赏文学作品和早期阅读五个方面。

艺术领域包括音乐和美术两部分。音乐部分包括歌唱活动、韵律活动、打击乐演奏活动和音乐欣赏四个方面。美术部分包括绘画、手工和美术欣赏三个方面。

（二）幼儿园教育活动内容选择的原则

1. 内容和目标相一致的原则

一是内容层次应与目标层次相一致。即目标层次越高，则相应的内容层次越抽象；反之，则越具体。

二是内容是实现目标的载体。因此，选择的内容应有利于目标的实现。一般来说，单一学科课程的内容主要由学科的性质所决定，且一般是由国家根据课程的目标规定的（见《纲要》《指南》），各幼儿园主要是依据年龄阶段目标，结合课程内容选择适合各年龄班幼儿学习和活动的教育内容。或依据各年龄班某一阶段（学期、月、周）的单元目标，结合教育内容选择适合该年龄阶段幼儿学习和活动的主题，并由此去选择或创编具体的活动内容（如表 1-1 所示），通过选择具体的活动内容实现活动目标。

表 1-1　小班单元主题活动"我自己"列表

活动名称	活动目标	活动内容
我的模样	了解自己的姓名、年龄及外貌特征，能做相应的面部表情，具有乐观的生活态度	1. 向同伴介绍自己的姓名及年龄 2. 学习歌曲《小娃娃》 3. 玩游戏"贴鼻子" 4. "我的模样"：学做面部表情 5. 玩游戏"笑一笑"
我在长大	懂得自己长大与周围人的关系，学会与人交往，学会尊重与关心周围的人	1. 说一说，这些衣服还能穿吗？为什么？ 2. 我的生日会 3. 观赏照片，说说自己是怎样长大的 4. 学唱歌曲《我的好妈妈》
我有一双能干的小手	感受自己的成长过程，学习自己的事情自己做，养成良好的卫生习惯	1. 学唱歌曲《我有一双能干的小手》 2. 手掌印画 3. 欣赏儿歌《叠衣服》 4. 音乐游戏《洗手歌》《漱口歌》 5. 比比谁能干
我上幼儿园	知道幼儿园、班级的名称，喜欢上幼儿园，与同伴友好交往	1. 参观幼儿园 2. 与大班哥哥姐姐一起玩 3. 建构游戏"我们的幼儿园" 4. 学习歌曲《我爱我的幼儿园》

2. 活动主题的多功能原则

在多领域整合教育和综合性主题教育课程中,教育活动的内容往往直接用主题的方式呈现,并由主题去组织丰富多样的活动内容。主题来源于幼儿周围的生活、幼儿的经验及幼儿活动与发展的兴趣和需要,因此,我们选择主题时需要考虑的是,活动主题是否具有或蕴含丰富的活动资源,是否有可能围绕主题组织多样化的活动,即是否具有多功能的特点,以及由此展开的活动能否促进幼儿认知、情感、态度、技能等方面的协调发展等内容。

以小班"玩具"这一活动主题为例予以说明。

(1)可利用玩具组织幼儿进行匹配、分类、排序等数学教育活动;

(2)可组织幼儿开展"各种各样的玩具""会唱歌的玩具""我会做玩具"等科学教育活动;

(3)可组织幼儿进行"我帮玩具找到家""爱心行动""我喜欢的玩具"等社会或语言教育活动;

(4)可组织幼儿进行"美化玩具""画玩具""玩具进行曲"等美术或音乐教育活动等。

类似这样的主题就具有明显的多功能的特点。

3. 教育活动内容的时代性原则

选择教育活动内容,一方面要随着时代的发展和科学技术的不断进步,补充或更新教育内容,以适应时代发展变化的要求,如"共享单车""高速列车""手机支付"等;另一方面,要根据幼儿身心发展特点而定,现代幼儿无论是知识经验还是技能,较之以前的幼儿已有较大的变化和提高,这要求所选内容需反映现代幼儿的特点。

4. 因地制宜选择教育活动内容的原则

我国幅员辽阔,各地经济发展的状况和教育条件不尽相同,且各地区的教育资源也有较大的差异。因此,各地的幼儿园在选择教育活动的内容时,应尽量反映幼儿园周围环境和社区的特点,充分利用当地的教育资源和条件,使教育活动的内容本土化、区域化。

第二节　幼儿园教育活动的设计

幼儿园教育活动的设计是实施幼儿园教育活动的前提条件。在广义上是指幼儿园课程的设计,即教师依据一定的教育目标,有计划、系统地设计各层次教育教学计划(方案)的过程。它是一个系统工程,整个系统是由若干子系统构成。在狭义上是指一个个具体的教育活动的设计,每个教育活动的具体设计包括活动目标、活动准备、活动过程、活动延伸等方面。

一、幼儿园教育活动设计的基本原则

幼儿园教育活动设计的原则是教师指导幼儿活动的一般原理和设计教育活动计划所必须遵循的基本要求和指导思想。在进行幼儿园教育活动设计时,教师一般要遵循以下原则。

(一)科学性原则

科学性原则是指教师设计幼儿园教育活动内容应科学合理,设计教育活动的结构时也应该符合幼儿的发展水平和认知特点。

贯彻科学性原则时要做到以下两个方面。

1. 教育活动的目标要科学合理

在确立目标时,要符合幼儿的年龄特点和已有的知识技能水平;目标的确立要全面、具体、适中,使大部分幼儿经过努力可以达到。

2. 教育活动的结构要科学合理

活动目标的确立、活动内容的选择、活动形式和方法的运用、教育环境的创设等都是为了实现教育目标,它们在教育功能上互相作用、互为条件,以使教育活动的结构达到科学合理。

（二）思想性原则

思想性原则是指教师设计幼儿园教育活动时应结合各领域内容有机进行思想品德教育。贯彻思想性原则时要做到以下两个方面。

一是挖掘活动内容的思想因素,结合活动内容的特点渗透思想品德教育。

二是重视补充有价值的资料、事例或录像,通过教育活动的各个环节对幼儿进行思想品德教育。

（三）发展性原则

发展性原则是指设计幼儿园教育活动要能促进幼儿个性的全面发展,即智力、体力、道德、意志、情感等的发展,使幼儿从现有的水平向潜在发展水平发展。

贯彻发展性原则时要做到以下三个方面。

1. 充分考虑幼儿的可接受性

教育活动的内容、方法、分量和进度适合幼儿身心发展水平,教育目标应有一定的难度,略高于现有的发展水平又不超过发展的可能性,使大部分幼儿经过一定的努力能够达到。

2. 充分考虑幼儿发展的全面性

幼儿的发展是全面的,包括身体、认知、情感、个性及社会性等方面,教育活动设计应着眼于追求幼儿全面素质的提高,不偏重于某一方面。

3. 充分考虑幼儿的差异性

幼儿是活动的主体,幼儿身心发展的水平是有差异的,这就要求从幼儿的实际情况出发进行有差别的教育。在教育活动中,一方面,既要面向全体幼儿提出较为统一的要求,又要照顾个别差异,对不同水平的幼儿分别提出不同的要求,因材施教;另一方面,教师对每个幼儿的情况要用发展的观点对待,对他们的发展作出科学分析,使每个幼儿都能在原有的基础上获得最大限度的发展。

（四）活动性原则

活动性原则是指幼儿园教育活动设计应以活动为基本形式,让幼儿在感兴趣的活动中不断积累经验,调节和更新认知结构而获得发展。

贯彻活动性原则时要做到以下两个方面。

1. 给幼儿充分的活动机会

幼儿的发展是通过不断获得各种经验而实现的,经验的获得是通过自身的操作,与人、物交互作用实现的。因此,要给幼儿充分的活动机会,让其在活动中动手、动脑、动嘴,获得经验。

2. 激发幼儿主动活动

为幼儿提供丰富的物质材料,创设能引发幼儿活动的环境,把游戏作为基本的活动,激发幼儿参与活动的主动性和积极性。如小班健康活动中对幼儿"爬"有明确的目标和要求,让幼儿机械地练习爬显得枯燥无味,难以引起幼儿的兴趣;如果设计一个"蚂蚁爬爬爬"的主题活动,创设蚂蚁妈妈带小蚂蚁散步、游戏、搬食等情景,让幼儿置身于游戏之中,在一系列游戏场景的变换中练习手膝着地自然协调地向前爬、倒退爬,从而激发幼儿爬的兴趣,提高幼儿爬的能力。

（五）整合性原则

整合性原则是指在设计教育活动时,不仅要充分发挥活动内容、形式、过程等各因素的功能,还应加强各因素间的协调、配合,发挥其整合效能,从而促进幼儿的整体发展。

贯彻整合性原则时要做到以下三个方面。

1. 注重教育内容的整合

把各个教育领域的内容以合理的方式整合起来,或将每一教育领域的内容有机地加以整合,使之形成合理的、科学的网络结构,发挥整合教育的效应,实现多方面的发展目标。

2. 强调教育活动形式的整合

将上课、游戏、休息、日常生活的安排加以整合,将集体活动、小组活动、个别活动加以整合,将统一活动、自选活动、自由活动加以整合。这些活动形式互相配合,发挥各自的优势,实现教育目标。

3. 实现教育环境的整合

注重班级环境、园内环境、室外环境的优化和组合,注重环境中物质因素和精神因素的整合。

二、幼儿园教育活动设计的方法

(一) 教育方法的类型

幼儿园教育活动的方法,是指教师和幼儿在活动中,为完成教育目标所采用的具体方式和手段。它包括两种含义:一种是指教师在组织幼儿活动时,指导幼儿学习的方法;另一种是指幼儿在活动中所采用的学习方法。幼儿园教育活动常用的方法按不同性质可分为三大类,每一类又可分为不同方法。

1. 语言类方法

语言类方法指的是以教师的口语表达为主,通过教师有目的地运用语言去讲解知识、交流经验、传递信息、沟通认识、组织活动,帮助幼儿获得间接知识经验的一种方法。主要包括:讲解法、讲述法、谈话法、描述法、讨论法等,这类方法可以运用于所有领域的教育活动。

讲解法是教师用幼儿能理解的语言来解释和说明事物或事情的方法。

讲述法是教师运用语言向幼儿叙述事实材料或运用形象化的语言描绘、讲述知识内容的教学方法。

谈话法是教师通过口头问答的形式,启发幼儿积极思维的教育方法。谈话是由教师提出问题和幼儿回答问题组成,也可由幼儿提出问题,教师回答。

讨论法是幼儿在教师的指导下就某个问题交换看法、互相启发的一种教学方法。

2. 直观类方法

直观类方法是指教师借助于实物、教具,设计相关的教育情境,将教育内容直观地展示给幼儿,实现教育目标的一种方法。如观察法、演示法、示范法、范例法、欣赏法等。

观察法是指教师有目的、有计划地引导幼儿运用多种感官感知客观事物与现象,使之获得感性经验,并在此基础上逐步形成概念的方法。

演示法是指教师通过向幼儿展示各种实物、直观教具,或以实验传达教学内容,使幼儿获得关于某一事物或现象的感性认识的方法。

示范法是指教师通过自己或幼儿的动作、语言、声音,或通过经过选择的图画、剪纸和典型事例,使幼儿进行模仿学习的方法。

范例法是指按教学要求提供给幼儿一种可模仿的榜样的方法。如绘画、纸工、泥工作品等,供幼儿观察、模仿学习。

欣赏法是指教师创设一定的情境或利用一定的材料,让幼儿体验事物之美的方法。

3. 实践类方法

实践类方法是指教师为幼儿创设一定的环境,提供充足的实物材料,让幼儿通过自身的实践、练习活动进行学习的一种方法。如游戏法、操作练习法、探究法、实验法等。

游戏法是指教师采用游戏的方式组织幼儿学习的方法。无论是哪个领域,都会经常用到游戏的方法。在教育教学中经常运用智力游戏、音乐游戏、体育游戏等。

操作练习法是指幼儿在教师指导下,通过多次实践练习,巩固知识、掌握技能的方法。由于幼儿园集体练习的时间较短,而且不易指导,所以,在游戏、日常生活中应多安排小组的、个别的练习活动,以取得良好的教育效果。

探究法(发现法)是指教师提供给幼儿进行发现的活动材料,使他们通过自己的探索过程,自行发现问题和解决问题的方法。

实验法是指教师提供一定的材料或仪器设备,鼓励幼儿通过动手操作和观察,寻找某种现象产生变化的原因,验证自己猜想的方法。

下例采用的是讲解、示范和操作练习的方法。

> **案例**
>
>
>
> **美丽的手绢(艺术活动·小班)**
>
>
>
> ……
>
> 2. 出示水粉颜料,教幼儿认识三原色。
>
> (1)教师出示红色颜料提问:这是什么颜色?这和国旗的颜色一样,叫红色。
>
> (2)教师出示黄色颜料提问:这是什么颜色?这和小黄鸭的颜色一样,叫黄色。
>
> (3)教师出示蓝色颜料提问:这是什么颜色?这和天空的颜色一样,叫蓝色。
>
> 红色、黄色、蓝色又叫三原色。它们很神奇,可以调配出各种各样的颜色。
>
> 3. 教师出示示范画,讲解印章画的方法。
>
> (1)教师提问:
>
> ① 小朋友,画面上有什么?你知道它是怎么画上去的吗?
>
> ② 你知道这张有图案的画是怎么做出来的吗?这是用什么蔬菜"画"出来的?
>
> (2)教师示范画:挑选一个印章,在水粉颜料里轻轻地蘸一下,然后把印章用力按在纸上,这样一个美丽的图案就做好了。
>
> 4. 幼儿选择自己喜欢的颜色和蔬菜印章印画,教师巡回指导。

(二)选择教育方法的要求

1. 根据教育活动目标选择教育方法

特定的目标往往需要特定的教育方法来实现,如认知领域有知识、理解、应用、分析、综合、评价六个层次。通常,只要求达到识记、了解层次的,可选用讲述法、讲解法和阅读法等;要求达到理解层次的,可选用质疑法、探究法、启发式谈话法等;要求达到应用层次的,则应选择操作练习法、迁移法和讲评法等;而对于高层次的目标,如分析、综合、评价,则应选择比较法、解决问题法、讨论法等。所以在选择教育活动方法时一定要考虑教育活动所追求的目标是什么,然后根据不同种类的目标选择相应的教育方法。

2. 根据活动的具体内容选择教育方法

不同的教育活动内容制约着教育方法的选择。即便是同样的教育活动目标,领域性质不同,具体内容不同,所要求的教育方法也不一样。例如,同样是培养幼儿的操作能力,科学领域多用探究法、实验法,而艺术领域多用练习法。

3. 根据幼儿的年龄特征和学习特点选择教育方法

教育方法的选择应考虑幼儿的年龄特点和知识经验准备情况,如幼儿对某一事物已有大量的感性经验,教师就无须选择演示法,反之,就用直观教具进行演示,帮助幼儿理解。同时,对处在不同年龄的幼儿和思维水平不同的幼儿要采取不同的教育方法,如发现法和讲解法对于小班幼儿往往不能达到预期的效果,角色扮演法、游戏法更能激发幼儿活动的兴趣和积极性。所以,教育方法的选择,既要考虑幼儿的年龄特征,又要考虑如何发挥幼儿的主体性,这样选择的方法才能有成效。

4. 各种教育方法有机结合,发挥最佳功效

每一种教育方法都有其独特的功能和长处,同时也有其局限性和不足之处。比如讲授法,它对陈述性知识的教学比较有效,但它对技能的教学则效果较差。在进行技能教学时,讲授法只有在初期告知操作规则时才是有效的;如果教师一味地依赖讲授法,幼儿就会失去练习的机会,很难促进幼儿相应技能的形成。

由于教育活动目标的多层次化,教育活动环节的多样性,必然要求教育方法多样化。要保证教育活动目标的全面实现,教育活动中往往要求选择几种能互补的方法,并把它们有机地结合起来。

三、幼儿园教育活动的组织形式

幼儿园教育活动形式一般有三种,即集体教育活动、小组活动、个别活动。这些组织形式既可以在一个教育活动中综合使用,也可以独立使用。

1. 集体教育活动

集体教育活动是指全班幼儿共同参与,教师面向全体幼儿进行的一种有目的、有计划、有组织的学习活动形式。这种活动的特点是集中性和统一性。即活动是全员参与,短时间内向幼儿提供大量共同经验,注重教育内容的逻辑性、条理性,幼儿在活动中可相互启发,发展自律、合作意识。但是集体教育活动容易导致不能充分考虑每个幼儿的特点、兴趣、需要,幼儿的表现机会少,不利于有针对性地培养各种能力。

2. 小组活动

小组活动是幼儿分小组进行活动的形式,教师提供环境和材料,发挥间接指导的作用。幼儿自主探索、协作的机会更多,可以充分表现自己,有利于独立、自主、协作等精神的培养。

3. 个别活动

个别活动是幼儿独自活动、教师予以个别指导的活动形式,有利于因材施教、发挥幼儿的主体性。个别活动对师资、设备有更高的要求,对教师的教育技巧要求更高。

教育活动中各个要素是相互作用的,作为教师,要善于分析、判断和反思,采用恰当的教育形式,灵活运用集体、小组、个别活动等形式,争取教育的最优化。

四、幼儿园教育活动方案设计的步骤

(一)幼儿情况分析与设计意图

情况分析是教育活动设计的第一步。只有对幼儿的现有情况心中有数,教师才能确定活动的目标、内容和组织形式。情况分析多以隐性的形式存在。情况分析主要是分析幼儿已具备哪些与该活动有关的知识、技能、能力、兴趣,存在些什么问题以及幼儿的个别差异等,从而使一个活动能满足所有幼儿的需要。

设计意图主要是阐述该主题产生的原因及与幼儿的关系,包括幼儿的兴趣及发展的需要,幼儿已有的经验,幼儿可获得的新经验,教师开展活动的有利条件,该主题可以达成的目标,等等。

(二)活动名称的设计

活动名称体现的是一个具体的教育活动的题目。活动名称包括活动类型、年龄班与具体内容。活动名称的设计应主题明确具体,简洁有趣,内容完整。如"中班科学活动:可爱的小蜗牛""中班语言活动:是谁嗯嗯在我的头上""小班体育活动:小蚂蚁与大豆豆"等。

(三)活动目标的设计

幼儿园教育活动目标是指通过某一次或某几次教育活动所期望取得的效果。它指明了教育要达到的标准和要求,是开展教育活动的依据。它不仅对教育内容、教育方法、教育手段和教育活动形式产生影响,也影响着教育的结果即幼儿的发展。

1. 活动目标主要包括三个维度的内容

(1)情感方面:包括兴趣、爱好、态度、习惯的养成和好奇心、价值观的培养等。

(2)认知方面:包括对知识的理解、掌握、记忆等。

(3)行为技能方面:包括操作、表达、交往、运动、创造等能力的形成等。

2. 活动目标表述的要素

幼儿园活动目标的表述,教育学家比较一致的看法是:重点应说明学习者行为或能力的变化。活动目标表述的基本要素包括三方面。(1)行为:通过活动幼儿能做什么,指向的是幼儿的行为变化,关注的是幼儿的行为结果,具有客观性、可操作性。(2)条件:说明这些行为在什么条件下产生。(3)标准:指出

合格行为的最低标准。如小班绘画活动"画妈妈"的活动目标是:通过观察妈妈放大的照片,学习画妈妈的脸,能画出脸的主要部位,增进爱妈妈的情感。该目标幼儿要达到的行为结果是能画出妈妈的脸,条件是通过观察妈妈放大的照片,标准是能画出脸的主要部位。

在教育活动的目标表述中,行为的表述是最基本的成分,我们常常用一些动词来表达,如"理解""掌握""欣赏""培养"等词,有的还在动词前加上"深刻""充分"等词,如"深刻理解""充分掌握",反映活动要求的提高。

3.活动目标表述的形式

活动目标表述形式有多种,从教育活动的主体看,有两种方式。(1)表述教师的行为:说明教师在活动中应该做什么,如"为幼儿提供……""重点示范……动作"。(2)表述幼儿的行为:表述幼儿的行为变化,如"通过观察发现……""清楚连贯地讲述……"。在教育活动中,幼儿是活动的主体,所以,我们一般从幼儿的角度出发表述活动目标。

4.活动目标表述的要求

(1)具有可操作性,避免过于笼统、概括和抽象。

如中班健康教育活动"刷牙"的活动目标之一:学习正确的刷牙方法,养成早晚刷牙的好习惯。这个目标具体、明确,便于操作。如果换成"培养幼儿良好的卫生、生活习惯",这样就太笼统、太抽象,在操作过程中以及检查活动效果时难以把握。

(2)要清晰、准确、可检测,不能用活动的过程和方法来取代。

活动目标的表述包括行为、条件、标准等,其中核心的要素是行为的表述,但教师通常用活动的过程和方法来替代活动的结果。如科学活动"乘坐公共汽车"的活动目标之一:在观察和游戏的过程中,幼儿把对汽车的兴趣转化为理解汽车的好奇心。用活动的过程来替代活动目标,目标模糊、不准确,难以检测。

(3)从统一的角度表述目标。

活动目标中行为的发出者应一致,都是教师,或都是幼儿。一般情况下,教师的"教"常用"教育、帮助、激发、要求"等词语表述,幼儿的"学"常用"学会、喜欢、说出、创编"等词语表述。

(4)一个目标要通过多种活动来实现,一个活动要指向多个目标。

活动目标和相应的教育活动内容并非一一对应的关系,幼儿园教育活动具有综合性和整体性的特点。一方面,教师要善于整合各个教育活动,围绕一个目标协调各种教育活动来实现它。例如,中班科学活动"水"的目标之一:理解水的特性,懂得保护水资源。可以开展的活动有:"好玩的水""水从哪里来""水的用处大",使幼儿在不同的活动中,通过不同的教育过程和手段了解水的特性,并懂得保护水资源。另一方面,教师要最大限度地发挥某一活动的教育功效,使一项活动能实现多方面的教育任务。例如,大班美术活动"黑白配"的活动目标是:欣赏生活中黑白配的物品,感受黑白装饰所带来的美感;能大胆运用点、线、面及黑白色彩来装饰物品,尝试在各种黑白用品上进行绘画创作。一项活动要实现寻找与发现、欣赏与比较、尝试与表现、欣赏与评价等多方面教育任务。

(5)活动目标的表述要尽可能全面。

虽然不同的教育活动的教育目标应有所不同,且应有各自的重点目标,但总体而言,除了突出本活动的重点目标外,还要兼顾其他方面的目标,而且每一个教育活动的目标原则上都应包括情感目标、认知目标、行为技能目标。

(四)活动准备的设计

准备工作是实施活动的前提,它直接影响着幼儿参与活动的积极性、活动的进程和实际效果。

活动准备包括:知识经验准备、情感准备、材料准备和空间环境准备。

1.知识经验准备

知识经验准备包括两个方面。一是教师要具备相关的知识经验。开展某一个具体的活动时,教师只有了解相关的知识经验,才能深入浅出地指导幼儿。当幼儿提出问题时,又能因势利导,或给予适当的帮助。所以,教师除了平时积累知识外,在开展某个活动之前,查阅相关的工具书,广泛地了解相关知识是非常必要的。二是要了解幼儿具备哪些与该活动相关的知识经验、技能与能力及其达到的水平,以便有针对性地开展教育活动。如大班讲述活动"可爱的花",其中的一项活动准备是:每个幼儿在家较细致地认识一种花,并在家长的配合下,了解一些有关花的常识。这就是幼儿讲述"花"的知识经验准备。

2.情感准备

幼儿的活动需要情感的支持。而幼儿的情感又容易受到成人的影响和感染。教师自身能否以积极的情感投入到活动的指导中去,会直接关系到幼儿在活动中的情感体验,并影响活动的效果。

3.材料准备

活动之前准备材料的工作往往是一项艰巨的任务。教师可以采取各种方法,发动大家一起来准备。

活动材料既可以由教师准备,也可以是教师带领幼儿事先收集,还可以让幼儿从家中带来,教师再根据幼儿带来的材料有目的地加以补充。如大班主题活动"服装布料真多呀"活动准备之一:请家长帮忙,在家中或缝纫店收集各种各样的小布料带到幼儿园。这样不仅减轻了教师的工作负担,还把材料的准备巧妙地变成活动的前奏、家园联系的途径。

4.空间环境准备

空间对于活动的开展也是非常重要的,比如提供什么样的活动场地,是在室内还是室外? 如果在室外,是在室外的空地还是自然环境中? 如果在室内,是需要桌面的空间还是地面的空间? 甚至连活动室内桌椅的摆放,也要考虑到活动的需要:怎样有利于幼儿的独立操作,怎样有利于幼儿之间的讨论交流? 种种因素都会影响活动效果。

(五)活动过程的设计

1.分析教育内容

(1)把握教育内容中的重点、难点。

所谓活动重点是指教材中关键性的、最重要、最基本的中心内容,是知识网络中的连接点,是教师设计教学过程的主要线索。所谓活动难点是指幼儿学习过程中,学习上阻力较大或难度较高的某些关键点,也就是幼儿难以理解或领会的抽象的或复杂的内容。重点与难点之间存在着一定的交叉性关系,可呈现两种状态:一是当难点也处在知识系统网络状结构的结合点上时,它和重点是重合的,即重点本身也是难点;二是当难点不处在知识网络状结构的结合点上时,重点和难点是不一致的,即重点不等于难点。教育活动中要完成认知目标,就需要教师分析幼儿的发展,解决好"突出重点"和"突破难点"这两个问题。

(2)挖掘教育内容中有利于促进幼儿发展的因素,保证目标的顺利实现。

幼儿园教育的目标是通过教育活动的内容实现的。确定教育内容后,教师要对教育内容进行挖掘、综合与创新,以激发幼儿对活动的兴趣,调动幼儿的主动性和积极性,激发幼儿丰富的想象力和创造力等,实现教育目标。

2.设计活动过程

活动过程包括开始部分、基本部分和结束部分。

(1)活动的开始部分(活动导入)。

教师可以通过各种各样的方法将幼儿导入到活动中。导入的语言要精练、简洁,时间不能太长,要控制好时间。导入的方式要巧妙、准确,常用的导入方式有:情境导入、直观导入、谈话导入、游戏导入、歌曲(律动)导入、故事(儿歌)导入、猜谜导入等。

(2)活动的基本部分。

活动的基本部分是完成活动目标的主要过程,需要采取不同的教学方法和形式围绕目标循序渐进、层层递进、由浅入深地展开。在设计基本部分时,主要考虑以下几点:

① 大体分为哪几个步骤?

② 每个步骤必须完成哪些内容? 采用什么方式方法?

③ 哪一个步骤是重点? 哪一个步骤是难点? 怎么突出重点? 怎么突破难点?

④ 每个步骤的时间大体怎样分配?

⑤ 每个步骤如何进行清楚的陈述?

⑥ 用什么方式来进行步骤之间的过渡?

（3）活动的结束部分。

结束部分的设计主要考虑结束的方式。教师需要精心设计活动的结束方式,既要使这一次活动圆满地结束,又不能就此结束幼儿对活动的积极性。活动结束的设计要充分体现开放性,在形式上不必拘泥于常规。

（六）活动延伸的设计

活动延伸是指在组织教育活动后,教师设计一些与此相关的辅助活动,使教育内容渗透到幼儿一日生活中,使幼儿受教育的时间能持续,掌握的知识技能、形成的道德品质等能不断地强化。活动延伸的方式多种多样,有游戏的方式、区角活动的方式、表演的方式、领域渗透的方式、家园社区共育的方式、成果展览的方式等。

（七）活动评价

活动评价是教师教学活动必不可少的一个环节。活动评价是以本次教育活动为对象,根据一定标准,采用科学的评价技术和方式方法,对本次教育活动的目标、内容、过程及教师、幼儿等进行测定并加以分析,最终作出价值判断的过程。评价的内容包括对活动本身的评价和对幼儿发展的评价。对活动本身的评价包括对活动目标、活动内容、活动方法、活动过程、活动环境以及师幼互动关系等进行综合评价。对幼儿发展的评价包括对幼儿知识经验的评价,对幼儿探究方式和方法的评价,对幼儿情感、态度的评价。教师通过评价找到自己设计与组织过程中的优势与不足,以便及时调整与改进,从而提高教学能力,提高教学质量。

五、幼儿园教育活动方案的编制

要写好教育活动计划,首先要选择适合各年龄班幼儿的教育活动内容,确定活动名称,然后对教育内容进行深入的分析,拟定活动目标,围绕目标展开流程设计。一个完整的教育活动设计包括:活动名称、活动目标、活动准备、活动过程,如有必要,最后还有活动延伸。

现以科学活动为例来了解幼儿园教育活动方案的编制及格式。

案例展示台　　　　　　　扫码看视频　　　扫码看课件

大班科学活动:转起来

活动目标

1. 对生活中转动的物体感兴趣,体验探索的乐趣。
2. 在做做、玩玩中了解转动的现象,尝试使用多种方式、材料使物体转动起来。
3. 关注转动在日常生活中的运用,感受现代科技带给人们的方便。

活动准备

1. 经验准备:幼儿玩过风车,见过能转动的物体。
2. 物质准备:(1)幼儿第一次探索材料:纸杯、积木、废弃的光盘、筷子、绳子、呼啦圈、风车。(2)幼儿第二次探索材料:塑料齿轮玩具、积塑、纽扣、光盘、绳子、细竹签、铅笔、筷子、雪花片、吹风机、乒乓球、水杯等。(3)《转起来》PPT课件、音乐,实验记录单若干张。

活动过程

1. 音乐律动《转转转》导入,激发幼儿探索兴趣。
（1）播放音乐,师幼随音乐律动。
（2）师:刚才我们的身体随音乐转了起来,活动室的这些物品看大家玩得很开心,也想来玩"转一转"

的游戏,请大家帮帮忙,让这些物品也转动起来吧!

2. 探索让各种物品转动起来的方法。

(1) 猜想哪些物品能够转起来。

师:老师这里有一些生活中的物品,你们先猜一猜哪些物品能够转起来,哪些物品不能转起来? 然后把你们的猜想记录在实验记录单上。

(2) 探索能转动的物品及方法,仔细观察实验结果。

师:请小朋友们轻轻走到桌子前面,把每一种物品都试一试,想办法让这些物品转动起来。

(3) 集体记录并讲述自己的发现。

① 师:你玩了什么东西? 它转起来了吗?(讲述的同时记录在集体记录表中)

② 师:你是用什么方法让它转起来的? 这是什么动作?

小结:转动真有趣,你们用扭、甩、拨、滚、搓……那么多方法使物品转动起来了,真了不起!

3. 出示风车,引出转动和"力"的关系。

(1) 师:今天老师还给小朋友们带来了一件好玩的玩具,它是什么? 风车也想玩"转起来"的游戏,你有什么办法让风车转起来吗?

(2) 教师轻轻吹一下,请幼儿猜测风车不转动的原因。

师:咦,风车转动了吗? 为什么? 谁到前面来讲一讲你的发现?

(3) 教师拿着风车走一圈,请幼儿用力吹气。

小结:吹的时候用力大,风车转动得快;用力小,风车转动得慢,原来转动跟"力"有着紧密的关系。

4. 通过创造性地组合,探索用一种物体使另一种物体转动起来的方法。

(1) 师:刚刚我们探索很多转起来的方法,更多的物品想加入"转起来"的游戏中,现在请你们试一试用一样物品帮助另一样物品转动起来,看看谁是小小发现家!

(2) 幼儿操作探索,教师观察并指导。

(3) 分享3~4个幼儿操作视频,幼儿交流讨论。

师:你是把什么和什么放在一起,使它转动起来的? 你在哪里也看见过这种转动?

5. 了解转动在生活中的应用。

(1) 师:生活中你还看到了哪些转动现象? 转动能给我们带来什么好处?

(2) 出示转动在生活中运用的图片,感受现代科技带给人们的方便。

小结:转动在生活中运用很广泛,洗衣机会转,能让衣服变得干净;钟表会转,能告诉我们时间;电风扇会转,能让我们觉得很凉爽;汽车车轮会转,能让小车动起来;摩天轮会转,能让我们玩耍;我们居住的地球也在不停地转动,能让我们拥有白天和黑夜。原来转动可以给我们带来这么多方便和快乐,使我们的生活更美好! 如果你是小小发明家,你想让什么转动起来? 它能给我们带来什么好处呢? 小朋友们今后在生活中去仔细观察和发现吧!

活动延伸

1. 区域游戏:在美工区投放彩纸、剪刀、吸管、瓶盖等材料,感兴趣的幼儿可以动手制作一个与转动有关的小玩具。

2. 亲子活动:鼓励幼儿回家和家长一起寻找家中能转动的玩具或生活用品,感知转动原理在日常生活中的应用。

(活动设计与执教:湖南省衡阳高新区衡州幼儿园 余亚玲)

活动评价

《指南》指出:"幼儿科学学习的核心是激发探究欲望,培养探索能力。"在本活动中,首先,教师通过游戏导入活动,激发幼儿的认识兴趣和探索欲望。然后,教学活动层层递进、由浅入深地展开,引导幼儿尝试和探究。如教师通过引导幼儿"用不同的方法让不同的物体转动起来""用不同的方法让同一种物体转动起来"等,让幼儿自己发现、主动建构有关"转动"的经验,发展幼儿思维的变通性,初步感知转动与力的关系,并用简练的语言和文字帮助幼儿梳理、归纳转动的方法,使幼儿的科学教育更有价值。接着教师利用

"风车"这个孩子们感兴趣的玩具,共同探讨"转动与力的关系"。在此基础上,让幼儿继续探究,寻找用一样物品帮助另一样物品转动起来的方法,内化知识。最后,捕捉生活中常见的科学现象,引导幼儿关注周围生活中的转动现象,发现生活中转动现象的有趣与奇妙。这样,联系幼儿的生活,回归幼儿的生活,使幼儿的学习更有趣味,操作活动更有意义。

但在科学教育活动中,如何进一步提升教师自身的科学素养,以更加有效地开展科学启蒙教育?又如何使科学问题的解释既符合科学的原理,又适合幼儿的学习与理解?这些问题值得不断地实践与探索。

第三节　幼儿园教育活动的指导策略

幼儿园教育活动指导策略是教师为促进幼儿发展,在与幼儿互动的过程中所采取的一系列特定的指导方式、方法,是教育活动科学性和艺术性的体现。幼儿教师根据具体的活动情境和幼儿的需要及时调整教育方法,这既是教育机智的外在表现,也体现了教育常规操作的技能。幼儿园教育活动指导策略主要包括:观察幼儿策略、活动组织策略、语言使用策略等。

一、教育活动中观察幼儿的策略

幼儿园教育活动的合理开展起始于对幼儿的观察,观察是研究幼儿发展与教育教学的有效途径。

(一)观察的要求
(1)观察要目的明确。
(2)观察要全面客观。
(3)观察的记录要系统准确。

(二)观察的步骤
(1)设定观察目标。
(2)实施观察。
(3)解释观察资料。
(4)分析观察结果。

(三)观察记录的方式及要求
(1)观察记录的方式:文字描述、列表打勾、等级评定、录音录像等。
(2)观察记录的要求:快、细、全。记录越系统准确,作用越大。

二、教育活动的组织策略

(一)导入的一般策略
1.导入策略的要求
导入要具有启发性、针对性、趣味性、艺术性和简洁性。
2.导入策略的类型
(1)直观导入策略:演示导入、材料导入、故事导入等。
(2)问题导入策略:悬念导入、直接问题导入等。
(3)知识联系导入策略:递进导入、直接导入、衔接导入等。
总之,导入活动的方式很多,并没有固定的"格式"或要求。其宗旨是引起幼儿对将要学习的内容的注意,激发幼儿对有关内容的学习兴趣。教师可以根据活动的内容灵活地加以选择,以取得较好的效果。

3. 活动导入技能训练

(1) 请分析下列案例采用了哪些类型的导入,并仔细体会教师的导入语。

案例1

在小班语言活动"美丽的小船"中,活动开始时教师说了这样一段话:"在一片大森林里,一群小动物们比赛看谁的小船最漂亮。看,有的小船是香蕉做的,弯弯的香蕉船又黄又香;有的小船是大鞋子做的,坐在里面又稳又舒服;还有的小船谁也猜不出它是什么做的,小朋友们,你们想知道吗? 让我们一起到比赛现场看看精彩的小船大赛吧。"听了教师形象生动的描述,幼儿迫切地希望马上到"比赛现场"去,看看老师所描述的"小船大赛"。

案例2

小班科学活动"图形食品品尝会"中,活动开始时教师说:"今天有许多图形宝宝来和我们一起做游戏,他们是谁呀?"教师逐一出示图形,幼儿说出图形宝宝名称。教师说:"你们知道这些图形宝宝爱藏在哪里吗?"幼儿说出藏在活动室周围的物品中。教师出示水果娃娃说:"图形宝宝除了爱藏在××地方外,还爱藏在哪里?"幼儿说出爱藏在食品中。"有哪些食品藏有图形宝宝呢? 我们一起去看一看。"

(2) 把学生分成四组,每组推荐2~3名同学改编以上案例的导入环节,并试讲。

(二) 活动过渡的一般策略

1. 活动过渡策略的要求

(1) 自然合理。教师必须把握前后环节内容的性质,弄清前后两个环节之间的关系,考虑衔接的方法。

(2) 衔接紧凑。新旧知识前后呼应,使旧知识产生意义,又使新知识纳入已有的认知结构中,促进幼儿思维的发展。

2. 活动过渡的类型

(1) 分析性方法——逻辑深化关系。即后一个环节是对前一个环节的进一步深化。

(2) 演绎性方法——推论关系或具体应用关系。即后一环节是前一环节的推论或具体应用。如科学活动"认识磁铁",教师在帮助幼儿了解磁铁能吸铁后,说:"小红的奶奶不小心把缝衣针掉到地上,怎么也找不着,你们猜猜,小红会想什么办法帮奶奶找到针?"从而过渡到下一环节——了解磁铁在生活中的应用。

(3) 转移法——并列关系。即前后两个环节具有不同的性质,教师要使幼儿顺着联想的思路,就需要巧妙地运用语言、活动或材料来进行转移。如大班散文诗《听雨》,可分为说雨—听雨—雨趣三个环节,在第一环节向第二环节过渡时,教师说:"下雨了,小花蝴蝶在干什么呢?"从"小花蝴蝶"角色引入,引出诗歌《听雨》。由"说雨——感受雨与我们心情的关系"转移到"听雨——欣赏诗歌,交流表达对雨(声)的经验与想象"。

3. 活动过渡技能训练

(1) 说说下面案例采用了哪种类型的过渡,并分析其过渡语的优势与不足。

案例3

科学活动"怎样移动物体"可设计为观察、自由操作、做小实验探索"力与运动之间的关系"、游戏等环节,其中第二环节向第三环节过渡时,教师说:"刚才这些小玩具动起来没有? 为什么会动?""那么,请你们试一试,还有哪些方法能够使玩具移动?"这样自然过渡到第三环节,探索让玩具动起来的各种方法,了解力与运动之间的关系。

（2）观摩一个幼儿园教育活动，说出其各环节的过渡语。然后请学生选择恰当的过渡类型改编该活动的过渡语，在小组中进行试讲并评析。

（三）活动结束的一般策略

1. 活动结束的策略要求

首尾对应、结构完整；留有余兴、延伸扩展；水到渠成、适可而止。

2. 活动结束策略常见类型

（1）总结归纳策略。

教师简明扼要复述要点，或启发幼儿回忆复述要点，引导幼儿创编（或使用现成的）儿歌、游戏进行形象化的总结。如"10以内数字"教学结束时，教师根据每个数字的形状编了儿歌："1像小棍细条条，2像鸭子水上漂……"将知识归纳总结变得生动有趣。

（2）水到渠成策略。

按照活动内容顺序，根据幼儿认知规律，一步步进行，最后自然收尾。此策略需在活动过程中环环相扣，才能达到预期目的，水到渠成结束活动。如音乐活动"小花猫和小老鼠"，结束部分将幼儿分成两组，一组扮演"小花猫"，一组扮演"小老鼠"，在音乐声中，玩"猫捉老鼠"的游戏，互相逗乐，在玩中结束活动。

（3）操作练习策略。

教师提供充分的材料，让幼儿在操作、练习中复习巩固所学知识。如在"复习几何图形"活动结束时，教师为幼儿准备积木、橡皮泥等材料，让幼儿玩结构游戏，进一步引导幼儿体会几何图形的应用价值。

（4）延伸扩展策略。

有时，在某个活动结束之后，还可以引发并组织其他的活动以促进该活动目标更好地达成，这些都可以写在活动延伸部分。延伸作为机动性部分，可以在教学之后的游戏或其他活动中进行，也可以延伸至家中的活动。

此外，还有游戏表演策略等。

3. 活动结束技能训练

评析以下两个活动的结束方式，指出其采用了哪种类型的活动结束策略，并分析其优劣，对不合理的地方进行改进。

案例4

在中班心理健康教育活动"会说话的表情"结束部分，教师出示一张绘制的中国地图，请小朋友们把自己喜欢的笑脸卡片，粘贴在中国地图上。粘贴好地图后，教师说："让微笑从我做起，让微笑在世界的各个角落传递、盛开、绽放！"然后播放音乐《歌声与微笑》，师幼围着地图合影，在愉快的气氛中自然结束活动。

案例5

在中班幼儿诗歌欣赏活动"夏夜的梦"结束部分，教师把幼儿仿编的《夏夜的梦》串联起来组成一首新的诗歌，并带领幼儿集体朗诵。活动在轻柔的背景音乐《摇篮曲》中轻松自然地结束。

三、教育活动的语言运用策略

（一）提问的策略

1. 启发式提问策略

（1）当教师发现幼儿对某些现象或材料感兴趣，而这种兴趣对于生成新的主题极有价值时，可通过启发性提问将幼儿引入探究的主题。如户外活动,幼儿围着蚂蚁指指点点,教师问幼儿"小蚂蚁在干什么呀?它们为什么要搬家?"从而将幼儿引入探究"下雨前,小动物的活动与平时有什么不一样"的主题活动。

(2)当幼儿在活动中面临困难时,可通过启发性提问引导幼儿思考、讨论和探究。如在探索"哪些物体有生命"的活动中,幼儿得出"会活动的就是有生命的"结论。这时教师提问:"飞机能飞,是不是有生命的?"从而启发幼儿进一步探索。

2. 发散性提问策略

(1)发散性提问可以在幼儿努力完成作品时,教师通过提问,引导幼儿对自己的"创作"进行表述。如问:"你的风车是怎样做成的?"从而引导幼儿讲述风车的制作过程。

(2)发散性提问也可以在幼儿的思维或想象单一狭窄时,通过提问,引导幼儿转变思维方向,在新旧知识联系基础上构建概念。如"它是什么样的?""它像什么?""它们一样吗? 有什么不一样?"等问题,答案是完全开放的,可以让幼儿展开创造性的联想。

3. 层叠式提问策略

即教师将探究问题按照前后关系串联起来,形成一条推进线索通过层层深入的问题,不断推进幼儿的思考和探索。如大班"我长大了"的活动中,教师不断地提出新的问题,如:"看看这些衣服鞋子哪些你能够穿得合适?""婴儿的衣服鞋子你们都穿不合适,为什么?""长大了你们学会了哪些本领?""自己能做的事自己做了吗?""是谁辛苦把你们养育大的? 我们要怎样对待他们?"等,通过层叠式提问,让幼儿不断思考与探索,获得知识。

4. 假设性提问策略

假设性提问是教师提出问题,让幼儿进行假设、判断和思考。这种提问往往以"假设……""如果……"等形式展开。如:"假如没有水,我们的生活会怎么样?""如果小黑羊让小黄羊先过桥,或小黄羊让小黑羊先过桥,它们会掉到河里去吗?"通过假设性提问,教师可以了解幼儿已有的经验和发散性思维水平,让幼儿展开丰富的想象。

5. 推理性提问策略

当引导幼儿完成一项简单的操作和探究任务后,教师要求幼儿用类似的方法概括出规律性的知识,从而获得答案。如幼儿理解了圆和半圆的关系后,教师继续引导幼儿探索:"我们知道了两个半圆在一起就是一个圆,那么,两个三角形在一起,会变成什么形状?"

6. 递进式提问策略

递进式提问是教师根据幼儿的思考和回答,巧妙地将一连串问题前后联系起来,层层抛出,逐步深入,从而形成一个不断推进的问题链供幼儿思考和探究。下面我们来看小班"到山羊伯伯家做客"的活动片段:

    师:刚才讲的故事中,谁要到山羊伯伯家做客?

    幼:小兔、小猫、小鸡。

    师:他们是怎么跟山羊伯伯打招呼的?

    幼:小兔对山羊伯伯笑,小猫……小鸡……

    师:你们觉得谁最懂礼貌,谁做得不好?

    师:如果你是山羊伯伯,你会喜欢谁? 为什么?

    师:小朋友到别人家当小客人时,应该怎么做?

教师把复杂问题层层分解与简化,让幼儿由浅入深地思考问题,最后得出结论。

7. 总结式提问策略

总结式提问是教师引导幼儿对某些问题和现象进行了观察和了解后,为帮助幼儿进行概括、得出结论而采用的。如科学活动"认识家禽"中,幼儿认识了鸡、鸭、鹅后,教师抛出问题:"你们知道它们有一个共同的名字叫什么吗?""它们有什么相同的地方?"

(二)回应的策略

1. 重复策略

一是通过重复幼儿的话语,婉转表达对幼儿的提醒和暗示,启发幼儿对自己的话语作出调整。二是通过重复个别幼儿的问题或回答,向全体幼儿反馈有价值信息,帮助幼儿获得他人的经验。如教师重复幼儿的回答:"乐乐说糖放在水里会化掉,是这样吗?"

2. 反问策略

反问是将幼儿在一定情境中的问题抛回给幼儿,教师通过反问引发幼儿思考、讨论和交流。如教师反问:"它们都是一样的吗?""蛇冬眠了,蚂蚁也要冬眠吗?"

3. 提炼策略

即教师在充分观察、认真听取幼儿观点后,对信息进行归纳提炼后呈现给幼儿,使幼儿将零星的经验系统化、条理化。如幼儿讨论、交流电池属性后,教师进行概括总结:"对了,电池有不同的形状、大小,只有选对电池并安装正确,电池才能起作用,电动玩具、遥控器、手机等都需要用电池才能起作用。"

(三) 评价的策略

(1) 肯定。教师可以用简洁的语言、肯定的语气表示对幼儿的认可,如:"嗯(点头),还有别的想法吗?""这也是一种可能。""这种想法很有趣。""那样原来也是一种好想法呀。"等,也可以微笑或点头表示对幼儿的肯定。

(2) 表扬、奖励。是教师对幼儿良好行为、进步表现以及独创精神的赞许、鼓励。运用时应注意:第一,表扬要适度;第二,要配合感情表达;第三,适当结合其他形式奖励。

(3) 批评。是教师对幼儿不良行为进行的否定评价。运用时应注意:第一,态度要诚恳、和蔼;第二,语言要亲切、幽默,让幼儿在善意而含蓄的批评中心甘情愿地去改进不足,不断进步;第三,就事论事,不言其他。

(4) 纠正。指教师在发现问题、指出问题的同时告知幼儿正确的答案和做法,对错误认识和不当之处给予纠正与提示。运用纠正进行评价有时可适当延迟,让幼儿先作思考,说说应该怎么办,提高幼儿的判断能力和解决问题的能力。

(5) 讨论。指教师不直接对某个现象、某个问题给予肯定或否定,而是引导幼儿分析、判断,使他们在讨论中明白对错、好坏,知道如何改正。

(6) 总结。是对幼儿集体活动效果、活动情况的评价。一般放在活动告一段落或活动结束时进行。

此外,教师还要善于引导幼儿自评、互评,提高幼儿分析、判断问题的能力和自我检查、自我调整、自我约束的能力。

❓ 思考与练习

▶ 真题再现吧

一、单项选择题

1. 对幼儿园活动的正确理解是( )。

A. 儿童尽情地随意玩耍

B. 在安全的前提下按课程的要求活动

C. 为儿童舒展筋骨而开展活动

D. 教育过程就是活动过程,促进儿童身心健康发展

2. 下列哪一种不属于《3~6 岁儿童学习与发展指南》倡导的幼儿学习方式?( )

A. 强化练习   B. 直接感知   C. 实际操作   D. 亲身体验

3. 《幼儿园教育指导纲要(试行)》中的教育目标较多使用"体验""感受""喜欢""乐意"等词汇,这表明幼儿园教育强调( )。

A. 知识取向   B. 情感态度取向   C. 能力取向   D. 技能取向

4. 教师在重阳节组织幼儿到敬老院探访老人,这反映幼儿园教育内容选择的( )原则。

A. 兴趣性   B. 时代性   C. 生活性   D. 发展性

二、简答题

为什么幼儿园教育内容要贴近幼儿的生活?

> **能力提升训练营**

一、单项选择题

1. 教师给幼儿讲了《小马过河》的故事,问幼儿"在回家的路上有小水坑挡住了去路,你该怎么办",这体现了(   )。

A. 趣味直观性原则　　　　　　　　　　　B. 思想教育性原则

C. 启发探索性原则　　　　　　　　　　　D. 艺术创造性原则

2. 教师教《粗心的小画家》"画只螃蟹四条腿,画只鸭子小尖嘴,画只小兔圆耳朵,画只大马没尾巴"时,依次出示小画家画的动物图片,此例运用了(   )。

A. 演示法　　　　　B. 练习法　　　　　C. 记录法　　　　　D. 讨论法

3. 运用范例法正确的是(   )。

A. 范例越多越好　　　　　　　　　　　　B. 教学范例越大越好

C. 范例难度高于幼儿实际水平　　　　　　D. 范例要色彩鲜艳,形象突出,具有典型性

4. 在《拔萝卜》故事教学中,教师让幼儿知道人多力量大,这体现的原则是(   )。

A. 科学性原则　　　　　B. 发展性原则　　　　　C. 直观性原则　　　　　D. 思想教育性原则

5. 不属于讲述法运用要点的是(   )。

A. 教师要注意倾听幼儿讲述,及时给予鼓励　　　B. 讲述要简明扼要,重点突出

C. 讲述要用儿童化语言让幼儿听懂　　　　　　　D. 幼儿讲述时教师要多加指点

6. 雨后天空出现彩虹,教师不失时机地组织幼儿观看,体现了教育活动的(   )。

A. 广泛性和启蒙性　　　　　　　　　　　B. 趣味性和游戏性

C. 综合性和整合性　　　　　　　　　　　D. 随机性和潜在性

二、案例评析题

1. 中班的刘老师准备开展中班诗歌《我是三军总司令》欣赏活动,设计了如下教育活动目标:

(1) 引导幼儿感受诗歌的语言意境,使幼儿初步理解诗歌的内容。

(2) 培养幼儿的想象力和创造力,引导幼儿尝试仿编诗歌。

分析:

(1) 该活动目标存在哪些问题?

(2) 请修改该活动目标。

2. 中秋节快到了,越来越多的幼儿开始讨论节日的话题。于是中班的王老师准备以"快乐的中秋节"为题开展谈话活动,一方面希望幼儿能运用比较完整、连贯的语句说出中秋节的来历和有关的习俗,了解中国的传统节日;另一方面,加深幼儿对中华民族传统文化的认识。

分析:

(1) 王老师组织的"快乐的中秋节"谈话活动是否能够实现预设的目标?

(2) 有哪些活动方式可以实现这次活动预设的目标?

三、简答题

1. 如何理解幼儿园教育活动?

2. 幼儿园教育活动设计的原则有哪些?

四、活动设计题

1. 试为1~2个活动拟定活动目标,设计导入语和导入方式。

2. 试为2~3个活动设计活动结束方式。

学习目标

1. 了解幼儿园健康教育活动的内涵,掌握幼儿园健康教育各层次目标及内容。
2. 理解幼儿园健康教育活动的实施原则和途径。
3. 掌握幼儿园各类型健康教育活动的设计与实施要点。
4. 设计幼儿园健康教育活动方案并进行模拟试教。

知识导图

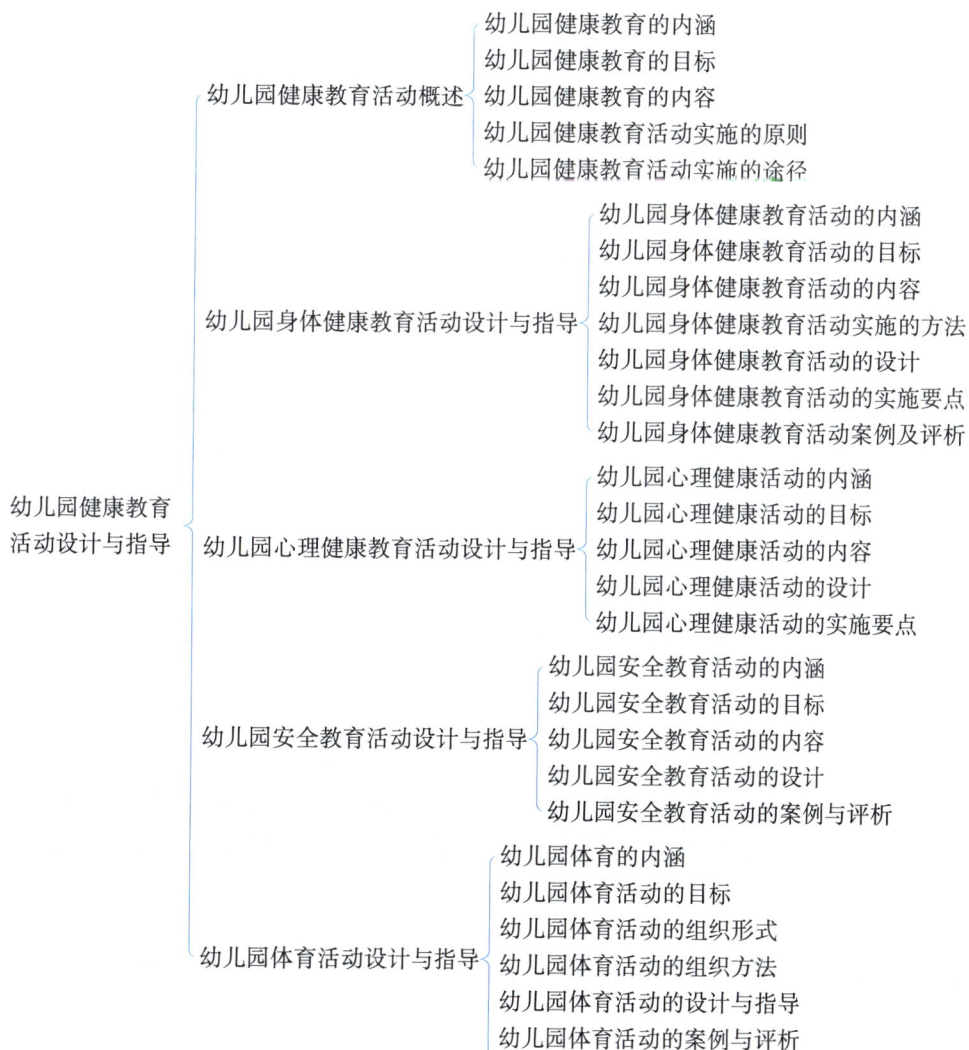

幼儿园健康教育活动设计与指导

- 幼儿园健康教育活动概述
  - 幼儿园健康教育的内涵
  - 幼儿园健康教育的目标
  - 幼儿园健康教育的内容
  - 幼儿园健康教育活动实施的原则
  - 幼儿园健康教育活动实施的途径
- 幼儿园身体健康教育活动设计与指导
  - 幼儿园身体健康教育活动的内涵
  - 幼儿园身体健康教育活动的目标
  - 幼儿园身体健康教育活动的内容
  - 幼儿园身体健康教育活动实施的方法
  - 幼儿园身体健康教育活动的设计
  - 幼儿园身体健康教育活动的实施要点
  - 幼儿园身体健康教育活动案例及评析
- 幼儿园心理健康教育活动设计与指导
  - 幼儿园心理健康活动的内涵
  - 幼儿园心理健康活动的目标
  - 幼儿园心理健康活动的内容
  - 幼儿园心理健康活动的设计
  - 幼儿园心理健康活动的实施要点
- 幼儿园安全教育活动设计与指导
  - 幼儿园安全教育活动的内涵
  - 幼儿园安全教育活动的目标
  - 幼儿园安全教育活动的内容
  - 幼儿园安全教育活动的设计
  - 幼儿园安全教育活动的案例与评析
- 幼儿园体育活动设计与指导
  - 幼儿园体育的内涵
  - 幼儿园体育活动的目标
  - 幼儿园体育活动的组织形式
  - 幼儿园体育活动的组织方法
  - 幼儿园体育活动的设计与指导
  - 幼儿园体育活动的案例与评析

第一节 幼儿园健康教育活动概述

处于幼儿期的儿童,生长发育十分迅速,但其个体器官的生理机能远未发育成熟,各组织均比较柔嫩,其生命的物质基础还相当薄弱;幼儿的可塑性很强,但知识经验匮乏,独立生活能力很差;幼儿的活动欲望强烈,但自我保护意识薄弱;幼儿的心灵稚嫩纯洁,但特别容易遭受伤害。幼儿身心发育的这些特点,决定了健康教育是幼儿园教育的首要任务,是终身健康教育的基础,是幼儿园教育中最重要的组成部分。

一、幼儿园健康教育的内涵

(一)健康的含义

联合国世界卫生组织(WHO)在制定的世界保健大宪章中,对健康下了这样的定义——健康不但是指没有身体的缺陷和疾病,而且还要具有良好的生理、心理状态和社会适应能力。

1989年,世界卫生组织又将健康的概念调整为:"健康应包括躯体健康、心理健康、社会适应良好和道德健康。"

《指南》中也明确指出:"健康是指人在身体、心理和社会适应方面的良好状态。"

(二)幼儿园健康教育的含义

幼儿园健康教育是根据幼儿身心发展的特点,以提高幼儿的健康认识、改善幼儿的健康态度、培养幼儿的健康行为、维护和促进幼儿的健康为核心目标而开展的有组织、有计划、有目的的一系列教育活动。它的关键是使幼儿形成健康的行为。[1]

(三)幼儿园健康教育的价值[2]

《纲要》明确要求:"幼儿园必须把保护幼儿的生命和促进幼儿的健康放在工作的首位。"

幼儿园健康教育是以培养幼儿健康意识和自我保健能力,促进身体发育、增进健康为主要目的的教育活动。它对幼儿的全面发展具有非常重要的价值。

1. 健身价值

幼儿园健康教育能促进幼儿身心发育,增进健康。如:良好的饮食和个人卫生习惯能改善幼儿营养的摄取与吸收,防止消化器官的疾病,促进消化器官的发育和机能的增强,防止营养不良性疾病的发生;体育活动能满足幼儿运动、娱乐、发展动作和体力、模仿、审美、交往、竞赛等需要,激发幼儿愉快的情绪,培养他们活泼、乐观的性格,促进心理健康。

2. 益智价值

幼儿园健康教育能使幼儿获得身体知识、卫生知识、安全知识、环保知识及交往、审美、创新知识和经验;能有效地促进智力、创新能力和评价能力的发展。

3. 育德价值

幼儿园健康教育中蕴涵着丰富的德育内容。如:心理健康教育要培养尊重他人、合群共享、谦让友爱、乐于助人等健康心理;安全教育要培育关心社会和个人财富、生命的安全,遵守社会法规和秩序等品德;生活自理教育要培养自立、爱劳动等品德;同时,幼儿健康教育还十分重视竞争、创新和协作精神的培养。

4. 审美价值

幼儿园健康教育中充满着审美内涵。如:体育活动中的人体美、姿态美、动作美,运动过程中表现出

---

① 孙树珍,麦少美.学前儿童健康教育活动指导[M].4版.上海:复旦大学出版社,2021:4.
② 杨旭,康素洁,颜香华.幼儿园健康教育活动设计与指导[M].5版.长沙:湖南大学出版社,2018:8.

的运动素质美,勇往直前、奋勇争先、不畏困难的精神美;进餐时食品的色、香、味等。

(四)幼儿健康的标准

幼儿健康的标准是指幼儿各器官、各组织的生长发育和心理发展良好,没有身心疾病或缺陷,性格开朗、情绪乐观,对环境有较强的适应能力。

二、幼儿园健康教育的目标

幼儿园健康教育的目标,是指通过幼儿园健康教育使幼儿的身心发展应该实现的健康水平或教育结果。它是幼儿园健康教育的出发点和归宿,对幼儿身心健康的发展具有预知和规范的作用,也是衡量健康教育成效的评价尺度。

一般认为,幼儿园健康教育目标包含三个层面:幼儿园健康教育总目标(终极目标)、年龄阶段目标和活动目标。

(一)幼儿园健康教育总目标

幼儿园健康教育总目标是指幼儿通过教育在身心发展方面要求达到的预期的健康水平。它是幼儿园健康教育的最终目的,是确定幼儿年龄阶段目标和具体活动目标的依据。

《纲要》明确提出了幼儿园健康领域的总目标,即:

(1)身体健康,在集体生活中情绪安定、愉快;

(2)生活、卫生习惯良好,有基本的生活自理能力;

(3)知道必要的安全保健常识,学习保护自己;

(4)喜欢参加体育活动,动作协调、灵活。

(二)幼儿园健康教育的年龄阶段目标

《指南》中指出:"幼儿阶段是儿童身体发育和机能发展极为迅速的时期,也是形成安全感和乐观态度的重要阶段。发育良好的身体、愉快的情绪、强健的体质、协调的动作、良好的生活习惯和基本生活能力是幼儿身心健康的重要标志,也是其他领域学习与发展的基础。"

因为小、中、大各年龄班幼儿的身心发展各有其典型特征,所以幼儿园健康教育活动目标的制定应充分考虑不同年龄阶段幼儿的年龄特征,对3~6岁的幼儿提出不同层次的要求,由简单到复杂,由易到难,呈螺旋式上升。体现出低年龄阶段目标是高年龄阶段目标的基础,高年龄阶段目标是低年龄阶段目标的延伸和发展。同时,各年龄班幼儿健康教育目标既有区别又有联系。

《指南》中明确提出了各年龄班幼儿在身心状况、动作发展、生活习惯与生活能力三个方面各项"阶梯"式具体目标(见表2-1至表2-9)。

1. 身心状况

表2-1 目标1 具有健康的体态

3～4岁	4～5岁	5～6岁
1. 身高和体重适宜 参考标准: 男孩: 身高:94.9～111.7厘米 体重:12.7～21.2千克 女孩: 身高:94.1～111.3厘米 体重:12.3～21.5千克 2. 在提醒下能自然坐直、站直	1. 身高和体重适宜 参考标准: 男孩: 身高:100.7～119.2厘米 体重:14.1～24.2千克 女孩: 身高:99.9～118.9厘米 体重:13.7～24.9千克 2. 在提醒下能保持正确的站、坐和行走姿势	1. 身高和体重适宜 参考标准: 男孩: 身高:106.1～125.8厘米 体重:15.9～27.1千克 女孩: 身高:104.9～125.4厘米 体重:15.3～27.8千克 2. 经常保持正确的站、坐和行走姿势

表 2-2　目标 2　情绪安定愉快

3～4 岁	4～5 岁	5～6 岁
1. 情绪比较稳定,很少因一点小事哭闹不止 2. 有比较强烈的情绪反应时,能在成人的安抚下逐渐平静下来	1. 经常保持愉快的情绪,不高兴时能较快缓解 2. 有比较强烈情绪反应时,能在成人提醒下逐渐平静下来 3. 愿意把自己的情绪告诉亲近的人,一起分享快乐或求得安慰	1. 经常保持愉快的情绪。知道引起自己某种情绪的原因,并努力缓解 2. 表达情绪的方式比较适度,不乱发脾气 3. 能随着活动的需要转换情绪和注意

表 2-3　目标 3　具有一定的适应能力

3～4 岁	4～5 岁	5～6 岁
1. 能在较热或较冷的户外环境中活动 2. 换新环境时情绪能较快稳定,睡眠、饮食基本正常 3. 在帮助下能较快适应集体生活	1. 能在较热或较冷的户外环境中连续活动半小时左右 2. 换新环境时较少出现身体不适 3. 能较快适应人际环境中发生的变化。如换了新老师能较快适应	1. 能在较热或较冷的户外环境中连续活动半小时以上 2. 天气变化时较少感冒,能适应车、船等交通工具造成的轻微颠簸 3. 能较快融入新的人际关系环境。如换了新的幼儿园或班级能较快适应

2. 动作发展

表 2-4　目标 1　具有一定的平衡能力,动作协调、灵敏

3～4 岁	4～5 岁	5～6 岁
1. 能沿地面直线或在较窄的低矮物体上走一段距离 2. 能双脚灵活交替上下楼梯 3. 能身体平稳地双脚连续向前跳 4. 分散跑时能躲避他人的碰撞 5. 能双手向上抛球	1. 能在较窄的低矮物体上平稳地走一段距离 2. 能以匍匐、膝盖悬空等多种方式钻爬 3. 能助跑跨跳过一定距离,或助跑跨跳过一定高度的物体 4. 能与他人玩追逐、躲闪跑的游戏 5. 能连续自抛自接球	1. 能在斜坡、荡桥和有一定间隔的物体上较平稳地行走 2. 能以手脚并用的方式安全地爬攀登架、网等 3. 能连续跳绳 4. 能躲避他人滚过来的球或扔过来的沙包 5. 能连续拍球

表 2-5　目标 2　具有一定的力量和耐力

3～4 岁	4～5 岁	5～6 岁
1. 能双手抓杠悬空吊起 10 秒左右 2. 能单手将沙包向前投掷 2 米左右 3. 能单脚连续向前跳 2 米左右 4. 能快跑 15 米左右 5. 能行走 1 公里左右(途中可适当停歇)	1. 能双手抓杠悬空吊起 15 秒左右 2. 能单手将沙包向前投掷 4 米左右 3. 能单脚连续向前跳 5 米左右 4. 能快跑 20 米左右 5. 能连续行走 1.5 公里左右(途中可适当停歇)	1. 能双手抓杠悬空吊起 20 秒左右 2. 能单手将沙包向前投掷 5 米左右 3. 能单脚连续向前跳 8 米左右 4. 能快跑 25 米左右 5. 能连续行走 1.5 公里以上(途中可适当停歇)

表 2-6　目标 3　手的动作灵活协调

3～4 岁	4～5 岁	5～6 岁
1. 能用笔涂涂画画 2. 能熟练地用勺子吃饭 3. 能用剪刀沿直线剪,边线基本吻合	1. 能沿边线较直地画出简单图形,或能边线基本对齐地折纸 2. 会用筷子吃饭 3. 能沿轮廓线剪出由直线构成的简单图形,边线吻合	1. 能根据需要画出图形,线条基本平滑 2. 能熟练使用筷子 3. 能沿轮廓线剪出由曲线构成的简单图形,边线吻合且平滑 4. 能使用简单的劳动工具或用具

3. 生活习惯与生活能力

表2-7 目标1 具有良好的生活与卫生习惯

3~4 岁	4~5 岁	5~6 岁
1. 在提醒下,按时睡觉和起床,并能坚持午睡 2. 喜欢参加体育活动 3. 在引导下,不偏食、挑食。喜欢吃瓜果、蔬菜等新鲜食品 4. 愿意饮用白开水,不贪喝饮料 5. 不用脏手揉眼睛,连续看电视等不超过15分钟 6. 在提醒下,每天早晚刷牙、饭前便后洗手	1. 每天按时睡觉和起床,并能坚持午睡 2. 喜欢参加体育活动 3. 不偏食、挑食,不暴饮暴食。喜欢吃瓜果、蔬菜等新鲜食品 4. 常喝白开水,不贪喝饮料 5. 知道保护眼睛,不在光线过强或过暗的地方看书,连续看电视等不超过20分钟 6. 每天早晚刷牙、饭前便后洗手,方法基本正确	1. 养成每天按时睡觉和起床的习惯 2. 能主动参加体育活动 3. 吃东西时细嚼慢咽 4. 主动饮用白开水,不贪喝饮料 5. 主动保护眼睛。不在光线过强或过暗的地方看书,连续看电视等不超过30分钟 6. 每天早晚主动刷牙,饭前便后主动洗手,方法正确

表2-8 目标2 具有基本的生活自理能力

3~4 岁	4~5 岁	5~6 岁
1. 在帮助下能穿脱衣服或鞋袜 2. 能将玩具和图书放回原处	1. 能自己穿脱衣服、鞋袜,扣纽扣 2. 能整理自己的物品	1. 知道根据冷热增减衣服 2. 会自己系鞋带 3. 能按类别整理好自己的物品

表2-9 目标3 具备基本的安全知识和自我保护能力

3~4 岁	4~5 岁	5~6 岁
1. 不吃陌生人给的东西,不跟陌生人走 2. 在提醒下能注意安全,不做危险的事 3. 在公共场所走失时,能向警察或有关人员说出自己和家长的名字、电话号码等简单信息	1. 知道在公共场合不远离成人的视线单独活动 2. 认识常见的安全标志,能遵守安全规则 3. 运动时能主动躲避危险 4. 知道简单的求助方式	1. 未经大人允许不给陌生人开门 2. 能自觉遵守基本的安全规则和交通规则 3. 运动时能注意安全,不给他人造成危险 4. 知道一些基本的防灾知识

(三)幼儿园健康教育的活动目标

幼儿园健康教育活动的总目标和年龄阶段目标都必须转化为一个个具体的健康教育活动的目标,落实到一个个具体的健康教育活动中,才能真正得到实现。在制定健康教育活动目标时,应依据幼儿园健康教育的总目标、年龄阶段目标,结合幼儿身心发展的实际水平,并考虑健康教育活动的内容和形式、方法的不同,有针对性地制定。

制定幼儿园健康教育活动目标应注意以下几个方面的基本要求。

1. 目标的全面性

幼儿园健康教育的活动目标应从发展幼儿的认知、情感态度、动作和技能等三个维度全面考虑,体现活动功能的综合性,在表述时,每一方面尽量分别阐述。

例如,大班健康教育活动"学跳橡皮筋"的活动目标可表述为:

◀ 学习跳橡皮筋的基本方法,练习有节奏的跳跃。

◀ 锻炼腿部力量,提高动作的协调性与灵敏性。

◀ 体验跳跃和合作游戏的快乐,享受民间体育游戏的乐趣。

如果教师仅重视某一方面的目标而忽视其他方面的目标,会使目标过于狭窄,从而影响健康教育活动的开展及活动的效果。但强调目标的全面性并不意味着每个活动都必须面面俱到,同时具备上述三个方面的目标,有些活动或许只能设定或挖掘出两个方面的目标,就不必牵强附会。

2. 目标的重点性

强调目标的全面性还应考虑突出目标的重点性,即幼儿园健康教育活动目标的确定应反映幼儿园健康教育领域自身特定的核心目标体系及本次活动的重点。在确立目标过程中要明确哪些目标是直接的重点目标,哪些目标是间接的次要目标,在目标陈述中要突出直接目标的重要位置。

例如,中班体育活动"勇敢的小兔"的活动目标表述为:

◀ 练习双脚向前行进跳及从 25 厘米高处自然跳下。

◀ 训练力量、动作的协调性,增强节奏感。

◀ 体验跳跃的乐趣,具有战胜困难的信心。

如果将其活动目标表述为:

◀ 认识兔子的外形特征及生活习性。

◀ 激发热爱动物的情感。

◀ 练习双脚向前行进跳及从 25~30 厘米高处自然跳下。

◀ 体验跳跃的乐趣,培养战胜困难的勇气。

这样表述就不可能凸显健康领域的核心目标和本次活动的重点,将直接导致活动实施过程中领域核心价值的偏离,使健康教育活动的领域特征不明显,活动效果不好。

3. 目标的适宜性

幼儿园健康教育活动目标的制定必须适应幼儿的年龄特征及认知水平,目标难度适宜,避免目标定过高或过低,而导致幼儿缺乏兴趣、参与程度不高。例如,将"学会正确的擦嘴方法,初步养成吃完东西后擦嘴的习惯"作为大班健康教育目标显然目标要求过低;而小班"自己的秘密(我们为什么不一样)"活动目标定为"初步了解男孩、女孩外生殖器官的差异",这样的目标显然超过了小班幼儿的认知能力,是不适宜的。

4. 目标的准确、具体和可操作性

幼儿园健康教育活动目标的表述应准确、具体和可操作,能具体指导、调控教师的教学过程,避免过于笼统、抽象。

健康教育活动目标表述的准确、具体,一方面是指每次健康活动的具体目标都应该要体现总目标的要求,又要适应年龄阶段目标,从而使目标的确立符合各年龄班幼儿的特点;另一方面是指教师不能忽略教育目标随意选择教学内容,应真正做到目标体现内容、内容反映目标。

例如,小班身体健康教育活动"我有一双干净的手"活动目标表述为:

◀ 初步懂得洗手的重要性,学习正确的洗手方法。

◀ 能在成人的提醒下愉快地洗手。

◀ 初步养成勤洗手的好习惯。

上述目标的表述既准确、清晰地体现出了幼儿园健康教育总目标的要求"生活、卫生习惯良好",又适应年龄阶段目标"初步掌握洗手、刷牙的基本方法,在提醒下,每天早晚刷牙、饭前便后洗手",而且具体体现出活动的内容——洗手。

同样一个活动,因为目标的制定有差异,就会导致教师在组织健康教育活动时选择不同的组织形式、组织方法,教育活动的重点、难点也会不一样,最后导致教育活动的效果迥异。

教师必须深入理解幼儿园健康教育目标,才能将教育目标体现的教育理念落实到教育实践行动中。

5. 目标表述角度的统一性

以往的教材中,幼儿园健康教育活动目标大多是以教师为行为主体来进行表述,表述教师期望通过教育教学活动帮助幼儿获得的学习结果,常用"要求""引导""使""让""教育""帮助""发展""激发""培养"等字眼。这样的表述方式主要强调的是教师在教育教学活动中的角色与作用,容易促使教师过多地关注自己的"教",考虑"教什么""怎么教",而忽略幼儿的"学"。

目前,大家都倾向于以幼儿为行为主体进行表述,采用幼儿行为目标表达方式,即以幼儿应习得的各种行为来表达活动的目标,表述幼儿通过活动学习后应该达到的发展程度。常用"能""学习""会""知道""感受""喜欢""理解""愿意""体验"等字眼。

采用幼儿行为目标表达方式,可以促使幼儿教师更多地关注幼儿"学什么"与"怎么学",关注幼儿的学习方式和学习效果;会促使教师更多地"以学定教",避免单纯"以教定学"。

例如,中班健康教育活动"我爱吃蔬菜"的活动目标可表述为:

◀ 了解几种常见蔬菜的营养价值,懂得常吃蔬菜有益健康。

◀ 初步了解几种常见蔬菜的食用方法。

◀ 喜欢并愿意主动吃多种蔬菜。

三、幼儿园健康教育的内容

幼儿园健康教育的内容是教育目标的具体体现,对于能否实现目标至关重要。

幼儿园健康教育涉及的内容十分广泛,根据《纲要》和《指南》,依据幼儿园健康教育目标、幼儿身心发展的特点及生活经验水平,结合幼儿园健康教育相关研究成果,我们把幼儿园健康教育的内容分为身体健康教育、心理健康教育、生活习惯与生活能力教育、安全教育和体育活动五大方面。具体内容见表 2-10。

表 2-10 幼儿园健康教育的内容

主 要 方 面	具 体 内 容
身体健康教育	1. 身体认识与保护 2. 常见疾病与传染病的认识与预防
心理健康教育	1. 情绪健康教育 2. 社会适应的指导 3. 初步的性教育
生活习惯与生活能力教育	1. 生活与卫生习惯教育(见图 2-1) 2. 生活自理能力教育 3. 饮食与营养教育
安全教育	1. 生活和活动安全教育(见图 2-2) 2. 交通安全教育 3. 食品和药品安全教育 4. 意外事故和自然灾害自护自救教育
体育活动	1. 早操 2. 体育教学 3. 体育游戏

图 2-1 清洁卫生教育

图 2-2 生活安全教育

四、幼儿园健康教育活动实施的原则

幼儿园健康教育活动实施的原则是指在开展幼儿园健康教育活动时必须遵循的基本要求。大致包括以下八条。

(一)"身心并重"的原则

幼儿园健康教育总目标的第一条就是:"身体健康,在集体生活中情绪安定、愉快。"这条目标明确表明了幼儿健康应包括身体健康和心理健康两个主要方面。所以幼儿园健康教育必须将"身心并重"的健康观念渗透进每一个教育活动中,即在活动中,不仅要增强幼儿的体质,而且要促进幼儿在认知、情感、能力、态度、社会性和个性方面的良好发展。

(二)发展性原则

发展性原则是指在幼儿健康教育活动中,必须准确把握幼儿原有的身心发展水平,教学活动的内容、方法、分量和进度等要让幼儿能够接受,但又要有一定的难度,需要他们经过努力才能掌握,以促进幼儿的身心发展。

(三)主体性原则

主体性原则是指在幼儿园健康教育活动中,应承认和尊重幼儿的主体地位,充分发挥和发展他们的主体作用和主体能力。幼儿的健康既需要外部的"健康促进",又是一个主动的发展过程。幼儿身心发展的稚嫩性使他们比成人更需要得到及时的帮助,更需要健康的生长环境,这决定了健康促进的必要。但健康促进并不意味着被促进者只是被动地接受保护、接受照顾,也需要幼儿力所能及地主动参与。《纲要》要求教师既要高度重视和满足幼儿受保护、受照顾的需要,又要尊重和满足他们不断增长的独立需要,避免过度保护和包办代替,鼓励并指导幼儿"自理、自立的尝试"。因此,在任何时候,健康教育都要调动幼儿主动参与的积极性,发挥其主体作用。

(四)生活性原则

幼儿园健康教育的出发点与归宿是培养幼儿的健康行为即养成健康的生活方式,其根本目的是提高幼儿期的生活乃至生命的质量。幼儿园健康教育的内容涉及幼儿生活的全部范畴。因此,幼儿园健康教育的本质是生活教育,应当在盥洗、进餐、睡眠、运动、游戏等日常生活的每一环节渗透健康教育理念,实施健康教育。

(五)经常化原则

经常化原则是指幼儿园健康教育活动应融入幼儿的每日活动之中,渗透到幼儿生活的每个环节之中,注意随机教育和个别教育,反复进行,坚持不懈。避免"三天打鱼,两天晒网"的现象。因为幼儿园健康教育的内容与幼儿每天的日常生活紧密相连,而且很多内容不可能通过一次教学活动完成,例如洗手问题、如厕问题、运动中的安全问题等,有的天天发生、时时发生,这就要求教师在日常生活中反反复复地加以提醒,督促幼儿养成健康的生活习惯。

(六)多样化原则

多样化原则是指幼儿园的健康教育活动应灵活运用多种途径,以多样的组织形式和方法来进行。这是由健康教育本身的特点和幼儿的身心特征所决定的。因为健康教育活动本身的内容是丰富多彩的,如有的活动是以培养良好的生活习惯为目标,有的活动是以锻炼幼儿的肢体运动能力为目标,而有的活动则是以幼儿的平衡能力和协调能力为训练的重点……任何一种教育途径、组织形式和教育方法都有其自身的特点,都具有其他教育途径、组织形式不可替代的作用,想仅仅用一种途径、一种组织形式来实现幼儿健

康教育的所有目标是不可能的。同时,由于幼儿的身心特点,他们对新鲜的事物特别好奇,感兴趣,多种多样的活动形式也因此更能吸引幼儿。

（七）教育协同原则

教育协同原则是指幼儿园健康教育应与家庭和社会健康教育相结合。《纲要》指出:"幼儿园应与家庭、社区密切合作,与小学相互衔接,综合利用各种教育资源,共同为幼儿的发展创造良好的条件。""家庭是幼儿园重要的合作伙伴,应本着尊重、平等、合作的原则,争取家长的理解、支持和主动参与,并积极支持、帮助家长提高教育能力。"就幼儿园健康教育而言,取得家庭、社区的积极配合更为重要。因为幼儿健康教育的内容与家庭、社会生活内容密切相关,如:幼儿园中有个人与公共卫生问题、饮食习惯问题、安全问题、体育锻炼问题等,这些问题在家庭、社会中同样存在。如果幼儿园健康教育与家庭教育、社会教育协同一致,幼儿园健康教育将起到事半功倍的作用,否则来自任何一方的消极影响都将削弱幼儿园健康教育的积极作用。

（八）面向全体、因材施教的原则

幼儿健康意味着每个幼儿的平等的普遍发展。拥有生命健康是每一个幼儿的权利,但由于个体的遗传素质、环境条件的不同,因而无论身体的形态还是机体的功能都存在着个体的差异。面向全体、因材施教的原则就是指幼儿园健康教育应根据每个幼儿的特点进行,使每个幼儿都能在原有的基础上得到较快的发展。在确定发展目标时,应因人而异,不强求一律。

五、幼儿园健康教育活动实施的途径

（一）专门的健康教育活动

专门的健康教育活动是实施幼儿园健康教育的重要途径。按照教育活动组织的严密程度和教师指导方式的不同,幼儿园专门的健康教育活动大致可分为正规性和非正规性两种形式。

（1）正规性健康教育活动,是教师有目的、有计划、有组织地对幼儿实施各种能够促进其身心健康的活动（如体育课、心理健康课等）。

（2）非正规性健康教育活动,如幼儿园户外体育活动等。一方面可以作为正规性健康教育活动的延伸。另一方面,由于其自身具有丰富的活动内容,且活动形式又丰富多样,它又具有正规性健康教育活动所不能替代的重要作用。

（二）日常生活中的健康教育

幼儿园健康教育活动应结合日常生活活动来进行。例如,午饭后幼儿的散步活动,作为幼儿一日生活中一种经常性的活动,便是幼儿身体锻炼的一种方式。至于一些生活、卫生习惯的培养,如盥洗的顺序、方法和技能,穿脱衣服的知识和技能,等等,必须结合幼儿的日常生活来进行,才能够收到更好的教育效果。

（三）渗透于其他领域的健康教育

实施幼儿园健康教育活动应结合幼儿园其他领域的活动来进行。例如,将枯燥单调的健康知识编成幼儿喜欢的儿歌和歌曲;或让幼儿到田间去认识蔬菜,来培养他们爱吃蔬菜的习惯;等等。这种将幼儿园健康教育结合语言、音乐和科学等方面的活动来进行的方式,同样可以达到健康教育活动的目标。再如,社会、科学教育活动中的参观,音乐活动中的舞蹈、律动等,本身就是幼儿身体锻炼的良好途径。

（四）渗透于区域活动的健康教育

区域活动形式的健康教育活动为幼儿创设了一个宽松、和谐的环境,是幼儿喜闻乐见的主要活动形式。幼儿可以根据自己的需要和兴趣选择自己喜欢的区域,进行学习和探究。健康活动区域可以设置在户外,也可以设置在班级活动室内。如创设体能区,让幼儿进行身体锻炼;创设生活区,让幼儿学习与练习生活技能,掌握为他人服务的能力;创设安全区,让幼儿学会自我保护,遵守交通规则;等。幼儿园可以根据本园的教育计划创设适宜的健康教育活动区域,让幼儿在区域中的学习更加积极、更加主动、更加个性化。

(五)幼儿园与家庭、社区合作的健康教育

幼儿园健康教育活动应争取家庭的配合和社会的支持。因为幼儿园健康教育的有关内容与家庭生活密切相关,家长应当成为幼儿园健康教育活动的合作者。另外,幼儿园的健康教育也不能忽视社会的影响,如电视媒体的影响等。

幼儿园健康教育的实施,只有积极争取家长的理解和支持,努力创设和利用环境,开展幼儿园、家庭和社区一体化教育,三者相互协调、相互补充,才能全方位促进幼儿的身心健康发展。

第二节 幼儿园身体健康教育活动设计与指导

一、幼儿园身体健康教育活动的内涵

幼儿园身体健康教育是根据3～6岁幼儿的生理特点对幼儿进行人体的认识与保护教育,帮助幼儿正确认识身体内、外部的主要器官,初步掌握对身体进行保护的方法和技能,逐步养成关注健康的意识和习惯[①]的教育活动。

二、幼儿园身体健康教育活动的目标

(一)幼儿园身体健康教育的总目标
结合《纲要》和《指南》在健康领域提出的目标,具体来说,幼儿园身体健康教育的总目标包括以下几个方面。
(1)了解身体主要器官的名称、形态、结构与功能。
(2)学习保护身体主要器官的基本方法。
(3)逐步树立关心、保护自己身体健康的意识和习惯。
(4)了解预防常见疾病的简单知识,逐步形成抵御疾病的意识。
(5)乐于接受体检和预防接种。

(二)幼儿园身体健康教育的年龄阶段目标(见表2-11)

表2-11 幼儿园身体健康教育的年龄阶段目标

小 班	中 班	大 班
1.初步了解身体的外形结构 2.初步了解自己身体的各种感觉器官及其简要功能 3.了解自己的视力和听力,初步认识并学习简单的保护感官的方法 4.初步了解预防接种和治疗疾病的简单知识,不怕打针和吃药 5.初步了解用药的安全常识,不随意吃药,能按医生(成人)要求服药 6.了解自己的性别	1.进一步认识身体的主要外部器官及其功能 2.了解保护五官的知识,并知道保护的原因 3.了解自己的视力、听力的发展情况,注意身体保健 4.初步了解疾病预防和治疗的重要性,逐步形成接受疾病、预防和治疗疾病的积极态度与行为 5.初步了解生命的形成过程	1.初步认识身体主要器官的功能,如胃、肠、大脑、心脏等的功能,懂得简单的保护方法 2.进一步了解五官的结构功能,学习养护与锻炼五官的知识。有初步的自我保健意识和发展视听能力的愿望。如了解有关预防龋齿及换牙的知识,主动保护眼睛 3.能在成人指导下主动参加发展视力、听力等的游戏 4.粗浅地明白常见疾病的发病原因,知道预防常见疾病的相应措施 5.初步具有性别角色意识

---

① 李秀敏.幼儿园健康教育与活动指导[M].南京:南京师范大学出版社,2020:38.

三、幼儿园身体健康教育活动的内容

根据幼儿园身体健康教育的目标,其内容主要包括身体认识与保护、常见疾病与传染病的认识与预防两方面。

（一）身体认识与保护

了解人体外形、主要内脏器官的结构和简要功能,懂得爱清洁、讲卫生,保持心情愉悦,爱护自己的身体;认识和保护人体的外部器官,如眼睛、耳朵(见图2-3)、鼻子、牙齿、舌头等;初步探索生命现象,如感知身体由小到大的逐渐变化,感知体验身体功能的逐渐完善,接受初步的性启蒙教育等。

图 2-3　中班健康教育活动"爱护耳朵"

（二）常见疾病与传染病的认识与预防

了解疾病的基本常识,知道疾病对生长发育的不良影响;初步了解常见疾病和传染病的病因,初步了解预防传染病的措施、预防接种的意义。

四、幼儿园身体健康教育活动实施的方法

幼儿园身体健康教育活动注重幼儿将获得的知识和形成的态度转化为良好的行为习惯,这在方法上尚难找到一种效果最佳的固定方法,故要求教师根据既定教育目标、教育内容及教育情景的变化灵活地加以选择。下列方法是幼儿园身体健康教育过程中常常采用的。

（一）讲解演示法

指教师边讲解边结合动作演示,或以实物、模型演示,具体而形象地向幼儿传授粗浅的有关健康的知识和技能,提高幼儿对健康的认识水平。需要说明的是,演示的手段应多样化,尤其是运用电教手段进行直观而动态的演示,能激发幼儿的兴趣,增强幼儿对健康知识的理解。

（二）动作和行为练习法

指让幼儿对已学过的基本动作与生活技能、健康行为等进行反复练习,加深理解,形成稳定的技能和良好行为习惯的方法。

（三）情境表演法

指教师或幼儿就特定的生活情境加以表演,或通过录像向幼儿展示生活情境,让幼儿观察和分析情境

中所涉及的健康问题。由于情境表演的主题源于幼儿的现实生活,因而能激发幼儿的兴趣,较好地帮助幼儿认识生活中可能遇到的同类问题和冲突,树立正确的健康态度和行为。

(四)感知体验法

指让幼儿通过各种感官来认识和判别事物的特性。这种方法能有效地激发幼儿参与活动和在活动中探究的兴趣,加强他们对事物认识的印象。

(五)讨论评议法

指在幼儿参与健康教育的过程中,让他们提出问题,发表自己的意见和看法,最后得出结论,形成共识。这种方法能有效地帮助幼儿表达自己的真实想法,在讨论、评议中提高他们辨别是非的能力和对健康的认识水平。

五、幼儿园身体健康教育活动的设计

幼儿园身体健康教育活动的设计包括活动内容、活动目标、活动准备、活动过程和活动延伸等方面。

(一)拟定活动名称

活动名称可表明活动的具体内容,是身体健康教育活动的主题。如中班身体健康教育活动"有趣的脚",大班身体健康教育活动"男孩、女孩",等。

(二)制定活动目标

具体的活动目标是幼儿园健康教育总目标和年龄阶段目标的细化。在表述中应简洁清晰、准确具体,具有可操作性,目标条目不宜过多,一般2~3条。

(三)做好活动准备

一个完整的健康教育活动需要教师进行多方面的准备,包括物质准备和经验准备。物质准备包括教具、学具、环境创设等方面的准备;经验准备包括教师自身的经验准备和幼儿的经验准备。

(四)设计活动过程

活动过程一般包括导入、展开、结束等环节。

1. 导入环节

幼儿园身体健康教育活动的导入环节,教师要根据幼儿年龄特点、生活经验以及活动内容的不同采用不同的方式,常用的导入方式有直接导入、作品导入、设疑导入、情境导入和游戏导入等。

2. 展开环节

(1)观察感知,初步认识身体各部位的结构特点。通过让幼儿观看多媒体视频、图片或观察自己的身体等形式,引导幼儿初步认识人体外形或器官的结构特点并说出它们的名称。

(2)探索交流,初步了解身体各部位的功能。让幼儿初步了解身体各部位的功能,可运用以下方法。

① 观看多媒体视频或图片,了解身体各部位的功能。

② 调动多种感官,体验感受身体各部位的功能。

③ 运用已有经验,交流讨论,增强对身体各部位的功能的认识。

(3)操作练习,了解并掌握保护身体各部位的方法。通过提问讨论、游戏或其他操作活动等形式,让幼儿学习保护自己的身体。

3. 结束环节

结束环节可以采用归纳总结或游戏进行巩固提升。如通过小组讨论、师幼共同参与评议等方式进行总结;也可以通过发展幼儿身体各部位功能的游戏,巩固加深认知,锻炼能力。

在引导幼儿参与活动、参与思考及引导幼儿总结这三个环节中,教师应明确:希望幼儿在哪些方面获得发展?希望解决什么问题?如何启发幼儿思考?如何带动幼儿参与活动?什么时候提什么问题?如何使用最佳的教育方法?如何让幼儿对活动作出总结,使幼儿已有的经验得到提升?

（五）拟定活动延伸

活动延伸的方法可以是家园共育、领域渗透、生活活动、区域活动、环境创设等。如教师利用健康教育活动教幼儿学会了正确的刷牙方法,在活动结束后的当天,就应该及时在家园联系栏上给家长留言,要求家长在家中督促幼儿按时用正确的方法刷牙,以帮助幼儿巩固刷牙的正确方法,养成良好的刷牙习惯。

六、幼儿园身体健康教育活动的实施要点

（一）科学与艺术解释相结合

所谓的科学解释是指教给幼儿的身体知识是科学的、符合实情的;所谓艺术解释,是指鉴于幼儿的认知水平和情感接受程度,有时必须要求教育者对身体知识以隐喻的方式加以说明。如对于"我从哪里来"的问题,教师和家长很难向孩子解释。为了解答这个问题,可以科学和艺术地向幼儿解释:"每一个人生命开始的时候都曾经居住在一个温馨神奇的地方。这个温馨神奇的地方在妈妈肚子里,它是 个奇妙的宫殿,它的名字叫作子宫。这里很安全,也很温暖。我们每一个人都曾经在这个奇妙的宫殿里慢慢长大,变成可爱的小天使,然后从这里来到美好的世界上。"

（二）讲解与体验相结合

在实施身体健康教育活动的过程中,由于幼儿常常受其认知水平的限制,对于一些单纯靠语言讲解难以理解的内容,教师可以通过讲解与体验相结合的形式帮助幼儿理解。如"保护舌头"的教育过程中,教师讲述舌头的作用后,再让幼儿试试舌头不动还能不能说话,用吸管品尝放有调味品的水,等,以此来了解舌头的作用。

（三）抽象与直观相结合

在实施身体健康教育活动的过程中,幼儿对纯粹抽象的知识难以理解或记忆,如果讲解过程中结合直观的图像或实物将会事半功倍,所以在实施身体健康教育过程中应以直观教育为主。如"保护舌头"的教育过程中,首先让幼儿照照镜子,了解舌头的形状、颜色;然后观看舌头模型或多媒体课件,认识舌头各部分的结构,帮助幼儿全方位了解和认识舌头。

七、幼儿园身体健康教育活动案例及评析

案例展示台

扫码看视频

中班身体健康教育活动：有趣的小脚

活动目标

1. 乐于与同伴探索脚的奥秘,体会外部环境对脚的刺激。
2. 认识脚的主要结构和功能,锻炼脚部各关节的灵活性。
3. 掌握保护脚的方法,有主动爱护脚的意识与积极的行为。

活动准备

1. 经验准备：（1）幼儿知道脚的名称,了解脚能走路；（2）幼儿已学习儿歌《小脚丫》。
2. 物质准备：（1）温度适宜的多功能厅,五条小路（海绵垫子、木板地、沙地、瓷砖地、鹅卵石路）；（2）数种颜色的颜料,质地较好的大白纸；（3）节奏欢快的音乐。

活动过程

1. 脚丫游戏,激趣导入。

教师带领幼儿伴随着节奏欢快的音乐来到多功能厅,让幼儿脱掉鞋袜,围成一个大圆圈,面向圈内坐下,边说儿歌边做动作:小脚丫,点点头(勾绷脚),拍一拍(双脚互碰),揉一揉(双脚互搓),我们都爱小脚丫。

2. 赤脚坐在地上,认识双脚的结构。

(1) 引导幼儿观察小脚是什么样的,说出各部位的名称。(启发幼儿边说边指出脚背、脚底、脚心、脚跟、脚趾头、脚趾甲等部位)。

(2) 向幼儿介绍脚弓(足弓):脚底中间有个弧形,叫什么?(引导幼儿找找、摸摸)有了脚弓,走路有弹性,脚就不痛。

小结:我们的小脚上有脚背、脚底、脚心、脚跟、长短不一的脚趾头、脚趾甲,还有一个弯弯的脚弓,每个人的脚都不一样。

3. 积极探索,认识双脚的功能。

(1) 讨论:小脚可以做什么?(启发幼儿说出走路、跳舞、上下楼梯、骑车、跳绳、踢球等)幼儿每说出一种,全体幼儿就学着做,引导幼儿熟悉脚的功能。

(2) 让幼儿赤脚走过海绵软垫、木板地、瓷砖地、沙地、鹅卵石路。

提问:走不同质地的地面,有什么不同的感觉?(知道脚能感觉到软、硬、冷、滑、粗糙等)

小结:我们的小脚真有用,能帮我们做很多事情,还能感觉到软、硬、冷、滑、粗糙等。

4. 讨论保护自己的双脚。

提问:小脚有这么多本领,我们平时该怎样保护它呢?(启发幼儿根据已有经验,说说如何保护好自己的小脚)

小结:平时我们要穿合适的鞋子和袜子,勤洗脚,勤剪脚趾甲,不用脚去踩碎玻璃或金属等危险物等,这样才能保护好我们的双脚。

5. 用脚画画。

师:平时我们都是用手来画画,今天我们试试用灵巧的小脚丫画一幅漂亮的脚印画。

(1) 教师示范讲解画画要求。

(2) 在美妙的音乐声中,全体幼儿双脚自由印画。

活动延伸

1. 将脚印画贴在活动室走廊墙上,进一步激发幼儿对小脚丫的兴趣。

2. 在日常生活中,教幼儿学习洗脚的方法,让幼儿知道洗脚有利于健康。

(活动设计与执教:湖南省衡阳幼儿师范高等专科学校附属幼儿园　王许珂)

活动评析

本次活动自始至终以幼儿喜欢的游戏形式激发其探索欲望,通过情景的创设来探究问题。如让幼儿光着小脚做游戏,使幼儿尽情地放松,自由地活动;在尝试走各种不同材料、质地的路面的过程中,幼儿通过直观的探索,体验到脚在不同材料、不同质地路面上的不同感觉,再让幼儿讨论如何保护脚,可谓水到渠成。结束部分伴随着优美的音乐用脚印作画,幼儿的参与热情得到了极大的释放,全员参与调动了幼儿的积极性。用涂有颜料的脚作画这一新颖而开放的形式,既锻炼幼儿脚部小肌肉群,促进幼儿脚部的发育,又在集体作画过程中培养了幼儿的团结合作意识。

大班身体健康教育活动：红眼咪咪

扫码看文案

第三节 幼儿园心理健康教育活动设计与指导

一、幼儿园心理健康教育活动的内涵

幼儿园心理健康教育活动是指根据幼儿生理、心理发展特点,运用有关心理教育的方法和手段,以改善和提高幼儿的心理健康认识,培养幼儿的健康行为,维护和促进幼儿心理健康为核心目标的一系列幼儿园教育活动。对幼儿及时、有效地进行心理健康教育,既是幼儿园健康教育领域的主要组成部分,也是促进幼儿身心健康发展的必要环节。

二、幼儿园心理健康教育活动的目标

(一)幼儿园心理健康教育的总目标

根据幼儿园教育的总目标,综合《纲要》和《指南》的内容,具体来说,幼儿园心理健康教育的总目标包括以下几个方面。

(1)培养幼儿具有良好的自我意识。

(2)培养幼儿积极、乐观、开朗的性格特征。

(3)培养幼儿良好的社会交往能力及关爱他人的品格。

(4)培养幼儿广泛的兴趣、好奇心和求知欲,开发幼儿的智能和创造性。

(5)预防和矫正幼儿心理与行为问题,促进幼儿心理健康。

(二)幼儿园心理健康教育的年龄阶段目标(见表2-12)

表2-12 幼儿园心理健康教育的年龄阶段目标

小 班	中 班	大 班
1. 喜欢上幼儿园,能遵守一定的规则,逐步适应集体生活 2. 情绪愉快、稳定,能恰当表达自己的情绪 3. 愿意与同伴一起游戏,体验与同伴共同游戏的乐趣 4. 对周围的事物和现象感兴趣,表现出探究的热情 5. 敢于与人打招呼,愿意在熟悉的人面前说话 6. 自己能做的事情愿意自己做,乐意完成教师布置的任务,在活动中体验成功的快乐	1. 经常保持愉快的情绪,能真实而自然地表达自己的情感 2. 愿意并喜欢与他人交流,能用礼貌的方式表达自己的要求和想法 3. 能积极参加幼儿园的各种游戏活动,懂得合作与谦让,能体验到合作、谦让的快乐 4. 乐于动手动脑探索新事物或现象,遇事喜欢问为什么,并能主动回答教师的提问 5. 知道自己的一些优点和长处,能认识和克服不必要的恐惧,培养勇敢的性格 6. 自己的事情尽量自己做,养成做事有始有终的习惯	1. 情绪愉悦、稳定,表达情绪的方式适度,能较为有效地控制自己的情绪和不良行为 2. 积极主动并礼貌地与他人交流互动,敢于在人前表现自己 3. 喜欢结交新朋友,能与同伴友好相处,乐于分享和合作 4. 遇事情愿意多动脑筋,思考问题;乐意参与竞赛活动,培养积极竞争的态度和性格 5. 知道并能做出与自己性别角色相一致的行为 6. 学会做事一心一意,为达目标坚持不懈

三、幼儿园心理健康教育活动的内容

幼儿园心理健康教育的内容很多,根据心理健康教育的目标,我们将幼儿园心理健康教育的内容概括为情绪情感教育、社会适应教育、初步的性教育三个方面。

(一)情绪情感教育

学会观察、体验他人与感受自己的情绪、情感,保持情绪安定、愉快。学会用恰当的方式表达自己的情绪、情感,情绪表达适度。学习合理宣泄消极情绪,保持愉快情绪,形成乐观、向上、开朗、自信的良好心态,保持积极的心境。

(二)社会适应教育

学会移情,感知和理解他人的情感,体验他人的需要,培养亲社会行为。学会分享与合作,在交往中养成友好、合作、宽容、热情的心理品质,学会在集体中建立良好的人际关系。学会尊重、关心、同情和帮助他人,增强社会交往能力。

(三)初步的性教育

1. 性别认同和性别角色教育

了解男女的性别差异,并逐渐形成自己的性别角色意识;初步认识和了解不同性别行为模式、社会角色差异,以及不同性别的社会角色行为规范,学习简单的与性别有关的行为礼仪。

2. 自我保护教育

学习简单的性知识,知道识别及应对不恰当的身体接触,保护自己的隐私部位,不让他人触摸。不随便向他人暴露自己的身体,也不窥探或触摸他人的隐私部位。能用恰当的语言和动作表达对他人的喜爱之情。知道在遇到坏人时,采用大声呼救、打电话等求救方式。

四、幼儿园心理健康教育活动的设计

幼儿园心理健康教育的内容不同,教育活动的组织也随之不同,其活动过程设计思路要点如下。[①]

(一)情感陶冶式心理健康教育活动

设计思路:情感激发—情绪追忆—情感换位—实践体验。

如中班心理健康教育活动"大家一起笑起来"的活动过程。1. 参观"表情王国",引出活动主题,说出是什么表情。2. 引导幼儿体验不同的心情。(1)当你遇到什么事、心情怎样时,会出现这些表情?(2)观看幼儿在幼儿园集体活动中的影像资料,引导幼儿欣赏自己与同伴的表情。3. 讨论:当遇到不开心的事情时,你该怎么办?4. 游戏"快乐传递",传递"开心娃娃"和"伤心娃娃",分享自己的快乐,分享自己由不开心变成开心的办法,让自己每天都拥有好心情。

(二)角色扮演式心理健康教育活动

设计思路:创设情境—情境表演—交流讨论—表演游戏。

如小班心理健康教育活动"伤心的大拇指"的活动过程。1. 情境导入(木偶台后传来一阵伤心的哭泣声),引出主题。2. 教师表演手指偶"伤心的大拇指",帮助幼儿感知大拇指的情绪。3. 按顺序出示图片并引导幼儿观察讨论:(1)大拇指为什么伤心地哭泣?(2)大拇指为什么会变得很难看?(3)大拇指请我们帮助它,我们怎样帮助大拇指呢?4. 在教师的指导下,幼儿两两一组,用手指偶互相为对方表演"大拇指笑了"。

(三)艺术陶冶式心理健康教育活动

设计思路:欣赏艺术作品—经验迁移—联想深化—实践操作。

如大班心理健康教育活动"我们不怕困难"的活动过程。1. 欣赏故事《小蜗牛爬高墙》,引出活动主题。2. 讨论解决困难的方法,引导幼儿进行经验迁移。(1)小蜗牛爬上高墙了吗? 它爬墙的时候碰到了什么

---

① 李秀敏.幼儿园健康教育与活动指导[M]. 南京:南京师范大学出版社,2020:74.

事情? 小蜗牛又是怎么做的呢? (2)如果你遇到了像小蜗牛那样的困难,你能想出办法解决吗? 现在请你帮帮小蜗牛。3. 引导幼儿联想深化。(1)小朋友们遇到过困难吗? 遇到过什么困难呢? (2)你遇到困难时,是怎么解决的? 4. 挑战游戏:(1)跳过绳子游戏。(2)爬高取物。

五、幼儿园心理健康教育活动的实施要点

(一)提高幼儿园教师素质

幼儿园教师首先应提高自身的心理素质,在工作中始终以良好、健康的心理进行教育和教学。其次,教师要能够及时调整自己的情绪,在教学和日常生活中保持自信、乐观的情绪,尽量不要在幼儿面前宣泄不良情绪,更不能因为自己心情不好而影响到幼儿。

(二)善于观察,适时疏导

随着年龄的增长,幼儿的情绪、情感逐渐由外露转为内隐,但又由于情绪调节能力较差而压抑自己,或由于不懂得如何表达自己的情感体验,从而影响其情绪状态。这就需要教师善于观察,了解每个幼儿的个性特征和表达方式,适时帮助其疏导不良情绪,用爱心呵护孩子健康成长。

(三)师生平等,尊重幼儿人格

幼儿与教师在人格上是平等的,应该互相尊重、互相理解。教师应尊重每个幼儿,保护他们健康成长,不能居高临下地说教,不能采用强制的手段去强迫幼儿接受教育,更不能用训斥、体罚等方式对待幼儿,应该成为幼儿的朋友。

尊重每个幼儿,不要随便给幼儿下结论,如指责某幼儿有“自闭症”或“多动症”等,这会对幼儿的心灵造成严重伤害,影响其社会性的发展。如果发现幼儿有心理疾病的表现,教师应及时提醒家长带孩子去医院检查,以免错过最佳治疗年龄。即使幼儿真的患有某方面的心理疾病,教师也应尊重并保护幼儿的隐私,尽量为其提供正常的交往环境,并尽可能地配合家长帮助治疗,促进其健康发展。

(四)坚持预防,发展重于矫治

心理健康教育具有两项功能,一是预防、矫治功能,二是发展功能。如果能预见幼儿可能出现的种种心理问题,就应该设法消除引发问题的各种隐患,增强幼儿相应的解决问题的能力。对个别有心理障碍的幼儿,可请有专业经验的心理治疗人员对其进行诊治。

幼儿园心理健康教育应该将重点放在发展功能的实现上,以幼儿成长发展的需要为出发点,帮助他们解决成长过程中遇到的问题,如交往问题、情绪问题、社会适应问题等。同时,也应有针对个别幼儿的咨询和辅导。

六、幼儿园心理健康教育活动案例及评析

案例展示台

扫码看视频

中班心理健康教育活动:大家一起笑起来

活动目标

1. 感受几种常见的情绪和表情,初步懂得愉快的情绪有利于身心健康。
2. 尝试结合自己的生活经验,寻求正确的调适情绪的方法。
3. 能用积极乐观的生活态度化解不开心的情绪。

活动准备

1. "笑""哭""生气""害怕"四种表情脸谱,小镜子若干(与幼儿人数相等)。
2. 幼儿在幼儿园各种集体活动的影像资料(剪辑片断),多媒体教学设备。

活动过程

1. 逐一出示四种表情脸谱,吸引幼儿注意力。

请幼儿仔细观察四种表情,说出不同的表情对应的五官的变化。

小结:我们做不同表情的时候,脸上的五官也会有不同的变化,比如笑的时候嘴角是向上的,眼睛会眯起来;哭的时候嘴角和眉毛是向下的;生气的时候会睁大眼睛,眉毛挑起来。

2. 讨论:当遇到什么事、心情怎样时,会出现这些表情?

(1) 遇到开心高兴的事,心情变得愉快、舒畅时就会笑。

(2) 遇到痛苦伤心的事,心情变得难过、悲伤时就会哭。

(3) 遇到不开心的事,就会生气,也会哭。

(4) 遇到令人恐惧的事,就会害怕,也会哭。

3. 照镜子,引导幼儿做一做刚才说的几种表情。

感受常见的情绪和表情,知道情绪不同,表情就不同。

(1) 提问:你喜欢哪种表情?为什么?

(2) 小结:笑的时候人很漂亮,心情也好,食欲好,睡得也香;哭的时候人很难看,心情也不好,吃不下饭,也睡不着觉,人无精打采,时间一长就会影响身体健康。所以我们要经常笑,保持愉快的情绪,让别人快乐,自己也快乐。

4. 欣赏影像资料(剪辑片断),引导幼儿欣赏自己与同伴的表情。

利用多媒体教学设备让幼儿欣赏自己和小伙伴在幼儿园各种集体活动中的掠影。引导幼儿注意和发现:原来每个人的表情都是那么丰富!每个人都会有开心和不开心的时候。

5. 讨论:在生活中,我们每个人都会遇到一些不开心的事情,当遇到不开心的事情时,我们该怎么办呢?

小结:当遇到不开心的事情时,我们可以采用以下方法帮助自己。

(1) 告诉爸爸妈妈、老师和小朋友们,让大家帮助自己由不开心变成开心。

(2) 做一些让自己快乐起来的事情,如玩好玩的玩具,吃好吃的东西,听好听的音乐,看有趣的图书等。

(3) 把不开心的事情画在纸上,折成飞机,让不开心飞出去……

6. 跟着开心娃娃随着音乐《你笑起来真好看》跳手势舞,激发幼儿愉快的情绪。

活动延伸

1. 语言区:幼儿扮演小记者,采访同伴一天中快乐和不开心的事情,并说说当遇到不开心的事情时,是如何处理的。

2. 心理健康室:在心理健康室设置"私密空间区",在适当的时候给幼儿提供冷静、发泄的时间和空间。

3. 亲子活动:建议家长在日常生活中让幼儿多接触美的事物,以陶冶他们的心灵,在他们心灵深处埋下快乐的种子。

(活动设计:湖南省衡阳市政府机关第二幼儿园　邓育艳)

活动评析

心理健康有一个很重要的指标就是情绪愉快。对幼儿来说,每天都会有最基本甚至丰富的情绪体验。本活动以幼儿最常见到的"笑""哭""生气""害怕"四种表情脸谱导入,激发幼儿模仿表情的兴趣。然后借助于照镜子、欣赏影像资料,引导幼儿进行情绪追忆和情感换位,积极主动地探索,大胆地发表自己的看法,通过探索发现:原来每个人的表情都很丰富,每个人都会有开心和不开心的时候,初步懂得愉快的情绪有利健康。

第四节 幼儿园生活习惯与生活能力教育活动设计与指导

一、幼儿园生活习惯与生活能力教育活动的内涵

幼儿生活习惯是指幼儿在生活方面所表现出的比较稳定的心理品质和行为方式。良好的生活习惯是一种高层次的自觉行为。

幼儿生活能力是指幼儿在日常生活中照料自己生活的自我服务性劳动的能力。生活能力是一个人应该具备的最基本的生活技能。

幼儿园生活习惯与生活能力教育是指在幼儿园的一日活动中根据幼儿身心发展的特点有计划、有目的地进行,以丰富幼儿在日常生活习惯与生活能力方面的知识、改善幼儿态度、帮助和促进幼儿逐步养成良好的生活习惯与生活能力为目的的教育活动。

二、幼儿园生活习惯与生活能力教育活动的目标

(一)幼儿园生活习惯与生活能力教育的总目标

《纲要》明确指出,幼儿应"生活、卫生习惯良好,具有基本的生活自理能力"。《指南》也指出,要"具有良好的生活与卫生习惯,具有基本的生活自理能力"。这可以说是幼儿园生活习惯与生活能力教育的总目标。

(二)幼儿园生活习惯与生活能力教育的年龄阶段目标

《指南》在健康领域的"生活习惯与生活能力"的目标1、2中详细阐述了幼儿园各年龄段幼儿需要达到的目标,详见第二章第一节。

三、幼儿园生活习惯与生活能力教育的内容

(一)生活习惯教育的主要内容

幼儿生活习惯教育的主要内容包括卫生习惯教育、饮食习惯教育、作息习惯教育和学习习惯教育等(见表2-13)。

表 2-13 幼儿生活习惯教育的主要内容

生活习惯教育项目	生活习惯教育内容
养成良好的卫生习惯	1. 讲究个人卫生,如勤洗澡、勤换衣、勤剪指甲等 2. 饭前便后洗手,进食后漱口(见图2-4) 3. 咳嗽、打喷嚏时用手帕或纸巾捂住口鼻 4. 不揉眼睛,不挖鼻孔 5. 不随地吐痰,不乱扔垃圾
养成良好的饮食习惯	1. 三餐定点、定时、定量,保证吃好正餐 2. 进餐时精神愉悦、注意力集中 3. 不挑食,不偏食,不暴饮暴食 4. 按自己的需要主动、及时地喝白开水(见图2-5)
养成良好的作息习惯	1. 睡前大小便 2. 独自安静入睡 3. 掌握正确的睡眠姿势(右侧卧睡或仰睡) 4. 按时入睡和起床,早睡早起,坚持午睡

生活习惯教育项目	生活习惯教育内容
养成良好的学习习惯	1. 养成良好的阅读、绘画、写字、唱歌等习惯 2. 坐、站、行、睡姿势正确 3. 保持书籍、文具和玩具的清洁 4. 养成自己整理活动用具的习惯

图 2-4　幼儿饭前洗手

图 2-5　幼儿主动、及时喝白开水

（二）生活能力教育的主要内容

幼儿生活能力教育的主要内容包括保持个人清洁卫生的能力、保持自己的物品及环境整洁的能力、自我照料与自我服务的能力（见表 2-14）。

表 2-14　幼儿园生活能力教育的主要内容

生活能力教育项目	生活能力教育内容
保持个人清洁卫生的能力	1. 能用正确的方法洗脸、洗手、擦鼻涕、刷牙、漱口 2. 能保持衣着整齐 3. 大便后能擦拭干净
保持自己的物品及环境整洁的能力	1. 能按类别收拾、整理好自己的物品（见图 2-6） 2. 会简单地折叠衣服 3. 会整理自己的小床
自我照料与自我服务的能力	1. 会自己穿脱衣服，能根据自己的冷热增减衣服 2. 会自己穿鞋子、系鞋带、扣扣子、拉拉链 3. 会正确使用餐具，能独立进餐（见图 2-7），会剥一些带皮的食物 4. 如厕后自己擦屁股、提裤子、冲厕、洗手

图 2-6　幼儿生活自理能力竞赛

图 2-7　幼儿独立进餐

（三）饮食与营养教育的主要内容

幼儿园饮食与营养教育的具体内容如下（见表2-15）。

表 2-15 幼儿园饮食与营养教育的主要内容

饮食与营养教育项目	饮食与营养教育内容
粗浅的食品营养知识	1. 认识常见的食物，知道食物的名称、形状、质地、味道 2. 初步了解食物的营养价值，知道人体需要的多种营养素可以从不同食物中获得，知道营养与健康的关系 3. 了解平衡膳食的简单知识
饮食行为习惯教育	知道不良的饮食习惯对人体健康的危害，通过反复练习建立良好的饮食行为习惯。如饭前洗手、饭后漱口、安静用餐、不偏食、不挑食、不暴饮暴食等
饮食方法和技能教育	1. 掌握基本的饮食方法和技能，逐渐学会正确使用勺子、筷子 2. 掌握食用各种食物的技能，如剥鸡蛋、吐鱼刺等，提高饮食自理能力 3. 能初步选择健康食物，辨认腐败变质的食物 4. 了解一些常见食物的简单加工制作、保存的方法，学习在成人的帮助下制作几样简单的食物
饮食文化与饮食礼仪教育	1. 养成文明的饮食礼仪，如讲究餐桌卫生，不浪费粮食，安静就餐等 2. 学习和使用一些基本的进餐礼貌用语 3. 结合节假日，品尝我国及各国民间的传统食品，了解各民族、各地域的饮食文化和饮食习惯

四、幼儿园生活习惯与生活能力教育活动的设计

幼儿园生活习惯与生活能力教育活动的设计思路与幼儿园健康教育活动的基本一致，其活动过程设计思路要点如下。

（一）生活体验式

设计思路：情境激发—生活体验—交流讨论—实践提升。

如大班生活能力教育活动"小小营养师"的活动过程。1. 以"营养师"的角色带领幼儿进入自助餐厅，激发幼儿挑选自助餐的兴趣。2. 引导幼儿结合生活经验挑选自助餐。3. 介绍"健康饮食金字塔"，讨论：怎样吃才是科学合理的？4. 鼓励幼儿对已选食物进行调整，养成健康饮食的好习惯。

（二）角色扮演式

设计思路：情境表演—交流讨论—实践操作—表演游戏。

如小班生活习惯教育活动"我有一双干净的手"的活动过程。1. 情境表演（巧虎总是用脏手拿东西吃，现在肚子疼，伤心地哭泣），引出主题。2. 按顺序出示图片并引导幼儿观察讨论：（1）巧虎为什么会肚子疼？（2）吃东西前应该怎么做？还有什么时候也需要洗手？（3）怎样才能把手洗干净？3. 学习正确的洗手方法。4. 游戏"小手洗得最干净"：教师说出某一洗手的动作名称，幼儿扮演巧虎做相应的动作，巩固对洗手方法的记忆。

（三）艺术陶冶式

设计思路：欣赏艺术作品—经验迁移—实践操作—巩固提升。

如中班生活习惯教育活动"蹭痒痒的小猪"的活动过程。1. 欣赏故事《猪小弟变干净了》，引出活动主题。2. 讨论其行为可能造成的影响，引导幼儿进行经验迁移。（1）为什么小兔、小羊等小动物都不愿意与猪小弟做游戏？后来小动物们为什么又喜欢和小猪玩了呢？（2）你喜欢洗澡吗？如果不洗澡，会有什么

感觉?洗完澡后,又会有什么感觉?(3)平时你是怎样洗澡的?应该怎样洗澡?3.随音乐自由表演或创编洗澡的各种动作。

五、幼儿园生活习惯与生活能力教育活动的实施要点

(一)遵循幼儿身心发展水平与认知特点

生活习惯与生活能力的教育要遵循幼儿身心发展水平,一般对小班幼儿的要求是最基本的生活方面的要求,对中班、大班的要求会逐渐增多、难度增大,遵循螺旋式上升、循序渐进的规律。生活习惯与生活能力的教育要尊重幼儿的认知特点,从幼儿的生活出发,制定合理的目标,选择幼儿生活中的切实需要作为教育的内容,采用合适的教育活动实施方法。

(二)尊重差异,有针对性地进行个别指导

由于幼儿之间存在个体差异,对不同层次的幼儿的要求应有所不同。如对于自理能力较强的幼儿,应以较高水平来要求;对于自理能力较弱的幼儿,要给予耐心细致的帮助,帮助其逐步掌握自理技能。

(三)适时表扬,注意榜样的作用

对于幼儿良好的生活习惯,教师适时鼓励和表扬,有利于强化幼儿的正确行为,提高幼儿的学习兴趣。幼儿的模仿能力较强,家长、教师、同伴或周围其他人良好的生活习惯,都是幼儿学习的榜样,都有利于幼儿良好生活习惯的养成。

(四)持之以恒,提供幼儿锻炼的机会

幼儿生活习惯的培养具有长期性、反复性等特点,良好的生活习惯与生活能力的形成是一个日积月累的过程,只有持之以恒才能真正达到预期的效果。因此,教师应根据幼儿身心发展的规律,不失时机地为幼儿提供锻炼的机会和条件,放手让幼儿去尝试、去体验自己想干的、能干的事情,在不断反复的练习中,培养幼儿良好的生活习惯,掌握生活技能。

(五)家园共育,保持一致

在培养幼儿行为习惯的过程中,幼儿园教师和家长要经常沟通交流,对幼儿提出统一的要求。家长应配合幼儿园做到统一标准、统一要求,让幼儿坚持做到在园在家都一样,这样才有助于幼儿良好生活习惯与生活能力的培养。

六、幼儿园生活习惯与生活能力教育活动案例及评析

扫码看视频

案例展示台

小班生活能力教育活动:抹香香

活动目标

1. 知道抹香香的重要性,乐意自己独立抹香香。
2. 学习正确的抹香香方法,能在成人的提醒下每天坚持抹香香。

活动准备

1. 经验准备:幼儿认识宝宝霜,生活中有抹宝宝霜的经历。
2. 物质准备:毛巾、镜子、宝宝霜若干,PPT课件,背景音乐。

活动过程

1. 谈话导入,激发幼儿兴趣。

提问:刚才,我们把小手和脸蛋都洗干净了,接下来应该做什么?(抹香香)

2. 了解抹香香的重要性。

提问:(1)冬天来了,如果我们不抹宝宝霜,我们的脸蛋会变成什么样子呢?

幼儿观看PPT,教师引导幼儿发现宝宝的脸蛋是红红的,还有脱皮和裂纹,宝宝在流眼泪。

(2)教师介绍宝宝霜的作用。

天气变冷,寒风吹在我们的脸蛋上会使我们的脸蛋变得干燥、发红,严重的还会出现脱皮、裂纹。将宝宝霜抹在脸上,会让我们的脸蛋变得滑滑的,能更好地保护我们的皮肤。

3. 学习正确抹香香的方法。

(1)引导幼儿回顾生活经验。

提问:小朋友们,你们是怎样抹香香的? 谁愿意上来抹香香?

请一个幼儿上台展示抹香香,教师出示镜子,引导幼儿学会用镜子检查是否把香香抹均匀。

(2)幼儿学习抹香香的方法。

请幼儿跟着老师学习抹宝宝霜。教师边念儿歌边示范抹宝宝霜:蘸一蘸,点在额头上;蘸一蘸,点在鼻子上;蘸一蘸,点在下巴上;蘸一蘸,还有两旁小脸蛋。双手打开抹一抹,额头抹一抹,鼻子抹一抹,下巴抹一抹,我的小脸香又滑!

教师提醒幼儿不要把宝宝霜抹到眼睛、鼻孔、嘴巴、耳朵里;蘸宝宝霜只要蘸指甲盖大小,如果蘸多了可以抹到身体其他部位。

(3)幼儿模仿抹香香。

小结:你们学得很认真! 再次提醒孩子抹宝宝霜的时候一定要注意不要抹到眼睛、鼻孔、嘴巴、耳朵里,要把宝宝霜均匀地抹开,蘸宝宝霜时一次不要蘸太多。

4. 幼儿操作练习抹香香。

(1)师:小朋友们,你们想不想自己来抹香香?

(2)教师给每一位小朋友都准备了一面镜子、一瓶宝宝霜。抹宝宝霜时,教师跟小朋友们有三个约定:

① 双手轻轻搬起小椅子走到桌子前摆好;

② 请小朋友排好队,每人领取一面镜子和一瓶宝宝霜;

③ 找到位置坐下来自己抹香香,要注意安全,不能将宝宝霜弄到眼睛、鼻子、耳朵、嘴巴里面。

(3)播放背景音乐,幼儿操作练习抹香香。

(4)教师巡回观察指导,提醒幼儿用正确的方法抹香香。

5. 活动结束。

(1)提醒幼儿把物品分类摆放好。

(2)评价幼儿的活动情况,对遵守约定、认真操作的幼儿进行表扬。

(3)幼儿找到自己的好朋友互相轻轻地摸一摸、闻一闻小脸蛋。

(4)教师小结:抹了宝宝霜后我们的小脸蛋变得滑滑的,闻起来香香的,真舒服! 今天我们学习了抹宝宝霜的方法,以后你们每天都要坚持自己抹宝宝霜,香香地来幼儿园!

活动延伸

1. 在活动室或寝室的墙面上,粘贴抹香香的示意图,帮助幼儿掌握正确的抹香香的方法。

2. 在娃娃家,鼓励幼儿为布娃娃抹香香,在游戏中巩固正确的抹香香的方法。

3. 在日常生活中,鼓励幼儿边说儿歌边正确地抹香香。

（活动设计与执教:湖南省衡阳幼儿师范高等专科学校附属幼儿园 李哲）

活动评析

本活动符合小班幼儿的实际生活需要,对培养幼儿的独立性和自我服务能力,具有很强的现实意义。

活动中教师借助谈话—观察讨论—回顾生活经验—实践操作等,实现了预定的活动目标。同时,教师充分利用材料和有效的提问激发了幼儿的思维及表达欲望。对于抹香香的方法,教师没有进行简单的讲解,而是利用儿歌示范给幼儿,形式活泼有趣。最后,在轻松愉快的氛围中,幼儿积极参与操作活动,学习兴趣高,掌握得也快。

中班饮食与营养教育活动：蔬菜好吃营养多

扫码看文案

大班生活习惯教育活动：细嚼慢咽好处多

扫码看文案

第五节　幼儿园安全教育活动设计与指导

一、幼儿园安全教育活动的内涵

幼儿园安全教育是幼儿园依据幼儿动作发展、认知发展及知识经验特点,加强幼儿对周围环境中潜在危险的认识,提高预见性和保护技能,减少意外伤害发生,提高生命质量的教育。[①]

幼儿园应当把安全教育放在首位。对幼儿进行安全教育,有利于培养幼儿的安全意识,了解安全知识,避免危险行为,提高幼儿的自我保护能力。

二、幼儿园安全教育活动的目标

(一)幼儿园安全教育的总目标

《纲要》在健康领域提出,幼儿应"知道必要的安全保健常识,学会保护自己"。《指南》中对幼儿的安全教育提出,要使幼儿"具备基本的安全知识和自我保护能力"。这可以说是幼儿园安全教育的总目标。

(二)幼儿园安全教育的年龄阶段目标

《指南》在健康领域的"生活习惯与生活能力"的目标3中,即"具备基本的安全知识和自我保护能力"目标中提出了各年龄段幼儿学习与发展的目标,详见第二章第一节。

---

① 李秀敏.幼儿园健康教育与活动指导[M].南京:南京师范大学出版社,2020:115.

三、幼儿园安全教育的内容

幼儿园安全教育的内容很多,主要有生活和活动安全教育、交通安全教育、粗浅的食品和药品安全教育、意外事故和自然灾害自护自救教育。

(一)生活和活动安全教育(见表2-16)

表2-16　生活和活动安全教育的内容

安全教育项目	安全教育内容
用水、用电的安全	了解水、电的用途,知道玩水、玩电的危害性;不独自在距水边近的地方玩耍或私自下河游泳;不玩电源插座、电线和开关,不随便使用家用电器
独自居家的安全	不攀爬窗台、钻爬阳台护栏;在没人看护时,不能从高处往下跳;推门时,手不能放在门缝里
睡眠安全	睡觉时不把小玩具、小石子带到床上;不用被子蒙着头睡觉,嘴里不含东西睡觉
人际交往安全	独自在家时不轻易给陌生人开门,不轻信陌生人的话,不吃或拿陌生人给的东西;未经允许不跟陌生人走,更不能让陌生人触碰自己的身体;学会与同伴友好相处,不打人、咬人等
幼儿园集体活动的安全	知道在集体活动时要遵守秩序,不拥挤推撞,不得随便离开自己的班级;不随身携带锐利的器具;学会正确使用剪刀等锋利工具,用完后放回原处
运动和游戏的安全	知道玩不同玩具有不同的安全要求,玩大型器械时不拥挤,遵守规则,不随身携带尖锐物、棍棒等;玩中型玩具时,不能拿玩具和同伴打闹;玩小型玩具时,不能将玩具放入口、耳、鼻中,避免造成伤害

(二)交通安全教育(见表2-17)

表2-17　交通安全教育的内容

安全教育项目	安全教育内容
道路行走的安全	认识常见的交通安全标志,如红绿灯、人行通道等标志;了解基本的交通规则和安全要求,如红灯停、绿灯行,走斑马线过马路,靠右行走等;不在马路上踢球、追逐打闹,避让车辆等
乘坐交通工具的安全	乘车时要在座位上坐好,不随意在车内来回走动,手或头不伸出窗外;上下车时先下后上、不推挤

(三)食品和药品安全教育(见表2-18)

表2-18　食品和药品安全教育的内容

安全教育项目	安全教育内容
食品的安全	不吃腐败变质、有异味的食物和饮料,学习看食品的保质期;不吃过冷、过热的食物,不随便捡食或饮用不明物品;进食时细嚼慢咽,不嬉笑打闹,以防食物进入气管,吃带核、带刺、带骨的食物时要小心
药品的安全	学会辨认药物和一些容易与饮料混淆的有害物品;需要服用药物时一定要按医嘱在成人照看下服药

（四）意外事故和自然灾害自护自救教育（见表2-19）

表2-19　意外事故和自然灾害自护自救教育的内容

安全教育项目	安全教育内容
溺水、触电	发现溺水者要马上大声呼救，不能自己下水去救；不慎陷进坑洞时，不要惊慌，听到人声或脚步声时要大声呼救；发现触电者不能用手去拉，应及时切断电源，或者用不导电的东西挑开电线，随即大声呼救
火灾	知道火灾的危害，不随便玩火；掌握火灾发生时的自救技能和求救方法，如发生火灾时马上逃离火灾现场；被烟雾包围时，用防烟口罩或湿毛巾、湿布捂住口鼻，并立即趴在地上，在烟雾之下紧跟成人匍匐前行等
走失	知道在公共场所要紧跟家人，不独自活动；与家人走失时，能向警察或有关人员说出自己和家长的姓名、家庭住址和家长的电话号码
地震等自然灾害	知道地震等自然灾害时简单的自救与自护措施；遇到突如其来的灾害，如地震、水灾、火灾、车祸、冰雹、海啸等时，不慌张哭叫、乱跑，要紧跟家人或其他成人寻求保护与帮助

四、幼儿园安全教育活动的设计

幼儿园安全教育活动的设计思路与幼儿园健康教育活动的基本一致，其活动过程设计思路要点如下。

（一）日常生活中的随机性安全教育

《幼儿园工作规程》（以下简称《规程》）明确指出："幼儿园应当把安全教育融入一日生活。"幼儿一日生活的各个环节都是安全教育的载体，教师应抓住教育契机进行随机性的安全教育，通过组织幼儿感知讨论—实践操作—强化巩固，帮助幼儿逐渐积累安全的知识与技能。如一小班幼儿在上下楼梯时，因踩空造成摔伤。教师可抓住这一教育契机，先组织幼儿讨论"摔伤的原因"，然后通过实际训练帮助幼儿学习安全上下楼梯的知识与技能。最后，教师强调在之后上下楼梯时要注意脚下，不打闹、不推挤；养成有序排队、靠右走的好习惯。

（二）集体活动中的体验式安全教育

根据安全教育的内容和幼儿的年龄特点，单纯的说教难以让幼儿将知识转化为能力和行为，因而体验式教学更能激发幼儿的学习兴趣，满足幼儿的探究欲望。

体验式安全教育活动一般分为以下几个环节：情境导入，感知体验—经验分析，学习知识与技能—角色游戏，巩固强化行为。如中班"交通安全"教育活动，先让幼儿观看马路上发生的安全事件视频，引导幼儿发现因不遵守交通规则而造成的危害，设身处地地思考怎样才能避免这些安全问题等。当幼儿有了这些认知的需要时，教师接着引导幼儿分析讨论，结合观看马路上行人车辆出行视频，学习交通安全知识与技能。再通过角色游戏，让幼儿亲身体验出行时的各种状况，身临其境地实施教育活动，从而加强自我约束，认真遵守交通规则。

（三）社会参观与实践演练安全教育

幼儿园开展安全教育的形式不应局限于知识的传授，还可以为幼儿创造机会，组织幼儿进行社会参观和实践演练活动。幼儿园可以组织幼儿参观消防队（见图2-8），利用园内操场或者是借用专门场地，开展多样的实践演练活动，例如，消防逃生自救演练（见图2-9）、地震逃生演练、防空避难演练、校车逃生演练等。在多次的实践演练中，幼儿能够提高对意外事故的认知，增强安全意识，掌握逃生自救的基本方法。

图2-8　幼儿走入消防队

图2-9　大班幼儿火灾逃生自救演练

五、幼儿园安全教育活动案例及评析

案例展示台

扫码看视频

大班安全教育活动：走失以后办法多

活动目标

1. 初步形成走失不慌张、及时进行自救的自我保护意识。

2. 知道在公共场所不随意离开亲人，掌握走失后及时自救的方法。

3. 能完整地表达自己对走失自救的看法和认识。

活动准备

1. 经验准备：(1)幼儿识记父母姓名、电话及家庭地址；(2)幼儿在日常生活中已了解一些简单的关于走失后的自救方法。(3)学习儿歌《走失以后办法多》。

2. 物质准备：PPT课件，《走丢了怎么办》动画视频，"走丢应对方法"组图，手机卡纸、笔。

活动过程

1. 师幼谈话，引出活动主题。

师：(1)小朋友们，你们参加过野餐吗？外出野餐时要注意什么？

(2)今天，小福一家人准备去野餐，我们一起去看看小福外出野餐时发生了什么事情吧。

2. 播放动画视频《走丢了怎么办》，知道外出时走失求助的方法。

提问：(1)视频中的小福发生了什么事情？

(2)小福跟爸爸走失了，他是怎么做的？

(3)除了待在原地等待之外，还有没有别的办法呢？

小结：大家帮小福想了很多不错的办法。如果我们不小心走丢了，不要惊慌，可以待在原地等待大人；如果遇到陌生人，不要轻易相信他们，更不能跟陌生人走；我们也可以向穿制服的叔叔阿姨求助，记得要告诉他们你的名字和爸爸妈妈的电话号码，这样，他们就可以尽快联系到你的家人。

3. 趣味游戏，记住自己父母的电话号码。

(1)出示图片"手机"和手机卡纸，写家长的手机号码。

师：小福知道爸爸妈妈的手机号码，并且向保安叔叔求助。你们知不知道爸爸妈妈的手机号码呢？老师给你们准备了手机卡纸，请你们写下家长的手机号码。

（2）玩打电话游戏。

① 老师扮演妈妈，请一个幼儿扮演走失的小朋友，玩打电话的小游戏。相互通话时，强调幼儿说出妈妈的电话号码及自己所在的位置。

② 幼儿自由结伴玩打电话游戏，说出父母的电话号码及走失求助的方法。

4. 场景游戏，了解不同场景下走失应该向谁求助。

师：小福还想去其他地方玩，可是他害怕要是在这些地方走失了该怎么办呢？请小朋友们来帮帮他吧。

游戏玩法：幼儿分成两组，讨论 5 种场景下走失，可以向谁求助，然后分组抢答，哪组答题最多就获胜。

游戏规则：教师依次出示不同场景图片，两组以举手抢答的方式答题，举手最快的组先答题，答对一题加 1 分，累计得分最高的组获胜。

5. 复习儿歌，加深对走失自救方法的理解和记忆。

附儿歌：

走失以后办法多

大街上，真热闹，商场公园人不少，
外出游玩应做到，紧跟家长不离开。
万一走失不哭闹，原地等候别乱跑。
工作人员可求助，警察叔叔来帮忙。
讲明电话和住址，安全回家真正好。

活动延伸

1. 家园共育：外出活动时，如周末或假期，请家长教育孩子不要随意离开父母的身边，一旦走失，要想办法联系父母；让幼儿记住自己的家庭成员及其基本信息等（包括幼儿姓名、家长姓名、电话、家庭住址、家庭电话等），但也需提醒幼儿不随意告知他人。

2. 游戏"小小快递员"：请幼儿扮演发件人，通过快递员给自己的父母送礼物，但前提是必须要说清自己的姓名以及收件人（父母）的姓名、电话、住址，这样快递员接过礼物，就代表快递已送出，然后快递员扮演下一个发件人继续游戏。

3. 开展"自我保护"的主题宣传活动，收集相关的文章或邀请从事警察职业的家长来园组织幼儿互动。

（活动设计：湖南省衡阳市政府机关第二幼儿园　刘琛）

活动评析

本活动首先让幼儿观看视频，感知走失的原因，然后通过讨论了解走失后及时自救的方法，再借助于竞赛游戏和儿歌，巩固和掌握走失自救的方法，从而顺利地完成活动目标。本活动的重点，通过观看视频、小组交流讨论、总结提升以及竞赛游戏等策略一一落实。活动难点的突破，一是给予幼儿足够说的机会；二是将说的要求提在前，及时评价总结放在后，这既增加了幼儿在集体中的个人表达机会，又能促进幼儿集中注意倾听，自始至终幼儿积极参与，充满热情。

第六节　幼儿园体育活动设计与指导

一、幼儿园体育的内涵

幼儿园体育通常称之为幼儿园体育活动，是指遵循幼儿身体生长发育的特点和规律，以身体运动为基本手段，以促进其身体正常生长发育、发展基本动作、增强体质、提高幼儿的健康水平和健康意识为目的的一系列锻炼身体的教育活动。

二、幼儿园体育活动的目标

《纲要》明确提出了幼儿园体育的目标:"喜欢参加体育活动,动作协调、灵活。"同时,在其"指导要点"和"内容与要求"中进一步指出:"培养幼儿对体育活动的兴趣是幼儿体育的重要目标,要根据幼儿的特点组织生动有趣、形式多样的体育活动,吸引幼儿主动参与。"要求"用幼儿感兴趣的方式发展基本动作,提高动作的协调性、灵活性。在体育活动中,培养幼儿坚强、勇敢、不怕困难的意志品质和主动、乐观、合作的态度"。《指南》也对儿童的动作发展提出了具体目标。《指南》在健康领域的"动作发展"的目标 1"具备一定的平衡能力,动作协调、灵敏",目标 2 中"具有一定的力量和耐力"目标中提出了各年龄段幼儿学习与发展的目标,详见第二章第一节。

三、幼儿园体育活动的组织形式

(一)幼儿园体育教学活动(体育课)

幼儿园体育教学活动是一种有目的、有计划、有组织的体育活动,是正规性教育活动,也是实施幼儿身体锻炼的基本途径。它以身体动作为主要内容,以身体练习为主要手段,有目的、有计划地发展幼儿的基本活动技能,提高幼儿的身体素质,增强幼儿的体质,促进幼儿身心全面、健康、和谐发展(见图 2-10)。

(二)早操

早操是幼儿园在早晨开展的、以基本体操为主要内容的一种身体锻炼活动的组织形式。它是幼儿园作息制度中不可缺少的一部分,是非正规性教育活动,是正规性教育活动的延伸,也是实施幼儿身体锻炼的重要途径。它在增强幼儿体质和一日生活的组织上都具有一定意义。

(三)户外体育活动

户外体育活动是幼儿园身体锻炼活动的重要组织形式之一,是指除幼儿早操活动外的其他户外体育活动形式。它具有活动内容丰富、活动时间长、灵活性大、幼儿自主性强等特点(见图 2-11)。《规程》中明确规定:"幼儿每日户外体育活动不得少于一小时。"

图 2-10 大班体育活动:巧过时光隧道

图 2-11 户外体育活动:骑车

(四)远足活动及短途旅行

这种活动形式是指组织幼儿走出幼儿园,让幼儿走向自然和社会,并充分利用当地资源条件进行身体锻炼活动,增强幼儿的体质,培养他们的自主性和组织纪律性,丰富他们的生活,扩大他们的视野。

(五)体育节(又称幼儿运动会)

幼儿体育节既是幼儿体育活动的组织形式之一,又是幼儿体育活动的节日。幼儿体育节的内容主要有：以班为单位且全体幼儿都参加的表演性基本体操或小型团体操、幼儿集体舞、适合本年龄组开展的表演性或竞赛性游戏、家长和孩子共同参与游戏的比赛活动等。幼儿体育节是全体幼儿都参加,以丰富幼儿生活、培养集体意识、感受运动乐趣为目的的一种全园性的体育盛会。

（六）体育谈话

利用活动间隙、饭后或睡前,采用集体、小组或个别形式进行体育活动的谈话。谈话的内容大致包括：介绍幼儿体育活动情况(尤其是身边的事)；介绍粗浅的体育知识,如动作要领、球赛知识、比赛规则等；介绍报纸杂志、电视新闻中的体育新闻热点,如奥运会的明星事迹、夺金项目等,萌发幼儿爱祖国的感情,初步形成为国争光的意识。

（七）家庭体育活动

关心幼儿的健康成长是家长的责任和义务,家园应该密切配合,共同对幼儿进行身心健康教育工作。科学地开展家庭体育活动,不仅能锻炼身体,同时也能增进情感。在日常生活中,家长可以和孩子在户外一起散步、玩沙、玩水等。家长可以和孩子一起玩发展基本动作和提高身体素质的游戏,也可以和孩子玩羽毛球、足球、乒乓球、游泳、滑冰、跳绳、跳皮筋等游戏。根据孩子的年龄特点可以选做模仿操、亲子操、轻器械操等。家长应多带领孩子到大自然中活动,如爬山、赶海、玩雪、捡树叶等,有条件的利用双休日、节假日带孩子旅行、远足等。

四、幼儿园体育活动的组织方法

（一）讲解法

讲解法是教师用语言向幼儿传授体育知识、技能,组织教学和进行思想教育的一种方法。在运用时应注意以下四点。

1. 讲解的内容要正确,符合幼儿的接受能力

讲解的内容必须正确可靠且通俗易懂,符合幼儿的认知水平；教师讲解的语言要生动形象,富有感染力和鼓动性,以引发幼儿积极参与体育活动的兴趣。

2. 讲解要简明扼要,重点突出

讲解时需要教师把握住教材的难点、重点,了解幼儿的水平,根据教学任务,确定讲什么,并把它概括成精练的语言。例如,讲立定跳远的动作要领时,预备姿势和腾空动作方法,可以通过示范传授给幼儿,重点讲起跳和落地动作的方法、要领。起跳只要用"腿蹬直、臂摆起"六个字,落地也只要讲"屈腿"两个字就行。

3. 讲解要富有启发性

启发的目的就是调动幼儿学习的积极性和主动性。要做到这一点,教师必须熟悉教材和了解幼儿。

4. 讲解要注意时机和效果

在教学过程中,当幼儿注意力集中,情绪较稳定,或是有疑惑时,教师进行讲解,才能收到较好的效果。

（二）示范法

示范法是教师(或幼儿)以正确的动作为范例,使幼儿了解动作的形象、结构、要领等的一种方法。由于幼儿以具体形象思维为主,认识和理解事物更多地依赖于生动鲜明的形象,所以示范法在幼儿体育教学中具有重要的地位。

根据不同的分类标准,示范可分为完整示范和分解示范,个人示范和集体示范,正面示范、侧面、镜面和背面示范,动作示范和活动方式示范,等等。教师应根据不同的教学内容和需要,采用适当的示范方式。

在运用时应注意以下几点。

1. 有明确的目的性

教师每次示范,都应明确所要解决的问题,应根据教学任务和幼儿具体情况来考虑示范什么、怎么示

范,让幼儿观察什么、怎么观察。如教新内容时,为了使幼儿建立完整的动作概念,需要用正常的速度做一次完整的示范。为了让幼儿看清动作的关键要领或某一环节,则可以做慢速的、静止的或局部的示范。有时可边示范边讲解,如示范从高处往下跳,是让幼儿看起跳,还是看落地;是看脚和腿,还是看上体和手臂,这些都必须向幼儿讲清楚。如果盲目示范,或示范次数太多,反而会分散幼儿的注意力。

2. 示范要正确,并力求轻松、优美、熟练

高质量的示范不仅能使幼儿建立正确的动作形象,而且还可以得到幼儿的赞扬和佩服,激发幼儿学习的积极性。尤其是第一次示范常会给幼儿留下深刻、鲜明的印象。因此,教师要努力做好示范。有时可让动作做得好的幼儿出来示范,帮助幼儿树立起学习的信心。

3. 注意示范的位置和方向

示范的位置必须有利于幼儿的观察。教师除应根据不同的队形选择示范的位置外,还应注意不要让幼儿面向阳光、风向和容易分散幼儿注意力的事物站立。示范的方向(示范面)要根据动作的特点和让幼儿观察的部位而定。例如,为了显示动作的左右距离,则采用正面示范;为了表示动作的前后部位,则采用侧面示范;方向路线变化比较复杂的动作,可采用背面示范,但因为背向幼儿做示范不易了解幼儿练习的情况以便及时指导,所以一般不常用。在学习小武术、韵律操、舞蹈等方向路线较复杂的动作时,可让做得较好的幼儿站在前边做背面示范,教师在旁指导。镜面示范即示范者面向幼儿,动作方向与幼儿一致,左右相反,像镜子一样反映幼儿的动作。领操时经常采用镜面示范。

4. 示范与讲解有机结合

在体育教学中,示范与讲解是经常互相结合运用的。示范能弥补讲解的不足,而讲解又能补充示范不易表达的内容。因此,边示范、边讲解、边组织幼儿进行练习,是适合幼儿年龄特点的有效方法之一。是先示范后讲解,还是先讲解后示范,或是边示范、边讲解,这就需要教师事先考虑,在教学过程中根据具体情况灵活运用。

（三）练习法

练习法是根据教学任务,有目的地反复做某动作的方法。它是通过讲解示范后,在幼儿初步建立与活动有关的表象或概念的基础上,让幼儿在教师的指导下进行各种身体练习,以实现身体锻炼活动目标的一种方法。它是体育活动中最基本也是最重要的方法。

幼儿园常用的练习法有以下几种。

1. 重复练习法

重复练习法是指在不改变动作结构和练习条件下反复做一个练习的方法。如反复做某一节操或某一个游戏。它是幼儿园普遍使用的比较简便的方法。使用此练习法,应根据教材特点和幼儿体力以及心理特点确定重复次数,注意突出教学重点。

2. 条件练习法

变化练习法的一种,它是设置一定的具体条件,要求幼儿按规定的条件做动作。如向上跳摸物,有一定高度的物就是"条件"。设置的条件要符合幼儿的能力和动作规格要求,并能引起幼儿的兴趣。这种练习法的优点主要是幼儿感兴趣,能把抽象的要求具体化,便于幼儿掌握正确动作和提高运动能力。

3. 循环练习法

指依次做几个不同类型和性质的动作,或依次进行几项活动内容的锻炼方法。多用于早操和户外体育活动。

4. 完整练习法和分解练习法

完整练习法是指把整个动作或活动过程完整地进行练习的方法。优点是能使幼儿完整地掌握动作,它一般用于掌握较容易的动作或游戏和复习教材时。缺点是不易于掌握教材中较难的部分或较复杂的动作。

分解练习法是指将动作或活动过程分成几个部分,按部分逐次进行练习,最后再组合成完整动作或活动全过程进行练习的方法。如练习跑的动作,可让幼儿先原地练习摆臂动作,然后再结合下肢动作,完整练习整个动作。分解练习法的优点是把复杂的动作简单化,使幼儿较易掌握,能较好地保证动作掌握的质

量。一般用于较难的动作和改进较薄弱的环节,或强化重点环节。在使用这种方法时要十分注意,分解动作时不要破坏动作的完整性。要注意把分解练习法和完整练习法结合运用。

(四)游戏法

是指以游戏的形式组织幼儿进行体育活动的方法。在幼儿园体育教学中,游戏法是最常用、最有效的一种主要方法。它突出的优点是能引起幼儿浓厚的兴趣,产生强烈的练习欲望,提高教学的效果。

(五)比赛法

比赛法是在规定的比赛条件下,充分发挥已掌握的各种动作,互相竞赛以决胜负的一种方法。它和游戏法有着密切联系,主要区别在于比赛法具有更严格的规则和"竞争"因素,对体能要求较高。所以,比赛法一般在中、大班采用。比赛中要注意保证幼儿动作姿势的正确及活动过程的有组织性。

(六)口头指示和具体帮助法

口头指示法是指在幼儿练习时,教师用简洁明确的语言提示和指导幼儿活动的方法。如幼儿练习跳远时教师提示"摆臂、腿蹬直";幼儿排队走步时教师提醒"挺胸、抬头""迈大步"等。它的优点是明确、具体、及时和针对性强。它不仅用于指导做动作和组织教学,而且还用于品德和安全教育。用语言指示时,必须简单明确、要求具体,所用语言应是幼儿懂得的和熟悉的,声音要有感情和鼓动性。声音不要太大和太突然,以免惊吓幼儿,影响教学。

具体帮助法是指教师直接地、具体地帮助幼儿掌握动作的方法,多用于个别指导时。

(七)信号法

信号法是指用口令、哨音、音乐、鼓声、拍手等声响来帮助和指导幼儿进行体育活动的方法。口令是体育活动中常用的信号,在组织幼儿排队、队形变换及做操时经常使用。使用时应做到声音洪亮、清晰、有节奏、有感情,并正确分清动令和预令。其他信号有利于发展动作的节奏感,活跃活动的气氛,培养幼儿分辨信号的能力。在使用时,应注意根据动作的特点和活动情节的变化,改变信号的节奏和速度。

幼儿园体育活动的方法是多种多样的,在具体开展活动时,应注意综合运用多种方法,并根据幼儿的身心状况、活动的内容和组织形式、场地、器械等具体情况灵活运用。

五、幼儿园体育活动的设计与指导

(一)幼儿园体育教学活动(体育课)的设计与指导

幼儿园体育教学活动是一种正规性教育活动,是实现幼儿园健康教育目标的基本途径之一。

在幼儿园体育教学活动中,既要遵循人体生理机能活动变化的规律、动作技能形成的规律,又要考虑和遵循幼儿认识的特点和发展规律,还必须符合幼儿的生理、心理特点和发展水平,以游戏作为主要的活动方式。要增强每个幼儿的体质,愉悦身心,使每个幼儿的体质在原有水平上得到一定的提高。

完成一次体育教学活动的教学任务要通过备课、上课、课后辅导和复习,对教学效果的检查和评定等教学环节。备课是关键,上课是中心环节,复习巩固、检查和评定也是不可缺少的环节,它们是一个有机的整体。

1. 备课

一次体育教学活动的成败,与备课质量有直接的关系。备课包括以下几项工作。

(1)分析了解情况:① 幼儿的人数、年龄特点、健康状况、体能水平、个性特点、智力和学习能力以及行为表现等;② 教学条件,如场地、器材、气候等。

(2)钻研教材教法:对教材的性质、任务、内容、重点、难点、教法与其他教材的关系等,都要认真钻研,熟练掌握。

(3)编写课时计划(教案):编写课时计划是备课中深入、具体、落实的重要环节,教师要十分重视。由于有些教学因素是在不断变化的,在上课前、上课中要根据实际变化的情况,做必要的、灵活的变动。

(4)教学准备和小助手的培养:教学准备包括教学物质条件方面,如场地、器械、教具、幼儿佩戴的标志、饰物等和幼儿知识经验方面的准备;小助手的培养是指如果有的动作限于教师自身的条件不便亲自示范,可请幼儿示范,但应在事前帮助幼儿将动作做正确。有些动作由于器械高度和宽度不适合教师示范,也可事前培养幼儿做。

2.上课

上课是课堂教学的中心环节,是完成既定教学任务的最重要的一步。

根据体育教学任务的多样性,需要有多种类型的体育教学活动。目前幼儿园的体育教学活动一般有三种类型:一种是以新授为主的体育活动(新授课),即学习新内容并把新内容作为身体锻炼活动的主要内容而展开的教育活动;另一种是以复习为主的体育活动(复习课),即以幼儿已经学习过的教材作为身体锻炼活动的主要内容而展开的教育活动;第三种也是目前幼儿园最基本、最普遍采用的体育教学类型,即"综合性体育活动"(综合课)。它包含两层含义:一是指活动的内容既有新的、又有已经学习过的,即新、旧内容的综合;二是指活动中多种类型的活动内容综合,既包括基本体操(队列队形),又包括模仿性活动、游戏、运动技能练习等。

人体在运动过程中生理机能是不断变化的,而且有一定的规律。一般在开始时,能力逐步上升,然后达到并在一定时间内保持最高水平,最后又逐渐下降,这个过程可分为上升、平稳和下降三个阶段。

根据这一规律,目前体育教学活动多采用三部分结构:开始部分、基本部分、结束部分。各部分的任务、内容和时间安排如下。

(1)开始部分。

① 任务:组织幼儿,集中幼儿的注意,激发他们参与体育活动的兴趣。使幼儿精神振奋、情绪活跃,使身体各器官能较快进入工作状态,为基本部分作好生理和心理上的准备。

② 内容:排队和队列队形练习;做一些基本体操或模仿活动;开展一些运动负荷不大、有利于发展幼儿体能的游戏;也可进行一些简单的舞蹈和律动等。向幼儿简要说明活动的要求和主要内容。

③ 时间:一般占总时间的10%～20%。幼儿的年龄越小,所占的时间越少。

开始部分的设计最好简短新颖,要根据幼儿特点、教学活动目标、气候等因素来确定活动的内容和时间。

(2)基本部分。

① 任务:学习粗浅的体育知识和技能;学习新的或较难的活动内容;巩固和提高已学过的各类练习和游戏等。实现本次体育教学活动的主要教育和教学的活动目标,并从中通过幼儿自身的身体练习,提高幼儿的身体素质,发展幼儿的能力,培养幼儿良好的品质等。

② 内容:如发展体能的游戏、基本体操、其他各类游戏等,一般以《纲要》中规定的内容为主,一次活动一般安排1～2项活动内容。在内容的安排上应注意新旧内容搭配,急缓结合,全面锻炼幼儿的身体。

③ 时间:一般约占总时间的70%～80%。全课的运动负荷高峰一般出现在基本部分,教学时要掌握好负荷的节奏。

(3)结束部分。

① 任务:降低幼儿大脑的兴奋性,使身体由运动的紧张状态逐渐恢复到相对安静状态,放松肢体;合理地小结评价,有组织地结束活动。

② 内容:一般包括两个方面,一是做一些身体放松的游戏或动作,如轻松自然地走步,徒手放松运动,简单、轻松的操节和舞蹈,较安静的游戏,等;二是进行本次体育教学活动的简单小结,肯定和称赞幼儿的努力和成功,同时要继续激发和保持幼儿对身体活动的兴趣性和积极性,并组织幼儿整理教具,养成做事有始有终的好习惯。

③ 时间:约占总时间的10%～20%,应视具体的活动情况而增减。

幼儿园体育教学活动过程的三个部分之间是相互联系的,各部分有自己的主要任务和内容,但在活动的结构上又是一个紧密相连的整体,以共同实现身体锻炼的目标。另外体育活动的结构和各部分的内容、时间等方面的安排也应根据具体的活动任务、目标、季节气候情况,幼儿的具体情况,场地、器材等条件灵活地组织和安排。

幼儿园体育教学活动的结构没有固定的模式,应从有利于更好地完成教学任务出发,根据影响课的结构的各种因素,以及教师本身特点而灵活变化。在写教案时,可以不写开始部分、基本部分和结束部分这些字,但组织过程要体现出来。

3. 活动延伸

活动延伸是课堂教学活动的必然延续,是不可缺少的环节。首先,无论是知识技能的掌握、优良品德习惯的形成,还是体力的增长,都需要逐步不断地加以强化。幼儿园体育教学活动课时短,间隔时间长,应更加注意课内外的密切配合。其次,幼儿存在着个体差异,而课堂上贯彻区别对待的原则有局限性,需要课后予以个别辅导,才能较好地使幼儿共同前进、发展个性。再次,幼儿自学能力和独立性差,课后需要教师组织复习、指导。

4. 活动反思

体育教学活动结束后应对备课和活动的全过程进行回顾反思,对活动中所获取的信息进行分析和研究,以进一步了解幼儿特点,总结教学经验,探索教学规律。活动反思是提高教师教学能力、提高教学质量不可缺少的环节。

(二)幼儿园早操活动的设计与指导

1. 意义

早晨空气清爽新鲜,早操能使幼儿精神饱满、情绪愉快地开始一日的活动,使身体较快地进入兴奋状态,提高活动效率;能培养幼儿良好的体育锻炼习惯和态度,全面锻炼身体;能增强幼儿对自然环境的适应能力和对疾病的抵抗能力。

2. 内容

包括走步、跑步、排队和变换队形的练习;模仿操、徒手体操和轻器械体操等练习;简单的舞蹈律动作练习;负荷量不大的游戏或自选活动内容;等。

3. 组织

幼儿园早操时间一般是10~30分钟。夏季早晨凉爽,早操时间可长些,冬季寒冷时可适当缩短。

早操一般是全班幼儿在教师带领下,随着音乐伴奏声,跟从教师进入操场,在规定的场地上开展相对统一的早操活动。一般在户外进行。由于幼儿园各自的户外场地、运动器材、管理方式等不同,开展早操的类型也不同。

4. 要求

在早操中,教师要以自己优美、轻松的镜面示范动作和语言提示等方法,组织幼儿开展活动。对幼儿不正确的姿势和动作,要及时加以提示和帮助纠正。操节进行中,最好不要中断,保持动作的连续性。

早操的内容可根据幼儿年龄增长和动作发展进行创编和改编。上、下学期的内容一定要更换。根据早操的目的和时间,其内容不宜过多,运动负荷量应小一些或中等,切忌过大,以保证幼儿以饱满的精力和体力参加全天的各种教育与生活活动。

早操要尽量选择幼儿所喜爱、熟悉且欢快、活泼、轻松的音乐。口令的快慢和音乐的节拍都要符合幼儿动作的节奏,乐曲或歌曲音量不宜过大,以保护听力。

5. 注意事项

(1)应根据季节特点选择、安排好早操时间和内容;

(2)幼儿早操内容的选择,要面向全体幼儿,使全体幼儿能在较短的时间内都学会和掌握,不要将操节内容安排得太复杂、太难或表演化;

(3)早操活动量的安排,应由小到中等,再由中等到小,绝不宜过大;

(4)早操活动的内容应丰富多样,并注意定期变换;

(5)早操活动的形式应灵活多样;

(6)应重视早操的安全和卫生。即应保证场地的整洁、所用器械的安全和卫生;播放的音乐音量不宜过大;冬季做操时,可根据需要让幼儿戴上帽子。

（三）幼儿户外体育活动的设计与指导

1. 意义

幼儿在户外活动,不仅能锻炼身体,而且能直接受到阳光、空气和温度等自然因素的刺激,对幼儿呼吸系统、运动系统、循环系统、神经系统的健康发育尤为重要。户外体育活动这种形式还能弥补早操和体育课的不足,以分散的小组和个人活动为主,可以充分考虑和兼顾幼儿的不同兴趣、爱好和能力水平。幼儿还可以自选活动项目和运动器械,在活动中发展自己的动作和身体素质,幼儿不会感到有什么压力,从而能轻松、愉快、自由地尽情活动,培养独立性、自主性和创造性。幼儿自由结伴游戏,有助于幼儿社会性的发展。

2. 内容

（1）基本体操:可以教授新操或准备运动会、节日表演的体操。

（2）基本动作:较多的时间是复习巩固体育课已教的内容,也可以从实际情况出发,有计划地教授新内容。

（3）游戏:适合在户外体育活动中做的各种类型的游戏。

（4）各种大中小型器械练习:大、中型固定的运动器械(如综合运动器械、攀登架、跳跳床、滑滑梯等),移动的小型器械(如三轮车、自行车等),可拿在手上的小型器械(如球、圈、棒、沙袋、飞镖、彩带、绳等)。利用环境的自然力锻炼;三浴锻炼、爬山、过小桥以及赤脚在草地或鹅卵石路上走、跑等。

3. 组织

户外体育活动,一般由教师带领全班幼儿进入指定的活动场所,布置活动的内容和要求(包括器材名称、玩法、器材交换、活动范围、活动时间、集合信号等),然后,采用教师直接指导下的集体体育活动,或间接指导下的分散体育活动。幼儿活动时,教师给予全面观察和一定的指导,包括对幼儿进行鼓励、启发、引导、参与、帮助、保护、纠正等。

根据幼儿生理、心理特点,户外活动一般安排上、下午各一次。具体时间可根据不同地区、不同季节灵活安排。

根据幼儿园的场地类型(草地、沙土地、塑胶地、水泥地等)和器材大小、数量多少的不同,以及班级数不同等各种客观因素,组织的形式也不完全相同。

4. 要求

幼儿园应根据本园场地、器材、班级数和幼儿身心发展特点、季节特点等具体情况,制订出科学的、切实可行的、富有实效的户外体育活动计划,包括全园户外体育活动的时间、场地、班级、器材轮转表,以及班级户外体育活动计划等。要不断完善计划,使之更具有科学性。要充分利用场地和器材,尽量减少场地和器材的空置时间。应为幼儿不断创设和改善户外体育活动的场地和器材,使幼儿能在绿化环境好、场地宽敞、运动器材丰富多样的环境和条件中,尽情地投身于户外体育活动中去。

5. 注意事项

（1）保证幼儿足够的户外活动时间。

《规程》中明确规定:"幼儿每日户外体育活动不得少于一小时。"考虑到每次活动时间不宜过长,且活动的安排应注意动静交替,因此,幼儿的户外体育活动的时间最好上午和下午各一次。不要轻易占用户外体育活动的时间。

（2）户外体育活动的全过程也应遵循人体生理机能变化规律,使活动量由小到大,再由大到小逐步变化。

（3）应采用多种内容和多种形式开展户外体育活动,为幼儿提供足够的活动器械和活动内容,提供充分的自由活动的机会和条件。

（4）活动前应向幼儿提出活动的具体要求和注意事项,活动中要注意观察和了解每个幼儿的具体情况,注意因材施教,做好个别教育工作,确保体育活动的顺利开展。

（5）注意灵活运用多种指导方式,尤其应加强对幼儿自选活动的指导,避免活动的失控。

（6）要经常清扫和检查户外体育活动的场地,使场地保持干净,没有沙、石、碎玻璃等物。要定期检查运动器械,达到使用方便、牢固、安全的要求。

六、幼儿园体育活动案例及评析

案例展示台

扫码看视频

大班体育活动：有趣的滑行

活动目标

1. 尝试呼啦圈的多种玩法,了解并掌握双脚贴地滑行的动作要领。
2. 增强下肢的协调能力及与同伴的合作能力,体验滑行运动的快乐。

活动准备

1. 呼啦圈人手两个,报纸若干。
2. 背景音乐,横幅一条。

活动过程

1. 热身活动。

教师边念儿歌边带领幼儿做"十二生肖操"。

2. 教师引导幼儿讨论滑雪的方法并模仿滑雪。

(1) 师:小朋友们,你们有没有在生活中或电视里看到过人们滑雪? 滑雪的动作是怎样的?

(2) 教师请个别幼儿模仿滑雪,师生共同探讨滑雪动作的动作要领,教师强调滑雪时双脚不能离开地面,双手臂向外平伸以保持身体平衡。

(3) 把幼儿分成男女两个小组,在欢快的音乐声中主班及配班老师各带一个小组的幼儿一起尝试模仿滑雪的动作。

教师评价幼儿的滑雪动作,再次强调滑雪时双脚不能离开地面。

3. 幼儿学习滑雪的基本动作,练习滑雪。

(1) 教师引导幼儿把呼啦圈变成"雪橇鞋",教师先示范并讲解穿上"雪橇鞋"滑雪时双脚贴地滑行的动作要领,然后请个别幼儿模仿,教师指导。

(2) 把幼儿分成男女两个小组,给每个幼儿发一双"雪橇鞋"(人手两个呼啦圈),在欢快的音乐声中主班及配班老师各带一个小组的幼儿一起集体尝试穿上"雪橇鞋"沿活动场地滑雪两圈,引导幼儿初步体验滑行运动的乐趣。教师鼓励两个小组的幼儿展开竞赛活动,强调滑雪时要注意安全。

4. 幼儿两两组合玩"两人三鞋"滑雪。

(1) 教师将两双"雪橇鞋"变成三只"雪橇鞋"(将四个呼啦圈中的两个重叠在一起),然后示范并讲解两人穿三只"雪橇鞋"滑雪时的动作要领,强调相互间的合作与安全,滑雪出发时应注意先迈哪条腿等。

(2) 请两名能力较强的幼儿模仿"两人三鞋"滑雪,师幼互评。

(3) 幼儿排成四个纵队,两两组合穿三只"雪橇鞋"尝试沿活动场地滑雪两圈。教师从旁观察、指导与评价。

5. 游戏:打雪仗。

(1) 师:冬天下雪的时候,我们还可以怎样玩雪?(堆雪人、打雪仗)

(2) 教师讲解游戏玩法、规则。

玩法:幼儿身后有一大片雪地(报纸),当音乐响起,两组幼儿分别朝不同方向滑向雪地,并将报纸团成"雪球"后朝对面一组投去(利用横幅分割出两个区域),直到音乐结束。

规则:拿报纸时必须穿上"雪橇鞋"滑行,而且每次只能拿一张,脚始终不能从"雪橇鞋"中出来,将"雪球"投掷到对方区域时不能钻过横幅。

(3) 播放欢快的音乐,幼儿玩"打雪仗"的游戏。

6. 结束。

(1) 伴随着舒缓的音乐做肢体放松动作。

(2) 请幼儿把地上散落的"雪球"堆成一座小雪山,并收拾整理"雪橇鞋"。

活动延伸

1. 区域活动:把呼啦圈放在活动区,鼓励幼儿尝试更多的呼啦圈玩法。

2. 亲子活动:下雪时家长陪孩子一起玩雪、滑雪或在周末陪孩子滑冰,享受滑行运动的快乐。

活动建议

1. 宜选择空旷的木地板或者地板砖之类的场地。

2. 呼啦圈不宜过大。

（活动设计与执教:湖南省衡阳市实验幼儿园　肖俊）

活动评析

滑行对于南方的孩子来说是很少有机会尝试的一项运动。本活动旨在通过呼啦圈这一常见的体育器材给幼儿提供一个大胆想象、初步体验的载体。活动内容生活化、游戏化,大大激发了幼儿参与活动的积极性和主动性。活动中教师为幼儿创设了宽松的环境,在幼儿主动尝试的过程中既面向全体又关注个体差异,采用幼儿个体的、伙伴合作的、集体游戏等多种组织形式,灵活变化,让幼儿充分发挥自己的想象,创造性地开展游戏。在活动环节的安排上充分体现了科学性,整个活动从"热身活动→模仿玩法→增加障碍、层层递进→解决问题、集体游戏→游戏结束",环环相扣,充分考虑到幼儿的运动强度和练习密度,更重要的是幼儿在活动中获得了积极、愉快的情感体验,激发了幼儿对滑行的乐趣。同时也培养了幼儿的合作能力,初步掌握了滑行的技巧。

小班体育活动：小蚂蚁运粮食

扫码看文案　　　扫码看视频

？思考与练习

▶ 真题再现吧

一、单项选择题

1. 幼儿体育过程中最主要的环节是(　　)。

A. 激发幼儿活动兴趣阶段　　　　　B. 身体准备阶段

C. 掌握动作技能阶段　　　　　　　D. 结束阶段

2. 健康是指人(　　)的健全状态。

A. 心理与社会适应　　B. 心理适应　　　C. 身体与心理适应　　　D. 身体、心理与社会适应

3. 下列不属于幼儿园健康教育活动内容的是(　　)。

A. 生活习惯与能力　　　　　　　　B. 保护自身安全

C. 身体活动的知识和技能　　　　　D. 能听懂并理解多种游戏规则

4. 由于幼儿的肌肉中水分多,蛋白质及糖原少,不适合他们的运动项目是(　　)。

A. 拍球　　　　　B. 投掷　　　　　C. 长跑　　　　　D. 跳绳

5. 根据《幼儿园教育指导纲要(试行)》规定,幼儿园体育的重要目标是(　　)。

A. 培养运动人才　　　　　　　　　B. 获得比赛奖项

C. 培养幼儿对体育的兴趣　　　　　D. 训练技能

6.《幼儿园工作规程》指出,幼儿园应制定合理的幼儿一日生活作息制度,两餐间隔时间不少

于( )。

    A. 2.5 小时   B. 3 小时   C. 2 小时   D. 3.5 小时

7. 下列最能体现幼儿平衡能力发展的活动是( )。

    A. 跳远   B. 跑步   C. 投掷   D. 踩高跷

二、简答题

1. 教师在户外体育活动中如何保障幼儿的安全?

2. 从儿童发展角度,简述幼儿户外运动的价值。

三、活动设计题

1. 请认真阅读下文,并按要求作答。

新入园的小班幼儿在洗手时出现了许多问题:有的把袖子弄湿,不洗手背,冲不干净皂液;有的争抢或拥挤,玩水忘记洗手,擦手后毛巾乱放在架子上;有的握不住大块肥皂;有的因毛巾架离水池远,一路甩水把地面弄得很湿……

请针对上述问题,设计一份改进洗手环节的工作方案。要求写出对问题的分析、工作目标、解决各类问题的主要方法。

2. 以下面这组图片为内容,设计一个大班安全防火教育活动,要求写出活动名称、活动目标、活动准备、活动过程及活动延伸。

3. 大一班自由活动时间,个别幼儿用泡沫板(30 cm×30 cm)当滑板玩(如下图),许多孩子也想玩,但有的幼儿滑不起来,有的只能滑一点点。请根据幼儿利用泡沫拼板滑行的兴趣,为大班幼儿设计一个体育活动。要求写出活动名称、活动目标、活动准备、活动过程和活动延伸。

儿童双脚踩拼板滑行   儿童坐在一块拼板上滑行

> **能力提升训练营**

一、单项选择题

1. 幼儿园健康教育的出发点与归宿是(　　)。

A. 促进幼儿身心的健康发展　　　　　　B. 培养幼儿良好的习惯、健康的行为

C. 对幼儿进行思想道德教育　　　　　　D. 养成幼儿规律的生活作息

2. 下面不属于幼儿园体育活动中的基本动作练习内容的是(　　)。

A. 钻　　　　　　B. 跑　　　　　　C. 投掷　　　　　　D. 耐力

3. 让幼儿对已学过的生活技能、健康行为等进行反复练习,加深理解,形成稳定技能和良好行为习惯的方法是(　　)。

A. 讲解演示法　　　　　　　　　　　　B. 动作和行为练习法

C. 情境表演法　　　　　　　　　　　　D. 感知体验法

4. 将幼儿难以理解或枯燥无味的动作和身体素质的练习变成有趣的模仿活动或具体的游戏情节,提高他们的练习兴趣的方法是(　　)。

A. 练习法　　　　　B. 比赛法　　　　　C. 游戏法　　　　　D. 信号法

5. 要求教师在组织幼儿进行健康教育活动时,不仅要增强幼儿的体质,而且要促进幼儿在认知、情感、能力、态度、社会性和个性方面的良好发展,从中体现的幼儿园健康教育的原则是(　　)。

A. "身心并重"的原则　　　　　　　　　B. 科学性原则

C. 教育协调原则　　　　　　　　　　　D. 生活性原则

二、简答题

1.《纲要》明确提出幼儿园健康领域的总目标是什么?

2. 选择幼儿园健康教育内容应注意哪些问题?

3. 幼儿心理健康教育的内容包括哪些?

4. 实施幼儿园健康教育活动应遵循哪些原则?

三、案例分析题

请认真阅读下文,并按要求作答。

小班赵老师发现幼儿进餐时存在各种问题:有的幼儿情绪不稳定,吃饭时哭着找妈妈;有的幼儿不会拿勺子吃,一定要老师喂;有的幼儿挑食,不吃这个,不吃那个;还有的幼儿吃一会儿玩一会儿,饭凉了都还没吃完……

请设计一份解决上述问题的教育方案。要求写出:对问题的分析、教育目标和解决问题的主要方法。

四、活动设计题

1. 一些小班幼儿不喜欢喝白开水,喜欢喝饮料,请设计一个"爱喝白开水"健康教育活动,让幼儿了解喝饮料容易造成龋齿,启发幼儿常喝白开水,不贪喝饮料。

2. 有的幼儿饭前不爱洗手,有的幼儿不喜欢刷牙等,针对此类现象,设计一个"干净的小宝贝"健康教育活动,帮助幼儿养成良好的生活卫生习惯。

3. 人的身体素质主要有速度、耐力、力量、平衡、协调、柔软、灵敏等指标。3~6岁是幼儿动作发展的"关键期"。请以"学做小战士"为主题,设计一次大班体育活动方案。

学习目标

1. 了解幼儿园语言教育的内涵和作用。
2. 掌握幼儿园语言教育活动各层次目标、内容和方法。
3. 掌握幼儿园语言教育各类型活动的设计与指导要点。
4. 设计幼儿园语言教育活动方案并进行模拟试教。

知识导图

幼儿园语言教育活动设计与指导

- 幼儿园语言教育活动概述
  - 幼儿园语言教育的内涵
  - 幼儿学习语言的特点
  - 幼儿园语言教育的目标
  - 幼儿园语言教育的内容
  - 幼儿园语言教育的方法
- 幼儿园谈话活动
  - 幼儿园谈话活动概述
  - 幼儿园谈话活动的设计与组织指导
  - 幼儿园谈话活动案例及评析
- 幼儿园讲述活动
  - 幼儿园讲述活动概述
  - 幼儿园讲述活动的设计与指导
  - 幼儿园讲述活动案例及评析
- 幼儿园听说游戏活动
  - 幼儿园听说游戏活动概述
  - 幼儿园听说游戏活动的设计与指导
  - 幼儿园听说游戏活动案例及评析
- 幼儿园文学作品活动
  - 幼儿园文学作品活动概述
  - 幼儿园文学作品活动设计与指导
  - 几种常见幼儿文学作品活动的设计与指导
  - 幼儿文学作品活动案例及评析
- 幼儿园早期阅读活动
  - 幼儿园早期阅读活动概述
  - 幼儿园早期阅读活动的设计与指导
  - 幼儿园早期阅读活动案例及评析

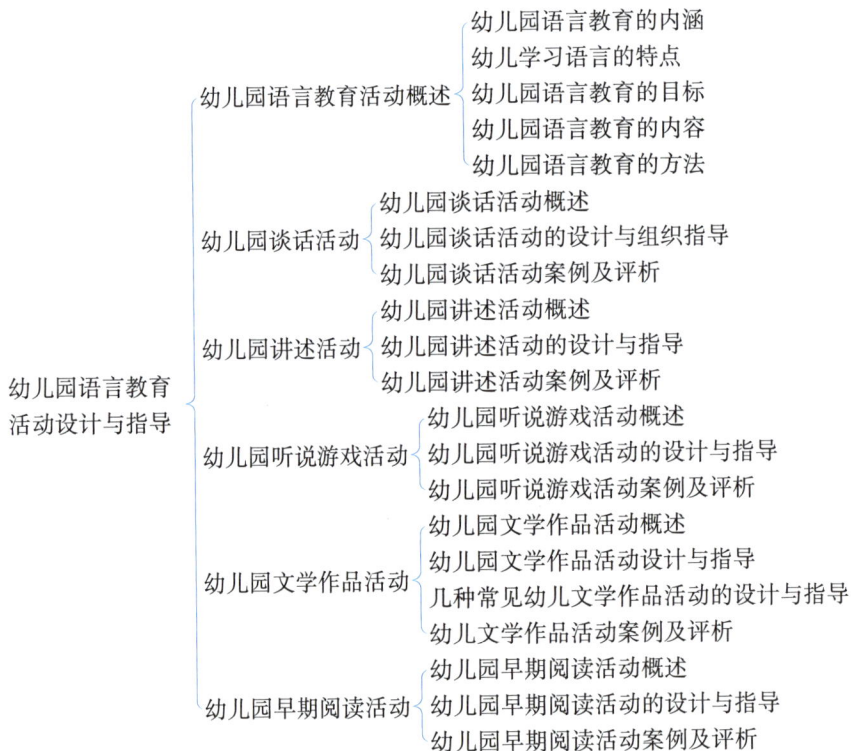

第一节　幼儿园语言教育活动概述

一、幼儿园语言教育的内涵

幼儿园语言教育是指根据幼儿身心发展的特点,遵循幼儿语言发生、发展的规律,对幼儿实施有效的语言教育活动,以促进幼儿语言能力的提高。语言是人类最重要的交际工具,幼儿期是语言学习和发展的重要阶段,幼儿语言教育作为幼儿园教育中的一个重要组成部分,对幼儿的全面发展发挥着独特的作用。

(一)促进幼儿语言的发展

语言教育的基本任务在于促进幼儿语言能力的发展。因此,幼儿园语言教育的首要作用就是使幼儿发音清晰,丰富词汇,学会用恰当的词句表达自己的思想,描述周围的事物。

在语言教育中,教师有目的、有计划、有组织地对幼儿进行系统的语言训练,为幼儿提供运用语言进行交际的机会,在集体环境中激发幼儿语言表达的热情,从听、说、读、写四个方面培养幼儿综合运用语言的能力,使幼儿顺利完成由口头语言向书面语言的过渡。随着语言的不断丰富,言语交往技能不断提高,幼儿学习和运用语言的兴趣也越来越大,一旦产生兴趣,幼儿就可能主动要求学习更多的语言符号,尝试更新的言语技巧。

(二)促进幼儿认知能力的发展

幼儿在学习语言的过程中要接触到大量的语言材料,这些语言材料里包含着丰富的知识,于是幼儿学习语言的过程同时也成为他们接触和理解这些知识的过程。

此外,通过各种专门组织的语言教育活动,教师运用语言向幼儿描述周围的事物与现象,这样语言成为幼儿接受教育的工具,使幼儿可以通过间接经验来认识世界,认识空间得以扩大。

同时,语言是思维的外壳。幼儿学会了语言,可以借助语言进行复杂的思维活动。如辨别事物的不同点,概括同类事物的相同特征等。借助文学活动和早期阅读等(见图3-1),还可以促进幼儿想象力的发展。

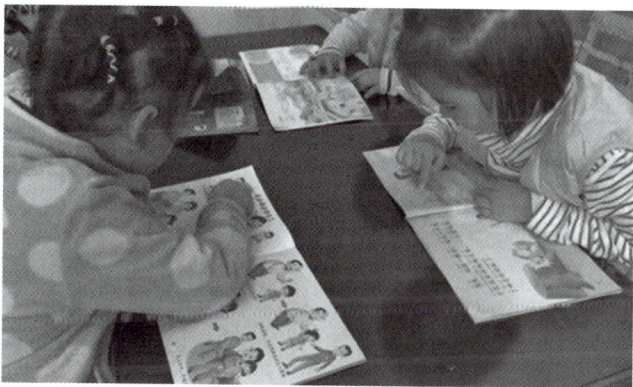

图3-1　幼儿阅读图画书

(三)促进幼儿社会性的发展

幼儿学习语言的过程也是学习和掌握交际工具的过程,语言教育有助于幼儿社会适应的发展。通过语言教育,幼儿学会运用语言进行交际,掌握言语交往技能。同时,幼儿在运用语言与周围人进行交流的过程中,逐渐形成语言自我调节能力,学会良好的社会行为规范。如谈话活动不仅能够提高幼儿的交流水平,还能加强幼儿之间的互动,促进同伴关系的发展。

二、幼儿学习语言的特点

(一)幼儿在模仿中学习语言

幼儿对环境中的语言刺激十分敏感,并有强烈的学习说话的积极性,且以模仿的形式出现。这种语言模仿,最初是在日常生活中自然进行的,只要幼儿感兴趣,就会乐于模仿。其模仿的对象多种多样,如成人的语言,同伴的语言,电影、电视、广播中人物的语言,广告语等。幼儿语言模仿方式也不相同,如:即时的、完全的模仿,即时的、不完全的模仿,延迟模仿,创造性模仿,等。

(二)幼儿在具体运用中学习和建构语言

1. 在主动求知中学习语言

幼儿有着强烈的求知欲,他们好奇好问。成人或者直接用语言予以回答,或者引导幼儿积极地观察,组织幼儿开展讨论、交流,寻求结论。这样,幼儿不但获得了知识,同时也掌握了相应的词语、句子,学习了语言。

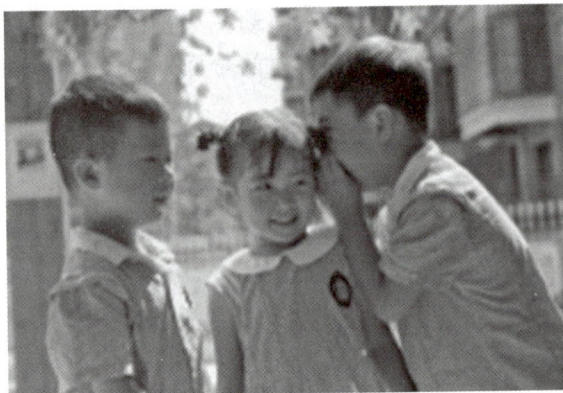

图 3-2　幼儿倾听和表达

2. 在主动交往中学习语言

幼儿运用语言和成人或同伴交流时,会得到成人或同伴及时、不断的补充和修正,从而使自己的语言更趋完善。同时,幼儿也能向成人或同伴学习语言,积累丰富的词汇和听说经验,使其语言得以较快地发展(见图 3-2)。

(三)幼儿的语言学习具有整合性

幼儿的语言学习渗透、整合在一日生活和教学活动的方方面面。生活是语言的源泉,幼儿的语言学习要与周围的人、物、大自然、社会生活等紧密联系。幼儿语言的发展贯穿于各个领域,对其他领域的学习与发展有着重要的影响。此外,幼儿的语言学习也整合在游戏中。一方面,语言始终伴随着幼儿的游戏进程,在游戏前,角色分配、内容确定、规则遵守都需要幼儿陈述自己的观点,听取别人的意见,统一玩法。在这一过程中语言得到了实际练习。另一方面,在游戏中,幼儿要用语言进行表达与交流,极大地锻炼了幼儿的语言表达能力。

(四)幼儿在逐步积累中发展语言

幼儿学习和掌握语音、词汇、句子,是一个循序渐进、逐步积累的过程,会经历从无到有、从不理解到理解再到运用,积少成多,其语言能力在不断提高。

三、幼儿园语言教育的目标

幼儿园语言教育目标是指通过语言教育使幼儿的语言发展到应该实现的水平和教育结果。幼儿园语言教育目标一般可以分解为幼儿园语言教育总目标、年龄阶段目标、具体活动目标三个不同的层次。

(一)幼儿园语言教育的总目标

幼儿园语言教育的总目标是幼儿园语言教育的总的任务要求,是幼儿园语言教育所期望的最终结果,是制定年龄阶段目标和具体活动目标的出发点和依据。《纲要》中明确提出了语言领域的总目标,即:

(1)乐意与人交谈,讲话礼貌;

(2)注意倾听对方讲话,能理解日常用语;

(3)能清楚地说出自己想说的事;

(4)喜欢听故事、看图书;

(5)能听懂和会说普通话。

(二)幼儿园语言教育的年龄阶段目标

幼儿园语言教育的年龄阶段目标是幼儿某一年龄阶段的教育目标,是针对不同年龄阶段幼儿的语言发展提出的具体要求。总目标中的内容,在不同年龄的幼儿身上应当有不同的体现。《指南》中的语言领域目标从倾听与表达、阅读与书写准备两个方面提出了六个"阶梯"式目标,具体内容见表 3-1 至表 3-6。

1. 倾听与表达

表 3-1　目标 1　认真听并能听懂常用语言

3～4 岁	4～5 岁	5～6 岁
1. 别人对自己说话时能注意听并做出回应 2. 能听懂日常会话	1. 在群体中能有意识地听与自己有关的信息 2. 能结合情境感受到不同语气、语调所表达的不同意思 3. 方言地区和少数民族幼儿能基本听懂普通话	1. 在集体中能注意听老师或其他人讲话 2. 听不懂或有疑问时能主动提问 3. 能结合情境理解一些表示因果、假设等相对复杂的句子

表 3-2　目标 2　愿意讲话并能清楚地表达

3～4 岁	4～5 岁	5～6 岁
1. 愿意在熟悉的人面前说话,能大方地与人打招呼 2. 基本会说本民族或本地区的语言 3. 愿意表达自己的需要和想法,必要时能配以手势动作 4. 能口齿清楚地说儿歌、童谣或复述简短的故事	1. 愿意与他人交谈,喜欢谈论自己感兴趣的话题 2. 会说本民族或本地区的语言,基本会说普通话。少数民族聚居地区幼儿会用普通话进行日常会话 3. 能基本完整地讲述自己的所见所闻和经历的事情 4. 讲述比较连贯	1. 愿意与他人讨论问题,敢在众人面前说话 2. 会说本民族或本地区的语言和普通话,发音正确清晰。少数民族聚居地区幼儿基本会说普通话 3. 能有序、连贯、清楚地讲述一件事情 4. 讲述时能使用常见的形容词、同义词等,语言比较生动

表 3-3　目标 3　具有文明的语言习惯

3～4 岁	4～5 岁	5～6 岁
1. 与别人讲话时知道眼睛要看着对方 2. 说话自然,声音大小适中 3. 能在成人的提醒下使用恰当的礼貌用语	1. 别人对自己讲话时能回应 2. 能根据场合调节自己说话声音的大小 3. 能主动使用礼貌用语,不说脏话、粗话	1. 别人讲话时能积极主动地回应 2. 能根据谈话对象和需要,调整说话的语气 3. 懂得按次序轮流讲话,不随意打断别人 4. 能依据所处情境使用恰当的语言,如在别人难过时会用恰当的语言表示安慰

2. 阅读与书写准备

表 3-4　目标 1　喜欢听故事,看图书

3～4 岁	4～5 岁	5～6 岁
1. 主动要求成人讲故事、读图书 2. 喜欢跟读韵律感强的儿歌、童谣 3. 爱护图书,不乱撕、乱扔	1. 反复看自己喜欢的图书 2. 喜欢把听过的故事或看过的图书讲给别人听 3. 对生活中常见的标识、符号感兴趣,知道它们表示一定的意义	1. 专注地阅读图书 2. 喜欢与他人一起谈论图书和故事的有关内容 3. 对图书和生活情境中的文字符号感兴趣,知道文字表示一定的意义

表 3-5　目标 2　具有初步的阅读理解能力

3～4 岁	4～5 岁	5～6 岁
1. 能听懂短小的儿歌或故事 2. 会看画面,能根据画面说出图中有什么,发生了什么事等 3. 能理解图书上的文字是和画面对应的,是用来表达画面意义的	1. 能大体讲出所听故事的主要内容 2. 能根据连续画面提供的信息,大致说出故事的情节 3. 能随着作品的展开产生喜悦、担忧等相应的情绪反应,体会作品所表达的情绪情感	1. 能说出所阅读的幼儿文学作品的主要内容 2. 能根据故事的部分情节或图书画面的线索猜想故事情节的发展,或续编、创编故事 3. 对看过的图书、听过的故事能说出自己的看法 4. 能初步感受文学语言的美

表 3-6　目标 3　具有书面表达的愿望和初步技能

3～4 岁	4～5 岁	5～6 岁
喜欢用涂涂画画表达一定的意思	1. 愿意用图画和符号表达自己的愿望和想法 2. 在成人提醒下,写写画画时姿势正确	1. 愿意用图画和符号表现事物或故事 2. 会正确书写自己的名字 3. 写、画时姿势正确

《指南》强调语言领域重点在于培养幼儿口语交流能力,培养幼儿阅读的兴趣、习惯,使之具有初步的阅读理解能力,并具有书面表达的愿望和初步技能。

(三)幼儿园语言教育的活动目标

幼儿园语言教育的活动目标是指在某一具体的教育活动中要达到的目标。具体活动目标可以是一次活动中要完成的任务,也可以是一组相近的活动或一个主题系列活动的目标,它们使具体的教育内容紧密地联系在一起。

无论哪一种活动,都含有一定的要求并通过教师的活动计划和教育实践得以体现。教师如何根据一定的语言教育目标体系来策划设计具体的教育活动目标呢? 以中班诗歌《绿色的世界》为例,根据中班幼儿文学作品学习的目标,确定该活动目标如下:

◀ 体验诗歌的童真童趣以及仿编后的成就感。

◀ 学习诗歌,理解诗歌中所展示的色彩与彩色眼镜的依存关系。

◀ 初步学习按诗歌的结构仿编诗歌,大胆进行艺术想象。

具体活动目标与语言教育的总目标、年龄阶段目标应是一致的。应当说,具体活动目标是总目标和年龄阶段目标的最终分解和具体化。语言教育正是通过每一个具体活动落实到幼儿身上。因此,每一次具体活动目标的实现,都向完成年龄阶段目标和总目标迈进了一步。

教师在制定幼儿园语言教育活动目标时,必须注意以下三点。(1)高层次目标要准确地转化为若干个低层次目标,应根据班级幼儿的年龄、已有经验和现有的语言能力水平,制定适宜的语言教育活动目标,体现发展性。(2)既要考虑认知、情感和能力等方面的目标,也要考虑幼儿倾听、表达、交流、早期阅读、前书写等方面的统一发展,尽量把几个方面有机结合起来,使其相互协调。同时,还要考虑语言教育与其他领域的渗透,体现教育的整体性。(3)教师要把握各个层次教育目标的内涵以及相互间的关系,制定的活动目标具有较强的可操作性,是可观察、可评价的,具体指导幼儿园语言教育活动的开展。

四、幼儿园语言教育的内容

幼儿园语言教育内容可以分为专门的语言教育内容和渗透的语言教育内容。

(一)专门的语言教育内容

专门的语言教育内容,是指为幼儿提供与语言进行充分互动的环境,使他们有机会对在日常生活中获得的零碎语言经验进行提炼和深化,达到对语言规则的理解和有意识的运用。专门的语言教育内容是根据既定的语言教育目标,有计划地安排和组织幼儿系统学习语言的活动。

专门的语言教育内容具体包括谈话活动、讲述活动、听说游戏活动、早期阅读活动、文学作品活动五种类型。

(二)渗透的语言教育内容

渗透的语言教育内容,就是充分利用幼儿的各种生活和学习经验,在真实的生活情境中为幼儿提供广泛的语言学习的机会,使幼儿获得新的生活经验和学习经验。

渗透的语言教育内容既可以使幼儿更好地运用语言和发展语言,也可以促进幼儿在日常活动、游戏和其他学习活动中的语言交往。渗透的语言教育内容通常出现在以下几种情境之中。

1. 日常生活中的语言教育内容

渗透在幼儿日常生活中的语言教育,可以帮助幼儿获得以下语言经验:注意倾听、理解和执行生活常规以及成人的指令性语言;学会运用礼貌语言与他人交往;学习运用语言向他人表达自己的需要和要求,对他人提出的要求作出恰当的应答;学习运用恰当的语言解决与同伴之间发生的冲突(见图3-3)。

2. 自由游戏中的语言教育内容

渗透在自由游戏中的语言教育可以帮助幼儿获得以下语言经验:学习运用玩具结合动作自言自语,通过自我独白练习语言;学习自主选择游戏的内容、伙伴、材料等,运用角色语言进行对话;学习通过协商等语言方式,解决与同伴在游戏内容、材料的选择以及游戏规则的制定过程中出现的矛盾冲突(见图3-4)。

3. 其他领域活动中的语言教育内容

渗透在其他领域活动中的语言教育可以帮助幼儿获得以下语言经验:集中注意倾听教师布置活动任务;通过观察和操作,思考事物之间的相互关系,并表达对观察对象的感受和认识;理解语言与其他活动内容之间相互关系,学习运用语言促进相关领域知识的掌握和能力的提高(见图3-5)。

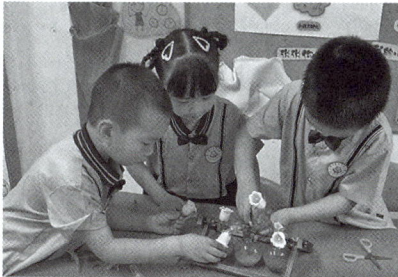

图3-3　一日生活中的语言交往　　　　图3-4　自由游戏中的语言交往　　　　图3-5　科学活动中的语言交往

五、幼儿园语言教育的方法

幼儿园语言教育的方法是指教师为促进幼儿语言的发展,创设一定的条件和情境,让幼儿参与丰富多彩的活动,在与人、物、环境、材料等交互作用的过程中学习和发展语言。幼儿园语言教育方法是根据幼儿语言发展理论、幼儿学习语言的规律、幼儿语言教育的目标以及多年来幼儿语言教育实践经验归纳出来的。常用方法有以下几种。

（一）示范模仿法

示范模仿法是指教师通过自身的规范化语言,为幼儿提供语言学习、模仿的榜样,让幼儿始终在良好的语言环境中自然地模仿学习。教师的示范是幼儿进行语言模仿的基础,有时也可以由语言发展较好的幼儿来示范。

示范模仿法的具体运用要求如下。（1）教师的示范语言一定要规范到位。如咬字清楚、发音准确,语言简单明确、规范、富于表现力和感染力等。（2）教师要把握好示范的时机和力度。如难发准的音、新词句的学习、人物的对话、连贯的讲述,需要幼儿作为仿编参照的原词句等,让幼儿有意识地进行模仿学习。（3）教师要恰当地运用"显性示范"和"隐性示范"的手段。（4）教师要积极观察幼儿语言表现,妥善地运用强化原则。对幼儿正确的语言行为和习惯给予适当的激励,引导幼儿大胆模仿;对于语言错误要及时指出,但不可过于挑剔,以免降低幼儿学习的积极性。

（二）视、听、讲、做结合法

这种方法是依据"直观法"和"观察法",结合幼儿语言学习的特殊性而提出的。

所谓"视"是指教师提供具体形象的讲述对象,如实物、图片、图书、情景表演等,让幼儿充分地观察。

所谓"听"是指教师用语言描述、启发、引导、暗示、示范等,让幼儿充分地感知与领会。

所谓"讲"是指幼儿在感知理解的基础上,充分地表述个人的认识。

所谓"做"是指教师给幼儿提供一定的想象空间,通过幼儿的参与或独立的操作活动,充分构思,从而组织更加丰富、连贯、完整、富有创造性的语言进行表述。

视、听、讲、做结合法在具体运用时应注意:教师提供给幼儿感知的材料,应是幼儿熟悉的或符合幼儿认知特点的;教会幼儿观察被讲述对象的方法,给幼儿留存一定的观察时间和空间;教师的提问要有顺序性、启发性,帮助幼儿构思与表述;根据幼儿的语言实际水平,提出不同的表述要求,要求幼儿在动手、动脑、动口的学习中获得语言经验。

(三)游戏法

游戏法是指教师运用有规则的游戏,训练幼儿正确发音,丰富幼儿词汇和学习句式的一种方法。游戏法能提高幼儿学习兴趣,集中幼儿的注意,促进幼儿各种感官和大脑的积极活动。

游戏法在具体运用时应注意:要根据幼儿语言教育的目标和内容选择和编制游戏,游戏目标明确,规则具体,便于幼儿理解;游戏法的运用可以配合教具或学具来进行,随着幼儿年龄的增长,应逐渐减少直观材料,过渡到纯语言训练的游戏,如练习发音、学习反义词、练习组词和造句等游戏;对于个别学习有困难的幼儿,可运用游戏法进行重点帮助,使他们在轻松、愉快、饶有兴趣的活动中进行强化训练。

(四)表演法

表演法是指在教师的指导下,幼儿学习表演文学作品以提高口语表现力的一种方法。

表演法具体运用要求是:必须在幼儿理解文学作品内容,并能熟练朗读的基础上,指导幼儿进行表演;鼓励幼儿在表演中创新内容和增加情节与对话,大胆地发展故事情节,恰当地进行动作设计以及人物的心理刻画和渲染;要为全体幼儿提供参与表演的机会。

(五)练习法

练习法是指有意识地让幼儿多次使用同一个语言因素(如语音、词汇、句子等)或训练幼儿某方面语言技能的一种方法。

练习法的具体运用要求是:练习的要求要循序渐进,逐步提高;练习方式应生动活泼,形式多样,从而调动幼儿语言练习的积极性。

以上所列举的幼儿园语言教育的方法只是几种比较常见的,教师在实际应用中,还需根据幼儿园的具体条件,结合本班幼儿语言发展和语言学习的特点,选择和创造更为合适的教育方法,有的放矢地进行语言教育。同时,各种教育方法还可以互相配合,交叉使用或互相补充,综合运用,以共同促进幼儿语言的发展。

第二节 幼儿园谈话活动

一、幼儿园谈话活动概述

(一)幼儿园谈话活动的含义

幼儿园的谈话活动是教师启发幼儿围绕一定话题,以交谈为主要形式展开的,帮助幼儿学习运用口头语言与他人进行交流的语言教育活动。幼儿园的谈话活动为幼儿提供了语言交流的机会,在活动中,幼儿学会倾听他人谈话,学习与他人交流的方式、规则、技巧,培养与人交往的能力。

图3-6 谈话活动"五一劳动节"

(二)幼儿园谈话活动的特点

1. 有一个具体、有趣的中心话题

谈话活动需要围绕一个中心话题进行表述,中心话题主导了幼儿谈话的方向,限定了幼儿交流的范围,使幼儿的交谈带有一定的讨论性质。以谈话活动"五一劳动节"为例,将幼儿的谈话范围限定在谈五一劳动节上面,幼儿的交流随着教师的指导,围绕话题层层深入(见图3-6)。

在幼儿园的谈话活动中,有趣的中心话题包含三层意思。第一,幼儿对中心话题具有一定的知识经验,可以就谈话主题有话可谈。不熟悉的话题不可能会使幼儿产生谈话的兴趣。第二,有一定的新鲜感。使幼儿感兴趣的话题往往是一些新颖的生活内容。曾经反复提起和谈论的话题,不会引起幼儿的强烈关注。第三,有趣的话题常常与幼儿最近生活中的共同经验有关。大家一起经历的事情,或者电视台新近放映的一部动画片都能够使幼儿产生交流和分享的愿望,成为有趣的中心话题。

2. 是一个多方位的言语交流过程

幼儿园的谈话活动突出强调幼儿运用语言与他人进行交流,在这方面,谈话活动的特点表现如下三个方面。第一,谈话活动的语言信息量大。幼儿围绕中心话题交谈时,由于每个人的语言经验不同,因此交谈的语言形式也丰富多样。第二,幼儿交流对象范围较大。幼儿有时面对全班谈论个人见解,有时与小组成员进行交谈,有时与教师进行个别交谈。第三,谈话活动的语言交流方式较多。主要有集体交流、小组交流和个别交流。因此,谈话活动提供了一种多方位的语言交流场合,给予幼儿运用语言的机会。

3. 拥有宽松自由的语言环境

在谈话活动中,幼儿可以围绕自己感兴趣的中心话题,自由地表达个人见解。谈话所涉及的素材取材于幼儿参观、游览、日常生活中的相关知识经验。例如在"快乐的'五一'假期"谈话活动中,幼儿根据自己的经验和感受,谈论"五一"中自己最喜爱的活动、自己认为最有趣的地方,等等。有的幼儿介绍好玩的公园,有的幼儿描述自己快乐的心情。幼儿在谈话活动中畅所欲言,交谈氛围轻松,情绪快乐。

谈话活动宽松自由的气氛,主要体现在两个方面:第一,谈话活动不要求幼儿统一认识,允许幼儿针对谈话主题说自己想说的话,谈自己独特的经验;第二,谈话活动不特别强调规范化的语言,谈话活动不要求幼儿一定使用准确无误的句式、连贯完整的语句交谈。实际上,谈话活动重在给幼儿提供说的机会,让幼儿在用语言交流的过程中,操练自己的语言并产生相互影响,通过提高自己对口语交流规则的敏感程度而发展自己的语言。

4. 教师起间接指导作用

教师是谈话活动的设计组织者,但在谈话活动中,教师往往以参与者的身份参加谈话,给幼儿以平等的感觉,同时也是创造宽松氛围的一个重要构成因素。在谈话活动中教师起着间接指导作用,体现为:第一,用提问的方式引出话题或者转换话题,引导幼儿谈话的思路,把握谈话活动的方式;第二,用平行谈话的方式对幼儿做隐形示范,教师通过谈论自己的经验,向幼儿暗示谈话的方法和技巧。

(三) 幼儿园谈话活动的主要类型

1. 日常生活中的谈话

日常生活中的谈话是谈话活动的一种主要形式,它是提高幼儿语言表达能力的重要途径。幼儿园日常生活中的谈话活动根据谈话对象的多少,主要分为以下两种形式。

(1) 日常个别谈话。日常个别谈话是了解幼儿的重要方法之一。日常个别谈话的话题最为自由,形式丰富多样。教师可以利用一日生活的各个环节,如在入园时、游戏时、盥洗时、进餐后、散步时、起床后、离园前等环节的零散时间中,与幼儿就某个话题进行交谈。日常个别谈话比较简短,不受时间、空间的限制,能满足幼儿单独与教师交谈的需要,促进幼儿口语表达能力的发展。(见图 3-7)

(2) 日常集体谈话。日常集体谈话与日常个别谈话相比,在集体交谈中,参与谈话的人较多,话题更自由、形式更灵活,可以是幼儿与同伴之间的交谈,也可以是教师与幼儿之间的交谈。

2. 有计划的谈话活动

有计划的谈话活动就是教师根据预先确定的话题,制订计划和教育活动方案,有目的地组织幼儿进行谈话的集体教学活动。此类谈话活动是面向全体幼儿,在预定的时间内按预定的内容组织进行的谈话活

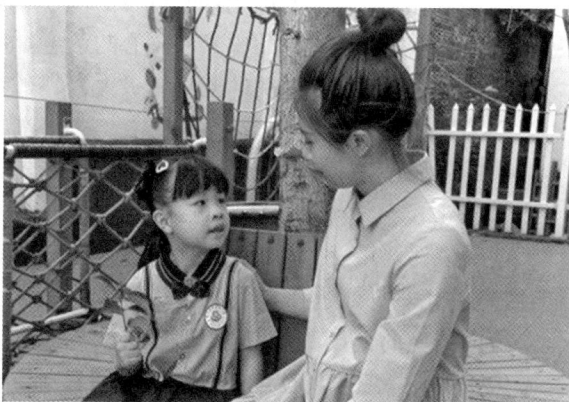

图 3-7 一日生活中的个别交流

动,活动综合性较强。

3. 开放性的讨论活动

开放性的讨论活动是一种特殊的谈话活动形式,它在话题形式、幼儿语言交往和教师指导上都有着开放性的特点。讨论活动的话题一般是开放性的问题,既要符合幼儿的生活经验,又要对幼儿有一定的挑战性。讨论活动对幼儿的语言能力、思维能力、有意注意、有意记忆等方面都有一定的要求,适合在大班进行。讨论活动中教师对幼儿提出的观点、看法应采取开放的态度。

幼儿园各年龄班
谈话活动目标

二、幼儿园谈话活动的设计与组织指导

(一)幼儿园谈话活动目标的确定

幼儿园谈话活动的目的在于着重培养幼儿运用口头语言与他人交往的意识、情感和能力。具体体现在以下三个方面。

1. 学会倾听他人的谈话,学习有意识的、辨析性的和理解性的倾听

有意识的倾听能力是指主动培养倾听别人谈话的愿望、态度和习惯。辨析性的倾听能力是指学习从仔细的倾听中分辨出不同的言语声音,包括说话人声音的不同特点、声音所表现的不同情绪等。理解性的倾听能力技能够在倾听时迅速掌握别人所说的主要内容,把握一段话的关键信息,连接谈话上下文的意思,从而能够获得谈话的中心内容,以便作出反应,交流见解。这三种倾听技能的培养,在设计谈话活动时应置于重要的地位。

2. 学会围绕一定的话题谈话,充分表达个人见解

帮助幼儿学会谈话,有两点要求:要求幼儿学会围绕中心话题谈话,避免跑题;要求幼儿围绕中心话题不断拓展谈话内容,层层深入表达见解。

3. 学会基本的运用语言进行交谈的规则,提高语言交往水平

在组织谈话活动中,应注意培养幼儿以下三方面的谈话规则:用适合角色的语言进行交谈;用轮流的方式进行交谈;用修补的方法进行交谈。

(二)幼儿园谈话活动内容的选择

谈话活动的话题很多、很丰富,谈话的语境相对也比较自由,但这并不是说谈话活动的内容就可以随意选择。相反地,教师在选择、安排谈话活动的内容时一定要注意:选择和安排内容要有目的性和计划性;取材的内容和范围应广泛,有教育意义;谈话活动的内容和范围应与幼儿的言语和知识经验相符合。

因此,谈话活动内容的选择从以下几个方面加以考虑。

(1)幼儿感兴趣的、熟悉的与生活紧密相关的话题。如:我最喜欢的……(人物、动物、玩具、图书、衣服等),我和周围的人(如爸爸妈妈、爷爷奶奶、老师及小朋友等),我和节日(如六一儿童节、国庆节、新年等)。

(2)有一定新鲜感的话题,如"奇特的汽车""有趣的玩具"等。

(3)选择幼儿近日生活中共同关心的话题,如"春游真快乐""我们的节日"等。

(4)选择以前交谈过的幼儿仍有极大兴趣的话题,如"巴巴爸爸""我是奥特曼"等。

(三)幼儿园谈话活动的步骤与组织指导

1. 创设谈话情境,引出谈话话题

创设谈话情境,引出谈话话题,这是设计和组织谈话活动的第一步。其主要目的在于激发幼儿的兴趣,启发幼儿对与话题有关经验的联想,打开言语表达编码的思路,作好谈话的准备。

谈话情境的创设,主要有以下三种方式。

(1)以实物或直观教具创设情境。即教师利用活动角布置、墙饰、桌面玩具、实物摆设、图片,向幼儿提供与谈话主题有关的可视现象,启发幼儿谈话的兴趣与思路。例如谈话活动"我的妈妈",在活动开始时

教师可引导幼儿观察妈妈的照片或自己与妈妈的合影,引出谈话话题。

(2)用语言创设情境。教师通过自己说一段话,提一些问题来唤起幼儿记忆,调动他们的经验,以便进入谈话情境。例如在设计和组织"我的妈妈"这一活动时,教师也可以通过提问引出话题。如:"小朋友,我们每个人都有一个妈妈,各人的妈妈都不一样。今天请大家说说自己的妈妈是什么样子的,她在家里做些什么事情……"

(3)用游戏或表演的形式创设谈话情境。教师通过生动直观、具体形象的游戏或表演的方式让幼儿进入谈话情境,例如谈话活动"发生在公共汽车上的事",教师让幼儿扮演公共汽车上的各种不同角色,开展对话,通过游戏进入谈话活动。

无论采用哪种方式,教师在创设谈话情境时应注意下列问题。

一是谈话情境的创设必须以有利于幼儿谈话为前提。一般来说,对幼儿已有丰富经验的话题或新近关注较多的话题,可以采用语言的方式创设情境;对幼儿谈话难度大的话题,可考虑以实物或直观教具的方式创设情境。二是注意创设的情境与谈话话题之间的关系。谈话情境的创设是为引出话题服务的,应避免与谈话内容无关的摆设,要紧扣中心话题。还应避免过于热闹以致喧宾夺主的现象,谈话情境创设要简单明白,以便直接连接话题内容。三是时间不宜过长,3～5分钟即可。

2. 引导幼儿围绕话题自由交谈

话题提出之后,教师要为幼儿提供围绕话题自由交谈的机会。这一阶段的目的在于调动幼儿已有的与谈话相关的知识经验,运用已有的谈话经验交流个人见解。设计和组织时要注意以下几点。

一是放手让幼儿围绕话题自由交谈。这时,教师不需要做示范,不给幼儿暗示,不纠正幼儿说话用词造句的错误,让幼儿运用已有的经验说出自己想说的话。

二是鼓励每位幼儿积极参与谈话,真正形成双向或多向的交流(见图3-8)。幼儿自由选择交流对象,可以是一对一个别交谈,也可以由幼儿与邻座结伴交谈,或三三两两分成小组交谈,还可以是全体幼儿集体交谈的方式。幼儿可以根据自己谈话的需要,选择交谈对象,谈话气氛更加宽松、融洽。

三是适当增加幼儿"动作"的机会,以调动幼儿的兴趣,增进他们谈话的积极性。如,让幼儿边模仿爸爸生活中的趣事边谈论爸爸。

图3-8 幼儿自由交谈"香香的桂花"

当幼儿进入围绕话题自由交谈时,教师可以采取轮番巡视的方式参与幼儿的谈话。到每一组听听幼儿谈话,用微笑、点头、拍手等体态语言给幼儿以鼓励,也可用皱眉、凝视、扶肩等体态语暗示那些未能很好进入谈话的幼儿;教师还可以简单发表个人见解,或是对幼儿说话给予一定应答,或用自己的语言对各组幼儿谈话作出反馈。此外,教师还要观察幼儿的谈话情况,了解幼儿谈话的水平差异,为下一阶段活动的指导作进一步准备。

3. 引导幼儿逐步拓展谈话范围

在幼儿围绕话题运用已有经验进行自由交谈之后,教师要集中引导幼儿逐步拓展谈话范围,逐层深入谈话,帮助他们学习运用新的谈话经验,使幼儿的谈话水平进一步提高。

在这一阶段,教师通过提问和启发的方式,帮助幼儿学习新的谈话经验。所谓新的谈话经验是谈话活动目标在谈话活动中的具体化,是幼儿要学习的新的谈话技能和谈话规则,掌握正确的谈话思路和谈话方式。在拓展谈话范围的基础上,教师通过隐性示范向幼儿提供谈话范例,让幼儿在谈话过程中不知不觉地沿着新的思路去说,去应用新的谈话经验,最终学会新的谈话经验。如谈话活动"我的妈妈",教师适时拓展话题,让幼儿围绕"夸夸我妈妈的本领""我和妈妈之间的生活趣事",启发、引导幼儿谈自己的妈妈,帮助幼儿掌握新的谈话经验,使谈话水平在原有的基础上得以提升。

总之,在此阶段,教师特别要注意思考自己"说什么"和"怎么说",因为此时教师说话的内容和方式,直接关系到幼儿新的谈话经验的学习。

三、幼儿园谈话活动案例及评析

案例展示台

大班谈话活动：我喜欢的动画片《喜羊羊与灰太狼》

活动目标

1. 耐心专注地倾听同伴说话,能大方地向同伴、老师表达自己的想法。
2. 能从不同角度谈论人物角色,学习用轮流、修补的方式进行自由、有序的交谈。
3. 学会用连贯的语言,围绕《喜羊羊与灰太狼》进行谈话。

活动准备

1. 看过动画片《喜羊羊与灰太狼》,布置动画片主要人物的图片展。
2. 歌曲《别看我只是一只羊》《羊羊顶呱呱》。

活动过程

1. 欣赏歌曲,通过提问引出谈话话题。

播放歌曲《别看我只是一只羊》,教师谈话,激发幼儿对谈论"喜羊羊与灰太狼"的兴趣。

(1) 小朋友知道这是什么歌吗? 它是哪部动画片里的歌?

(2) 你在哪里看过《喜羊羊与灰太狼》? 和谁一起看的? 你们看《喜羊羊与灰太狼》时心情是怎么样的? 你觉得最精彩的是哪一集?

2. 观看《喜羊羊与灰太狼》动画片人物的图片展览,引导幼儿自由交谈。

(1) 请幼儿观察活动室里的动画片人物图片,选一张自己喜欢的图片,并与同伴谈论人物的形象、角色特征等。

教师巡视了解幼儿谈论的情况,提问：你最喜欢谁? 说说你的理由。

(2) 请喜欢同一个人物的幼儿聚在一起,相互说说自己喜欢的理由。

3. 引导幼儿集体谈《喜羊羊与灰太狼》。

教师请1～2个幼儿在集体面前说说自己的想法。要求围绕以上问题,大方地向同伴、老师说说自己喜欢的人物及理由,鼓励其他幼儿进行补充。教师对幼儿的谈话给予赞许和鼓励,对耐心听同伴讲话的幼儿,也给予鼓励。

4. 引导幼儿进一步拓展话题。

(1) 教师引导幼儿从不同角度谈论人物角色,进一步拓展话题。

① 教师提出问题：喜欢羊的小朋友比较多,喜欢狼的比较少,因为很多小朋友觉得狼很坏,有很多缺点。小朋友想想：喜羊羊有没有缺点? 有哪些缺点? 灰太狼有没有优点? 有哪些优点?

② 在与幼儿谈话过程中,教师用平行谈话的方式,为幼儿提供新的谈话经验。如喜羊羊是族群里跑得最快的羊,乐观、好动,永远带着微笑。由于他每次都识破灰太狼的阴谋诡计,拯救了羊羊族群的生命,是羊氏部落的小英雄。但他办事性子急,常常慢羊羊只说前面一句,后一句还没说,他已经抢在前面把事情干完了,可大多数时候话没听全,做出来的事常常弄出笑话。

(2) 引导幼儿结合生活经验,讨论自己及身边的人与这部动画片中的哪个人物形象相像。如：爷爷戴着眼镜,说话、走路都慢吞吞的,像慢羊羊。

5. 欣赏歌曲并表演,结束活动。

(1) 师：小朋友都有自己喜欢的动物,现在我们来模仿自己喜欢的动物吧!

(2) 播放音乐《羊羊顶呱呱》,幼儿模仿自己喜欢的动物说话、走路等等。

活动延伸

1. 谈谈动物喜欢吃的食物,了解食物链。
2. 画自己喜欢的动物,并与身边的人交流自己喜欢的原因。

活动评析

"喜羊羊与灰太狼"是幼儿熟悉而又感兴趣的话题,能引起幼儿积极而有趣的交谈,符合大班幼儿的年龄特点和他们已有的经验。谈话的目标比较全面,其中用"轮流、修补"的方式谈话,是启发幼儿围绕话题谈话的重要因素之一。由于幼儿对喜羊羊与灰太狼比较熟悉,所以谈话情境的创设采用了先听音乐后提问的方式。自由交谈阶段教师的参与既激发了幼儿谈话的热情,又能了解幼儿谈话情况。集体交谈旨在引导幼儿相互学习谈话的方法,分享同伴的经验。最后教师通过提问"喜羊羊有没有缺点? 有哪些缺点? 灰太狼有没有优点? 有哪些优点?",并结合生活经验,引导幼儿谈论身边的人的特征,启发幼儿进一步拓展话题,帮助幼儿在不知不觉中学习新的谈话经验。

第三节 幼儿园讲述活动

一、幼儿园讲述活动概述

(一)幼儿园讲述活动的含义

幼儿园的讲述活动是一种有目的、有计划地培养幼儿语言表述能力的教育活动。这类活动要求幼儿在相对正式的语言运用场合,依据一定的凭借物,逐步获得独立构思和完整、连贯的语言经验。

讲述活动可以培养幼儿的讲述能力,使幼儿学会清楚、完整、连贯地讲述某一事物。它能锻炼幼儿独白语言能力,使幼儿的语言表述能力逐步得到发展。

(二)幼儿园讲述活动的特点

1. 讲述活动有一定的凭借物

所谓凭借物即幼儿在活动中讲述的对象,这决定了幼儿讲述的内容范围和指向。这里所说的凭借物主要是指讲述活动中教师为幼儿准备的或幼儿自己参与准备的图片、实物、情境表演、动画片等。不同年龄幼儿讲述活动的凭借物有所区别。小班幼儿由于语言能力和认知能力的局限,主要进行实物讲述或简单的图片讲述,只要他们能将事物或图片的主要特征描述得清楚完整即可达到要求。对中、大班的幼儿来说,除了图片、实物讲述之外,还可以增加情境表演、动画片等内容,帮助幼儿学习如何利用凭借物进行创造性的讲述。

2. 讲述活动有相对正式的语言情境

与宽松、自由的谈话活动不同,讲述活动为幼儿提供的是一种学习和运用比较正式语言的场合。它不仅要求幼儿慎重考虑后才能发表自己的见解和观点,还要求幼儿能在集体面前用规范语言大胆地表达自己的认识。这种相对正式的语言情境主要表现在:一是语言规范,幼儿需要使用较为完整、连贯、清楚的语言进行表达;二是环境规范,一般是在专门的教育活动中和正式的语言学习环境中开展活动。

3. 讲述活动旨在锻炼幼儿的独白语言

讲述活动的语言交流有别于其他类型的语言活动,它要求幼儿使用的是独白语言,是培养幼儿独白语言的特别途径。所谓独白就是说话的人独自构思和表达对某一内容的完整认识。这是一种复杂、周密的口头语言表达形式,它需要幼儿用完整、连贯的语言将内心的感受和体验准确无误地表达出来,并能得到他人的理解。

4. 讲述活动需要幼儿运用多种能力

在讲述过程中,幼儿需要运用多种能力支持自己的讲述。除了需要较强的语言表达能力外,还需要运

图 3-9　看图讲述图片"小鸡在哪里"

用观察能力认识观察对象;需要运用记忆能力回忆讲述对象;需要展开想象,发挥创造力拓展讲述内容;排图讲述时,需要具有逻辑思维能力等。

(三)幼儿园讲述活动的类型

幼儿园讲述活动有多种分类方法,依据凭借物的特点,讲述活动可以分为以下四种类型。

1. 看图讲述

看图讲述是指教师启发幼儿在观察图片、理解图意的基础上,要求幼儿将图片的内容准确、完整地表述出来。根据图片的类型和不同的教育要求,看图讲述可分为单幅图(见图 3-9)、多幅图讲述,拼图讲述,排图讲述,绘图讲述等多种变化方式。讲述的凭借物都是静止的画面形象,教师在指导幼儿观察、理解和进行讲述时,需要帮助幼儿联想静止之外活动的形象和连续的情节。

2. 实物讲述

实物讲述是指在观察实物后,要求幼儿将实物的基本特征、用途、使用的方法等多方面内容清楚地描述出来。描述的对象多种多样,包括各种玩具、动植物、厨房用具和学习用品等。实物讲述的凭借物是真实、具体的实物,因此,教师在指导幼儿感知实物并进行讲述时,首先要帮助幼儿了解实物的特征,然后再进行讲述,否则就不得不花大量的时间去认识实物,从而影响讲述活动目标的实现。实物讲述适用于三个年龄班。

3. 情境表演讲述

情境表演讲述是要求幼儿凭借对情境表演的观察与理解来进行讲述。在某种情境表演后,在老师的帮助下,幼儿将表演中的情节、对话和内容较完整、连贯地表达出来。这种讲述包括童话剧、情景剧、动画片、视频等,它们都体现了"角色表演"和"连续活动"的特点,向幼儿展示可供讲述的内容。情境表演讲述时借助表演来进行,因此,教师指导幼儿进行情境讲述时,首先要理解表演内容。由于这种讲述的难度较大,因此一般在小班后期或中班早期开始进行。

4. 生活经验讲述

生活经验讲述是指幼儿在教师的指导下,根据已有的生活经验,将生活中的所见所闻进行整理、加工,用连贯、完整、有条理的语言讲述出来。讲述的内容来源于幼儿自己生活中所经历过的或者所见的,具有深刻印象或感兴趣的事情(见图 3-10)。在讲述中,要求幼儿将零散、片段的感受,组织成一段有条理的语言表达,因此对幼儿的组织和概括能力提出了较高的要求。此外,在讲述中还要求幼儿能正确地感受和理解社会生活,了解人们之间的关系。所以这种讲述一般可在中班开始进行。

如果按讲述体的不同,讲述活动又可分为叙事性讲述、描述性讲述、说明性讲述、议论性讲述四种类型。

图 3-10　讲述活动"我最喜欢的游戏"

二、幼儿园讲述活动的设计与指导

(一)幼儿园讲述活动目标的确定

讲述活动是以幼儿表述行为为主的教学活动,其目标包括如下四点。

幼儿园各年龄班
讲述活动目标

1. 培养幼儿感知理解讲述对象的能力

在讲述活动中,幼儿不仅要学会表达自己的想法,也要学会按照主题要求去构思和说话,这就需要幼儿积极地感知、理解讲述的对象和内容。如大班讲述活动"粉红色的雨靴",教师利用实物雨靴帮助幼儿进行合理想象,引导幼儿说出雨靴像什么,它有什么用。然后出示图片,请幼儿观察图片的内容,讨论:下雨天,小白兔穿着什么出去? 小蚂蚁为什么哭? 小白兔是怎样帮助它的? 小鸟妈妈为什么哭? 小白兔又是怎样帮助它们的? 幼儿通过相互交流,从不同角度加深对图片内容的感知与理解。

2. 培养幼儿独立构思与清楚、完整表达的意识、情感与能力

讲述活动为幼儿提供了独立构思和清楚、完整表达的机会,通过这类活动,应达成以下目标。

(1)培养幼儿在集体场合自然、大方地讲述的能力。鼓励幼儿在集体面前说话不胆怯退缩,敢于说出自己的想法,乐于跟别人分享自己的观点,积极地说话。

(2)培养幼儿采用正确的语言内容和形式进行讲述的能力。幼儿在讲述的时候可能会出现语音、语法、词汇等方面的错误,教师需要引导幼儿不断地纠正错误,提高正确使用语言的水平。

(3)培养幼儿有中心、有顺序、有重点地讲述的能力。有中心地讲述是指在讲述时不跑题,不说与中心话题无关的内容;有顺序地讲述是指幼儿学习按照一定的逻辑规律来组织语言进行口语表达,增强说话的清晰度、条理性;有重点地讲述要求幼儿抓住事件或物体的主要特征,传达最重要的信息。

3. 养成良好的倾听习惯

(1)能安静、耐心地在集体中倾听他人讲述,不随便打断他人的讲述。

(2)能在集体中专注地听他人讲述,理解他人讲述的内容并记忆下来。

(二)幼儿园讲述活动的步骤与指导

讲述活动的设计与组织可以按照以下四个步骤来进行。

1. 感知理解讲述对象

感知理解讲述对象,主要是通过观察的途径进行,大部分是通过视觉获取信息。许多看图讲述、实物讲述、情境表演讲述都是事先让幼儿仔细观察图片、看实物、看表演来感知理解讲述对象。也可以通过触觉、听觉途径让幼儿去感知理解讲述对象。如实物讲述"好玩的玩具",先让幼儿摸摸,猜出玩具的名称并讲述物体;讲述"可爱的小动物",先让幼儿听小动物的录音,请幼儿分辨出录音中小动物的叫声再讲述。

教师在这一步骤中重点是指导幼儿充分具体观察、感知、理解讲述对象,以便为讲述打好基础。

2. 运用已有经验进行讲述

在幼儿感知理解讲述对象的基础上,教师指导幼儿运用已有的经验进行讲述。这个步骤的组织,要求教师尽量放手让幼儿自由讲述,给他们以充分的机会,实践运用已有的讲述经验。组织幼儿自由讲述的方式很多,基本上归纳为三种:幼儿集体讲述、幼儿分小组讲述、幼儿个别交流讲述。

教师在指导幼儿讲述时需要注意:一是在幼儿自由讲述前,教师要交代清楚讲述的要求,提醒幼儿围绕感知、理解的对象进行讲述;二是在幼儿自由讲述的过程中,教师要注意倾听幼儿的讲述内容,既要听讲得精彩的部分,又要倾听能力较弱和能力中等的幼儿的讲述,及时发现幼儿讲述的"闪光点"以及存在的问题,通过插话、讨论、提问等方式进行简单指导。

3. 引进新的讲述经验

通过前两个阶段的铺垫,教师可以根据本次活动目标要求,为幼儿引进新的讲述经验。引进新的讲述经验的方式多种多样,归纳起来有三种:教师示范新的讲述经验、教师通过提示引进新的讲述经验、教师与幼儿一起讨论新的讲述经验。新的讲述经验是每次讲述活动的学习重点,它主要包括讲述的思路、讲述的全面性和讲述的方法等。

(1)讲述的思路。

教师在示范新的讲述经验时,很重要的一点就是帮助幼儿理清讲述的思路,使整个讲述顺序性、条理性强。如看图讲述"捉迷藏",教师可以按照这样的思路来示范讲述:小熊来草地上干什么—后来谁来了—他们一起在做什么—在捉迷藏过程中发生了什么事—后来怎么样了? 教师也可以依托某个幼儿的讲述内容或思路,引发其他幼儿的讨论,与幼儿一起分析、归纳、梳理,形成新的讲述思路。在此过程中,幼儿自然而然地积累了新的讲述经验。

(2) 讲述的全面性。

在讲述中,教师要帮助幼儿认识到讲述的基本要素:时间、地点、人物(动作、对话和内心感受)、事件、结果。幼儿在讲述中往往会忽视地点、人物对话和内心感受等方面的内容,因此教师要让幼儿意识到这部分内容并将它们准确地表达出来,力求讲述的全面性。

(3) 讲述的方法。

讲述的基本方法包括观察、感知讲述对象的哪些部分是重点内容,要多讲;哪些部分是次要内容,可以少讲。在实物讲述中,要教给幼儿按照一定的顺序进行讲述的方法。此外,在有些活动中还可以用示范法、提问法、讨论法和评议法引导幼儿的讲述思路。

4. 巩固和迁移新的讲述经验

在讲述活动中,巩固和迁移新的讲述经验为幼儿提供了实际操作新经验的机会,以利于他们更好地获得这些经验。具体做法有以下几个方面。

(1) 由此及彼的练习方式。

① 由 A 及 B 的讲述。当幼儿学习了一种新的讲述经验后,教师立即提供同类不同内容的机会,让幼儿用新学到的讲述 A 的思路去讲述 B。例如,在实物讲述活动"苹果"后,幼儿学会了由外至里、由外形特征到用途的讲述方法,在此基础上教师可以将"苹果"改为"西瓜",引导幼儿用同样的讲述方法进行讲述。

② 由 A 及 A 的讲述。在教师示范新的讲述经验并帮助幼儿理清思路后,让幼儿尝试用新的讲述方式来讲同一件事、同一情景。如幼儿学习讲述"美丽的菊花"后,让幼儿开个小花展,向弟弟妹妹介绍"美丽的菊花"。

(2) 扩展、补充的练习方式。

即由 A 及 A1 的讲述。在教师示范过新的拼图讲述经验之后,进一步要求幼儿自己拼图添画后讲述。如拼图讲述"小动物的家",教师添画小鱼和池塘后,示范新的讲述经验,再要求幼儿自己拼图添画,然后进行讲述。

巩固和迁移新的讲述经验,不但会使幼儿的讲述水平得到提高,而且还在不知不觉中学会了创造的方法,体验到了创造的乐趣。

三、幼儿园讲述活动案例及评析

案例展示台

扫码看视频

中班看图讲述活动:小猪买气球

活动目标

1. 喜欢参与看图讲述活动,主动在集体中讲述体验与同伴分享故事的乐趣。

2. 能认真观察图片,理解图与图之间的联系,想象角色之间的对话和人物的心理活动。

3. 能较完整、连贯地讲述小猪买气球、吹气球的经历,知道吹气球的注意事项。

活动准备

1. 经验准备:幼儿已有吹气球的经验。

2. 物质准备:《小猪买气球》PPT,图片 4 幅(图 3-11),幼儿两人一套小幅图片,小猪毛绒玩具 2 个(笑和哭的毛绒玩具),气球若干。

活动过程

1. 谈话导入,激发幼儿参与活动的兴趣。

(1) 教师出示笑的小猪毛绒玩具,与幼儿谈话:今天小猪要出门去,大家看看它的心情怎么样? 你是怎么知道的?

图 3-11 "小猪买气球"

（2）教师出示哭的小猪毛绒玩具，说：出去一会儿，小猪就回来了，大家看看小猪怎么了。它为什么哭呢？

（3）师：我们一起去看看小猪去了哪里，发生了一件什么事情。

2. 多形式支持幼儿读懂图意，引导幼儿初步学习较完整地讲述故事。

（1）观察图一，重点引导幼儿认真观察图片，理解故事发生的背景，较完整讲述故事开始。

① 师：请小朋友仔细看看图片，图片上都有谁？小兔和松鼠在做什么？

② 小猪看见小兔和松鼠在玩气球。小猪心里是怎么想的？

（幼儿较完整地讲述第一幅图片内容，重点引导幼儿理解小猪看见小兔和松鼠玩气球的心情）

③ 讨论：小猪手里拿着什么？它会做什么呢？

（引导幼儿大胆地想象）

（2）观察图二，重点引导幼儿自主观察图片中动物的动作，想象角色之间的对话、人物的心理活动，学习用恰当的词语较生动地进行讲述。

① 出示图二，引导幼儿带着问题进行自主观察讲述。

小猪来到了哪里？发生了什么事情？

② 幼儿两两合作自主观察讲述，请个别幼儿讲述图二。

③ 引导幼儿仔细观察图二，学习用恰当的词语较生动地进行讲述。重点学习描述角色的动作，想象角色之间的对话。

师：小猪来到了商店，看见了小猴，它们之间会说些什么？做些什么呢？（教师引导幼儿通过动作表演等形式，理解并丰富词汇：递给、接过）

请 1～2 个幼儿较完整讲述图二内容。

（3）观察图三、图四、图五，重点引导幼儿观察小猪的动作和表情，想象小猪的心理活动的变化，并学习讲述故事的结果。

① 出示图三、图四，教师提问：现在小猪在做什么？发生了什么事情？小猪的表情是什么样的？（丰富词汇：越吹越大、吹炸、惊讶）

请 1～2 个幼儿较连贯讲述图三、图四内容。

② 出示图五，提问：气球被吹炸了，小猪的心情是什么样的？它有什么表情？

请 1～2 个幼儿较完整讲述图五内容。

3. 引导幼儿两两合作进行看图讲述，学习较连贯、完整地讲述故事。

（1）教师提出交流的要求：请小朋友说一说，小猪在什么地方，都发生了什么事情。要把对话、心里想什么都说出来，也可以伴随动作讲述。

（2）两个小朋友互相讲故事，教师观察指导，提醒幼儿要认真听同伴讲故事。

（3）请小朋友给故事取一个合适的题目。

4. 集体交流。

（1）请个别幼儿讲故事，集体分享、交流。

（2）分享故事的题目。

（3）讨论：小朋友，小猪的气球被吹炸了，现在你想对小猪说什么呀。

5. 游戏：吹气球。

每个幼儿拿一个气球,给气球打气,教师提醒幼儿注意安全:尽量不要用嘴吹气球,不要把气球放入嘴里。

活动延伸

1. 语言区活动:将图片移至语言区,让幼儿发挥想象,自由讲述。
2. 故事表演:教师在语言区放置小猪、小兔、松鼠和猴子头饰,幼儿结伴表演故事"三只小猪买气球"。

（活动设计与执教:湖南省衡阳市实验幼儿园　尹亚敏）

活动评析

《纲要》明确指出:语言能力是在运用的过程中发展起来的,发展幼儿语言的关键是创设一个能使他们想说、敢说、喜欢说、有机会说并能得到积极应答的环境。本活动一开始,教师利用幼儿已有的生活经验,以谈话的方式导入,激发幼儿参与活动的兴趣,引起幼儿的联想和共鸣。活动中,多形式支持幼儿读懂图意,通过启发式提问,帮助幼儿建立画面与故事的联系,引导幼儿初步学习较完整地讲述故事,突出重点。幼儿两两合作自由讲述,为幼儿创设自由宽松的语言环境,提供自主表达和自由表现的机会,教师平行介入,引进了新的讲述经验。集体分享、交流,巩固、迁移新的讲述经验,攻破了难点。

大班排图讲述活动：西瓜船

扫码看文案

扫码看视频

第四节　幼儿园听说游戏活动

一、幼儿园听说游戏活动概述

幼儿园的听说游戏,是为培养幼儿倾听和表述能力而专门设计,用游戏的方式组织幼儿进行的语言教育活动。它是一种特殊形式的语言教育活动,含有较多的规则游戏的成分,能够较好地吸引幼儿参与到学习语言的活动中去,并在积极愉快的活动中完成学习语言的任务。

（一）幼儿园听说游戏活动的特点

1. 目标渗透在有趣的游戏活动中

听说游戏有明确的语言教育目标,包含了对幼儿语言学习的具体要求。教师根据幼儿语言发展水平和语言学习需要所提出的语言教育教学任务,通过各种有趣的游戏形式,将活动目标渗透其中。

听说游戏包含的语言教育目标有一定的特殊之处,表现在听说游戏包含的语言教育目标具有具体、练习、含蓄的特点。具体是指听说游戏对幼儿提出的语言学习要求非常具体,给人单一和细微的感觉;练习是教师根据近阶段幼儿语言学习的重点需求设计游戏活动,让幼儿在游戏中复习巩固已学的语言内容,掌握一定的语言知识,真正获得这一方面的语言运用能力;含蓄指的是将教育目标贯彻在游戏活动之中,让幼儿边玩边学,不知不觉地完成学习任务,达到本次教育活动的要求。

2. 游戏规则中蕴含语言学习的重难点

凡是听说游戏,都有一定的游戏规则。教师在设计听说游戏时,要根据具体的教育目标,选择适当的语言学习内容,并将本次活动的语言学习重难点渗透在游戏规则中。当幼儿参与听说游戏时,他们必须遵守一定的游戏规则,按照规则进行游戏,并在活动中锻炼听说能力。

如小班听说游戏"山上有个木头人",以游戏的形式帮助幼儿学习儿歌,帮助幼儿发准难发的音和易混淆的音。游戏中教师制定的游戏规则是:游戏时需念儿歌,并可自由做动作;儿歌念完后就不能动,也不能发出声音。如果谁动了或发出了声音,就必须将手伸给同伴,而同伴则拉住他的手说:"本来要打千千万万下,因为时间来不及,马马虎虎打三下。"然后边拍同伴的手心边说:"一、二、三。"游戏结束。由此可见,教师要求幼儿掌握的语言学习重难点,包含在游戏规则之中,通过整个听说游戏活动过程达到听说学习的目的。

3. 在活动过程中逐步扩大游戏的成分

听说游戏活动兼有游戏和活动双重性质,从活动组织形式上看,具有从活动入手、逐步扩大游戏成分的特征。活动开始时,教师主导创设游戏情景,讲解游戏内容,交代游戏的规则,并且示范游戏的玩法。然后教师带领幼儿开展游戏,在幼儿熟悉游戏玩法,逐步掌握游戏规则后,再放手让幼儿独立进行游戏。应当说,听说游戏活动开始时以活动的方式进入,而最后以游戏的方式结束,教师的主导作用在开始时体现得最为明显,而后随着幼儿熟悉水平的提高而逐渐减弱,直到幼儿完全自主地进行游戏。

(二)幼儿园听说游戏活动的类型

1. 语音练习的游戏

这类游戏是以练习幼儿正确发音、提高幼儿辨音能力为目的的一种游戏活动。听音辨音游戏可以帮助幼儿区分相似、相近的语音练习发音,可帮助幼儿清楚、正确地发音。形式和结构都较简单,游戏中,可以让幼儿通过图片或儿歌着重练习他们感到困难的或容易发错的语音,也可以组织幼儿进行方言干扰音、普通话声调、发声用气等方面的练习。如听说游戏"山上有个木头人",就可以让幼儿练习"山、上、三"三个字音,区别 s 和 sh、an 和 ang。

2. 词汇练习的游戏

这类游戏是以丰富幼儿的词汇和正确运用词汇为目的的一种游戏活动。通过游戏可以教给幼儿一些新词,也可以帮助幼儿进一步理解已学过的词汇,并学会运用。游戏的形式一般有正话反说、词语接龙、词语开花等。如"词语接龙"的听说游戏是通过组词扩展幼儿词汇量,还有的听说游戏是练习对量词、方位词的搭配与运用等。值得注意的是:幼儿的词汇量是在日常生活经验的积累过程中逐步增加的,用听说游戏的方式练习词汇,重点是引导幼儿练习运用词汇。

3. 句子练习的游戏

这类游戏是通过专门集中的学习引导幼儿把握某一句法的特点规律,并在尝试运用过程中提高熟练使用水平的一种游戏活动。主要在中、大班进行。如大班听说游戏"盖锅盖"中,幼儿通过"……越来越……"的句式学习句型。

4. 描述练习的游戏

这类游戏是以训练幼儿用完整连贯的语言,具体形象地描述事物,提高口语表达能力为目的的一种游戏活动。它是一种综合的、难度较高的语言训练游戏,主要在大班进行。如听说游戏"种莲子":"种莲子,种莲子,不知莲子种哪家。东一家,西一家,到了明年就开花。"让幼儿学会描述事物特征。

(三)幼儿园听说游戏活动的目标

1. 帮助幼儿按一定规则进行口语表达练习

(1)复习巩固发音。主要包括难发音和容易发错音的字词的练习;排除地方方言干扰音的练习;声调的练习、发声用气的练习。

幼儿园各年龄班听说游戏目标

(2)扩展练习词汇。着重引导幼儿积累同类词组词和不同类词搭配的词汇学习经验。

(3)尝试运用句型。帮助幼儿有意识地练习句型,让幼儿通过专门的学习活动快速掌握某种句法的特点和规律,并熟练运用。如大班"猜猜乐"听说游戏,是帮助幼儿练习使用"有……有……还有……"的句式的游戏。

2.提高幼儿积极倾听的水平

听说游戏需要幼儿参与游戏时具有更多的主动性和自主性,有利于提高幼儿积极倾听的水平。教师在思考听说游戏目标时,应对幼儿提出以下几点要求:听懂教师的讲解,理解游戏规则;听懂游戏指令,把握游戏进程;准确把握和传递有细微区别的信息,提高倾听的精确程度。

3.培养幼儿在语言交往中的灵活性

培养幼儿语言交往的灵活性,从根本上说,是培养幼儿在语言交往过程中的反应敏捷能力,主要包括以下几个方面:迅速领悟语言规则的能力;迅速调动个人已有语言经验编码的能力;迅速以符合规则要求的方式进行表达的能力。

二、幼儿园听说游戏活动的设计与指导

听说游戏活动的设计与指导一般包括四个方面,即活动目标、活动准备、游戏玩法、游戏规则,其中听说游戏活动中游戏的内容、玩法、规则要明确,教师可以按照以下步骤设计与指导听说游戏活动。

(一)设置游戏情境

这一步骤的主要目的,在于向幼儿展示游戏的氛围,引发幼儿参与游戏的兴趣。在听说游戏开始时,教师需要借助一些凭借物来设置游戏情境。

1.用物品创设游戏情境

教师使用一些与听说游戏活动有关的物品,如玩具、日用品等,布置游戏的情境,营造游戏的氛围,引发幼儿参与游戏的兴趣。

2.用动作创设游戏情境

教师或幼儿通过动作表演,让幼儿想象出游戏的角色,或者游戏的场所,进而营造游戏情境的气氛。

3.用语言创设游戏情境

教师通过自己所说的话,直接描述或指出游戏中角色以及所处的环境。教师运用语言创设情境时,要注意语言生动、有趣、直观,运用语言的魅力吸引幼儿、感染幼儿。

(二)交代游戏规则

在创设游戏情境后,教师要向幼儿介绍游戏的玩法,玩法有角色扮演、模仿动作、表演、比赛等。这一步骤实际上就是教师向幼儿布置任务,讲解要求,引导幼儿理解游戏规则的过程。教师可以通过讲解和示范相结合的方式,告诉幼儿游戏的玩法、规则。

教师在交代游戏规则时,要注意以下几点。

第一,用简洁明了的语言讲解。教师的语言必须简洁、易懂、突出重点,让幼儿在最短的时间内抓住重点。切忌啰唆、冗长的解释,以免幼儿抓不住要领,不能及时理解游戏规则,影响游戏的进程。

第二,要讲清楚游戏的规则要点和开展顺序。听说游戏的规则要点一般是在游戏中要求幼儿按照规范说话。教师应当让幼儿知道说什么、怎样说和什么时候说;帮助幼儿清楚地理解游戏开展的顺序,先做什么,后做什么,什么角色做什么。这样他们才能够顺利地开展活动。

第三,教师用较慢的语速进行讲解和示范。教师在交代游戏规则时要控制语速,讲到重难点处要加重语气。

(三)教师引导游戏

教师带领幼儿开展游戏,此时教师在游戏中充当主要角色,控制游戏的进程。幼儿在这一时间内可以两种方式参加游戏:一种是部分幼儿参加游戏,另一部分幼儿观察、评价,然后实行轮换;另一种是全体幼儿参加游戏的一部分活动,待幼儿熟悉掌握游戏后再完全参加游戏。

教师引导幼儿游戏,有利于幼儿在活动过程中熟悉游戏规则,进一步明确和掌握游戏的玩法,掌握在游戏中运用语言交往的基本思路,从而为独立开展听说游戏作好充分的准备。

（四）幼儿自主游戏

在幼儿自主游戏阶段,教师可以退出领导者的身份,放手让幼儿自己开展活动,此时教师处于旁观者的地位。在此环节,教师要注意以下几点:

1. 灵活选择游戏形式

幼儿自主游戏可以根据每个游戏的具体要求来考虑适当的活动形式。有的以集体活动的形式进行游戏,有的以小组形式开展游戏,也有的以一对一结伴的方式进行游戏。采用何种活动形式,取决于幼儿参与活动的最佳效果。

2. 观察游戏进程,及时提供帮助

在观察幼儿游戏时,教师要巡回指导,积极观察幼儿的游戏情况,了解幼儿对游戏玩法和规则的掌握程度以及游戏目标的完成情况,督促幼儿遵守游戏规则。同时,教师要注意发现幼儿在游戏中可能出现的矛盾与纠纷,并及时予以解决。注意对个别不熟悉玩法和规则的幼儿提供帮助,及时指导。

3. 组织评价、总结活动

游戏评价环节可以分享、整理和提升幼儿的游戏经验,发展幼儿的语言表达能力和解决问题的能力,提高游戏质量和幼儿的游戏水平,促进幼儿的自我意识和社会性的发展。评价时要做到有目的、有重点,坚持以正面教育为主,涉及幼儿游戏中的问题,教师不要以批评、否定等简单的方式提出,而要以提建议的方式让幼儿集体讨论,利用集体智慧寻求答案,从而提高游戏水平。

三、幼儿园听说游戏活动案例及评析

案例展示台　　　　　　　　　　　　　　　　　　　　　　扫码看视频

中班听说游戏：种莲子

活动目标

1. 乐于与同伴游戏,体验参与集体游戏的快乐。
2. 学习运用比较连贯的句子描述同伴的主要特征,能根据同伴的描述迅速、正确地作出判断。
3. 集中注意倾听,能听懂、掌握并遵守游戏规则。

活动准备

1. 经验准备:通过视频观看种莲子的劳动场景;了解班级小朋友的主要特征。
2. 物质准备:《种莲子》的PPT课件,莲子(黏土制作)若干颗。

活动过程

1. 创设游戏情境,激发幼儿参与游戏的兴趣。

(1)教师播放《种莲子》的PPT课件,用生动的语言讲述:池塘里的莲子丰收了,小动物们纷纷跑来采摘莲子,它们摘了很多很多的莲子,可高兴啦! 为了明年采摘更多的莲子,小动物们想请小朋友帮忙种莲子。小朋友们,你们愿意吗?

(2)师:小朋友们,你们知道莲子种在哪里吗? 今天,老师请小朋友扮演池塘里的"泥",老师将这颗莲子种到池塘的"泥"里,我们一起玩游戏"种莲子"吧!

2. 教师带领幼儿一起念《种莲子》儿歌,边念边做相应动作,营造轻松愉快的游戏氛围。

3. 介绍游戏玩法与规则。

(1)教师讲解示范游戏玩法,师幼共同讨论游戏规则。

①教师讲解示范游戏玩法:小朋友们围坐成圆形扮作池塘的"泥",双手放背后,掌心向上,教师扮作种莲人。游戏开始,幼儿闭上眼睛,一起念《种莲子》儿歌。教师边念儿歌边从幼儿身后走过,把一颗莲子悄悄放在一个幼儿手中。然后走回到原来的位置,描述这个幼儿的特征,如"我把莲子种在一个穿粉红衣

服、蓝色裙子和黑色皮鞋的小女孩手里"。请小朋友一起猜,猜对了,手里放了莲子的小朋友就要站出来,手捧莲子说:"我就是穿粉红衣服、蓝色裙子和黑色皮鞋的小女孩。"然后与种莲人互换角色,继续游戏。猜错了,种莲人继续种莲子。

② 请幼儿与教师尝试玩游戏。

③ 根据幼儿尝试的情况,讨论游戏的规则。

(2) 交代游戏规则。

① 扮演池塘的"泥"的小朋友必须闭上眼睛,不能偷看,念完儿歌才能睁开眼睛。

② 种莲人要在儿歌结束前将种子放在小朋友的手里,回到原位置,并用简短的语言来描述这个小朋友的主要特征。

③ 被猜出的小朋友必须重复说出自己的主要特征。

④ 种莲人和拿到莲子的幼儿都要注意保密。

4. 教师引导幼儿参与游戏。

教师引导全体幼儿参与游戏,重点帮助幼儿进一步理解和掌握游戏玩法和规则,掌握语言描述的方法。

5. 幼儿自主游戏。

(1) 幼儿分组游戏,每组发一颗莲子。

(2) 鼓励幼儿用"石头剪刀布"的方式选出每组第一个种莲人。

(3) 教师观察幼儿游戏情况,对出现的问题给予及时的帮助和指导,使每位幼儿都能与同伴一起愉快地游戏。

活动延伸

在幼儿能够比较熟练地玩上述游戏之后,教师可采用提问的方式,根据幼儿已有的生活经验,引导幼儿说出各种植物的名称。如问:"小朋友,你种的是什么? 种在哪里? 什么时候开花?"使幼儿不仅能流畅地说出各种植物的名称,而且能够说出种植的地方及开花季节。不断丰富幼儿对植物名称的表述,使"种莲子"游戏的内容更丰富,达到不断提高和发展幼儿语言表达能力的目的。

附儿歌:

种　莲　子

种莲子,种莲子,

不知莲子种哪家。

东一家,西一家,

到了明年就开花。

(活动设计:湖南省衡阳幼儿师范高等专科学校附属幼儿园　杨靓)

第五节　幼儿园文学作品活动

一、幼儿园文学作品活动概述

(一)幼儿园文学作品活动的内涵

幼儿园的文学作品活动,是以幼儿文学作品为基本内容而设计组织的语言教育活动。幼儿文学作品是指适应于3～6岁幼儿的心理发展水平和知识经验、阅读能力的各类文学作品的总称。幼儿文学作品体裁丰富,包括童话、寓言、儿童故事、幼儿诗歌、幼儿散文、谜语、绕口令等多种体裁。

幼儿园的文学作品活动通常从一个具体的幼儿文学作品入手,围绕着这个文学作品展开一系列相关的活动,为幼儿创设学习运用文学语言的情境,帮助幼儿理解文学作品所展示的丰富而有趣的生活,体会语言艺术的美。更为幼儿提供全面的语言学习机会,帮助幼儿发展完整语言。文学作品的教育是幼儿园语言教育的一个重要组成部分,文学作品活动是幼儿园语言教育活动不可缺少的一种类型。

(二)幼儿园文学作品活动的特点

1. 围绕文学作品开展系列活动

幼儿园文学活动首先是从文学作品的教学入手,围绕作品教学开展活动。文学作品是语言艺术的结晶,每一个具体的故事或每一首诗歌都具有丰富而独特的语言信息,能满足幼儿了解社会生活现象的需要。与其他语言教育活动相比,文学活动中幼儿感受的活动对象具有形象生动、信息量丰富的特点。

幼儿在活动中的首要任务就是与活动对象交互作用,学习理解文学作品。通过聆听、诵读、阅读图画、观看表演或观看动画片等形式,让幼儿将书面语言信息转化为口头语言信息,然后通过一系列层层深入的活动,让幼儿完全理解和掌握文学作品所承载的丰富有趣的信息。如故事欣赏活动"金色的房子"通过一系列精心设计与组织的活动,达到文学活动目标(见图3-12)。

2. 整合相关领域的学习内容

幼儿园的文学活动从文学作品的教学出发,常常整合与其相关的其他领域的内容,使幼儿有更多的机会认识某一个文学作品中表现出来的社会生活内容,促进他们对作品的感知理解。这是幼儿园文学活动的另一个基本特征。

文学作品本身是社会知识、科学知识和语言知识的结合物,任何一个文学作品的学习,都对幼儿这三方面的知识能力提出一定的挑战。在组织和设计文学活动时,根据具体的文学作品整合相关作品的学习内容,就为幼儿提供了在这三方面扩充经验的机会,帮助幼儿完成整个语言的学习调整。例如,童话故事《金色的房子》,在幼儿熟悉了故事内容之后,可以开展表演游戏活动,让幼儿体验理解作品中人物的心理;然后让幼儿画一画"我的房子",说一说"如果我有一座金色的房子",建构一座"金色的房子"等活动。通过相关的多层次活动,不仅帮助幼儿感知理解、学习掌握文学作品,也有利于幼儿科学认知、绘画、操作等其他各方面能力的提高。

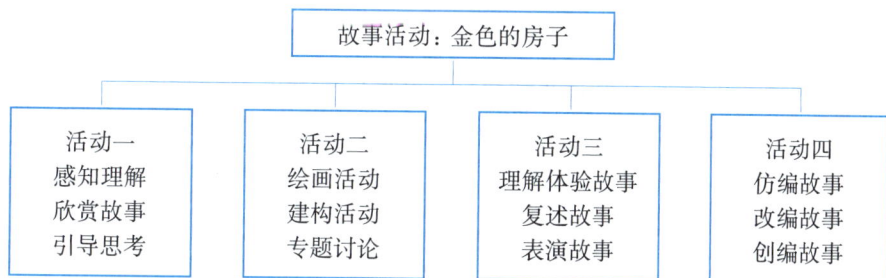

```
           故事活动:金色的房子
  ┌──────────┬──────────┬──────────┬──────────┐
  活动一        活动二        活动三        活动四
  感知理解      绘画活动      理解体验故事   仿编故事
  欣赏故事      建构活动      复述故事      改编故事
  引导思考      专题讨论      表演故事      创编故事
```

图3-12 故事活动设计

3. 提供多种与文学作品相互作用的途径

幼儿园的文学作品活动是引导幼儿积极地与文学作品相互作用的过程,在这一过程中幼儿通过倾听理解某一文学作品(听),然后将自己对文学作品的理解和对语言的感受用语言表达出来(说),并通过视觉阅读文学作品(看)和操作、表演、绘画、折纸、泥工(做)等,通过动耳、动嘴、动眼、动手、动脑各种途径将自己对文学作品的理解和感受表达出来。多种途径的学习,能促使幼儿更有兴趣、更积极主动地投入学习过程中去,从而获得对文学作品更深刻、更全面的理解和感受。

(三)幼儿园文学作品活动的目标

幼儿园文学作品活动的目标要与幼儿园语言教育的基本目标联系在一起。幼儿园文学作品活动的目标具体表现在以下三个方面。

1. 文学作品的认知目标

(1)了解与作品相关的社会、科学等方面的知识。

(2)知道文学作品有童话、诗歌、散文等体裁,了解语言的丰富性和多样性。

(3)理解文学作品内容,学会标准发音,扩展词汇,了解各种语言句式的表达。

幼儿园各年龄班
文学作品活动目标

2. 文学作品的情感与态度目标

(1) 对书面语言有浓厚的兴趣,喜欢文学作品。积极参加文学作品活动,乐意欣赏文学作品。

(2) 体验文学作品中人物的真善美,感受文学作品的情感脉络和语言美,发展幼儿的艺术想象力和审美能力。

3. 文学作品的能力与技能目标

(1) 学会倾听,提高语言的理解能力。

(2) 感知文学作品语言和结构的艺术表现特点,能创造性地运用语言,扩展个人经验和想象,尝试艺术性地建构语言。

二、幼儿园文学作品活动设计与指导

幼儿园文学作品活动的主旨是引导幼儿积极主动地感知和体验文学作品,迁移经验,扩展想象,创造性地运用语言。具体分为以下四个层次。

(一) 初步学习文学作品

1. 创设情境,引出文学作品

根据文学作品的不同风格、不同体裁及作品内容的难易程度以及幼儿的实际水平,采取不同的方式来导入活动。可出示与作品内容相关的图片、视频、实物等导入活动;也可用猜谜语、提问、音乐等方式导入活动。

2. 教师讲述文学作品,幼儿倾听

教师在讲述作品时要抑扬顿挫,富有感染力,并伴以丰富的表情和夸张的动作来渲染气氛,让幼儿感受到作品的生动有趣而被深深地吸引。此外,不要过多讲述作品(两遍为宜),以免幼儿失去兴趣。第一遍讲述不提倡使用教具和课件,以便让幼儿专注地倾听教师的讲述;第二遍讲述结合教具或课件,帮助幼儿理解作品。

3. 有层次地提问,帮助幼儿理解文学作品

通过提问的方式组织幼儿讨论,帮助幼儿理解和思考作品的主题、主要情节、人物等,尤其要通过描述性提问、思考性提问和假设性提问帮助幼儿理解文学作品。

(二) 理解体验文学作品

在学习文学作品内容的基础上,教师需要引导幼儿去理解文学作品、体验文学作品,尤其是让幼儿通过亲身感受去体验文学作品中所展示的人物的情感历程和心理世界。

在理解和体验文学作品这一层次上,教师可以围绕作品内容设计和组织1~2个相关的活动,如采用观察走访的方式让幼儿了解与作品内容相关的自然或生活情景;采用朗诵、表演、绘画、纸工等活动,引导幼儿讨论、表达和表现文学作品内容。如《唱歌比赛》,可让幼儿分角色朗诵和表演,引导幼儿体验作品的内涵。不管采取何种方式,都必须紧紧围绕着作品内容引导幼儿理解与思考。

(三) 迁移文学作品经验

在帮助幼儿深入理解文学作品的基础上,教师可以组织一些与文学作品重点内容相关的活动,帮助幼儿将作品的间接经验与幼儿的直接经验联系起来。具体活动可采用游戏、角色扮演绘画、手工制作等形式,向幼儿提供一个将文学作品迁移到生活中与幼儿生活经验和体验有机结合的机会。如在"会唱歌的生日蛋糕"活动中,教师让幼儿做一做生日礼物,给本班小朋友开个生日庆祝会等,有助于幼儿作品经验的迁移。

(四) 创造性想象和语言表述

在这一层次活动中,教师通过开展创编、续编、仿编、谈话等活动,让幼儿扩展自己的想象,创造性地运用语言去表达自己的认识和想象。如诗歌活动《伞》中,可以让幼儿仿编诗歌,也可以让幼儿思考:

"想一想,公路边的大杨树、水塘里的大荷叶、山坡上的大蘑菇还可以当谁的伞?"鼓励幼儿根据自己的生活经历进行想象和表达。教师可将幼儿仿编的诗句串联成一首完整的新作品,并引导幼儿领会新作品的意境。

总之,文学作品活动是一个围绕作品主题开展的系列活动,在这个系列活动中,幼儿在教师的引领下,循序渐进、由浅入深地发展语言能力,从理解到表达,从模仿到创新,从接受到运用,不仅发展了幼儿的完整语言,同时也锻炼了幼儿的想象力,增长了艺术思维能力,促进幼儿其他方面能力的发展。

三、几种常见幼儿文学作品活动的设计与指导

(一)幼儿故事活动的设计与指导

1. 幼儿故事内容的选择

故事的选择除了要遵循文学作品的文学性和教育性等特点外,还要考虑故事本身的一些条件。

(1)主题明确,有教育意义。幼儿故事活动中作品主题应只有一个,简单明确,易于幼儿理解,对幼儿有一定的教育意义。如故事《小铃铛》《萝卜回来了》等有助于幼儿良好品德行为的形成。

(2)结构简单,情节有趣。由于幼儿对事物相互关系的理解比较简单,因此应选择人物关系比较简单、情节不复杂但生动有趣的幼儿故事,如童话《三只蝴蝶》《唱歌比赛》。

(3)形象鲜明,语言浅显易懂。故事中活灵活现、性格鲜明的形象常常能深深吸引幼儿,如《小兔乖乖》中慈爱的妈妈,狡猾的大灰狼,可爱的长耳朵、短尾巴、红眼睛的小兔能深深吸引幼儿。

(4)要有针对性。根据幼儿的实际情况,针对其思想状况,可选择相关的主题内容对他们进行教育。如发现幼儿吃饭爱掉饭粒,可选择《漏嘴巴》的故事,教育孩子养成节约粮食的好习惯。

(5)有助于训练幼儿的创新思维。可选择一些有助于激发幼儿展开想象的故事,如《会动的房子》,情节新奇有趣,幼儿通过观察画面,能根据场景的变化进行丰富的想象,猜测新房子为什么会动,从而感受作品的清新、可爱、幽默,培养幼儿爱动脑筋、大胆想象和创新的意识。

2. 幼儿故事活动过程的设计与指导

(1)创设情境,引出故事。

教师要运用一定的手段,设置一定的情境,引起幼儿迫切了解故事的浓厚兴趣。教师常见的几种导入方式有:直观教具导入、猜谜导入、表演导入、提问导入等。如故事《金色的房子》,教师通过生动的描述,借助课件或图片把一座亮堂堂、金灿灿的房子呈现在幼儿面前,激发幼儿遐想,引起兴趣。又如《会动的房子》,教师通过提问"小朋友,你们见过会动的房子吗?",引起幼儿听故事的兴趣,导入故事。

(2)初步感知故事内容。

让幼儿感知欣赏故事的方式有很多,教师的讲述是用得最多、最直接的方式。教师在引起幼儿听故事的兴趣后,辅以适当的直观教具,用生动有感情的语言完整讲述故事,让幼儿对故事内容有基本的了解和认识。讲述的具体要求为:用普通话正确、有感情地讲述;语言表达方式恰当,适当运用态势语渲染气氛,注意提问、教具等方式的运用。

(3)理解故事内容。

通过挂图、教具、故事表演和提问等方式,帮助幼儿理解故事的主题、情节、人物性格特征等。对情节较复杂的故事,教师可以讲述两遍,讲述前、后要向幼儿提一些问题,有助于幼儿带着问题有目的地听故事。帮助幼儿理解故事可采用三个层次的提问,即描述性提问、思考性提问和假设性提问。

比如,在《三个和尚》的故事教学活动中,教师在讲完第一遍故事后,可以提描述性问题,如:"故事的名字叫什么?""故事中有哪些人物?""他们住在什么地方?""他们之间发生了一件什么事?"等等,帮助幼儿理解故事。

教师第二遍讲述故事,讲完后可提思考性问题,如:"这三个和尚怎么样?""他们是会想办法的小和尚吗?""小和尚除了挑水吃,还可以用其他方法喝到水吗?"这类问题需要幼儿思考后再回答,从而帮助幼儿理解故事主题、人物性格和心理特征。

最后,教师可引导幼儿围绕故事进行表演活动,表演后,教师可提假设性问题:"如果你是这三个和尚

中的一个,你会怎么做,让大家都有水喝呢?"引导幼儿发散性思维,鼓励幼儿大胆想象,将故事主题与现实生活结合起来,发展想象力和创造能力。

通过以上活动,幼儿既理解了故事的主要内容和主题,又学会了欣赏理解故事的基本方法和技能:故事的发生—故事的高潮—故事的结束,这种技能的习得,能对幼儿独自阅读图书、欣赏文学作品,起到非常重要的作用。

(4) 围绕故事开展相关语言活动。

为帮助幼儿理解掌握故事,教师可以在理解或延伸环节安排活动,幼儿园最常用的形式有复述故事、表演故事。复述故事有全文复述、分段复述和分角色复述等形式,旨在培养幼儿用富有表现力的口语再现故事内容,加深他们对故事的理解。表演故事一般由复述故事自然转入,幼儿园常见的表演故事有整体表演、分段表演、角色表演等形式。(见图 3-13,图 3-14)。

图 3-13 幼儿表演《拔萝卜》

图 3-14 幼儿复述并表演《三只蝴蝶》

(5) 编构故事。

幼儿编构故事是一种具有积极意义的创造性活动。根据幼儿的认知能力、语言发展水平的差异,对不同年龄幼儿的故事编构有不同的要求。

小班:编结局,即幼儿根据个人对故事语言、情节、人物、主题的理解,在故事即将结束时为故事想象编构一个结局。

中班:编高潮和结局,即编"有趣情节"。教师在讲到故事的高潮部分时突然停止,提醒幼儿想象可能编构的部分。

大班:编完整故事。到了大班,幼儿故事编构的水平有了较大的提高,所以大班幼儿可以编构完整故事。只要幼儿编构的故事基本具有语言、情节、人物和主题等构成要素即可。教师应给幼儿提供一些背景材料,以帮助幼儿编构故事。

创编和续编虽然对幼儿的创造想象有共同的促进作用,但创编的难度更大,对幼儿的知识、能力的要求更高,因此在幼儿故事编构教学中,小中班应以续编为主,大班以创编为主。

(二) 幼儿诗歌、散文活动的设计与指导

1. 幼儿诗歌、散文作品的选择

(1) 作品要适合幼儿已有的经验和水平。

诗歌和散文语言含蓄、精练,如果幼儿没有相应的生活经验和理解水平,就很难理解作品内容。因此,教师在选择作品时要充分考虑到幼儿的经验水平,如小班选材应以儿歌为主,篇幅短小,主题明确,语言生动活泼;中班选材应以儿歌、幼儿诗为主,篇幅较长,语言丰富多彩,多用重复结构;大班选材题材广泛,篇幅较长,画面丰富,表现方式多样。

(2) 题材广泛,有教育意义。

教师在选择作品时应注意题材的多样化,既可以选择生动有趣的叙事诗,如《小猪爱睡觉》《下巴上的洞洞》;也可以选择描绘美丽的大自然现象或人们美好心灵的抒情诗,如《春风》《听雨》《有趣的梦》;还可以选择浅显易懂的古诗,如《春晓》《咏鹅》等。

（3）构思巧妙，富有想象力，充满童趣。

教师应为幼儿选择一些构思巧妙、充满童趣的诗歌和散文，让幼儿感受语言美和艺术美，拓宽幼儿的视野，启发幼儿的想象力。

如散文诗《神奇的雨点》：

> 刷刷刷！云妈妈把雨点当成种子从空中播下……
>
> 播进竹园，长出春笋儿。
>
> 播进草丛，钻出蘑菇儿。
>
> 播进树林，开出花朵儿。
>
> 播进池塘，游出蝌蚪儿。
>
> 雨点儿，落在雨伞上，敲响了一面面小彩鼓：叮叮咚！叮叮咚！
>
> 雨点儿，顺着雨伞滑落到地上，地上开出了一朵朵水花花。
>
> 水花花，亲亲娃儿们的小脚丫。哦，娃娃们也长高了。

诗歌意境优美，音调和谐，节奏感强，用拟人化的手法将植物在雨点的浇灌下成长的画面生动形象地表现出来，既有色彩又有动感，建构了一幅有声有色的春景图，容易激发幼儿的欣赏愿望和学习兴趣，感知诗歌的语言美和意境美。

2. 幼儿诗歌、散文活动过程的设计与指导

（1）创设情境，引出作品。

诗歌和散文是以其优美的语言和情感来感染幼儿，因此，营造欣赏作品的良好氛围，培养幼儿对作品的感受和体验非常重要。良好氛围的营造可以借助于图片、幻灯片，结合教师生动的语言描述，将幼儿带入作品的意境中；也可以借助于美术、音乐等艺术手段，布置一个与作品意境吻合的场景，便于幼儿进入作品意境，理解并掌握作品。

（2）初步感知作品内容。

此步骤，教师主要运用朗诵法、演示法和提问法。教师以朗读或放录音等形式，给幼儿声情并茂的示范朗诵，让幼儿欣赏作品。教师的示范朗诵一定要有情感、有节奏、有起伏，要有音韵美，能深深打动幼儿。同时，注意朗诵法与演示法、提问法的有机结合。

（3）深入理解作品内涵。

在幼儿初步感知作品内容之后，教师应进一步引导幼儿深入理解和体验作品内涵，具体可以通过以下几种方式来帮助幼儿理解作品。

① 出示挂图等教具。教师将语言所描绘的意境转化成具体直观的画面，把画面做成挂图，组织幼儿通过观察挂图理解作品的优美意境。

② 采用提问方式。教师可通过三个层次的提问，帮助幼儿理解诗歌，如诗歌《有趣的梦》：

> 苹果爱做梦，梦是红红的；
>
> 西瓜爱做梦，梦是绿绿的；
>
> 香蕉爱做梦，梦是黄黄的；
>
> 葡萄爱做梦，梦是紫紫的。

首先教师通过描述性提问来帮助幼儿理解诗歌的基本内容，如"诗歌里都有谁？它做的梦是怎样的？"等；接着通过思考性提问，引导幼儿体验作品的主题和情感，可提问："诗歌里苹果的梦是怎样的？为什么苹果会做红红的梦呢？"最后教师通过假设性提问帮助幼儿迁移作品内容，学以致用，拓展幼儿的想象空间。如"如果你是梦姐姐，你还会做怎样的梦"等。

③ 朗诵诗文。教师应开展形式多样的朗诵，通过反复诵读，让幼儿不断品味、领悟作品，加深作品在脑海中的印象。多变换形式，避免机械记忆、枯燥乏味，既可以通过集体、分组、个人等形式朗读，还可以分角色或对答式朗读。

（4）围绕诗歌、散文开展相关的活动。

在幼儿理解作品内容之后，教师应考虑围绕诗文主题开展相关活动，让幼儿亲身参与，更好地体验作品。不同特点的作品可以采用不同的活动形式，常见的活动形式有：诗歌表演游戏、配乐朗诵、绘画、教师

和幼儿一起简单谱曲演唱、诗歌仿编活动等。对于一些有一定的格式、多重复结构,事物之间的关系为幼儿所熟悉的作品,教师可以组织幼儿进行仿编、改编或创编活动。不同年龄班幼儿诗歌、散文仿编、改编或创编的要求不同。

小班:幼儿仿编诗歌中一项或两项内容,句子的基本结构可以不变,也不要求在句子中增加新的词汇。

中班:幼儿仿编或改编诗歌时,要求改编诗歌中的人物、人物动作、地点等内容。散文仿编一般在中班以后进行。

大班:不但要求幼儿能熟练地仿编、改编诗歌,还要求幼儿学习创编诗歌、散文。

四、幼儿文学作品活动案例及评析

案例展示台

扫码看视频

小班故事活动:唱歌比赛

活动目标

1. 喜欢听故事,乐意感受不同动物唱歌的声音,养成良好的说话习惯。
2. 理解《唱歌比赛》的故事内容,熟悉故事的角色和主要情节,记住故事中的人物顺序。
3. 能用不同的声音和语调来表演故事中人物的对话,丰富词汇"快了、响了、轻了、慢了"。

活动准备

1. 经验准备:知道小鸡、鸭子、小狗、小羊、小猫的叫声。
2. 物质准备:《唱歌比赛》的PPT课件,小鸡、鸭子、小狗、小羊、小猫、小白兔手偶各一个。

活动过程

1. 创设情境,为引出故事作铺垫。

师:小朋友们,你们喜欢唱歌吗?有几只小动物可喜欢唱歌了,今天,它们要在森林里举办一场唱歌比赛,邀请小白兔当评判员。你们想不想知道谁唱得最好?

2. 教师有感情地讲述故事《唱歌比赛》,引导幼儿初步感知故事的名称、角色和大致内容。

提问:

(1) 故事的名字是什么?

(2) 有哪些小动物参加了唱歌比赛?邀请了谁当评判员?

(3) 小动物们是怎么唱的?最后谁获得了第一名?

故事《唱歌比赛》

3. 教师播放《唱歌比赛》故事PPT,生动形象地再次讲述故事,引导幼儿进一步理解故事内容,熟悉故事的角色、主要情节,记住故事中人物顺序,模仿小动物的叫声。

(1) 提问:谁第一个走上台?小鸡是怎么唱的?它唱得怎么样?

(2) 按照鸭子、小狗、小羊、小猫上台的顺序依次提问,帮助幼儿理解故事内容。

(3) 提问:最后,谁得了第一名?小猫为什么能得第一名?

小结:适中的声音让人听起来很舒服。小猫唱得不快也不慢,声音不小也不大,好听极了。其他的小动物有的唱得太快了,有的唱得太慢了,有的唱得太轻了,有的唱得太响了,这样唱歌不但伤害嗓子,还会让人听不清楚,或觉得不舒服,所以我们要学小猫用适中的声音唱歌,保护我们的嗓子。

4. 教师运用手偶引导幼儿表演故事,感受故事和谐积极的情感基调,体验欣赏故事的乐趣。(要求幼儿注意人物的顺序、动作和对话)

(1) 请6个小朋友上台表演故事。其中1个扮演小白兔,另外5个幼儿分别扮演小鸡、鸭子、小狗、小羊、小猫。教师说旁白,幼儿模仿小动物说对话。

（2）分小组表演、复述故事内容。

5.在欢快的音乐声中,教师简单小结,然后以唱歌比赛的形式结束。

小结:我们要用适中的声音说话、唱歌,才能保护我们的嗓子。现在,我们也学小猫,用好听的声音到表演区去进行唱歌比赛吧。

活动延伸

1.区角活动:将手偶放在表演区,让幼儿在自由活动时按自己意愿表演故事;将《唱歌比赛》故事书放到阅读区,让幼儿自行阅读。

2.家园共育:幼儿与家长一起共同讲故事《唱歌比赛》,培养幼儿模仿能力与阅读的习惯。

（活动执教:湖南省衡阳市高新区衡州幼儿园　万若岚）

中班诗歌活动:有趣的梦

活动目标

1.欣赏诗歌,喜欢这首优美而有趣的诗歌。

2.理解诗歌内容,感受诗歌中拟人手法的运用,学习有感情、有节奏地朗诵诗歌。

3.能尝试根据事物的基本特征仿编诗歌,体验创作的成就感。

活动准备

1.PPT课件、音乐《波尔卡圆舞曲》。

2.苹果、香蕉、西瓜、葡萄若干,洗切好摆放在盘子里。

3.梦姐姐头饰一个、魔法棒一根、水果卡片若干(与幼儿人数相等)。

4.认识苹果、香蕉、西瓜等常见水果。

活动过程

1.教师扮演梦姐姐唱《摇篮曲》,引出诗歌。

（1）梦姐姐唱《摇篮曲》,幼儿闭上眼睛休息。

（2）师:小朋友们,我们要起床了。(伸一个大大的懒腰)

（3）师:小朋友们,我是梦姐姐,你们睡觉的时候做过梦吗?都做过哪些梦?谁来说一说?

小结:其实除了我们人类会做梦,在大自然的世界里也有梦,你们想知道大自然的梦是什么样的吗?让我们来听一听。

2.引导幼儿欣赏诗歌,初步感知诗歌。

教师第一次完整地朗诵诗歌,朗诵后提问:(1)诗歌叫什么名字?(2)诗歌里都有谁在做梦?(3)它们分别做了什么梦?

3.结合PPT课件再次朗诵诗歌,理解诗歌内容。

（1）教师结合PPT课件完整朗诵诗歌一遍,引导幼儿理解诗歌内容及拟人手法的运用,感受诗歌描绘的优美而有趣的意境。

提问:诗歌中苹果的梦是什么样的? 为什么苹果的梦是红红的呢? 想一想苹果是什么颜色的?

用同样的方法引导幼儿理解香蕉、西瓜与葡萄的梦。

小结:苹果、香蕉、西瓜与葡萄,它们的颜色不一样,做的梦也不一样。

（2）师:你最喜欢诗歌里的谁? 它做的梦是什么样的呢? 我们一起来学学。

学说句式:"（　　）爱做梦,梦是（　　）"。

4.多种形式学念诗歌。

（1）播放课件,第一次完整地学念诗歌。

师:苹果、西瓜等水果做了那么多有趣的梦,我们看着图片把它们的梦说一说吧。

（2）第二次集体学念诗歌。

师:这一次我们给《有趣的梦》配上好看的动作再来说一说吧。

5.启发幼儿拓展想象,仿编、改编诗歌。

(1)教师播放PPT课件,引导幼儿根据物体的颜色进行诗歌仿编。

① 讨论:西瓜会做绿色的梦,请小朋友想想,还有谁会做绿色的梦呢?

② 播放PPT课件,引导幼儿仿编诗歌。"梦姐姐带来了一些会做绿色梦的朋友(树叶、青菜、黄瓜),让我们一起来看看吧!"并请小朋友用诗歌的语言说出来。用同样的方法,仿编红色(西红柿、草莓、太阳)、黄色(芒果、柠檬、柚子、木瓜)、紫色(茄子、蓝莓)。每仿编出一句诗歌,请所有的小朋友一起学学,进一步感受诗歌拟人手法的运用。

(2)幼儿自由品尝水果,了解水果的味道。

师:今天,梦姐姐还请来了一些水果宝宝,它们想让小朋友说出它们的梦。不过这一次要说的是水果的味道,小朋友想不想知道水果的味道呢?请跟梦姐姐一起到品尝区,品尝你喜欢的水果。

(3)幼儿根据水果的味道进行诗歌改编。

师:刚才小朋友品尝了水果,请你用诗歌的语言说出你品尝水果的味道,说出水果的梦。

教师引导幼儿用"(　　)爱做梦,梦是(　　)"的句式进行诗歌的改编。教师边引导边示范。比如:苹果爱做梦,梦是甜甜的。

6.游戏:梦姐姐点梦。

师:在这个美丽的夜晚,苹果、西瓜、香蕉、茄子等都做了这么多有趣的梦!小朋友想不想做像水果一样有趣的梦呢?那么请跟着梦姐姐一起玩"梦姐姐点梦"的游戏吧!

游戏玩法:把水果卡片摆成一个圆圈,小朋友手拉手围着水果卡片站好。播放音乐《波尔卡圆舞曲》,小朋友伴随音乐转圈,当音乐停止的时候,小朋友也停止转动,看看自己站在什么水果卡片后面,并记住水果的名称。梦姐姐开始点梦,点到谁,谁就要变成卡片里的水果,并用诗歌的语言说出自己的梦。

游戏可反复多次进行。

活动延伸

户外实景仿编:请小朋友去外面的世界看一看,并根据大自然的特征(如色彩、气味等)进行仿编。

附诗歌:

有 趣 的 梦

苹果爱做梦,梦是红红的;

西瓜爱做梦,梦是绿绿的;

香蕉爱做梦,梦是黄黄的;

葡萄爱做梦,梦是紫紫的。

(活动设计与执教:湖南省衡阳市教育局实验幼儿园　曾琦)

活动评析

梦对幼儿来说富有一种神秘感,而且幼儿的梦充满了丰富的色彩和内容。本次活动是在创设梦的情境下展开,通过层层递进的设问,让幼儿充分理解诗歌内容,学习拟人手法;通过观看课件、品尝活动,激发幼儿对已有生活经验的联想,初步尝试利用想象仿编、改编诗歌。最后活动以游戏的方式展开,将想象与操作活动结合,使整个教学过程动静结合,让幼儿在轻松的氛围中,理解了诗歌内容,并能仿编、改编诗歌,体验创作的乐趣。

大班散文诗活动:落叶

扫码看文案

第六节 幼儿园早期阅读活动

一、幼儿园早期阅读活动概述

幼儿园的早期阅读活动,是有计划、有目的地培养幼儿学习书面语言的教育活动。《纲要》明确地把早期阅读纳入幼儿语言教育的目标体系中,要求"培养幼儿对生活常见的简单标记和文字符号感兴趣,利用图书、绘画和其他多种形式,引发幼儿对书籍、阅读和书写的兴趣,培养前阅读和前书写技能"。这种早期阅读是幼儿从口头语言向书面语言过渡的准备,包括前阅读、前识字、前书写;阅读不仅仅是视觉的,也是听觉的、触觉的、口语的;早期阅读培养幼儿对图书、符号等进行阅读和书写的兴趣,帮助幼儿掌握前阅读、前识字、前书写的技能,为今后的正式阅读打下良好的基础。

(一)幼儿园早期阅读活动的特点

幼儿的年龄特征和他们不识字或识字很少的特点,决定了幼儿早期阅读与成人阅读截然不同。具体表现在以下几个方面。

1. 提供适宜的阅读材料

成人可以凭借文字进行阅读,而幼儿只能凭借感知画面来阅读。因此,应根据幼儿年龄特点选择图书,选择幼儿阅读的图书要以图为主,图书画面应具体、生动、形象,背景不宜过于复杂,感知对象突出,能直接引起幼儿阅读的兴趣,能帮助幼儿将阅读内容与口头语言连接起来,并产生表征意义的联想。

教师除了提供丰富的图画书,还可以提供一些其他的阅读材料,如有声读物、滚动电影、滚动故事背景、字卡等;提供一些适合幼儿操作的材料,玩填字、文字拼图、拓印汉字、图文配对等游戏。

2. 创设丰富的阅读环境

幼儿阅读重在为幼儿提供阅读经验,因而需要向幼儿提供含有丰富阅读信息的教育环境。早期阅读的环境包括两个方面。一是物质环境。例如,在活动区适当配上文字,诸如"超市""娃娃家"等文字标签;布置好活动室的图书角或阅读区,给幼儿提供一定数量、符合幼儿年龄特点、富有童趣的图画书,并不断更换图书;提供给幼儿充分的阅读时间,并及时指导幼儿读书。二是精神环境。宽松、自由的阅读氛围、安静的环境,有助于幼儿全神贯注地阅读。

3. 提倡整合的阅读活动

幼儿阅读是一个将感知、记忆、想象、思维、语言表达等智力因素融于一体的综合活动。幼儿阅读的整合体现在它是发展口头语言与激发对书面语言的敏感性的整合,是语言和其他领域学习内容的整合,是静态学习方式和动态方式的整合,是听、说、读、写的整合。

4. 激发幼儿对书面语言的敏感性

到了中、大班,幼儿抽象逻辑思维出现萌芽,幼儿阅读开始逐步从画面的图画符号、语言符号向文字符号过渡。心理学研究表明,4~5岁是幼儿学习书面语言的关键期。建立口语与书面语言之间的对应转换关系,激发幼儿对文字的兴趣,使之具有书面表达的愿望和初步技能,是幼儿阅读的又一特点。

(二)幼儿早期阅读的内容

根据幼儿园早期阅读活动的目标,为幼儿提供的早期阅读内容包含三个方面的阅读经验,即前阅读经验、前识字经验、前书写经验。

1. 前阅读经验

"前阅读经验"是指通过图书来培养幼儿的阅读能力,帮助幼儿学习积累具体的行为经验。

(1)翻阅图书的经验,掌握一般的翻阅图书的规则和方法。

(2)读懂图书内容的经验,会看画面,能从中发现人物表情、动作、背景,将之串联起来理解故事情节。

(3) 理解图书画面、文字与口语有对应关系的经验,会用口语讲出画面内容。或听老师念图书,知道是在讲画面故事的内容。

(4) 图书制作的经验。知道图书上所说的故事是作家用文字写出来的,画家又用图画表现出来,最后印刷装订成书。幼儿也可以自己尝试做小作家、小画家,把自己想说的事画成一页一页的故事,再订成一本图书。

2. 前识字经验

早期阅读活动向幼儿提供的前识字经验主要有以下六个方面的内容。

(1) 了解文字有具体的意义的经验。

(2) 理解文字作用的经验。

(3) 粗晓文字来源的经验。

(4) 知道文字是一种符号,并可以与其他符号转化的经验。

(5) 知道语言和文字的多样性的经验。

(6) 了解识字规律的经验。

3. 前书写经验

前书写经验主要包括:认识汉字的独特书写风格;了解书写的最初步规则;知道汉字的基本间架结构,如汉字可分上下结构、左右结构等;知道书写汉字的工具,了解使用铅笔、钢笔、圆珠笔、毛笔的不同要求,学会用正确的姿势写字、画画。

二、幼儿园早期阅读活动的设计与指导

幼儿园各年龄班
早期阅读活动目标

(一)幼儿园早期阅读活动目标的确定

幼儿园早期阅读活动的目标包括以下三个方面。

1. 提高幼儿学习书面言语的兴趣

幼儿园早期阅读活动的目标之一就是让幼儿对书面语言产生兴趣,并能够主动学习书面语言。因此,教师要激发幼儿浓厚的阅读兴趣,树立幼儿热爱图书的积极态度,培养幼儿良好的阅读习惯;培养幼儿对常见的简单标记和符号的兴趣,对汉字有好奇心并愿意探索。

2. 帮助幼儿初步认识口头言语与书面言语的对应关系

幼儿期是幼儿习得口头言语的关键期。在这一时期引导幼儿感受书面言语,初步认识口头言语和书面言语的关系,能培养幼儿良好的阅读能力。

口头言语与书面言语的对应关系主要表现在以下三个方面。

(1) 口头言语和书面言语都是用来表达人们的思想,口头言语更通俗易懂,书面言语更正式、规范。

(2) 口头言语和书面言语都是人们交流的工具。口头言语是直接说出来的,书面言语是通过文字表述出来的。

(3) 口头言语和书面言语都可以存储信息,但书面言语是用文字的方式储存信息,具有可视性的特点。

3. 培养幼儿基本的阅读能力

让幼儿掌握一些初步的必要的阅读方法,具备初步的阅读理解能力,是早期阅读的核心目标。在早期阅读教育活动中,幼儿需要掌握的阅读技能包括观察能力、理解能力、概括能力和预期猜测能力。

(二)幼儿园早期阅读活动的设计与指导

1. 阅读前准备活动

一次阅读活动不可能让幼儿理解一本图书,因此,在正式阅读活动开展之前,教师可以让幼儿先熟悉一下图书内容,获得与图书内容相关的一些知识经验,对阅读内容有一个大概的了解。教师在指导这个环

节活动时应注意：第一，阅读前的准备性活动只是为正式阅读作好铺垫，它并不能代替正式的阅读活动，不要让幼儿对图书的内容过于熟悉，否则幼儿在正式阅读时就会对图书失去兴趣，影响正式阅读活动的质量；第二，准备活动中可以让幼儿从头到尾翻看图书一两遍，或让他们边看边讲述图书的内容；第三，对幼儿理解不正确的地方，教师可以给予提示。

2. 活动导入，激发幼儿阅读兴趣

活动开始，教师可以通过封面导入、实物导入、图片导入等方式来引发幼儿阅读兴趣；也可以通过直观的动作或表演等方式，创设情境，引出阅读材料，激发幼儿阅读的兴趣。

3. 幼儿自主阅读

幼儿自主阅读是幼儿园阅读教学活动的首要环节，教师先简单介绍图书的名称、封面和内容，为幼儿提供自主阅读的机会。然后，教师为幼儿提供人手一本图书，引导幼儿自主阅读。幼儿自主阅读的方式有：默读、一边翻阅一边小声讲述、阅读完后进行独自讲述等，教师在指导这个环节时应注意：第一，教师要用提问方式引导幼儿的思路，提一些启发性问题，让幼儿能带着问题边思考边阅读；第二，教师注意巡回指导，关注幼儿的阅读态度、阅读方法和阅读速度，为下一环节的活动提供依据。

4. 师生共同阅读

（1）师生一起阅读，理解图画书的大致内容。

师生共同阅读是为了帮助幼儿了解和理解图书大致内容。师生共同阅读是阅读活动中的重点内容，教师在指导时要把握好以下三个方面的问题：第一，用自己的行为、态度和情绪感染幼儿，激发幼儿热爱图书、喜欢阅读的情感；第二，教师可以采用平行阅读的方式，结合提问和讨论与幼儿一起进行阅读；第三，教师的提问不能太多，3～4 个即可，始终围绕图书内容设计启发性问题。

（2）围绕阅读重点、难点开展阅读活动。

每一次早期阅读活动都有一定的重点，教师可以通过组织讨论、表演、游戏等活动形式，引导幼儿理解或解决图书内容中的重难点，深入地掌握学习内容和正确的学习方式。

5. 幼儿讲述图画书内容

这个阶段是幼儿将所理解的图书内容以口头语言的形式表达出来，它是幼儿将图画符号转化为语言符号的阶段，因此也是阅读活动中不可缺少的一个环节。幼儿可以在小组内自由讲述，可以在集体中讲述，也可以同伴间合作讲述。教师在指导这个环节时应注意以下内容。

第一，讲述的内容是幼儿理解的图书的主要内容。只要幼儿基本上将图书的主要内容讲述出来即可。教师要鼓励幼儿大胆想象，引导幼儿围绕图书重点，将主要情节尽可能讲得生动、详细，将图书的主要内容完整连贯地表达出来。

第二，在讲述时要注意幼儿的个别差异。当幼儿在集体面前独自或与小组合作讲述时，教师一定要注意兼顾语言能力强弱不等的幼儿的学习和指导。教师可以让语言能力较弱的幼儿选择较简单的阅读内容进行讲述，从而使这部分幼儿也能从讲述中获取乐趣、提高自信。

6. 归纳阅读内容

当幼儿对图书的主要内容有深入的理解后，教师要鼓励幼儿将主要内容总结、归纳出来，从而巩固、消化所学的内容。归纳图书内容的方法主要有以下三种。

（1）一句话或一段话归纳。一句话归纳要求幼儿用一句话将图书的主要内容总结出来。一段话归纳要求幼儿用一段话将故事的主要内容讲述出来。

（2）图书命名。这种方法要求幼儿用简练的词或短句给图书起个名字，实际上是让幼儿学习归纳图书内容的主题。

（3）活动归纳。这种方法要求幼儿通过表演、游戏等归纳图书内容。这种方法可以使幼儿体会图画书中所表现的故事情节和人物心理，加深对故事的理解。

三、幼儿园早期阅读活动案例及评析

案例展示台

扫码看视频

大班早期阅读活动：小蛋壳历险记

活动目标

1. 认真观察、理解"历险"过程中奇趣的画面内容,感受小蛋壳的机智与勇敢。

2. 能根据故事线索大胆猜测故事情节,尝试续编并表演故事。

3. 懂得遇到危险时要动脑筋想办法保护自己。

活动准备

1. 经验准备：了解小老鼠的生活习性,有外出游玩的经历。

2. 物质准备：(1)《小蛋壳历险记》PPT课件,动物图片(鱼、螃蟹、乌龟、老虎、兔子、鸡、蚂蚁、瓢虫、小鸟、蝴蝶、蜜蜂)。(2)"蛋壳"玩具一个,小老鼠手偶一个,表演台等。

活动过程

1. 教师出示"小蛋壳",导入活动内容。

教师：小朋友看,这是什么?

教师：这可不是一个普通的蛋壳,这是一个有着丰富历险经历的蛋壳。谁知道"历险"是什么意思?

小结：历险就是经历危险的事情。

2. 仔细观察图片,发挥想象大胆猜测故事情节。

(1) 教师：你经历过危险的事情吗? 你是如何化解危险的?

(2) 逐步出示故事线索"老鼠、大米、下雨、河流",引发幼儿联想,猜测故事情节。

教师：有一天,小蛋壳出门了,它遇到了谁? 看到了什么? 它究竟经历了什么危险的事情?(幼儿自由猜想、表述)

教师：你们想的是不是和小蛋壳经历的一样呢? 让我们一起去故事书里寻找答案,等会请把你的发现告诉大家。

3. 幼儿自主阅读故事,初步了解故事内容。

(1) 幼儿自主阅读故事《小蛋壳历险记》,教师巡回指导。

(2) 幼儿分享自己的阅读发现。

教师：小蛋壳遇到了什么危险的事情? 你是怎么看出来的?

(3) 这个故事有一个好听的名字,叫《小蛋壳历险记》。

故事:《小蛋壳历险记》

4. 欣赏故事,理解故事内容。

(1) 教师借助教具完整讲述故事。

教师：故事欣赏完了,小蛋壳想了什么办法来对付老鼠,保护自己? 如果你是小蛋壳,你会想什么办法来保护自己?

教师：你们喜欢故事中的谁? 为什么?

(2) 小结：故事中的小蛋壳聪明、勇敢,遇到危险能积极动脑筋想办法保护自己。在我们的生活中也许存在着各种各样的危险,但只要我们也能像小蛋壳一样机智、勇敢,就能远离危险,保护自己。如果小老鼠能改掉不劳而获、爱偷东西的毛病,靠自己的劳动去生活,相信大家都会喜欢它。

5. 出示常见小动物图片,引导幼儿续编并尝试表演故事。

(1) 个别幼儿上前展示。

教师：聪明、勇敢的小蛋壳还会遇到谁,会发生什么事情呢? 请小朋友们开动脑筋、发挥想象,试着来说一说。

（2）幼儿分三组续编故事，并尝试表演故事。

（3）小组表演故事，分享评议。

6.结束活动。

教师：有趣的故事不仅可以读一读、演一演，还可以画一画，请小朋友们继续想象，并把小蛋壳的故事画出来，把好听的故事讲给更多的人听吧！

活动延伸

1.区域活动：（1）美工区引导幼儿用绘画的方式续编故事《小蛋壳历险记》。（2）将《小蛋壳历险记》绘本投放到语言区，供幼儿自主阅读。（3）投放小蛋壳、小老鼠指偶、头饰到表演区，供幼儿自由表演故事。

2.生活活动：提醒幼儿想办法规避或化解遇到的危险。

3.亲子活动：请家长认真倾听孩子讲述故事，鼓励孩子遇事多动脑筋想办法，尝试自己解决问题。

（活动设计：湖南省衡阳市衡东县向阳幼儿园 谢华 欧阳晓玲）

活动评析

本活动以小蛋壳导入，启发幼儿根据画面线索大胆推测，想象故事情节的发展，激发幼儿通过阅读寻找答案的兴趣。整个活动，幼儿都沉浸在教师创设的情境之中，身临其境地体验到小蛋壳的历险过程，给予幼儿想象的空间，使其能够大胆进行自我表达，呈现故事中的内容。最后，教师通过提供具体图片，请幼儿以续编、情境表演的方式表达自己对故事的理解，拓展、迁移了幼儿的阅读经验，发展了幼儿的想象力和创造力。

小班早期阅读活动：捉迷藏

扫码看文案

扫码看视频

思考与练习

在线练习

> **真题再现吧**

一、单项选择题

1.下列属于幼儿园语言教育目标的是（ ）。

A.能认读拼音字母　　　　　　　　B.能清楚地说出自己想说的事

C.能认读一定量的汉字　　　　　　D.能正确书写常用汉字

2.儿童学习语言的关键期是（ ）。

A.0～1岁　　　　B.1～3岁　　　　C.3～6岁　　　　D.5～6岁

3.从词性上说，幼儿对（ ）掌握最早。

A.名词　　　　B.动词　　　　C.形容词　　　　D.副词

4.婴儿最初掌握语音是通过（ ）学会的。

A.辨音　　　　B.自发　　　　C.强化　　　　D.模仿

5.围绕着一个或几个问题进行回答，直到了解问题为止的谈话法是（ ）。

A.选择答案的谈话　　　　　　　　B.自由回答的谈话

C.直接回答的谈话　　　　　　　　D.自然谈话法

二、简答题

简述《幼儿园教育指导纲要(试行)》中语言教育的指导要点。

三、活动设计题

1. 设计大班语言活动：照片的故事。

2. 请以"小动物与生气虫"为主题,设计一个中班的活动方案。

▶ **能力提升训练营**

一、单项选择题

1. ( )主要为幼儿创设正式的口语表达情景,使幼儿有机会在集体面前表达自己对某一图片、实物或情景的认识、看法等,学习表述的方法和技能。

  A. 谈话活动   B. 讲述活动   C. 听说游戏   D. 文学活动

2. 幼儿期言语发展的主要任务是( )。

  A. 发展情境言语   B. 发展对话言语

  C. 发展书面言语   D. 发展口头言语

3. "喜欢听故事、看图书"体现了培养幼儿( )能力的语言教育价值取向。

  A. 倾听和表达   B. 前阅读和前书写

  C. 阅读和书写   D. 认读和写作

4. 在幼儿教育活动中,最能为幼儿提供交谈机会的组织形式是( )。

  A. 全园活动   B. 集体活动

  C. 小组活动   D. 个别活动

5. ( )是以一定的语言内容、语言形式以及语言运用方式表达和交流个人观点的行为,是幼儿语言学习和语言发展主要表现之一。

  A. 倾听行为   B. 表述行为

  C. 欣赏文学作品行为   D. 早期阅读行为

二、简答题

1. 简述《纲要》提出的幼儿园语言教育总目标。

2. 幼儿园语言教育的类型有哪些? 各有何特点?

3. 幼儿园谈话活动的组织有哪几个步骤?

4. 幼儿园讲述活动的组织有哪几个步骤?

5. 幼儿园文学活动主要包括哪几个层次的活动?

6. 幼儿园早期阅读活动有何特点? 如何指导幼儿早期阅读?

三、案例评析题

浏览2～3个幼儿园语言教育活动,分析其设计是否合理,并说明理由。

四、活动设计题

1. 设计幼儿园中班故事活动"快乐的苹果树"的教育活动方案,并分小组进行试讲或说课。

2. 设计幼儿园小班诗歌活动"我是小画家"的活动目标。

  附诗歌:

我 是 小 画 家

画的花儿红又红,

画的叶儿青又青。

画的青蛙呱呱叫,

画的蜜蜂嗡嗡嗡。

3. 设计幼儿园大班早期阅读活动"蚂蚁和西瓜"的提问。

4. 为儿歌《颠倒歌》配插画,并设计教育活动引导大班幼儿学习和续编《颠倒歌》。

附儿歌：

颠　倒　歌

小猫吃青草,小羊去钓鱼;

公鸡会下蛋,母鸡喔喔啼;

事情全颠倒,哈哈真可笑。

5. 请以"争做好宝宝"为主题,设计与组织一个大班谈话活动,并进行分组试教。

6. 选择一本英雄小故事绘本,根据幼儿园早期阅读活动的基本结构设计一个教育活动方案,并评选出最佳教育活动方案,到幼儿园进行现场教学。

学习目标

1. 了解幼儿园社会教育的内涵和作用。
2. 理解幼儿园社会教育的目标、内容、途径和方法。
3. 掌握幼儿园社会教育活动的设计与指导要点。
4. 设计幼儿园社会教育活动方案并进行模拟试教。

知识导图

幼儿园社会教育
活动设计与指导
├─ 幼儿园社会教育概述
│　　├─ 幼儿园社会教育的内涵
│　　├─ 幼儿园社会教育对幼儿发展的作用
│　　├─ 幼儿社会学习的特点
│　　├─ 幼儿园社会教育的目标
│　　├─ 幼儿园社会教育的内容
│　　├─ 幼儿园社会教育的途径
│　　└─ 幼儿园社会教育的方法
└─ 幼儿园社会教育活动设计与指导
　　　├─ 幼儿园社会教育活动的设计
　　　├─ 幼儿园社会教育活动的组织与指导
　　　└─ 幼儿园社会教育活动案例及评析

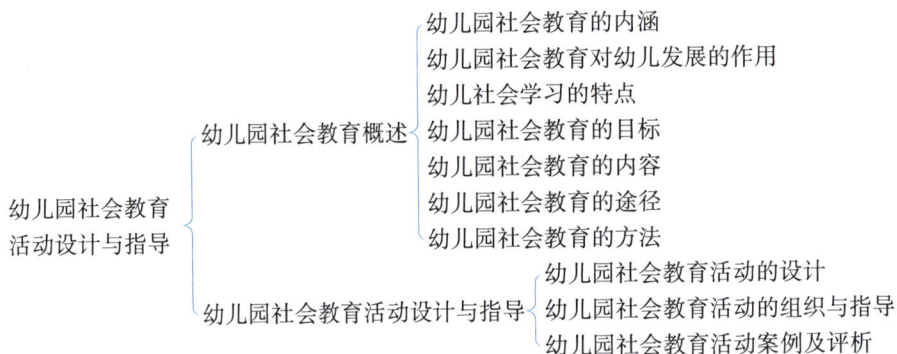

第一节　幼儿园社会教育概述

一、幼儿园社会教育的内涵

(一)幼儿园社会教育的含义

幼儿园社会教育是指以发展幼儿社会性、促进其良好社会性品质的形成为目标,以增进幼儿的社会认知,激发幼儿的社会情感,引导幼儿的社会行为,提高幼儿社会适应能力,培养幼儿良好的道德品质为主要内容的教育活动。

(二)幼儿社会性发展

1. 社会性

所谓社会性,是指作为社会成员的个体为适应社会生活所表现出来的心理和行为特征,也就是人们为了适应社会生活所形成的行为方式,如对传统价值观的接受,对社会伦理道德的遵从,对文化习俗的尊重以及对各种社会关系的处理。

2. 社会性发展

社会性发展(也称儿童的社会化)是指儿童从一个自然人,逐渐掌握社会的道德行为规范与社会行为技能,成为一个社会人,逐渐步入社会的过程,它是在个体与社会群体、儿童集体以及同伴的相互作用、相互影响的过程中实现的。

个体社会性发展主要包括社会认知、社会情感和社会行为技能三个方面。社会认知主要是指幼儿对自己、对他人、对社会化环境和社会活动的认知,以及对社会行为规范和社会文化的认知;社会情感主要是指幼儿在进行社会活动时表现出来的依恋感、尊重感、同情感、羞愧感、是非感、爱憎感等;社会行为技能主要是指交往、分享、合作、谦让、助人等方面的技能(见图4-1)。

图4-1 幼儿合作做青团

二、幼儿园社会教育对幼儿发展的作用

(一)有利于加快幼儿社会化进程

幼儿社会教育是以发展幼儿情感和社会性为目标的。目标的达成必须通过幼儿的社会化过程,即让幼儿从"自然人"向"社会人"的转化过程。幼儿社会教育就是要将社会文化知识、社会规范、社会技能以幼儿能接受的方式传授给幼儿,使幼儿将其内化为自身的心理特性,不断促进幼儿社会化的速度和程度。把握好幼儿期这个人生社会性形成和发展的关键期,可以为幼儿将来成为社会优秀成员迅速作好准备。如:在了解"航天英雄"的社会教育活动中,激起幼儿对航天英雄的敬仰,萌发要适应现代社会科技需要的发展意识。

(二)有利于激发幼儿发展的内在动力

幼儿社会教育是为幼儿创设宽松自由的环境,从幼儿兴趣和需要出发,引导幼儿主动参与、自主选择、充分表现、自觉认识、体验和练习的活动。由此幼儿会逐步产生主体意识,将社会规范逐渐内化为自身的需要,从他律走向自律。比如,在"小草喜欢谁"的教育活动中,老师组织幼儿观察幼儿园附近的绿地,让幼儿感受小草给绿地带来的美丽,并通过形象化的构图讲述《小草喜欢谁》,使幼儿受到较深刻的爱护小草、保护环境的教育,激发幼儿的环保意识。这种意识进而影响到幼儿以后的户外活动,爱护小草、保护环境将成为幼儿自觉的社会行为习惯。

(三)有利于提高幼儿自我发展的能力

幼儿社会教育的关键是培养幼儿具有适应社会的各种行为技能和能力。在社会教育活动中,幼儿通过观察、模仿、练习等不断调整自己的行为策略,作出适当的行为反应,进而熟练为技能,内化为能力。这样幼儿的交往技能、解决冲突的技能、移情能力、学习能力等都会得到发展,从而使自我发展的能力得到培养和提高。如:幼儿每天入园和离园时所受的礼仪教育,可帮助其学习与成人、同伴交往的技能,这种技能的形成有利于幼儿更广泛更主动的社会交往能力的发展。

(四)有利于促进幼儿的全面发展

幼儿社会教育是为幼儿五大领域课程之一的社会领域课程而实施的教育活动。幼儿园五大领域课程是一个相互联系、相互促进的统一整体,因而幼儿社会教育对幼儿的全面发展具有重要意义。

1.促进幼儿健全人格的发展

幼儿社会教育是教幼儿如何做人的教育,是引导幼儿具有良好的个性品质和人格特征的教育过程。幼儿在社会教育活动中认识自己,认识环境,了解人际关系,学会克制自己的情绪,禁止过分情绪化,排除攻击性,懂得与人合作,建立良好的人际关系,养成文明生活习惯,努力学习自己本民族的文化,分辨并欣赏别人的文化等。这些内容及相关的教育必然有利于幼儿形成健全的人格,有利于幼儿成为心理健康、活泼开朗的个体。

2. 促进幼儿身体健康发展

幼儿期是人生身体生长发育最为迅速的时期。幼儿身体的健康发展不仅与物质因素有关,也与精神因素紧密相连。如幼儿由于不适应新的环境,心情紧张而导致呕吐、腹泻、发热的现象时有出现。长期神经紧张还可导致生长发育迟缓。因此在幼儿社会教育活动中,幼儿学会交往、学会生活、学会合作等社会适应能力,感受到人际关系的和谐、环境的和谐,感到开心和愉快。这种开心与愉快能使幼儿的内分泌系统处于平衡状态,全身的各种腺体正常工作,免疫力增强,有利于幼儿身体健康发展。

3. 促进幼儿心智的发展

社会性发展得比较好的幼儿,更容易与老师、同伴融洽相处,有更多的机会与老师、同伴交往,从老师、同伴那里得到信息,扩大自己的眼界;而且他们往往心态积极,情绪稳定,自信心强,比其他幼儿表现出更有毅力,他们能最大限度地发挥自己的能力。可见,幼儿良好的社会性发展可以使他们心智能力得到充分的发挥和发展。

三、幼儿社会学习的特点

(一) 随机性和无意性

社会学习涉及社会的方方面面,幼儿社会学习无处不有,无时不在,他们随时都在模仿成人及同伴的行为、举止、态度等。这就是说,幼儿社会学习必然具有随机性和无意性,根据这一特点,教育要注意为幼儿提供值得模仿的生活环境,在各种活动中不失时机地对幼儿进行有意的引导。

(二) 长期性和反复性

幼儿处在人生的初级阶段,其身心发展尚不成熟,各种行为还不稳定。因此幼儿的社会性情感与行为需要是在活动和交往中反复地体验与练习而形成的,具有长期性和反复性的特点。从这一特点出发,在幼儿社会教育中,教师必须确立持久和耐心的教育态度,对幼儿进行不懈的细心引导。

(三) 情感驱动性

情感是幼儿与世界产生联系的主要纽带。幼儿总是因为信任和爱这个世界才愿意参加和学习这世界中新奇的一切,因而他们的社会学习具有明显的情感驱动性。根据这一特点,在幼儿社会教育中,教师要注意营造良好的情感氛围(见图4-2,图4-3)。

图4-2 唱家乡童谣

图4-3 聊家乡名人

(四) 实践性

幼儿的思维是具体形象的,外在的社会道德规范、行为准则对幼儿来说是抽象的,幼儿只有在实践中通过亲身体验与操作才能获得真知。从这一特点出发,教师要为幼儿提供充分的实践学习机会,使社会学习中新传授的知识与态度逐步内化为幼儿自己的体验并成为幼儿习惯性的行为。

四、幼儿园社会教育的目标

幼儿园社会教育活动的目标从纵向的角度来看,分为三个层次:幼儿园社会教育的总目标、幼儿园社会教育的年龄阶段目标、幼儿园社会教育的具体活动目标。

(一)幼儿园社会教育的总目标

幼儿园社会教育旨在促进幼儿的社会性发展,是促进幼儿全面发展教育的一个重要组成部分,其根本目的是通过教育使幼儿成为能够适应社会、参与社会生活、在社会中独立生存和发展的成熟的人。幼儿园社会教育的目标一方面体现了对幼儿进行社会教育的目的和要求,另一方面是对幼儿进行社会教育的依据和准则。幼儿园社会教育的总目标是对幼儿社会教育目标的最概括的阐述,是幼儿社会教育的最终目的,是制定其他社会教育活动目标的重要依据。依据国家的教育方针与政策,未来社会对人才的需求及幼儿身心发展的规律,《纲要》明确提出了幼儿园社会教育的总目标。具体内容如下:

(1)能主动地参与各项活动,有自信心;

(2)乐意与人交往,学习互助、合作和分享,有同情心;

(3)理解并遵守日常生活中基本的社会行为规则;

(4)能努力做好力所能及的事,不怕困难,有初步的责任感;

(5)爱父母长辈、老师和同伴,爱集体,爱家乡,爱祖国。

(二)幼儿园社会教育的年龄阶段目标

年龄阶段目标就是将幼儿园社会教育总目标落实到幼儿具体的年龄阶段,是各个年龄阶段幼儿社会教育应达到的目标的具体表述。幼儿社会领域的学习与发展过程是其社会性不断完善并奠定健全人格基础的过程。人际交往和社会适应是幼儿社会学习的主要内容,也是其社会性发展的基本途径。《指南》根据3~4岁、4~5岁、5~6岁幼儿的年龄特点,由易到难、由具体到抽象,从人际交往和社会适应两个方面提出了具体的目标,其目标表述见表4-1至表4-7。

1. 人际交往

表4-1 目标1 愿意与人交往

3~4岁	4~5岁	5~6岁
1. 愿意和小朋友一起游戏 2. 愿意与熟悉的长辈一起活动	1. 喜欢和小朋友一起游戏,有经常一起玩的小伙伴 2. 喜欢和长辈交谈,有事愿意告诉长辈	1. 有自己的好朋友,也喜欢结交新朋友 2. 有问题愿意向别人请教 3. 有高兴的或有趣的事愿意与大家分享

表4-2 目标2 能与同伴友好相处

3~4岁	4~5岁	5~6岁
1. 想加入同伴的游戏时,能友好地提出请求 2. 在成人指导下,不争抢,不独霸玩具 3. 与同伴发生冲突,能听从成人的劝解	1. 会运用介绍自己、交换玩具等简单技巧加入同伴游戏 2. 对大家都喜欢的东西能轮流、分享 3. 与同伴发生冲突时,能在他人帮助下和平解决 4. 活动时愿意接受同伴的意见和建议 5. 不欺负弱小	1. 能想办法吸引同伴和自己一起游戏 2. 活动时能与同伴分工合作,遇到困难能一起克服 3. 与同伴发生冲突时能自己协商解决 4. 知道别人的想法有时和自己不一样,能倾听和接受别人的意见,不能接受时会说明理由 5. 不欺负别人,也不允许别人欺负自己

表4-3　目标3　具有自尊、自信、自主的表现

3~4岁	4~5岁	5~6岁
1. 能根据自己的兴趣选择游戏或其他活动 2. 为自己的好行为或活动成果感到高兴 3. 自己能做的事情愿意自己做 4. 喜欢承担一些小任务	1. 能按自己的想法进行游戏或其他活动 2. 知道自己的一些优点和长处,并对此感到满意 3. 自己的事情尽量自己做,不愿意依赖别人 4. 敢于尝试有一定难度的活动和任务	1. 能主动发起活动或在活动中出主意、想办法 2. 做了好事或取得了成功后还想做得更好 3. 自己的事情自己做,不会的愿意学 4. 主动承担任务,遇到困难能够坚持而不轻易求助 5. 与别人的看法不同时,敢于坚持自己的意见并说出理由

表4-4　目标4　关心尊重他人

3~4岁	4~5岁	5~6岁
1. 长辈讲话时能认真听,并能听从长辈的要求 2. 身边的人生病或不开心时表示同情	1. 会用礼貌的方式向长辈表达自己的要求和想法 2. 能注意到别人的情绪,并有关心、体贴的表现 3. 知道父母的职业,能体会到父母为养育自己付出的劳动成果	1. 能有礼貌地与人交往 2. 能关注别人的情绪和需要,并能给予力所能及的帮助 3. 尊重为大家提供服务的人,珍惜他们的劳动成果 4. 接纳、尊重与自己的生活方式或习惯不同的人

2. 社会适应

表4-5　目标1　喜欢并适应群体生活

3~4岁	4~5岁	5~6岁
1. 对群体活动有兴趣 2. 对幼儿园的生活好奇,喜欢上幼儿园	1. 愿意并主动参加群体活动 2. 愿意与家长一起参加社区的一些群体活动	1. 在群体活动中积极、快乐 2. 对小学生活有好奇和向往

表4-6　目标2　遵守基本的行为规范

3~4岁	4~5岁	5~6岁
1. 在提醒下,能遵守游戏和公共场所的规则 2. 知道不经允许不能拿别人的东西,借别人的东西要归还 3. 在成人提醒下,爱护玩具和其他物品	1. 感受规则的意义,并能基本遵守规则 2. 不私自拿不属于自己的东西 3. 知道说谎是不对的 4. 知道接受了的任务要努力完成 5. 在提醒下,能节约粮食、水电等	1. 理解规则的意义,能与同伴协商制定游戏和活动规则 2. 爱惜物品,用别人的东西时也知道爱护 3. 做了错事敢于承认,不说谎 4. 能认真负责地完成自己所接受的任务 5. 爱护身边的环境,注意节约资源

表4-7　目标3　具有初步的归属感

3~4岁	4~5岁	5~6岁
1. 知道和自己一起生活的家庭成员及与自己的关系,体会到自己是家庭的一员 2. 能感受到家庭生活的温暖,爱父母,亲近与信赖长辈 3. 能说出自己家所在街道、小区(乡镇、村)的名称 4. 认识国旗,知道国歌	1. 喜欢自己所在的幼儿园和班级,积极参加集体活动 2. 能说出自己家所在地的省、市、县(区)名称,知道当地有代表性的物产或景观 3. 知道自己是中国人 4. 奏国歌、升国旗时能自动站好	1. 愿意为集体做事,为集体的成绩感到高兴 2. 能感受到家乡的发展变化并为此感到高兴 3. 知道自己的民族,知道中国是一个多民族的大家庭,各民族之间要互相尊重,团结友爱 4. 知道国家一些重大成就,爱祖国,为自己是中国人感到自豪

　　根据《指南》的精神,把幼儿社会教育活动目标划分为人际交往和社会适应两大类别。是因为人际交往对于幼儿的发展具有特殊的意义:"幼儿在与成人和同伴交往的过程中,不仅学习如何与人友好相处,也在学习如何看待自己、对待他人,不断发展适应社会生活的能力。良好的社会性发展对幼儿身心健康和其他各方面的发展都具有重要影响。"鉴于人际交往对幼儿发展的重要性,《指南》将人际交往列为社会教育的一个重要目标,并将其分解为愿意与人交往,能与同伴友好相处,具有自尊、自信、自主的表现,关心尊重他人四个子目标。

　　社会适应,即幼儿与社会环境建立起和谐关系的过程,对幼儿的社会性发展具有重要意义。因此《指南》将社会适应列为社会教育的又一个重要目标,而喜欢并适应群体生活,遵守基本的行为规范,具有初步的归属感是社会适应基本内容的体现。

　　(三)幼儿园社会教育活动目标

　　幼儿园社会教育活动目标是指某一次或某一主题系列活动社会教育具体活动要达到的目的。与具体的教育内容紧密相连,是具体的社会教育活动设计与组织的出发点和归宿。为确保实现幼儿园社会教育的总目标,教师要结合本班幼儿的实际发展水平和特点,幼儿的兴趣需要及个性特点,将总目标、年龄阶段目标具体化,落实到一个个具体的社会教育活动中。例如,中班社会活动"做个不争不抢的小朋友"的活动目标可表述为:

　　◀ 初步学习轮流玩、一起玩,了解分享的含义。

　　◀ 通过游戏活动,能够掌握交流玩的方法以及人际交往的技能。

　　◀ 愿意将自己喜欢的玩具和大家一起玩,不独占、争夺玩具。

五、幼儿园社会教育的内容

　　幼儿园社会教育的内容是以幼儿社会教育目标为先导和依据的。根据幼儿园社会教育的总目标,社会教育的内容大致、相对划分为:人际关系、社会环境、社会行为规范和社会文化四个方面。

　　(一)幼儿园社会教育的内容

　　1. 人际关系

　　(1)自己:使幼儿建立良好的自我意识,学会自我认知、自我调控和自我体验。具体包括:了解自己与周围环境的关系;能用适当的方式表达自己的需求、爱好、情绪和情感;学习正确评价自己和他人,能正确对待他人的评价;能积极主动参加各种活动,有好奇心和探究解决问题的能力,能积极发表自己的见解;在活动中能自觉按自己的意愿选择、设计和完成活动。

　　(2)同伴及同伴交往:知道同伴的姓名、性别及年龄,同伴的外貌特征,同伴的爱好,同伴的优点和缺点;与同伴愉快地从事共同的活动;与同伴友好地讨论和商量事情;同伴间轮流游戏、阅读、玩玩具;同伴间分享食品、玩具、图书及高兴的事(见图4-4);关心有困难的同伴或比自己小的同伴;能用礼貌的语言与同伴交谈,注意倾听同伴的讲话;与同伴产生矛盾和冲突时会讲道理,会寻找解决问题的办法;同伴之间相互学习、相互帮助,会帮助同伴改正缺点。

　　(3)集体:知道自己所在的小组、班级及幼儿园的名称,小组成员的姓名、性别及年龄,小组长及值日生的姓名及职责,小组经常进行的集体活动,自己小组的优点和不足,班级的环境特点,幼儿园的环境特点,幼儿园其他班级的名称,幼儿园里工作人员的称呼以及他们的活动。

　　2. 社会环境

　　(1)家庭:知道家庭的住址、电话,有关自我安全保护的知识,家里主要的生活用品、娱乐工具和学习用品,家庭成员与自己、邻里的关系。

　　(2)幼儿园:知道幼儿园的名称、地址,幼儿园的环境和设施,集体活动的基本规范,自己的班级和小组,幼儿园的工作人员及其与自己的关系。

　　(3)社区:知道社会主要机构(如商店、银行、图书馆、学校、农贸市场等)的名称、工作人员、主要活动及其与人们生活的关系(见图4-5);社区的交通设施,包括车站、桥梁、公路等。

　　(4)行政区别:知道所在省(市)、区(县)、街道(乡、镇)、街(村)的名称,家庭和幼儿园的门牌号。

（5）祖国：知道国名、国旗、国歌、国徽、首都；我国的人种特征；主要的民族，如汉族、藏族、蒙古族、维吾尔族、回族、满族等；一些主要的风景名胜，如长江、黄河、黄山、长城、故宫、兵马俑等；一些主要的特产，如茶叶、文房四宝等；中国人民解放军海、陆、空三军；等等。

（6）世界知识：知道国家与国家之间的交往，有关世界和平的最粗浅的知识。

（7）重大节日和重大社会事件：知道一些重大节日的名称、时间、意义及庆祝方式，如元旦、三八妇女节、五一劳动节、六一儿童节、教师节、国庆节以及植树节、世界环境日等；一些重大的社会事件及其影响，如抗洪救灾、大型运动会等。

图 4-4　和同伴一起过生日

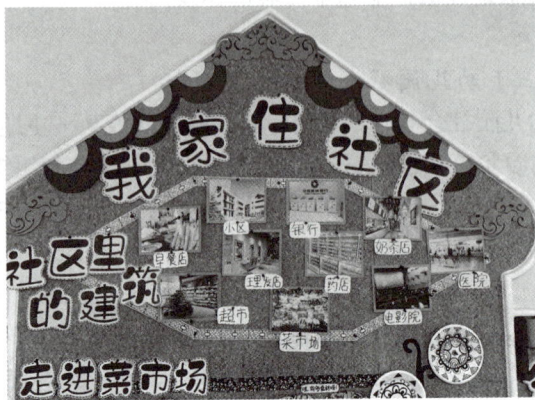

图 4-5　主题教学活动：我家住社区

3. 社会行为规范

（1）公共规则：知道公共惜物规则，如爱护公共财物，节约粮食和水电，保护植物、动物及环境等；公共卫生规则，如不随地乱扔杂物，不随地吐痰等；公共交通规则，如走人行道，看红绿灯等。

（2）集体规则：知道集体活动的一般规则，如服从集体意见，遵守集体指令，愿意为集体服务等；学校活动规则，如保持安静，不影响他人，会同他人合作，勇于发表意见，注意倾听他人的意见等。

（3）交往规则：知道使用礼貌用语；对老师、长辈行鞠躬礼；礼貌做客；注意倾听他人说话，不无故打断他人说话，会合作谦让。

（4）基本道德准则：知道别人的和集体的东西不能占为己有；能分清是非；诚实、守信；能改正自己的缺点和错误等。

4. 社会文化

（1）社区人文景观：知道所在社区著名人文景观的名称、特征及有关的故事、传说。

（2）民间节日：知道一些重要的民间节日，如春节、元宵节、端午节、中秋节等及它们的名称、时间、主要特点。

（3）民间艺术：知道本地的一些主要工艺品，它们的名称、用材及简单的制作方法；本地的一些天然工艺品；本地主要的地方剧种；一些健康有益的民间歌谣、故事。

（4）文化精品：知道本民族的文字，中国书法；我国的1～2个主要剧种；有关中国民乐、国画等方面最基础的知识。

（5）世界文化：知道世界主要著名文化圣地，如金字塔、凡尔赛宫等；世界上流传最广的乐器，如钢琴、小提琴等；世界上流传最广的艺术形式，如油画、雕塑等；世界有名的儿童文学作品，如格林童话等。

（二）选择和确定幼儿园社会教育内容应注意的问题

（1）选择和确定幼儿园社会教育内容应以幼儿生活为出发点，由近及远。即从幼儿身边的内容开始，逐渐扩展到离幼儿远些的内容，以保证幼儿学习的内容有自己经验的支持。

（2）选择和确定幼儿园社会教育内容应以幼儿社会认知的发展为依据，由易到难。即从比较简单的内容开始，逐渐提高要求，增加难度。

（3）注意选择和确定现代社会生活中真实的、丰富的、自然美好的事物作为幼儿社会教育的内容，让幼儿在自己熟悉的和相信的学习内容中,提高学习的积极性,通过真切的感受和理解将学习中获得的认知转化为行为习惯,内化为他们的品质。

（4）选择和确定幼儿社会教育内容应充分考虑幼儿的活动性。所学内容在学习过程中,不是静止的条条框框和枯燥乏味的大道理,而应是真实的活动,是幼儿在课堂和课外有大量实践机会的学习内容。这样他们所学到的社会教育才能得以巩固和内化。

六、幼儿园社会教育的途径

幼儿园社会教育目标的达成,社会教育内容的实施,必须选择适宜的教育途径作用于幼儿。在社会教育活动的组织中,我们对幼儿进行社会教育的途径是多方面的。可以归纳为专门的社会教育活动、随机渗透教育活动、契机性教育活动和游戏活动。这几方面的教育各有特色,各有所长,而且互相联系,互相补充,共同为幼儿的社会性发展提供帮助。

（一）专门的社会教育活动

专门性教育活动是指幼儿园教师根据社会教育目的和要求,根据本班幼儿特点,选择合适的社会教育内容,采取合理的教育方式与方法对幼儿进行社会教育的形式。专门性教育活动具有较明确的目的与计划性,内容较系统和集中,教师对幼儿的组织和指导作用更直接、更明显也更具有针对性。在组织专门性社会教育活动时应注意:

（1）注意给幼儿创设宽松自由的学习空间;

（2）围绕教育目标,注意综合运用多种活动形式,让幼儿在有趣的表演、自由的谈话、直观的鉴赏、热烈的讨论等丰富多彩的活动中提高参与学习的积极性;

（3）注意避免生硬的、抽象的说教和无关紧要的做法。

（二）渗透的社会教育活动

渗透性教育活动是指社会教育渗透在其他领域的活动中和幼儿生活的各个环节。渗透的社会教育活动有利于发挥幼儿园课程的一体化功能,使幼儿园各课程相互结合、互补互利。

（1）一日生活中的渗透教育。幼儿一日生活中蕴含着许多社会教育因素,例如离园、进餐、如厕、做操、值日、娱乐、游戏等活动都是渗透社会教育的机会。如幼儿进餐的时候,可渗透爱惜粮食及饮食文化的教育。

（2）其他领域活动中的渗透教育。幼儿园健康领域、语言领域、科学领域及艺术领域的教育活动中都蕴含着社会教育契机,教师应该充分利用。例如在《金鸡冠的公鸡》故事欣赏活动中,我们可以渗透不要轻易相信坏人的花言巧语,以免受骗上当的社会教育。

（三）幼儿园、家庭和社区合作共育活动

《纲要》和《指南》都指出,幼儿的社会性发展需要幼儿园、家庭和社区协调一致,形成教育合力,才能发挥出最大的教育效果。

家园合作搭建了教师和家长共同学习的平台,为家长提供了学习了解幼教知识的机会,也是帮助教师改进教育方法的过程。家园一致的教育方式可以减少幼儿的困惑和不安,增强对教师和家长的信心。此外,教师和家长要树立大教育观,充分认识到幼儿社会教育不等于幼儿园社会教育,而应以幼儿园为中心,扩展到家庭和社区,充分利用社区资源,组建由幼儿园、家庭和社区共同组成的"教育社会",三者相互信任、密切合作,从而帮助幼儿适应社会,培养符合社会需要的人才（见图4-6）。

图4-6　在国家人防教育基地了解"衡阳保卫战"

七、幼儿园社会教育的方法

教育方法是为完成教育任务,实现教育目标所采取的策略和手段。在幼儿园社会教育中,只有选择恰当的教育方法,才能使幼儿园社会教育活动顺利开展,才能实现幼儿园社会教育活动的目标,取得良好的教育效果。由于幼儿园社会教育内容的广泛性,教育过程又是一个多种因素影响的发展过程,因而幼儿园社会教育的方法也是多种多样的。幼儿园社会教育中常用的一般方法有:以语言引导为主的方法(讲解法、讨论法、谈话法),以直接感知体验为主的方法(参观法、演示法、行为练习法)。下面介绍几种幼儿园社会教育的特殊方法。

(一)陶冶感染法

陶冶感染法是指利用环境条件、生活气氛及教师本身的言行举止对幼儿进行积极感化、熏陶,发挥潜移默化的影响的教育方法。包括环境陶冶法和艺术感染法。

1. 环境陶冶法

即通过较美的自然环境、良好的社会环境和教育者有意识创设的教育情境,对幼儿进行社会化培养的一种教育方法。

运用环境陶冶法的要求是:

(1) 创造良好的班风,使每个幼儿在集体环境中积极向上;

(2) 注意创造和利用班级良好的人际关系,不失时机地运用集体的力量教育每个幼儿。

2. 艺术感染法

即利用音乐、绘画及艺术形式的感染力,渗透幼儿心灵,激发幼儿的情感,并使之化作教育影响的一种教育方法。

运用艺术感染法的要求是:

(1) 根据教育目标,选择适宜的艺术作品和艺术活动;

(2) 充分引导幼儿在艺术的感受、体验、理解和表达中,产生自然的情感和知识的共鸣,收获自然的教育效果。

(二)移情训练法

移情训练法是指通过幼儿运用情景表演的手段再现生活事件,引导幼儿理解和分享别人的情绪情感体验,使幼儿在日后生活中,对他人的情绪情感产生习惯性的理解并作出反应的教育方法。

运用移情训练法的要求是:

(1) 选择能引起幼儿移情的情境;

(2) 重视幼儿情感体验的特点,充分利用幼儿已有的体验;

(3) 关注幼儿训练中的移情表现,引导幼儿日后对他人的理解和付诸行动的愿望;

(4) 教师应该与幼儿一起加入移情的情境中来,用自身的感染力提升移情训练的效果。

(三)角色扮演法

角色扮演法是创设现实社会中的某些情景,让幼儿扮演一定的社会角色,从而掌握自己承担的角色所应遵循的社会行为规范和道德要求的教育方法(见图4-7)。

运用角色扮演法的要求是:

(1) 创设幼儿熟悉、理解和喜欢的角色活动情景;

(2) 根据教育目标和幼儿的接受能力选择角色扮演;

图4-7 我是小小升旗手

（3）注意角色对话和行为的学习与训练,确保角色表演的社会教育效果;

（4）尊重幼儿表演中的独立性,充分调动幼儿表演的积极性、主动性和创造性。

（四）价值澄清法

价值澄清法是让幼儿在活动中直接思考一些价值选择的途径,使他们对社会活动和周围人产生积极的态度,然后付诸外部行动的教育方法。

运用价值澄清法的要求是:

（1）让幼儿自由选择价值;

（2）让幼儿从尽可能多的选择内容中选择价值;

（3）让幼儿对各种选择过程及后果进行思考后再作选择;

（4）让幼儿大胆公开自己的选择,并获得大家的认可;

（5）让幼儿根据自己的选择行动。

使用价值澄清法应强调幼儿必须通过自身的内部心理活动、内心情感体验,继而进行意志行动的过程来建立价值,这是一个由内到外思想言行一致的幼儿主动建构价值的过程。

（五）榜样示范法

榜样示范法是指教师运用历史名人、英雄人物、时代楷模的高尚思想、优秀品质、模范行为来影响幼儿的思想、情感和行为的教育方法。幼儿模仿性强,对生动、具体、形象的典型易于接受。教师在运用榜样教育的过程中应注意,选择的榜样要有代表性、有教育意义,是符合幼儿心理的典型人物或事例,如教师的榜样刘伶俐,航天楷模杨利伟、先锋榜样屠呦呦等,从而激发幼儿的敬佩之情,提升幼儿向榜样学习的情感。

第二节　幼儿园社会教育活动设计与指导

一、幼儿园社会教育活动的设计

幼儿园社会教育的目标和内容是通过具体的社会教育活动来实现的。要组织好每一个具体的社会教育活动,首先要设计好活动的具体方案,即编写教案。通过编写教案对活动进行预先的设计,可以使活动过程更顺利,使活动达到更好的效果。

一个完整的社会教育活动方案,一般包括活动名称的设计、活动目标的设计、活动准备的设计、活动过程的设计和活动延伸的设计五个方面。

（一）活动名称的设计

活动名称即一次具体的社会教育活动的标题。一个完整的社会教育活动名称应包括年龄班、活动领域、具体名称。如小班社会活动:好听的名字;中班社会活动:我们都是好朋友。

（二）活动目标的设计

活动目标的设计在整个活动设计中处于首要位置,不仅是活动的出发点和归宿,而且要指导活动的开展,也是检验活动效果的重要指标。

1. 设计幼儿园社会教育活动目标的原则

（1）与幼儿园社会教育总目标和年龄阶段目标相一致的原则。

制定具体的社会教育活动目标最直接的依据是单元目标。而单元目标一般都是由本园同年龄班级教师根据总目标和阶段目标共同讨论而制定的。因此,我们在制定每个具体活动目标时,应以年级制定的单元目标为依据,以保证各班级社会教育活动目标与总目标及阶段目标基本一致。

(2)充分考虑幼儿现有发展水平的原则。

由于各班级幼儿的环境教育条件的不同,必然导致各班级幼儿社会性发展的水平不同。因此具体到每个班级的教育活动目标,需要每位教师充分发挥自身的主观能动性,全面分析本班幼儿的社会性发展状况与水平,制定出适合本班幼儿社会性发展的活动目标。

2. 设计幼儿园社会教育活动目标的具体要求

(1)目标涵盖应全面。

目标应包括社会认知、情感态度和行为技能三个方面。例如,中班社会活动"美好的祝福"的活动目标表述为:

◁ 知道祝福他人能带给他人和自己快乐。

◁ 能在各种情境中说祝福的语言,锻炼口语表达能力。

该活动目标渗透了社会认知方面、社会交往技能和语言表达方面的目标。

当然,根据具体活动,目标会有所侧重,有的目标为重点目标,有的为次重点目标(潜在目标)。例如,小班社会活动"怎样称呼好"的活动目标表述为:

◁ 学习对他人的正确称呼。

◁ 能主动运用正确、亲切的称呼表达对他人的尊敬。

该活动目标是着重从社会行为技能和情感态度角度确定的,而社会认知方面是隐性的目标。

(2)目标的表述应符合本教育领域的要求。

本领域情感维度的目标可包含的内容为:良好的态度,可表达的词语有认真、虚心、有始有终、一心一意、努力探索等;良好的道德情感,可表述的词语有同情心、乐于助人、分享、谦让、关爱、感恩、宽容、诚信、爱护公物、爱护环境等;良好的个性品质,可表述的词语有意志力、自信心、勇气、自制力、自尊心、自主、耐心、细心等。这方面常用的动词有乐意、愿意、喜欢、保持、能够等。

(3)目标应适合幼儿的发展需求。

目标要符合幼儿的年龄特点与发展需求,遵循教学应走在发展的前面,但不能超过幼儿的发展水平的原则。例如,小班社会活动"祖国宝岛——台湾"的活动目标表述为:

◁ 知道台湾是祖国不可分割的一部分。

◁ 初步了解台湾的美丽富饶。

◁ 萌发热爱祖国的情感。

该活动目标对于小班幼儿来说,难度太大,目标难以实现。

(4)目标表述的主体要一致,具有可操作性。表述的主体的角度有两个,即教师角度——教育目标,幼儿角度——发展目标。现今更提倡着眼于幼儿发展的目标表述方式,这样更能体现"幼儿是学习的主人"的现代幼儿教育理念。如"初步了解自己是班里一员"(幼儿角度)与"让幼儿初步了解自己是班里一员"(教师角度)相比,前者更能体现幼儿的主体地位,有利于对幼儿进行评价。

(三)活动准备的设计

活动准备主要包括物质准备和知识准备。

(1)物质方面的准备:幼儿园社会教育领域的活动在物质上,除了与其他领域的活动一样需要准备各种电教设备、教玩具、操作材料外,很多活动需要创设模拟的社会生活场景,以便进行情境表演,组织观察学习和移情训练。

(2)知识方面的准备:幼儿园社会教育中的不少活动,需要幼儿事先有一定的认识、知识方面的基础。如"我的妈妈多辛苦"这一活动,需要幼儿在活动之前在家里观察妈妈的劳动情况。

(四)活动过程的设计

一个社会教育活动目标确定后,就要思考通过哪些具体的活动内容和活动形式来实施目标。活动过程的设计则是将这种思考书面化和具体化,一般包括开始部分、基本部分和结束部分。

1. 开始部分

开始部分是引导幼儿活动的第一步,设计得好能起到激起幼儿参与活动的兴趣及调动幼儿学习主动性的作用。教师组织活动的方式一般有谈话、讲故事、观察图片、欣赏视频、情境表演、操作玩具、游戏等。如"我的好伙伴"的开始部分播放《找朋友》的音乐,幼儿根据音乐在"找朋友"的游戏中自然进入活动;"谁负责"活动的开始部分是观看情景表演"该谁负责"而进入活动。

2. 基本部分

活动基本部分以教师引导幼儿主动学习、积极探索为主,是完成幼儿社会教育活动目标的主要环节,是活动的重点和难点所在。教师引导幼儿进行活动的大部分时间应放在这一部分。

在进行这一部分活动设计的时候,一般要注意思考以下几点。

(1) 该部分分几个步骤进行?

(2) 每一步要完成什么内容,达成哪些目标? 采用什么方式、方法?

(3) 哪一步是重点? 哪一步是难点? 怎样突出重点,突破难点?

(4) 每一步的时间大体应怎样分配?

(5) 活动中的提问、操作说明、对幼儿的要求、小结语、过渡语等均需斟酌。

如中班社会教育活动"我的好伙伴",活动展开部分设计了三步骤:第一步是通过看图,讲述图中小朋友的长处;第二步组织幼儿谈谈自己好伙伴的长处,怎样向他学习;第三步通过讲述《萤火虫找朋友》的故事,帮助幼儿知道每个人都有自己的长处和短处,要多看别人的长处才能友好相处的道理。活动重点是充分了解小伙伴的长处,第一、二步的设计做到了突出重点;活动难点则是要懂得多看别人的长处才能友好相处的道理,第三步通过讲述《萤火虫找朋友》的故事予以突破。

3. 结束部分

(1) 让幼儿在轻松愉快的情绪中自然而然地结束活动,如"我的好伙伴"的活动是以师生一起玩找朋友的游戏自然愉快地结束活动的。

(2) 以常用的小结评价的方式结束活动。这种方式运用中应该注意做到语言简洁,对幼儿的评价积极宽容,对问题的结论留有思考的余地,使活动能够有效地延伸,使幼儿能保留对活动的兴趣,体验到活动带来的快乐,以期盼的心情和态度等待下次活动的到来。如中班社会活动"我们都有自己的长项",活动结束的小结语是这样的:"小动物有自己的长项,我们每个小朋友也都有自己的长项,我们要互相学习,做一个有特色的孩子。"

(五) 活动延伸的设计

活动延伸是指在组织教育活动后,教师继续设计一些与此相关的辅助活动,使教育内容渗透到幼儿一日生活中,使幼儿受教育的时间能持续,使社会教育目标能更好地实现。幼儿符合社会规则的社会行为技能的产生是幼儿社会性发展的关键,而良好的社会行为技能不是通过某一个活动就能形成的,也就是说,虽然一个教育活动结束,但是这方面的教育还必须继续,活动延伸的设计在整个活动设计中是必不可少的。

幼儿园社会教育活动延伸的方式多种多样。有游戏的方式、区角活动的方式、表演的方式、领域渗透的方式、家园社区共育的方式、成果展览的方式等。

例如,大班社会活动"我爱班集体"的活动延伸是这样的:

◀ 游戏活动:组织全班幼儿玩"找朋友"。

◀ 竞赛活动:组织幼儿参加全年级或幼儿园组织的体育、朗诵、歌舞等竞赛活动,提供幼儿为班集体争光的机会。

◀ 带回家的活动:与家人谈话,夸夸自己的班集体。

◀ 表演活动:蚂蚁搬家,感受集体团结的力量。

◀ 朗诵儿歌:《我爱我的集体》。

二、幼儿园社会教育活动的组织与指导

幼儿园社会教育活动方案的设计只是静态地保证了社会教育目标的实现。要想真正使幼儿的社会性得以发展,还有待于每个具体的社会教育活动的组织与实施。活动的组织与指导就是通过一些具体的活动方式和采用有效方法实施活动方案的过程。在实施过程中,教师的组织指导是关键,教师是幼儿园社会教育活动的设计者,更是活动的组织指导者。幼儿园社会教育的思想、理念、思路和措施,最终要通过教师指导的具体教育活动对幼儿产生影响。从教师承担的责任来看,教师承载着社会教育的一些要求,符合这些要求,社会性教育的目标才能真正地得以实现。

(一)幼儿园社会教育活动的组织指导原则

1. 目标性原则

目标性原则是指组织实施社会教育过程,应该体现我国教育的培养目标和在其指导下制定的幼儿园社会教育总目标、年龄阶段目标以及具体活动目标。

贯彻目标性原则应注意:

(1)选择教育内容、确定教育方式方法时应有强烈的目标意识;

(2)组织教育活动过程中,要紧紧围绕活动目标推进活动,采用不同的方式方法来实现拟定的活动目标。

2. 活动性原则

活动性原则是指组织社会教育活动要为幼儿创设活动的机会与条件,引导幼儿在各种活动中积极主动地发展社会性。

贯彻活动性原则应注意以下三点。

(1)创设适宜的活动空间。

在幼儿所处的社会环境中,教师要尽可能地挖掘现有条件和潜力,为幼儿创设适宜的活动空间,并注重空间布置的教育性、趣味性和可参与性,让每个幼儿都活动起来。

(2)提供自由活动的机会和时间。

在社会教育活动中,幼儿良好的社会性品质的形成是他们在主动体验、观察、操作和实施中自主、自觉地获得的。因此教师要为幼儿创造良好的条件,使他们能有更多的时间和机会参与活动。

(3)激发活动动机,提高幼儿活动水平。

在社会教育活动中,教师要注意幼儿活动的情况和活动的水平,给予及时恰当的指导,使他们不断体验到活动成功的喜悦和快乐,并以此为基础,再给他们提出一些更高的社会性发展的要求,激发他们活动的动机,不断提高他们的活动水平,使其良好的社会品质在活动中得到充分的培养。

3. 实践性原则

实践性原则是指在幼儿园社会教育中,教师既要提高幼儿对社会的认知,促进幼儿社会情感、社会行为规范等的发展;又要指导幼儿社会实践,丰富幼儿的直接经验,获得对社会行为及社会规范的感性认识,使幼儿的社会性得到整体和谐的发展。

贯彻实践性原则应注意如下四点。

(1)帮助并教给幼儿具体的行为方式。

首先,教师要向幼儿讲清道理,明确社会规则和要求与自己的行为紧密相关。让幼儿明白规则是对每一个人的要求,帮助幼儿将社会行为规则与自己的行为建立起联系,知道什么是好的,什么是坏的,什么是允许的,什么是被禁止的。

其次,教师应引导幼儿学习具体的行为方式,即指导幼儿"如何做",为他们以后形成良好的社会行为习惯和道德品质打下基础。

(2)组织幼儿参加多种实践活动。

教师应为幼儿提供丰富多彩的、有益于他们身心发展的交往、合作、关心和谦让等活动的机会,使幼儿

在实践锻炼的过程中身体力行,反复练习,养成良好的社会道德行为和习惯,把社会规则与行为内化为他们的品质。

（3）引导幼儿自己解决问题。

《纲要》指出:教师要"在共同的生活和活动中,以多种方式引导幼儿认识、体验并理解基本的社会行为规则,学习自律和尊重他人"。因此,在幼儿行为实践过程中,教师应有意识地将问题留给幼儿,让他们在碰撞、冲突、协商、交换、合作等实践活动中自己解决问题。

（4）教师要以身作则。

幼儿最相信老师的话,也最善于模仿老师的行为。因此教师要以身作则,幼儿从教师的行为中具体形象地感受到教师所讲的社会规则是可信的、有益的,从而以教师为榜样积极行动。

4. 强化性原则

强化性原则是指通过言语、动作或表情等方式,对幼儿的行为给予肯定或否定的评价,使之巩固或削弱、消除,以便形成良好的行为习惯。

贯彻强化性原则应注意以下三点。

（1）注意采取明确适宜的强化方式。

对幼儿良好的行为表现,教师要明确表示肯定、赞同、称赞;对不良行为表现,教师要明确表示否定、不满意,甚至批评。强化的方式应多样,如用亲切的目光、温柔的抚摸等,对良好的行为表示肯定、称赞;用微笑着摇头和凝视的目光,对不良行为表示否定、不满意。

（2）注意激发幼儿的内在动机。

强化不应重在幼儿做出某种特定行为,而应重在激发幼儿内在的动机。因此,教师不宜经常采用物质奖励等外部强化手段,而应更多地运用自己的言语、动作、表情等强化幼儿的行为。

（3）强化要及时、恰当,要善于抓住谈话的时机。

当幼儿做出某种良好的社会行为之后,教师应及时给予表扬和肯定。而当幼儿表现某种不良的社会行为时,则应马上表达自己的不允许和不愉快。同时,强化并非越多越好,关键是抓住恰当时机,给予恰当的强化才能收到最佳的效果。

5. 一致性原则

一致性原则是指在幼儿社会教育过程中,教师应有目的、有计划地对来自各方面的教育影响加以组织和调节,使其互相配合、协调一致,使幼儿社会性朝着教育目标健康发展。

贯彻一致性原则应注意以下三点。

（1）教师要保持教育态度的一致性。

即教师的教育态度前后要一致,教师的言行要一致。

（2）幼儿园内各方面的教育要统一。

幼儿园内的领导、教师及其他工作人员要按照统一的社会教育目标开展教育活动,步调一致地确保社会教育的一致性。

（3）社会各方面的教育影响要统一。

家庭、幼儿园和社会在幼儿社会教育中要步调一致,互相协助。幼儿园在协调中应起主导作用,幼儿园与家庭、社会的联系要制度化、经常化,逐步形成"三结合"的教育网络。

（二）对正规性社会教育活动的组织和指导

正规性社会教育活动是指教师依据我国幼儿园社会教育领域的课程标准有目的、有计划地实施幼儿园社会教育的专门的教育活动。

第一,教育应紧密结合幼儿的生活实际,选择活动的内容,确定活动的主题,创编活动的素材,运用直观生动、幼儿有真情实感的活动形式和方法。

第二,教师应根据社会教育的目标、内容和幼儿实际选择恰当的形式,灵活地导入活动,激发幼儿参与活动的积极性。

第三,在活动的基本部分,教师的组织指导要着力于以下几个方面。

(1)师幼活动应始终围绕活动目标进行。教师在活动中要重视前一步骤与后一步骤环节的过渡,使内容和目标自然连贯,促成幼儿的学习从低一层次向高一层次发展,保证活动目标的有效实现。

(2)以多种形式让幼儿参与活动,调动幼儿的各种感官和生活经验,让幼儿真正成为活动的主人。因此,在活动组织过程中,教师要处处留心,做到让每个幼儿有实践、有活动、有体验。

(3)教师的提问要简单明了,符合幼儿的语言和表达水平,能激发幼儿的发散性思维。在幼儿园社会教育活动的组织中,教师的提问只有明确而又符合幼儿的表达能力,才能使幼儿与教师很好地配合,做到有问有答、有呼有应。教师的提问具有开放性,才能活跃幼儿的思维,才会使幼儿去探求丰富多样的问题答案,幼儿的能力才能得到真正的锻炼。

(4)教师要尽量避免使用成人化语言。活动中教师要想与幼儿进行有效的沟通,就要用适合幼儿接受能力的语言、词汇。

(5)教师在活动组织指导的过程中要尊重幼儿的愿望,适当调整活动目标及活动环节,处理好教师预设目标与幼儿的兴趣需要的关系,力求在组织形式上和指导方法上使二者达到协调统一,最终使活动既实现了教育目标,又尊重了幼儿的兴趣和愿望。

第四,在活动组织指导的全过程中,教师应注重以情感人,引起幼儿的情感共鸣,激发幼儿愉快向上的情感,营造热烈而有序的社会学习氛围。

(三)对非正规性社会教育活动的组织和指导

非正规性社会教育活动是指该活动的本来目的不是要向幼儿进行社会教育,但在客观上又有引导幼儿按照社会价值取向、社会道德规范行事的作用。如吃饭是孩子身体成长的需要,但在进餐时可对孩子进行不浪费粮食、不挑食的教育,这些社会教育内容是在进餐时"顺便"进行的。因此,教师应根据非正规性社会教育活动的随机性和潜移默化的特点,做好以下几个方面的组织和指导工作。

1. 要重视一日生活活动中的社会教育

在幼儿一日生活活动中,每一个生活环节都有向幼儿进行社会教育的内容:如早晨入园时,可引导幼儿向老师问好,和爸妈再见,培养幼儿礼貌行为;盥洗时,可引导幼儿节约用水,养成守秩序的行为习惯;进餐时,可教育幼儿尊重劳动人民、爱惜粮食、文明进餐的好习惯等。教师应抓住这些机会,将社会教育渗透在一日生活活动中。

2. 要重视其他学科领域中的社会教育

对幼儿园的教学内容,教师应有整体的、综合的课程观,各领域的教学是相互渗透、相辅相成的。如在美术活动中可以培养幼儿细致、耐心、认真的学习态度;在体育活动中可以培养勇敢、坚强、抗挫折的精神等幼儿社会教育的内容。

3. 要重视游戏及区角活动中的社会教育

游戏是幼儿最喜爱的活动,通过游戏可以有效地促进幼儿社会性发展。如:幼儿在建构游戏中学习合作;在角色游戏中,通过扮演各种各样的社会角色,可以了解各行各业人们的劳动、行为规范、职业道德以及人与人之间的关系;在户外体育游戏中,不断培养集体意识、规则意识和自控力,锻炼毅力,增强自信心等。

《纲要》要求幼儿园一般应设有内容不同的活动区,如美工区、阅读区、科学探索区、建构游戏区等。幼儿在这些自由选择的活动区里,可独立思考,认真操作;也可以商讨合作,友好交往,自由地感知和体验,发展他们的社会性。

4. 要重视环境在幼儿社会发展中的潜移默化作用

幼儿的社会生活环境对于幼儿社会性的发展具有潜移默化的作用,教师应该充分利用幼儿园的环境影响幼儿,感染幼儿,创设与幼儿年龄特点和心理需要相匹配的物质环境和心理环境。

(1)幼儿园的物质环境应该是井然有序的,既要让幼儿有自己选择、参与活动的机会,同时又要对幼儿有所约束,知道自己可以干什么,应当怎样去干,让幼儿在有要求的自由活动中学会并练习自我管理、自我控制、自我调节。

(2)幼儿园的物质环境应该是集艺术性与教育性于一体的。让幼儿在充满童趣的、充满美感和教育意义的环境中成长,使幼儿园的每个角落都成为育人的场所,有效地促进幼儿社会性的发展。

（3）幼儿园的精神环境应该是宽松、友好、健康向上的。建立良好、和谐、平等的师生关系,让幼儿在积极的、充满爱心的、不断得到鼓励的环境中,快乐地进行师幼互动。

（4）尽可能多地为幼儿提供与同伴交往的机会,提供了解周围环境、在环境中了解社会及其关系的机会;要尽可能地为幼儿提供社会学习的榜样,让幼儿在模仿和观察学习中获得社会认可的道德认识和行为模式。

三、幼儿园社会教育活动案例及评析

（一）幼儿园人际关系活动案例

案例展示台

小班人际交往教育活动:我是谁

活动目标

1. 愿意与同伴交往,体验认识同伴的快乐。
2. 学习自我介绍的方法,知道在恰当的场合介绍自己。
3. 能大胆地向同伴介绍自己的姓名、年龄和喜好等。

活动准备

1. 编排情境表演:客人来了。
2. 栏目布置:我是小班的好宝宝。
3. 每个小朋友准备2~3张自己的单人照片,裁成名片大小,后面写上姓名和年龄。
4. 布娃娃(丫丫)一个。

活动过程

1. 观赏情境表演。

情境一:客人来了,和蔼地问东东一些问题:"你叫什么名字? 几岁了? 你最喜欢干什么?"东东不愿意回答,胆小地跑了。

情境二:出示布娃娃丫丫,客人来了,和蔼地问丫丫同样的问题,丫丫大胆地回答了,客人夸丫丫是个能干的好孩子。

讨论:丫丫和东东谁做得好? 为什么?

2. 引导幼儿向丫丫学习,勇敢地介绍自己。

师:这就是懂事的丫丫。她是这样介绍自己的:"我叫丫丫,今年3岁了,我很喜欢上幼儿园。"

提问:丫丫是怎样向客人介绍自己的?

3. 学习介绍自己。

（1）请每个小朋友也像丫丫一样,向老师和小朋友介绍自己,说清楚自己叫什么名字,几岁了,喜欢干什么。

（2）提问:你们在什么时候向他人介绍自己?

小结:去别人家做客、演出节目、打电话等需要介绍自己。

4. 游戏"送名片"。幼儿主动去寻求一位同伴,互相介绍自己,互送名片认识好朋友。游戏可反复进行。

活动延伸

1. 表演活动:表演"爸爸妈妈和宝宝"的生活情景,说说表演中的爸爸妈妈是怎么称呼宝宝的。你的爸爸妈妈是怎么称呼你的? 你有怎样的感受?

2. 照镜子:对着镜子看自己的模样。说说自己五官的名称,感觉自己的帅气或漂亮。

3.给亲人打电话:告诉亲人自己的名字、年龄和在干什么。

4.介绍好朋友:把好友的名片带回家介绍给家长。

活动评析

如何认识"我",大胆地展示"我",是小班幼儿发展自我意识,培养自信、自尊人格的重要内容。本活动设计紧扣"认识自我,学习展示自我"的活动目标,设计了一系列能调动小班幼儿进行观察模仿学习,促使幼儿大胆表达的直观生动的活动环节,活动一环扣一环,由易到难,充分调动了小班幼儿参与活动的积极性,体现了幼儿是学习的主体的观念。整个活动设计突出了"学习介绍自我"的活动重点和难点。可以预料,幼儿在"认识自我,介绍自我"的活动中,不仅认识到"我是一个怎样的宝宝",而且体验着自信和自尊的良好感受。

(二)幼儿园社会环境活动案例

案例展示台

扫码看视频

大班社会环境教育活动:垃圾分类 从我做起

活动目标

1.养成不乱丢垃圾的好习惯。

2.认识垃圾分类标记,能根据可回收垃圾、厨余垃圾、有害垃圾等标记对垃圾进行分类。

3.了解垃圾分类对人们生活的重要意义,懂得保护环境,讲究卫生。

活动准备

1.经验准备:

幼儿课前搜集并了解关于垃圾应该如何处理的知识。

2.物质准备:

(1)被污染的地球及各种垃圾图片,教学课件、教学视频、音乐《如果感到幸福你就拍拍手》《倒垃圾》。

(2)可回收垃圾箱、厨余垃圾箱、有害垃圾箱、其他垃圾箱各1个,一次性塑料手套若干,旧报纸、饮料瓶、废纸盒、废电池、果皮、枯树叶、菜叶等垃圾。

活动过程

1.情境导入,激发兴趣。

情境表演:配班教师藏在被污染的地球图片后面扮演被污染的地球,呜呜呜地哭。

(1)师:听,是什么声音?(地球妈妈的哭声)地球妈妈,你为什么哭呀?

(2)师:地球妈妈,你怎么生病了呀?

地球妈妈:人们往我身上乱扔垃圾,也没有进行垃圾分类,我被垃圾污染了,所以生病了。你们能帮帮我吗?

(3)师:小朋友们,我们该怎么帮助地球妈妈呢?

2.了解我们生活中产生垃圾多的地方。

(1)播放产生垃圾较多地方的PPT图片。

师:在生活中,我们经常见到哪些地方的垃圾比较多?老师这里有一些图片,看看小朋友们有没有去过这些地方,在这些地方你们是否见到过垃圾?

小结:除了这些地方有很多垃圾,每天我们的家里也会产生许多垃圾,平时你们是怎样处理垃圾的?

(2)引导幼儿认识垃圾分类标记,学习垃圾分类的方法。

①出示四种不同标记的垃圾箱。

师:今天老师带来了四个垃圾箱,请小朋友们看看它们有什么不同。(幼儿观察垃圾箱的颜色、标记,发现颜色、标记的不同,知道垃圾箱可以分为可回收垃圾、厨余垃圾、有害垃圾和其他垃圾)

② 观看教学视频,学习垃圾分类的方法。

观看视频后讨论:小朋友们,我们生活中会产生各种各样的垃圾,视频里的小朋友是怎么将垃圾分类的? 那我们应该怎样将垃圾进行分类?（引导幼儿辨认可回收垃圾、厨余垃圾、有害垃圾和其他垃圾）

3. 分类小游戏:给垃圾找家。

师:小朋友们,现在我们一起来玩"给垃圾找家"的小游戏。

游戏玩法:幼儿认真观察图片上的"垃圾",根据分类标记帮各种"垃圾"找到属于它们的家,并把它们一一送回家。

4. 观看视频,了解垃圾分类的意义。

播放视频,幼儿观看后讨论:你们知道为什么要将垃圾进行分类回收吗?

教师小结:将垃圾进行分类回收能减少占地,变废为宝,减少环境污染,保护环境。

5. 实践操作,丰富经验。

(1)师:这里还有更多的垃圾,现在请你们将我们身边的这些垃圾以及地球妈妈身上的"垃圾"（图片）进行分类投放吧!（播放背景歌曲《倒垃圾》）

(2)幼儿戴上手套去清理垃圾,分别把它们投入相对应的垃圾箱。

(3)师幼检查评定垃圾分类情况。

6. 欢聚一堂,载歌载舞。

(1)地球妈妈:谢谢小朋友们帮我清理了垃圾,并对垃圾进行了分类,我变干净了,病也好了! 小朋友们,从今天开始,你们要做一名环保小卫士,提醒身边的人不乱丢垃圾,对垃圾进行分类,爱护环境,节约资源!

(2)与地球妈妈一起载歌载舞《如果感到幸福你就拍拍手》。

师:我们请地球妈妈和我们一起来跳舞吧!（教师和小朋友进行跳舞表演）

活动延伸

在幼儿园里设置不同的垃圾箱,在日常生活中引导幼儿能主动将地上的垃圾捡起来,分类投放到垃圾箱。

（活动设计与执教:湖南省衡阳市青少年宫　黄岚）

活动评析

本次活动与幼儿生活息息相关,充分体现了《纲要》中所指出的"选择幼儿教育活动应该贴近幼儿的生活,来源于生活"的精神。垃圾分类是社会的一种新风尚,活动来源于幼儿生活,回归幼儿生活。活动中通过情境导入,激发兴趣—认识垃圾分类标记,说说生活中的垃圾—讨论垃圾处理方法—辨析明理,懂得垃圾分类意义—实践操作,尝试进行垃圾分类。从幼儿的生活入手,再将学到的知识运用到生活当中去,带动身边的人一起保护环境,节约资源。

(三)幼儿园社会行为规范活动案例

案例展示台

扫码看视频

大班社会行为规范教育活动:学会合作

活动目标

1. 初步理解合作的意义,知道生活中处处有合作。

2. 能共同探索,尝试协商分工,提高与同伴合作的能力。

3. 体验团结合作带来的快乐,增强合作的意识。

活动准备

1. 视频《合作力量大》、PPT课件、背景音乐。

2. 长条形桌子 1 张,瑜伽球 2 个,平衡木 6 条,呼啦圈 12 个,连体衣 6 件,椅子 3 张,奖贴若干张,老鹰、母鸡、小鸡贴纸若干张。

活动过程

1. 播放视频,引出主题。

(1) 师:今天老师给大家请来了一个朋友,猜一猜,这个朋友是不是你们认识的? 我们一起来看看。

播放视频,提问:它是谁呢?(巧虎)巧虎今天给我们带来了一段动画,你们想看吗? 看的时候要认真看,仔细听,听一听动画里面都说了什么。

(2) 提问:① 动画里发生了一件什么事情呢?(巧虎、奇奇搬不动桌子)② 那它们找到了解决的办法吗? 姐姐给了它们一个怎样的建议?(合作)③ 什么是合作呢? 请你们带着这个问题继续往下看。

2. 继续欣赏动画,初步感知合作。

(1) 重复巧虎最后一句:小朋友们你们学会了吗?

(2) 你们学会了什么?

(3) 动画里面谁会合作?

(4) 蚂蚁是怎样合作的?

(5) 蚂蚁合作干什么?

(合作搬又大又重的食物,遇到危险蚂蚁合作搭桥过河)

(6) 巧虎和奇奇学会了什么?(合作搬桌子)它们如果没有合作搬桌子会是怎样?(又慢又累)两个人合作搬桌子是怎样呢?(又轻又快)

(7) 合作这么神奇,到底合作是什么? 怎样才是合作呢?

小结:合作就是两个或更多的人,一起努力做一件事情。

3. 感知生活中的合作。

(1) 师:这里还有一张桌子,老师想请一个小朋友上来,把桌子从这边搬到那边去。搬桌子的时候要注意,要把桌子全部搬离地面才可以。

(2) 幼儿操作后教师提问:

① 感觉怎样啊? 为什么搬不动桌子?(桌子很重)

② 想一想,怎么才能把桌子搬过去?(合作)

③ 你想请谁跟你合作呢? 你把他请上来。

④ 他们合作成功了吗? 合作神奇吗? 为什么?

小结:合作可真神奇呀,一个人做不了的事情,大家一起合作,就可以把事情做得又快又好,而且更容易成功!

4. 玩连体人游戏,体验合作的重要性。

师:现在老师邀请所有的小朋友一起来玩一个游戏,我们一起体验合作的快乐。

(1) 出示游戏道具,并说明游戏玩法及规则。

师:老师给你们准备了一件连体衣,衣服上有两个洞洞,需要两个小朋友为一组,把连体衣套在你们的脖子上,这样就把你们变成连体人了。

游戏时从起点出发,你们两个人需要沿着地面上的呼啦圈,一起从呼啦圈里走过,然后绕过椅子再走过平衡木返回起点。如果连体衣在中途撕碎,那这一组小朋友就结束游戏。看看哪一组的小朋友回来的时候,连体衣是完整的,那他们那一组就获胜,将会得到一张奖贴。

(2) 幼儿自主分组,穿上连体衣。

师:现在请你们找到一位好朋友,排好队,穿好连体衣。

(3) 播放音乐,开始游戏。

(4) 游戏结束,小结。

师:请你们告诉老师,刚刚我们哪些小朋友的连体衣是完整的? 哪组小朋友的连体衣撕碎了? 为什么会这样?

小结：有些游戏需要我们一起合作才能顺利进行，只有大家一起合作才会玩得开心。

5. 幼儿讨论：是否所有事情都需要合作？

（1）师：刚刚我们一起玩了游戏，感受到了合作给我们带来的快乐，那老师想问问你们，是不是所有的事情都需要合作才能完成呢？

（2）幼儿自主讨论回答。

小结：吃饭、穿衣服、睡觉、上厕所等生活自理活动，小朋友们都可以自己独立完成；而有些事情、有些游戏活动就必须有大家的合作才能进行或完成得更快更好！

6. 游戏体验：老鹰抓小鸡——尝试分工合作，体验合作的乐趣。

（1）师：小朋友们看一看，老师给你们准备了什么？一只老鹰、一只母鸡，还有很多小鸡，请你们猜猜老师要带你们玩什么游戏。（没错，就是"老鹰抓小鸡"）

（2）教师说明游戏玩法及规则。

师：请一位小朋友来当老鹰，老师来当鸡妈妈，老鹰不可以推鸡妈妈，只能跑动避开鸡妈妈去抓鸡妈妈后面的小鸡。鸡妈妈可以挡住老鹰，不让老鹰抓住小鸡。如果有小鸡不小心掉队了，它可以马上蹲下，抱住自己。这时老鹰不能去抓这只小鸡，游戏结束，重新开始。如果小鸡没有蹲下，游戏继续，老鹰可以去抓住这只小鸡。被抓到的小鸡就要来当老鹰了。

（3）分配角色，开始游戏。（播放背景音乐）

（4）讨论总结。

提问：这个游戏好玩吗？这个游戏能一个人独自玩吗？

总结："老鹰抓小鸡"这个游戏不可能一个人独自玩，必须大家合作才能进行，才能玩得开心！所以我们生活中很多游戏、很多事情需要合作才能完成，合作使我们更加快乐。

7. 总结，活动结束。

师：今天我们跟着巧虎一起学会了合作，相信在生活中、在幼儿园里，一定还有需要我们一起合作才会完成得更好的事情，等着我们去发现，现在我们一起去找找看吧！（播放音乐，结束）

活动延伸

1. 合作游戏："两人三足""拔河"。
2. 与父母合作完成一件事情。

（活动设计与执教：湖南省衡阳幼儿师范高等专科学校附属幼儿园　万方媛）

活动评析

生活中处处有合作，大班的孩子已具有合作的意识，但不知道怎样与同伴合作。该活动以幼儿喜欢的视频动画导入，了解合作的含义；情境体验让幼儿知道生活中处处有合作，有些事情是需要合作才能完成的，合作能带来更多的交流与快乐；游戏体验，让幼儿深入感知合作的重要性。整个活动环节层次清晰，步步深入。

（四）幼儿园社会文化活动案例

案例展示台

中班社会文化教育活动：欢欢喜喜迎新年

活动目标

1. 了解一些过年的有关风俗习惯。
2. 愿意在集体面前大胆表达自己的想法，能用祝福语表达对他人的祝愿。
3. 感受节日带来的快乐与喜悦。

活动准备

1. 新年环境布置。

2. 音乐:《新年好》。

3. PPT课件、春联、"福"字、红包、手工爆竹、糍粑等教具。

活动过程

1. 实物导入,激发幼儿兴趣。

(1) 出示春联。提问:什么时候贴春联?

(2) 你们知道这个节日是什么意思吗?(是我国农历的新年)

2. 经验回忆,引导幼儿交流讨论。

(1) 师:小朋友们,过年时,我们的心情是怎么样的呢?

(2) 你看到了人们是怎么庆祝新年的?

(幼儿自由交流讨论)

小结:过新年的时候人们都很开心,穿上新的衣服,买好多吃的东西,贴上对联,燃放烟花,互相拜年,小朋友们还可以得到很多压岁钱。

3. 介绍过年相关的习俗,感受过年浓厚的节日气氛。

(1) 出示PPT课件,感受过年的各种习俗。如打扫卫生寓意辞旧迎新,贴对联寓意吉祥如意、红红火火,跨年守岁寓意守岁迎新,吃年夜饭寓意团团圆圆。

(2) 情境表演:感受过年欢乐愉悦的气氛。

情境一:拜年。幼儿分角色表演拜年时的情景,引导幼儿说出拜年时的祝福语,把最美好的新年祝愿带给家人、朋友、老师等。

情景二:领取新年红包。教师扮演发新年红包的长辈,当幼儿领取红包时对长辈说祝福的语言,并引导幼儿说出拿到红包后的打算。

(3) 教师和幼儿分别送上新年的祝福。

4. 歌表演:《新年好》。

过新年的时候大家会做很多的事情,都是为了平平安安、开开心心地迎接新的一年。来,让我们也一起唱起歌,跳起舞,庆祝新年吧!

活动延伸

1. 音乐活动:《红红火火过新年》。

2. 手工活动:剪窗花。

活动评析

本活动属于多元文化活动,通过教室环境布置,创造了一个良好的活动环境与氛围,给予幼儿直观的感受。幼儿大胆地交流以往过年的经验,同时也进一步了解和感受我国的传统文化和过年的习俗,渲染了新年的气氛。在新年环境和新颖教具的影响下孩子们热情高涨。通过情境表演,增加了幼儿的参与度,体现了活动的主体地位。最后环节的歌表演,进一步增添了节日的气氛。

❓ 思考与练习

在线练习

▶ **真题再现吧**

一、单项选择题

1. 幼儿园促进幼儿社会性发展的主要途径是(　　　)。

A. 人际交往　　　　B. 操作练习　　　　C. 教师讲解　　　　D. 集体教学

2. 梅梅和芳芳在娃娃家玩,俊俊走过来说我想吃点东西,芳芳说我们正忙呢,俊俊说,我来当爸爸炒点菜吧,芳芳看了看梅梅,说好吧,你来吧。

从俊俊的社会性发展来看,下列哪一选项最贴近他的最近发展区?(　　　)

A. 能够找到一个自己喜欢的玩伴

B. 开始使用一定的策略成功加入游戏小组

C. 在4~5名幼儿的角色游戏中进行合作性互动

D. 能够在角色游戏中讨论装扮的角色行为

二、活动设计题

1. 中二班幼儿在娃娃家游戏中,接待客人主动热情,与长辈交往很有礼貌,可家长却说,孩子在家不是这样的,有客人来了很少打招呼,还经常对爷爷奶奶发脾气。

请针对上述幼儿行为的反差,设计解决这一问题的教育方案。要求:写出问题的原因分析、教育目标、三种教育指导内容与方法。

2. 中班下学期,陈老师发现,班上仍有一些幼儿会抢别人的玩具,他们的理由是:"我喜欢这玩具,我要玩。"

请设计一个教育活动,解决上述问题,要求写出活动名称、活动目标、活动准备及活动过程。

➤ 能力提升训练营

一、单项选择题

1. "孟母三迁"的故事说明(　　)因素对幼儿社会性发展的影响。

A. 父母家长　　　　B. 社区环境　　　　C. 家庭环境　　　　D. 媒体环境

2. 教师引导幼儿将自己带来的绘本和小朋友一起交换看,在与他人交往过程中学会了分享,得到他人的喜欢,自己也很开心。这属于(　　)目标之一。

A. 社会认知　　　　B. 社会情感　　　　C. 社会行为技能　　　　D. 社会体验

3. 在幼儿园教育活动中,引导幼儿养成排队洗手、轮流喝水、借用他人物品要归还并说"谢谢"等礼貌用语的良好行为习惯是(　　)活动内容。

A. 健康领域　　　　B. 社会领域　　　　C. 科学领域　　　　D. 语言领域

4. 教师经常利用就餐的时机提示幼儿"农民伯伯种粮食、蔬菜等很辛苦,我们要爱惜粮食,不挑食"。这一做法体现出教师善于根据幼儿社会学习(　　)的特点来开展良好饮食习惯的教育。

A. 随机性和无意性　　B. 长期性和反复性　　C. 兴趣性和差异性　　D. 随意性和散漫性

5. 通过幼儿运用情境表演的手段再现生活事件,引导幼儿理解和分享别人的情绪情感体验,使幼儿在日后生活中,对他人的情绪情感产生习惯性的理解并作出反应的教育方法是(　　)。

A. 陶冶感染法　　　　B. 价值澄清法　　　　C. 角色扮演法　　　　D. 移情训练法

二、简答题

1. 幼儿园社会教育对幼儿的发展有何重要作用?

2. 简述幼儿园社会教育的总目标。

3. 对幼儿常用的社会教育的特殊方法有哪些?请说明移情训练法和角色扮演法的运用要求。

4. 谈谈幼儿园正规性社会教育活动的组织与指导要求。

三、案例评析题

某教师在设计中班社会教育活动"学做升旗手"时,确定了以下活动目标:1. 了解升国旗的仪式,学做小小升旗手。2. 尊重国旗、爱护国旗,萌发爱国情感。

请评析这一活动目标的设计是否合理,你觉得应该怎样设计会更好?

四、活动设计题

1. 设计幼儿园大班"冰雪奥运"的社会教育活动,引导幼儿感知世界性的盛大体育运动赛事,为中国成功举办冬奥会而自豪,萌发爱祖国的情感。

2. 为了让幼儿对各种职业劳动者的微笑服务有更多的了解,针对大班幼儿的特点,设计大班"微笑职业小标兵"社会教育活动方案,帮助幼儿懂得文明礼貌的行为和做法。

3.《纲要》中提到幼儿园社会教育目标之一是:能努力做好力所能及的事,不怕困难,有初步的责任感。请结合幼儿生活,设计一个大班社会教育活动方案,培养幼儿的责任感。

幼儿园科学教育活动设计与指导

学习目标

1. 了解幼儿园科学教育的内涵和意义,理解幼儿园科学教育各层次目标和内容。
2. 掌握幼儿园各类型科学教育活动的设计与指导要点。
3. 设计幼儿园科学教育活动方案并进行模拟试教。

知识导图

```
                                  ┌ 幼儿园科学教育的内涵
                                  │ 幼儿学习科学的特点
                    幼儿园科学教育活动概述 ┤ 幼儿园科学教育的意义
                                  │ 幼儿园科学教育的目标
                                  └ 幼儿园科学教育的内容及其选择

                                  ┌ 科学主题观察活动的设计与指导
                    幼儿园集体科学活动设计与指导 ┤ 科学实验探究活动的设计与指导
                                  └ 科学技术与操作活动的设计与指导

幼儿园科学教育                        ┌ 幼儿园科学区域活动概述
活动设计与指导    幼儿园科学区域活动设计与指导 ┤ 幼儿园科学区域活动的设计
                                  └ 幼儿园科学区域活动的指导

                                  ┌ 幼儿园科学游戏概述
                    幼儿园科学游戏设计与指导 ┤ 幼儿园科学游戏的类型
                                  └ 幼儿园科学游戏的设计与指导

                                  ┌ 生活中的科学教育概述
                    生活中的科学教育    ┤ 种植和饲养活动
                                  └ 偶发性科学活动
```

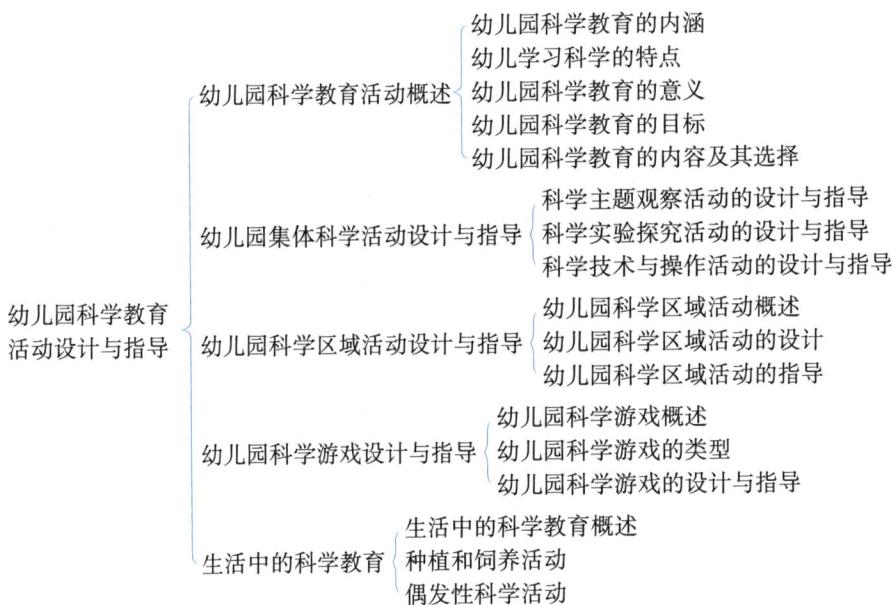

第一节　幼儿园科学教育活动概述

一、幼儿园科学教育的内涵

（一）什么是幼儿园科学教育

幼儿园科学教育是教师引发、支持和引导幼儿主动探究,经历从探究到发现、获得有关周围物质世界及其关系的经验的过程[①]。

[①]　刘占兰.学前儿童科学教育[M].2 版.北京：北京师范大学出版社,2008：28.

幼儿科学教育的内涵应包含以下几个方面。

1. 引导幼儿主动学习、主动探索

在幼儿科学教育中，以幼儿为主体，幼儿是主动的学习者和探索者；教师在活动中起支持和引导作用，教师通过选择适宜的活动内容，提供相应的活动材料和支持性环境，最大限度地满足幼儿学习和探索的需要。

2. 支持幼儿亲身经历探究过程、体验科学精神和探究解决问题策略

科学教育最重要的一点是让幼儿知道如何学习，怎样去获取知识。幼儿科学教育应支持幼儿通过自己的探索更多地发现问题、解决问题。

3. 使幼儿获得有关周围物质世界及其关系的感性认识和经验

幼儿认识事物的特点决定了幼儿对科学概念的理解和掌握需要从多方面积累丰富的生活经验，因此应引导、支持幼儿通过自身与周围物质世界的相互作用，获得真正内化的经验。

（二）幼儿园科学教育的特性

幼儿园科学教育活动具有以下特性。

1. 教育内容的生活化、生成性

教育内容生活化是引发幼儿主动学习和探究的重要前提与条件。贴近幼儿生活的教育内容不仅为幼儿获得科学知识、经验提供了前提和可能，而且，生活化的教育内容能让幼儿感受到学习内容对自己的意义，是自己当前想要知道的东西和想要解决的问题，幼儿才能积极主动地去学习和探究，才能发现和感受到周围世界的神奇，体验和领悟到科学就在身边，才能保持强烈的好奇心和探究欲望。如洗手时，会发现洗手液放在水里不见了，变成了泡沫；吹气球时，会发现气球慢慢变大……

从上述案例可见，源于幼儿日常生活的教育内容是幼儿主动学习和探索的原动力。教师应当开发和利用幼儿感兴趣的事物和想要探究的问题，扩展成为幼儿科学教育的内容，生成科学教育活动，使幼儿科学教育成为幼儿感兴趣的活动。

2. 教育过程的探索性、操作性

幼儿科学教育应该是幼儿主动探究和自主学习的过程。也就是说，幼儿的知识经验不再是教师直接告诉和传授给幼儿的，而是幼儿自己获得的。幼儿是一个主动的学习者，教师的作用不再是用范例或操作实验向幼儿分步讲解或示范，而是支持、引发和引导幼儿的探究和发现过程。

3. 教育结果的经验性

幼儿科学教育尊重幼儿的认知特点和科学的本质特征，强调让幼儿亲身经历探究和发现过程，获得有关的经验。如在引导孩子们认识水时，幼儿难以说出"水有浮力""水有溶解性"等特性，但能发现和获得"木块浮在水面上，石头沉到了水底""糖放在水里不见了"等感性经验，这些经验使幼儿在探索和获取知识的过程中真正体验到科学的思维方式和过程。

4. 教育价值的可持续性

促进幼儿的可持续发展是幼儿园科学教育的核心目标。为了幼儿终身的学习和发展，幼儿园科学教育应注重幼儿乐学、会学和善学的教育价值，强调培养幼儿内在的学习动机和兴趣，发展幼儿不断学习的能力。

5. 教育组织方式的多样性

幼儿园科学教育组织方式是多样的，包括自发的个别探究、小组探究，有组织的集体探究、区域活动，渗透于一日生活中的科学活动，渗透于其他领域中的科学活动等。

二、幼儿学习科学的特点

（一）幼儿对科学具有强烈的好奇心和探究欲望

幼儿天生好奇、好问，对于感兴趣的事物，幼儿喜欢摆弄、探个究竟；对于不理解的现象，幼儿会提出许多问题，如小蜗牛有没有眼睛？花为什么能开放？……好奇心是幼儿学习科学的原动力，教师鼓励、引导

和保护幼儿的好奇心,能激发幼儿对科学的兴趣,保护幼儿的探究欲望。

(二)幼儿通过直接经验认识事物

在科学活动中,幼儿通过直接经验来认识事物,通过亲身体验、直接感知和实际操作主动地建构知识。如:小班幼儿玩"颜色变变变"中,用手电筒照射红色的玻璃纸,他们会发现,白纸上会出现红色的影子;把红色与蓝色的玻璃纸叠放在一起,用手电筒照射,他们会惊奇地发现,白纸上影子的颜色发生了变化。通过反复操作,幼儿会获得两种颜色放在一起,会变成另一种颜色的感性经验。

(三)幼儿的探究过程和探究方法具有试误性

由于经验水平和思维特点的限制,幼儿解决问题的探究过程和探究方法具有试误性,他们对事物特点的认识和对事物间关系的发现需要多次尝试,并不断地排除无关因素;需要很多次、很长时间的探索,才能接近答案①。

(四)幼儿所获得的经验具有非科学性

在幼儿科学活动中,幼儿时常用原有的经验来认识事物和解释现象,如根据"种子泡在水里能发芽、长大"的原有经验,认为"小花瓣也能在水里长大"。幼儿对事物的认识还具有主观性和泛灵性,如问小班幼儿:"小兔子喜欢吃什么?"幼儿会说:"喜欢吃糖,喜欢吃饼干。"幼儿获得的知识经验往往具有非科学性,因此幼儿不可能像中小学生那样学习真正的科学概念,只能获得一些有关周围世界的经验,学习一些浅显的科学知识。

三、幼儿园科学教育的意义

(一)幼儿园科学教育能促进幼儿的全面发展

科学教育的价值能够使幼儿的各个方面都获得全面和谐的发展,具体体现在:

(1)激发幼儿的好奇心、科学兴趣和对周围世界的积极态度;

(2)丰富和积累幼儿的科学知识和经验;

(3)发展幼儿的科学技能,教会学科学的方法;

(4)培养幼儿的主动性、积极性、独立性、创造性、自信心等良好个性品质。

(二)幼儿园科学教育对幼儿的一生产生深刻的影响

一方面,早期的科学经验为幼儿将来理解抽象的科学知识提供了具体的表象支持,还能使幼儿对概念的理解更加深刻,从而成为引导幼儿通向科学世界的桥梁。

另一方面,童年时的科学经历,会给人的一生留下深远的影响和美好的回忆。

(三)幼儿园科学教育有助于发现具有科学潜能的幼儿

与其他幼儿相比,具有科学潜能的幼儿常常会表现出一些不同寻常的行为,如:

(1)对别人不太感兴趣或兴趣一般的事物,表现出异乎寻常的探索兴趣;

(2)对周围事物表现出敏锐的洞察能力,能发现一般人不能发现的事实或现象;

(3)思维方式与众不同,常常想到别人想不到的问题;

(4)特别喜欢动手尝试,但也会经常造成破坏。

教师在教育中如能及时发现儿童的这些超常规行为,并且能加以正确引导,就能够使他们在这方面的潜能得以充分的表现,并进一步发展。

---

① 刘占兰.学前儿童科学教育[M].2版.北京:北京师范大学出版社,2008:16.

四、幼儿园科学教育的目标

幼儿园科学教育目标是一个由多种内容构成、多层次的体系,一般可分为幼儿园科学教育总目标、年龄阶段目标、教育活动目标三个不同的层次。各层次目标是相互联系的,其中,总目标是概括层次最高的目标,而教育活动目标是最具操作性的层次。

(一)幼儿园科学教育总目标

幼儿园科学教育总目标是幼儿在教师指导下进行科学探究时所应获得的发展,是幼儿科学教育总的任务要求,是幼儿园科学教育所期望的最终结果,是制定年龄阶段目标和具体活动目标的出发点和依据。

《纲要》中明确提出了科学领域的总目标,即:

(1)对周围的事物、现象感兴趣,有好奇心和求知欲;

(2)能运用各种感官,动手动脑,探究问题;

(3)能用适当的方式表达、交流探索的过程和结果;

(4)爱护动植物,关心周围环境,亲近大自然,珍惜自然资源,有初步的环保意识。

《纲要》中关于科学目标的表述中,可以将幼儿园科学教育总目标归纳为三个方面:科学态度、科学能力和科学经验。其中,科学态度包括发展幼儿的好奇心、兴趣和求知欲,培养幼儿对自然的积极情感和态度,培养幼儿对科学技术的关注。科学能力包括观察能力、实验能力、科学思维能力、表达交流能力、设计制作能力。在科学教育的过程中,要注意幼儿是在动手操作的基础上获得经验性知识的,是从自己生活的周围环境中获取科学知识的,而不是通过学习抽象的科学概念掌握科学知识的。

(二)幼儿园科学教育的年龄阶段目标

幼儿园科学教育的年龄阶段目标是根据幼儿科学教育总目标和各阶段幼儿的年龄特点而确定的,对各年龄班幼儿的科学教育有更直接的指导意义。《指南》将3~6岁幼儿科学教育目标分为"科学探究"和"数学认知"两个方面,其中从"科学探究"方面提出了三个"阶梯"式目标,具体内容见表5-1、表5-2、表5-3。

表5-1　目标1　亲近自然,喜欢探究

3~4岁	4~5岁	5~6岁
1. 喜欢接触大自然,对周围的很多事物和现象感兴趣 2. 经常问各种问题,或好奇地摆弄物品	1. 喜欢接触新事物,经常问一些与新事物有关的问题 2. 常常动手动脑探索物体和材料,并乐在其中	1. 对自己感兴趣的问题总是刨根问底 2. 能经常动手动脑寻找问题的答案 3. 探索中有所发现时感到兴奋和满足

"亲近自然,喜欢探究"是首要的、核心目标,体现了对幼儿好奇心和探究兴趣的高度重视。

表5-2　目标2　具有初步的探究能力

3~4岁	4~5岁	5~6岁
1. 对感兴趣的事物能仔细观察,发现其明显特征 2. 能用多种感官或动作去探索物体,关注动作所产生的结果	1. 能对事物或现象进行观察比较,发现其相同与不同 2. 能根据观察结果提出问题,并大胆猜测答案 3. 能通过简单的调查收集信息 4. 能用图画或其他符号进行记录	1. 能通过观察、比较与分析,发现并描述不同种类物体的特征或某个事物前后的变化 2. 能用一定的方法验证自己的猜测 3. 在成人的帮助下能制定简单的调查计划并执行 4. 能用数字、图画、图表或其他符号记录 5. 探究中能与他人合作与交流

探究能力是幼儿科学探究的关键目标。幼儿在科学探究的过程中,运用观察比较、实验验证、调查测量等探究方法,经历发现问题、分析问题和解决问题的探究过程,从而获得科学探究能力。

表5-3　目标3　在探究中认识周围事物和现象

3~4 岁	4~5 岁	5~6 岁
1. 认识常见的动植物,能注意并发现周围的动植物是多种多样的 2. 能感知和发现物体和材料的软硬、光滑和粗糙等特性 3. 能感知和体验天气对自己生活和活动的影响 4. 初步了解和体会动植物和人们生活的关系	1. 能感知和发现动植物的生长变化及其基本条件 2. 能感知和发现常见材料的溶解、传热等性质或用途 3. 能感知和发现简单物理现象,如物体形态或位置变化等 4. 能感知和发现不同季节的特点,体验季节对动植物和人的影响 5. 初步感知常用科技产品与自己生活的关系,知道科技产品有利也有弊	1. 能察觉到动植物的外形特征、习性与生存环境的适应关系 2. 能发现常见物体的结构与功能之间的关系 3. 能探索并发现常见的物理现象产生的条件或影响因素,如影子、沉浮等 4. 感知并了解季节变化的周期性,知道变化的顺序 5. 初步了解人们的生活与自然环境的密切关系,知道尊重和珍惜生命,保护环境

认识周围事物和现象是科学探究的载体,是幼儿探究过程获得的必然结果。

(三)幼儿园科学教育活动目标

幼儿园科学教育活动目标指的是一次具体的科学教育活动所要达到的目标,是教师开展幼儿科学教育活动时的具体依据和指导。它是根据幼儿科学教育总目标和年龄阶段目标,并结合教育活动的内容和幼儿的特点制定的具体的、可操作的目标。

在教育实践中,设计幼儿园科学教育活动目标应该注意以下几个方面。

1. 目标应该与总目标、年龄阶段目标保持一致

幼儿园科学教育活动目标应全面反映幼儿科学教育总目标和年龄阶段目标的要求,目标的制定既要建立在幼儿的已有经验水平上,又要对幼儿具有一定的挑战性。

2. 目标的制定应全面、具体

幼儿园科学教育活动目标可以从以下三个维度进行表述。

(1)知识领域维度:获得有关周围事物及其关系的知识经验,并有使用倾向。常用表述词有"感知、体验、知道、认识、了解、发现"等。

(2)技能领域维度:学会观察、动手操作、动脑思考、表达等,常用表述词有"尝试、能够、学习……方法"等。

(3)情感领域维度:有好奇心和探究热情并有初步的科学精神和态度,常用表述词有"对……感兴趣、体验乐趣、愿意……、关注……"等。

3. 目标的表述要统一、规范,可操作性强

幼儿园科学教育活动目标的表述一般有两种方式:一是从教师的角度表述,行为的主体是教师;二是从幼儿的角度表述,行为的主体是幼儿。目前多倾向于从幼儿的角度来表述目标。

幼儿园科学教育活动目标所期望的教育结果基本上是可以观察或测量的,因此,从表述的方式上说,幼儿园教育活动目标通常采用"行为目标"的方式来表述,如"通过操作,探索使各种物体转动起来的方法……"。而对于那些很难表现为外部行为的目标内容,如情感和态度方面的发展目标,也可采用其他的方式来表述。

如中班科学活动"有趣的转动"的活动目标是:

◀ 通过游戏,感受、理解转动现象,探索使各种物体转动起来的方法,体验活动的乐趣。

◀ 能用图示记录观察结果,养成细致观察的习惯。

◀ 感受转动给人们生活带来的影响,关注转动在生活中的运用。

五、幼儿园科学教育的内容及其选择

（一）幼儿园科学教育内容

1. 了解自然环境及其与人们生活的关系

幼儿周围的动植物和无生命物质——水、沙、石、土、空气等，都是构成自然生态环境的重要因素。我们在向幼儿进行自然生态环境教育时，不仅要引导幼儿了解自然环境的多样性，还要充分考虑到自然环境中各个成员之间的广泛的、动态的联系，并渗透尊重自然、保护自然的精神。

有关自然环境的教育内容，具体可分为如下几点。

（1）自然界中常见的动植物及其与环境的关系。

① 观察常见的动植物，探索和初步发现动植物的多样性。

通过观察动植物，幼儿能说出常见动植物名称，了解其典型特征、主要用途及生活习性。知道自然界中的动植物是多种多样的，如自然界中动植物的种类很多，动物有家禽、家畜、野兽、鸟、鱼、昆虫等，植物有花草、树木和蔬菜等；不同动植物的外部特征、功用是不一样的；植物有不同的生长环境，动物有不同的行为方式、不同的繁殖方式、不同的食性等。

② 探索和初步了解动植物与人、自然环境的关系。

了解动植物与人类的关系：可以让幼儿了解在生活中人类是怎样利用动植物的（如竹子可以食用、观赏、加工成竹制品等）；还要让幼儿了解人类是怎样保护动植物的（如不践踏草坪、不攀折树枝等），以及不保护动植物所带来的危害。

了解动植物与自然环境的关系：让幼儿了解动植物与自然环境的关系可以从以下几个方面来进行。

在具体的认识活动中，了解动植物的多样性与环境的关系，如知道不同种类的动物生活在不同的地方（水中、陆地、树洞、泥土里等），高山、平原、洼地、沿海和内陆的不同地区生长着不同的自然植物等。

在观察活动中，探索动植物的形态结构与环境的关系，如企鹅身上厚厚的毛是为了适应南极的寒冷气候；大榕树可独树成林，是因为热带和亚热带气温高、雨水多、湿度大。

在种植、饲养或实验活动中，探索动植物生长与环境的关系。一方面，了解动植物的生长需要环境提供必要的条件。如植物生长需要阳光、空气、水和温度，动物生长需要水、空气和食物等。另一方面，要让幼儿初步了解动植物对环境的影响，如植物对环境有美化、净化作用。

此外，还可让幼儿了解动植物与季节变化的关系，如有的植物春天开花，有的植物秋天落叶；有的动物有夏眠现象，有的动物有冬眠现象等。

了解动植物之间的关系，包括动物与动物、植物与植物及动物与植物之间的关系。让幼儿了解动植物间是"朋友"和"敌人"的关系，如犀牛与犀牛鸟、大豆与蓖麻是"好朋友"，羊与狼、葡萄和榆树是"敌人"。动植物之间具有相互依存的关系，如猫头鹰—田鼠—粮食、老虎—羚羊—草，它们相互依存，如果没有猫头鹰，田鼠会成灾，吃掉大量粮草；如果没有草，羚羊都会饿死，老虎也没有食物。动物是靠植物生存，反过来又保护植物，或者用粪便来肥沃土地。

（2）无生命的物质及其与人及动植物的关系。

自然界中的无生命物质，主要包括水、沙、石、土壤、空气等。

① 水。

引导幼儿认识水，主要包括两方面内容。

一是对水的物理性质的探索：可以让幼儿在玩水的过程中，感受水是无色、无味、透明的；探索水是流动的、水有浮力、水有溶解性等。通过实验，让幼儿探索固态、液态和气态的水以及相互变化的现象。

二是对水的生态意义的认识，主要包括以下内容。

通过观察认识活动，让幼儿了解自然界中的各种水源——江、河、湖、海等。

通过实验、讨论、游戏等活动，让幼儿认识水对于生命及在人们生活中的重要性。

结合幼儿的生活经验让他们懂得节约用水，教育幼儿要节约用水、保护水源。

② 沙、石、土。

对于这些内容,可以引导幼儿通过观察、实验、游戏等感知并比较沙、石、土的特征,了解沙、石、土在日常生活中的用处;知道地球上覆盖着大量的沙、石、土,了解沙、石、土与植物的简单关系;教育幼儿要珍惜土壤。

③ 空气。

幼儿探索空气的内容主要有:通过探索知道空气是看不见、摸不着的,但能感受到空气就在我们的周围;通过实验、游戏等了解空气的流动(风)、充气等和空气有关的现象;知道人类、动物、植物与空气的关系;让幼儿讨论空气污染给我们生活带来的危害,教育幼儿保护空气。

(3) 人与自然环境的关系。

人与自然环境关系的教育,一方面应该渗透和体现在认识自然界中的动植物和无生命物质的内容中。如认识小兔子,要引导幼儿关心、爱护小动物,学会饲养等。另一方面,可以选择幼儿能够直接观察和调查的环境污染的现象和事件,对幼儿进行直观教育。如空气污染、水污染、噪声污染、生活垃圾污染等,和幼儿讨论环境污染的危害。同时,也要向幼儿介绍人类保护环境的行为,以及幼儿可以参与的环境保护行为,并带幼儿参加力所能及的实践活动,教育幼儿从小养成良好的保护环境的行为习惯。如,爱护花草树木、爱护小动物、节约用水等。

2. 探究身边的自然现象及变化规律

幼儿可以探索的有关自然科学现象的内容包括:气候和季节现象,常见的物理现象,简单、安全的化学现象以及天文现象等。

(1) 天气、气候和季节的现象。

可以结合具体的天气,引导幼儿观察和探索气候及季节现象,具体内容包括如下五点。

① 天气现象:观察并记录晴天、阴天、雨天等不同的天气现象,能学习记录、报告和预测;观察和了解冬天常见的天气现象——冰、雪、雾、霜等,夏天常见的天气现象——雷雨、彩虹等。

② 风:观察和感受不同情形下风的不同,知道风在日常生活中的重要作用,了解台风、沙尘暴、飓风等给人们带来的危害。

③ 云:观察空中的云及其运动和变化,特别是不同天气时云的变化状况。

④ 雨:知道雨的种类,观察、比较小雨和大雨等的不同,了解雨的作用。

⑤ 四季:知道四季的名称、顺序及典型的特征(如天气、气温的变化,人类生活及动植物的变化等),初步了解季节变化和人类、动植物的关系,知道人如何适应季节变化等。

(2) 物理现象。

主要包括:声、光、热、力、磁、电等内容。

① 声音。

注意并辨别各种声音(自然的声音、人的声音、机器的声音等),了解各种声音所代表的意义。

探索各种能产生声音的物体和能产生声音的方法。

探索各种声音的不同,知道不同的声音具有不同的特性,如音调和音量(见图5-1)。

通过游戏、实验等方式探索声音的传播,如制作土电话和扩音器,体验声音的传播。

了解噪声的产生及危害。如公共场所的大声喧哗,会让人心情烦躁等。

② 光和颜色。

认识各种光源(自然的、人造的)以及它们的不同,知道光的重要性。

通过实验探索、发现光和影子的关系,如光是如何影响影子的大小和方向的。

通过玩各种光学仪器(如平面镜、三棱镜、凸透镜、凹透镜)和日常的物品、玩具(如望远镜、万花筒),探索光的反射和折射现象。

③ 热和温度。

感受有的物体热,有的物体冷。学习用温度计测量物体冷热的程度。

探索并发现热的物体会变冷,冷的物体会变热。讨论可以用什么办法使物体变冷、变热。

知道天气的冷热。讨论夏天怎样散热,冬天怎样取暖保暖,并了解几种取暖或散热的产品。

④ 力和运动。

感受和探索力,如力的大小、方向,力和运动之间的关系等。

通过实验探索各种力(地球引力、浮力、摩擦力等)的现象,如地球上的所有物体都要受到地球的引力,都会落到地面上等。

玩跷跷板、天平、平衡架等,探索平衡的条件,体验力的平衡。

探索各种机械,发现它们的作用。

探索各种自然力(如风力和水力),了解人类对它们的利用。如风力可以发电等。

⑤ 磁。

探索各种大小和形状的磁铁,发现磁铁能吸铁的性质(见图 5-2)。对于稍大的幼儿,还可探索不同磁铁的磁力大小。

通过游戏或实验探索磁铁之间的相互作用,发现吸引和排斥的现象。

玩指南针或磁针,探索指南针指南的现象。

探索磁铁在生活中的应用,寻找用到磁铁的物品。

⑥ 电。

通过游戏探索摩擦起电的现象。

初步了解日常生活中电的来源,知道电是发电厂通过电线输送来的。

初步了解干电池也能产生电,在游戏或实验中探索干电池的用途。还应告诉幼儿,废旧的干电池是有毒的,不能随便丢弃。

探索各种家用电器的功能,初步了解电在日常生活中的应用。玩各种电动玩具或进行简单的实验操作,发现电能够产生光、声、热和动力。

向幼儿介绍安全用电的常识,如不能将手指插到插座孔里等。

除了以上列出的内容,有关物理方面的内容还有很多。教师不必限于以上的具体内容,可以充分利用随机的情境,引发幼儿探索物理现象。

图 5-1　幼儿探索声音的高低

图 5-2　幼儿探索有趣的磁铁

(3) 化学现象。

化学现象是幼儿生活中常见的,教师可以选择有趣的、安全的、简单的化学现象,让幼儿去探索、去发现。如吃饭时让幼儿咀嚼饭粒,感觉饭有甜味;削苹果时,看到苹果过一会儿会变黄;酸奶存放久了会变味;等等。

(4) 天文现象。

可以让幼儿观察天空中的太阳(注意不能用肉眼直接观察)。

通过实验让幼儿体会到太阳能给我们带来光和热,是人、动植物生长所必需的。

可以让幼儿观察并记录月相的变化,等等。

如果幼儿对更多的天文知识感兴趣,也可以引导他们从图书或其他途径来获取知识。

总之,引导幼儿探索自然科学现象,要从幼儿身边的常见的事物与现象入手,激发幼儿探索的兴趣。

3. 感受科学技术及其对生活的影响

(1)感受生活中常见的科技产品及其作用。

现代家用电器:初步学习家用电器的使用方法,并体会它们在家庭生活中的作用。

现代通信工具:感受电话、手机、电脑等给人们生活带来的方便。

现代交通工具:探索、观察各种常见的交通工具,如自行车、摩托车、汽车、轮船、飞机等,比较它们的优缺点,并体会它们和人们生活的关系。

探索并初步了解几种农业科技产品和经过加工的食品等。

科技小玩具:玩各种科技小玩具,如拖拉玩具、机械玩具、惯性玩具、电动玩具等,会正确使用,能进行拆卸和安装,并体会玩具的发展。

图 5-3　幼儿刨瓜、切瓜

(2)了解科技产品的发展。

可以向幼儿介绍常见科技产品的发展、进步,使其体会到它们与人们生活的关系。比如向幼儿介绍灯的发展史,体会科学技术的发展给人们生活带来的影响,了解每一种科技产品都是人类智慧的结晶。还可以鼓励幼儿讨论科学技术的未来,激发幼儿探索科学的兴趣。

(3)使用简单的工具,学习简单的科技小制作。

了解生活中常用的简单工具,如小剪刀、小锤子、榨汁器、订书机等,了解它们的用处,初步学习简单的使用方法(见图 5-3),能运用工具和材料制作简单的科技玩具。

(4)聆听熟悉的科学家的故事。

通过多种形式,如讲故事、看视频等,向幼儿介绍他们熟悉的科学家的故事,如有可能,也可以请附近的科学家来给幼儿讲故事。激发幼儿对科学家的崇敬之情,萌发运用科学为人类造福的愿望。

(二)幼儿园科学教育活动内容选择的要求

1. 科学性和启蒙性

所谓科学性,是指幼儿科学教育的内容应符合科学的原理,能正确反映客观事物,不能违背科学事实;所谓启蒙性,是指幼儿科学教育的内容应是粗浅的、生活中常见的,能够激发幼儿对科学学习和科学知识的兴趣的内容。根据这一要求,教师在选择内容时要做到科学性和启蒙性相结合,要在保证教育内容正确无误的基础上注重内容对幼儿的科学启蒙教育。

2. 广泛性和代表性

广泛性是指选择的内容要尽量涉及多个方面,确保幼儿获得广泛的科学经验;代表性是指选择的内容要能典型反映某领域的基本知识结构。根据这一要求,教师在选择内容时既要从广泛的范围中选择内容,又要衡量所选内容的代表性,考虑各个部分内容的均衡性。

3. 地方性和季节性

地方性和季节性是指内容选择应结合当地的自然条件和季节特点,做到因地、因时制宜。根据这一要求,教师应该选择具有鲜明地方特色和季节特点的内容来开展幼儿园科学教育。

4. 时代性和民族性

时代性和民族性要求幼儿园科学教育的内容应既体现现代科学技术的发展,又体现传统文化的特色。根据这一要求,教师既要选择反映现代科学技术的成就和发展的内容,又要选择能体现我国具有民族特色的物产,或当地有名的物产的内容,从而适应时代的变化,弘扬优秀的民族文化传统。

第二节　幼儿园集体科学活动设计与指导

一、科学主题观察活动的设计与指导

(一)科学主题观察活动概述

观察是一种有目的、有计划、比较持久地感知事物与现象的知觉活动。观察是科学探究过程中常用的一种方法,也是科学教育中幼儿认识事物与现象的最主要的方法。

观察对幼儿学科学的意义表现在以下三点。

第一,观察是幼儿认识周围世界、获取科学经验的重要途径。幼儿通过观察,不断积累经验,为形成初级科学概念奠定了基础。

第二,观察使幼儿学会科学的观察方法和技能。观察也是一种基本的科学技能,幼儿通过多侧面、多层次、多角度地审视观察对象,获取信息,能学习科学的观察方法和技能。

第三,观察能促进幼儿多元智能的发展。作为一种复杂的心理活动过程,观察不仅能提高感觉器官的机能,还可以锻炼大脑的信息加工能力。幼儿通过观察,能促进其注意力、思维能力和语言表达能力等的发展。

因此,观察是幼儿认识世界的最主要方法。

在幼儿科学教育中,科学主题观察活动,指的是专门的观察活动,即幼儿运用各种感官,了解客观事物与现象的特点、获取感性经验的科学活动。在幼儿园科学教育中,观察不仅存在于观察认识型活动中,还存在于科学实验、技术操作、科学讨论等活动中。

根据不同的分类标准,我们通常将科学主题观察活动分为个别物体观察和现象观察、比较观察和长期系统观察。

1. 个别物体观察和现象观察

个别物体观察和现象观察是指幼儿有目的地运用多种感官,对某一特定的物体或现象进行的观察。如通过对月季花的颜色、形状、结构等属性的感知而获得对月季花较为完整的印象,属于个别物体观察。

2. 比较观察

比较观察是指幼儿同时对两种或两种以上的物体或现象进行的观察和比较,找出物体之间的异同点。如幼儿通过对小鸡和小鸭的观察、比较与分析,了解到它们的不同与相同之处,属于比较物体观察。

3. 长期系统观察

长期系统观察是指幼儿在较长的时间内,持续地对某一事物或现象进行的系统的观察。如观察动植物的生长变化过程,属于长期系统观察。

(二)科学主题观察活动的设计

1. 活动设计的要求

(1)确定观察活动的内容。

活动前教师要根据《纲要》和学科特点,结合本班幼儿知识经验和当地当时的实际情况,选择最基本的、贴近幼儿实际生活经验的、幼儿感兴趣的内容。

(2)创设观察条件。

提供观察对象。给幼儿提供的观察对象应以实物为主,所选实物应具有典型性,并力求美观。观察对象的数量,一般以观察对象的大小与观察的要求来决定,可以是全班幼儿共同观察一个对象,也可以是幼儿人手一份或一个小组一份。

确定观察的地点,布置观察的环境。

(3)选择观察方法。

观察活动的有效开展应遵循观察的基本方法。观察应有顺序地开展,运用各种感官进行观察、比较,并用语言表达与交流自己在观察中的发现,用图画、数字等多种方式记录自己观察的结果。

2. 活动目标的设计

通常科学主题观察活动涉及的目标包括:观察兴趣、观察技能、表达技能、有关观察对象的科学认识。对于不同的活动内容以及不同年龄段的幼儿,可提出更为具体的目标,见表5-4。

表5-4 科学主题观察活动目标的设计

目标类型	教 学 目 标	适用年龄段	举 例
观察兴趣	喜欢观察,积极参与观察活动	小班及以上	看看、摸摸、喂养小兔子,萌发观察小兔子的兴趣(小班活动"可爱的小兔子")
观察技能	运用多种感官感知事物特征	小班及以上	运用多种感官——看、摸、闻、尝等感知西瓜的特征(小班活动"认识西瓜")
	对不同的对象进行比较观察	中班及以上	通过观察,比较自行车和摩托车的不同(大班活动"自行车和摩托车")
	有顺序地观察事物的特征	中班及以上	按照花→叶→茎→根的顺序仔细地观察月季花(中班活动"观察月季花")
	对事物进行长期系统的观察	中班及以上	学习观察并记录小蝌蚪的生长过程(大班活动"小蝌蚪变青蛙")
	观察事物的变化和现象的发生	小班及以上	观察气球充气后的变化(小班活动"多变的气球")
表达技能	运用语言大胆讲述自己在观察中的发现	小 班	能大胆地说出小兔子的名称,和同伴交流小兔子的外形特征(小班活动"可爱的小兔子")
	运用完整的语言讲述并交流自己在观察中的发现	中班及以上	能用完整的语言交流自己收集来的蛋,讲述蛋的外形特征及它们的异同(大班活动"各种各样的蛋")
	用图画或其他符号等多种方式记录自己观察的结果	中班及以上	学习用图画的方法记录小蝌蚪的生长变化(大班活动"小蝌蚪变青蛙")
有关观察对象的科学认识	认识观察对象的显著特征	小 班	观察小兔子的头→身→尾→四肢等显著特征(小班活动"可爱的小兔子")
	认识到观察对象的多样性	小班及以上	在观察的基础上知道蛋是各种各样的(大班活动"各种各样的蛋")
	认识到各个观察对象的不同和相同	中班及以上	通过观察、比较和分析,发现和描述自行车和摩托车的异同(大班活动"自行车和摩托车")
	探寻观察对象的变化规律	大 班	在观察的基础上探寻种子发芽和水分的关系(大班活动"种子发芽的条件")

3. 活动过程的设计

一般的教育活动过程由四部分构成,即导入(开始)部分、基本部分、结束部分、延伸部分。无论哪种类型的观察活动,在导入部分应交代清楚本次观察活动的任务。在活动过程设计中要根据观察的类型设计活动流程,落实活动目标。同时,活动过程中应有幼儿交流观察结果的交流过程。结束部分对活动要有小结。延伸部分是活动的进一步扩展。

根据观察对象的不同特点,各种观察认识活动的组织也应随之不同,其设计思路、要点如下。

(1)个别物体观察活动。

设计思路:教师出示观察对象—幼儿自由观察—表达与交流—教师引导幼儿观察—表达交流—教师总结。如小班活动"可爱的小兔子"。

个别物体观察活动重点在于引导幼儿观察个别物体的特征,在观察的基础上进行表达和交流。

（2）个别现象观察活动。

设计思路：引出对象或问题—观察现象—观察中的交流与个别指导—教师组织讨论和交流—教师总结。如小班活动"多变的气球"。

个别现象观察活动重点在于引导幼儿观察变化的发生。教师可将观察、指导和交流相结合。可在观察之后引导幼儿对观察到的现象加以讨论，形成科学经验。

（3）比较观察活动。

设计思路：① 幼儿自由观察，比较两种或两种以上的物体或现象—表达与交流—教师引导幼儿观察—表达交流，如大班活动"自行车和摩托车"；② 先观察一种物体或现象—幼儿自主观察、比较另一种物体或现象与前者的相同点和不同点，如中班活动"比较黄瓜和丝瓜"。

比较观察活动重点在于引导幼儿比较和交流两种或两种以上的物体或现象间的异同，并在此基础上进行分类。教师可将观察、比较、讨论三者相结合。

（4）展示观察活动。

设计思路：收集物体—布置展览—共同参观—表达交流—教师总结（或开放性结束）。如大班活动"各种各样的蛋"。

展示观察活动一般适用于观察认识物体的多样性。其中收集展品、布置展览是渗透性的幼儿自由观察活动。参观展览是在教师引导下对各类物品的集中观察、表达交流活动。

（5）长期系统观察活动。

设计思路：集体活动引出观察对象—掌握观察要点、方法—共同设计观察记录表—日常观察、做观察记录—集体活动全面、系统地梳理观察经验。如观察动植物的生长过程（见图5-4）、观察季节特征的变化等。

长期系统观察活动重点在于引导幼儿对物体和现象的质和量两方面发展过程有完整的认识，不能仅仅通过一次集体教学活动来进行，而应该以主题活动的形式进行，或者将集体教学活动和日常生活中的教育活动结合起来。设计此类观察活动时，教师要有目的地在物体或现象有明显变化时组织幼儿进行观察，并做好观察记录。

图5-4　集体科学活动：观察蚕宝宝

需要注意的是，上述列举的科学主题观察活动的设计思路，仅仅是该类活动的典型性设计，各类型设计的侧重点有所不同，教师在运用时不能模式化，要根据观察内容的不同灵活运用。

4.科学主题观察活动的指导要点

教师在指导幼儿观察时，要注意以下几点。

（1）利用各种方式激发幼儿对观察对象的兴趣。

在每次观察活动开始，教师要采用各种方式吸引幼儿对观察对象的注意，激发幼儿的观察兴趣。如用游戏、听该物发出的声音、出示实物等方式开始观察活动，也可用生动简洁的语言、儿歌、谜语、讲故事、提问题和启发性谈话等方式开始。

（2）引导幼儿运用多种感官感知事物的特征，获取全面的观察信息。

观察是各种感官的协调活动，要尽可能地让幼儿在看一看、听一听、闻一闻、摸一摸、尝一尝的过程中，全面地获取观察信息（见图5-5）。一般通过观察，要求幼儿获得有关物体和现象的信息包括如下几方面。

① 观察物体的外部特征。如形状、颜色、大小、气味、味道、软硬、光滑、轻重、弹性等不同特征。

② 观察物体的外部结构与功能之间的关系。关于事物的结构与功能的观察，一般是针对非生命物体。如通过对自行车的观察，了解自行车的结构，发现龙头、轮胎、链条、坐垫、踏板之间的关系。

③ 观察物体的生长特点与生活习性。如观察小兔子的生长变化过程，知道小兔子喜欢吃萝卜、青菜

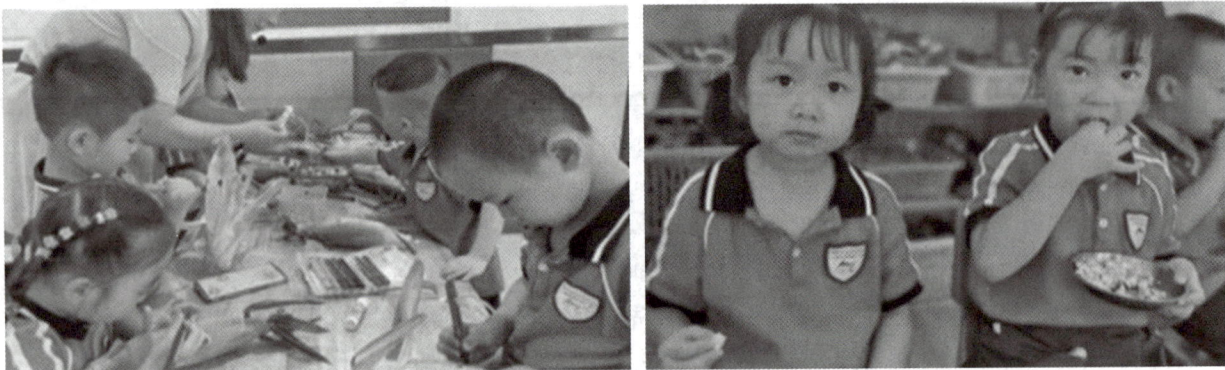

图 5-5　集体科学活动:玉米

等生活习性。

④ 观察物体的存在与周围世界的关系。如感知和发现四季的不同,体验季节对动植物和人的影响。

(3) 通过提问引导幼儿发现和思考,掌握观察事物的方法。

在观察活动中,教师通过提启发性、开放性问题,引导幼儿全面、系统、有序地观察。如"它是什么样的?""它像什么?""它们一样吗? 有什么不一样?"等,这样的问题能够引起幼儿对认识对象、探索对象的特征的描述,以及对不同对象特征的比较,每个幼儿都可以从自己的角度来观察和思考。

教师在指导时,要引导幼儿学习有顺序地观察物体和用比较的方法观察物体。但同时也要给幼儿留下自由观察的空间,以免造成幼儿被动学习的局面。

(4) 鼓励幼儿用自己喜欢的方式表达观察结果。

语言是幼儿表达观察结果的最主要的方式,语言表达可以帮助幼儿回忆观察印象,梳理自己的观察结果,并使之系统化,还可以促进幼儿之间的交流。形象化的绘画、图表、符号、数字等是幼儿表达对自然物、科学现象的观察结果的记录方式。

记录的内容可以是:天气记录,园地、自然角的观察记录,四季特征的记录,参观旅行与新的发现的记录,只要是幼儿感兴趣的事物都可以记录。

记录是幼儿观察活动中的一个方面,也是一种表达的方式,同时也是重要的幼儿评价资料。

(三) 科学主题观察活动案例及评析

案例展示台

扫码看视频

中班个别物体观察活动:可爱的小蜗牛

活动目标

1. 在看看、玩玩中了解小蜗牛的外形特征,知道小蜗牛的生活习性。
2. 能大胆地与同伴表达与交流自己在观察中的发现,萌发爱护小动物的情感。

活动准备

1. PPT 课件、蜗牛家族视频、律动音乐《郊游》。
2. 相机两台、放大镜若干个。
3. 观察记录表、笑脸贴纸若干张,方形篮子、挖沙工具若干。

活动过程

1. 猜谜语,引出新朋友——小蜗牛。
(1) 播放音乐《郊游》,激趣导入。

提问：小朋友们，你们知道现在是什么季节吗？在春天里你都发现了什么呢？现在请小朋友跟着老师一起到外面去看一看。

（2）猜谜底，引出活动主题。

引导语：在美丽的春天里，小草长出来了，小花开了，小动物们也出来活动了，我们来猜猜这是什么小动物：有头没有头，有脚没有脚，浑身软绵绵，房子到处走。

小结：今天就让我们一起和小蜗牛做朋友吧。小蜗牛在哪儿？快去找一找你们的新朋友吧。

2. 观察发现，认识新朋友——小蜗牛。

（1）初步感知蜗牛。

提问：你见过小蜗牛吗？它是什么样的呢？如果你没有见过小蜗牛，你觉得它会长什么样子呢？

（2）出示工具，幼儿分组合作寻找蜗牛，探索小蜗牛的秘密。

师：请小朋友们找一找小蜗牛，用相机拍一拍小蜗牛喜欢住的地方，找一找小蜗牛喜欢吃的食物，自由选择你想尝试的小组，拿好你的小工具，开始行动吧。

第一组：寻找小蜗牛（工具：方形篮子、放大镜、铲子）。

第二组：拍一拍小蜗牛生活的地方（工具：照相机）。

第三组：寻找小蜗牛吃的食物（工具：方形篮子）。

教师巡回指导，引导幼儿观察发现，提醒幼儿注意安全。

（3）展示各组幼儿的发现，并请幼儿用简单句子表达自己的发现。

师：刚才我们寻找了小蜗牛，你能说说自己的发现吗？请每组推荐1～2名小朋友用简单句子表达自己的发现。

（4）播放PPT课件，了解小蜗牛的外形特征、生活习性。

教师小结：刚才小朋友们观察真仔细，找到了小蜗牛，知道小蜗牛体外有一个螺旋状的外壳，小蜗牛头上有两对触角，眼睛长在较长的一对触角顶端，用于寻找食物；前面一对较短的触角是小蜗牛的"鼻子"，能闻到距离很远的食物味道；小蜗牛的腹部是较肥大的足，是运动器官，足内有足腺，能分泌黏液，所以小蜗牛在爬行过的地方会留下痕迹。小蜗牛属于草食性动物，喜欢吃蔬菜叶和苔藓等，喜欢栖息在阴暗潮湿的环境。

3. 了解蜗牛的朋友们。

（1）师：除了今天看见过的蜗牛，你们还见过其他不同的蜗牛朋友吗？让我们一起来看看蜗牛的好朋友们。

播放蜗牛家族视频，观看蜗牛家族的朋友们：法国散大蜗牛、盖罩蜗牛、亮大蜗牛、夏威夷蜗牛，了解它们的用途。

（2）激发幼儿保护小动物的情感。

师：小朋友们，小动物是我们的朋友，我们应该怎样做呢？

4. 观察记录蜗牛朋友。

教师出示蜗牛观察记录表，给幼儿发放答题笑脸贴纸完成表格。

师：小朋友们，让我们把今天的发现用笑脸贴纸来表现，贴在合适的表格当中，我们看看今天谁的发现最多，好吗？（幼儿完成记录总表）

5. 评价总结，自然结束。

结束语：今天我们寻找到了蜗牛，知道了它生活在土里。蜗牛喜欢吃叶子、花、草、瓜果，喜欢慢慢地爬，爬的时候会留下黏液的足迹。我们发现了小蜗牛这么多秘密，小朋友们开心吗？小蜗牛也很开心，动物是我们的好朋友，现在让我们一起把可爱的小蜗牛送回家吧！

幼儿送小蜗牛回家，活动自然结束。

活动延伸

在日常生活中继续观察小蜗牛，发现小蜗牛更多的秘密，并把自己的观察发现记录下来。

附：蜗牛观察记录表

（活动执教：湖南衡阳市珠晖区东阳渡镇中心幼儿园　侯敏洁）

活动评析

　　该活动是个别物体观察活动。活动过程中,从寻找蜗牛、探寻蜗牛的秘密,到观察记录蜗牛、送蜗牛回家,幼儿参与了整个观察探索过程。

　　首先,教师让幼儿猜一猜,引起幼儿的好奇,激发幼儿对小蜗牛的探索兴趣。鼓励幼儿大胆尝试,在分组合作的寻找、探索过程中,表达交流对小蜗牛的外形特征的认识,了解小蜗牛的生活习性。其次,教师通过提问,结合视频,拓展知识,引导幼儿了解小蜗牛家族。再次,通过蜗牛观察记录表,教师又一次创设了探索情境,帮助幼儿梳理、归纳知识点。教育活动中幼儿始终处于主动学习状态,观察发现渗透在每一个环节中,教育形式活而不乱,为幼儿以后认识动物提供了科学的方法。

大班展示观察活动：各种各样的蛋

扫码看文案

二、科学实验探究活动的设计与指导

（一）科学实验探究活动的概述

1. 科学实验探究活动的含义

　　科学实验探究活动,是指幼儿通过动手操作仪器和材料,发现客观事物的变化及其关系的科学活动。幼儿的实验操作不同于成人的科学实验,实验过程一般比较简单,能直观地看到实验的变化和结果,所揭示的是事物之间明显的相互关系,强调的是幼儿自己动手操作、自主探究的过程,实验和操作活动密不可分。

2. 科学实验探究活动对幼儿学科学的意义

（1）科学实验探究活动能调动幼儿学科学的主动性和积极性,激发和满足幼儿的探究欲望。

　　在实验中,幼儿亲自操纵物体,尝试改变物体的变量,能够极大地满足幼儿的好奇心,激发幼儿的探索欲望。

（2）科学实验探究活动能提高幼儿的探究能力,有助于幼儿理解科学现象。

　　在实验操作活动中,幼儿亲身经历了探索科学的全过程,综合运用多种感官从各个角度接触材料,观察发现实验中科学现象的产生与变化,获得粗浅的科学概念。

（3）科学实验探究活动有助于幼儿对科学知识经验的积累。

幼儿在实验活动中亲自操作,易于发现问题,进一步探索和设法解决问题,能提高幼儿的动手操作能力,发展观察、分析和思维能力,对幼儿知识经验的积累和智力的发展具有积极的促进作用。

（二）科学实验探究活动的设计

1. 选择合适的实验探究内容

设计科学实验探究活动首先要选择合适的内容,而可供幼儿实验探究的内容十分广泛,因此,选择内容时应考虑以下因素。

（1）教师可根据《指南》中确定的不同年龄段的科学教育目标,结合幼儿的兴趣和经验水平等,选择实验探究活动内容。

（2）活动内容是幼儿在生活中接触到的、通过实验能理解的客观事实和现象,实验过程中现象的变化是显而易见的,幼儿易于观察。

可供选择的内容举例如下。

（1）植物实验:指探究植物如何生长的实验。如"种子发芽"实验(见图5-6),让幼儿知道种子发芽需要适量的水、阳光、适宜的温度和充足的空气,从而了解它们之间的关系。

（2）动物实验:主要探究动物的生活习性。如"小兔子饲养实验"(见图5-7),通过实验让幼儿了解小兔子喜欢吃的食物、小兔子生长的环境等。

（3）物理实验:包括水、光、声、电、磁、热、力和运动等方面,如"摩擦起电实验""光与影子实验"(见图5-8)等。

图5-6　幼儿种植大蒜　　　　图5-7　喂兔宝宝　　　　图5-8　幼儿探索影子的秘密

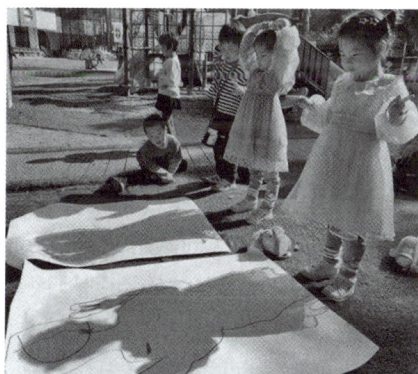

（4）化学实验:幼儿化学实验首先要考虑到安全的因素,选用的实验材料要无毒、无味、无刺激性。同时,幼儿化学实验应简单化、趣味化,让幼儿通过一些有趣的、神奇的化学实验获得最浅显的化学知识,体验实验的乐趣。如"美丽的喷泉"实验(利用碱和醋融合后产生压力从试管里喷出来的原理设计而成)。

2. 科学实验探究活动目标的设计

科学实验探究活动目标的制定应符合幼儿科学教育总目标和年龄阶段目标,应根据科学实验探究活动的具体内容和本园的实际情况制定出具体的活动目标。通常科学实验探究活动涉及的核心目标有科学好奇心及科学探究能力。在活动设计时,我们应提出更为具体的目标,如表5-5。

表5-5　科学实验探究活动目标的设计

目标类型	教　学　目　标	适用年龄段	举　　例
科学好奇心	注意到新异的事物或现象,经常问各种问题	小班及以上	注意到有些物体放在水里会溶解,常常问题,如"糖怎么不见了"等(小班活动"水的溶解")
	愿意探究新异的事物或现象,并乐在其中	中班及以上	发现有些物体在水里会溶解,有些不会溶解,愿意用不同的物体来进行实验,并乐在其中(中班活动"水的溶解")

目标类型	教 学 目 标	适用年龄段	举 例
科学好奇心	对新异的事物或现象提出问题,能进行探究,寻找问题的答案	大 班	提出有关溶解现象的问题或自己尝试解决有关溶解的问题。如水做溶剂能溶解哪些物体(大班活动"水的溶解")
科学探究能力	能通过操作去探索物体,关注动作产生的结果	小班及以上	在操作中发现把糖、盐放在水里,糖、盐不见了(小班活动"水的溶解")
	能对问题作出假设并用自己的经验来加以检验	中班及以上	能根据自己的经验猜测不同物体在水中的溶解状况,并通过实验加以验证(中班活动"水的溶解")
	能根据已经获得的资料进行合理推断、得出结论	中班及以上	在实验的基础上总结哪些物体在水中会溶解,哪些不会溶解(中班活动"水的溶解")
	能根据过去的经验或逻辑推断,对现象进行解释和预测;能用一定的方法验证自己的猜测	大 班	能根据过去已有的经验来猜测哪些物体在水中会溶解,哪些不会溶解,并在实验验证的基础上解释物体溶解的原理(大班活动"果珍饮料的秘密")

3. 科学实验探究活动过程的设计

幼儿的科学实验探究活动是一个开放的、动态的过程。根据幼儿知识经验的不同及实验内容上的差异,科学实验探究活动可采用不同的设计思路。

(1)演示-操作式。

设计思路:先由教师根据问题对实验内容进行演示,然后幼儿进行对应实验操作,并通过观察,获得发现。

实验演示可以是教师操作,也可以是教师指导幼儿进行操作。这一设计思路便于教师组织活动,幼儿实验操作的目的性较明确,但是教师的演示对幼儿的自主探究学习有一定的限制。该设计思路一般适合于幼儿年龄较小无法独立进行探究,或者实验难度较大、幼儿操作困难的实验。如"摩擦起电""小电珠发亮了"等实验。

(2)自由-引导式。

设计思路:从问题出发,教师提供材料让幼儿进行自由探究,然后在组织幼儿交流经验的基础上,引导幼儿进一步有目的、有计划地探究。

这一设计思路能较好地将幼儿的自主探究和教师的引导结合起来,并将教师的指导建立在幼儿自由发现的基础之上。在幼儿科学实验活动中的应用较为广泛,主要用于操作比较容易、简单、带有游戏性质的实验操作活动。如"沉浮实验""有趣的静电"等。

扫码看视频
小实验:
有趣的静电

(3)猜想-验证式。

设计思路:针对某一问题,教师让幼儿先猜想可能会得到的结果,然后再进行实际的探究活动,来验证原先的猜想是否正确。

猜想-验证式活动一般包含以下阶段:提出问题、猜想和假设、实验验证、记录和描述、结果与讨论。猜想-验证式的教学能教会幼儿科学探究的基本过程和方法,让幼儿学习做科学记录,形成幼儿实事求是的科学态度。猜想-验证式的设计,适合于幼儿已有类似生活经验的问题,同时又是答案并不明确的问题。如"我们来造桥"的活动中,教师给幼儿提供不同材料,让幼儿根据自己的经验猜想:什么形状的纸桥承载硬币多?什么形状的纸桥承载硬币少?活动中的问题易于引导幼儿进行思考,并根据其生活中已有的经验进行猜想,再通过实验操作予以验证。

(三)科学实验探究活动的指导要点

无论采用什么样的设计思路,教师在指导幼儿开展科学实验探究活动时,应注意以下问题。

1. 创设宽松、和谐的探究氛围

要使幼儿的实验操作活动收到预期的效果,教师必须为幼儿创设宽松、和谐的探究氛围。如理解幼儿的探究行为,尊重和接纳每一个幼儿的观点、探索发现和解释,给予每一个幼儿以激励性的评价和具体的反馈,让每一个幼儿在每一次探究活动中都有所发现、都有成功的体验。

2.提供充足、多样的实验材料

幼儿的实验操作过程是和物质材料相互作用的过程。充足、多样的实验材料能保证幼儿反复操作、与客体相互作用,在实验过程中去探索、发现、判断,自己找出问题的答案,获得丰富的科学经验。

3.积极引导、鼓励幼儿主动参与活动

在活动中教师要给幼儿充足的操作时间,引导幼儿动手操作、发现问题、思考问题,使实验操作活动成为幼儿主动的探索活动。当幼儿有新的发现和想法时,应鼓励幼儿大胆尝试,支持幼儿的探究行为。

4.学习实验操作技能及记录实验结果

引导幼儿仔细观察,注意实验材料在操作过程中的变化,学习实验操作技能,学习记录实验结果。

5.鼓励幼儿用语言进行表达与交流

引导幼儿分析实验中观察到的现象,鼓励幼儿向同伴或教师提出质疑,以实验的事实为依据展开争论,解释实验结果。当幼儿的解释出现错误时,不要急于纠正,可组织幼儿一起来讨论。

6.通过提问,引导幼儿深入探究

鼓励幼儿提出问题,并和幼儿共同探究问题。也可以在幼儿实验的操作过程中,教师通过适当提示和提问,引导幼儿深入探索。如可以提出以下问题:

◀ 这样做会发生什么?

◀ 你在操作过程中发现了什么?

◀ 为什么会发生?

◀ 你是怎么知道的?

◀ 你还能用别的办法来说明发生的事吗?

◀ 怎样才能说明我们的解释是正确的?

（四）科学实验探究活动案例及评析

案例展示台

扫码看视频

大班演示-操作式活动:好玩的非牛顿流体

活动目标

1.通过实验,了解淀粉浆做成的非牛顿流体,探索非牛顿流体的特性。

2.寻找生活中的非牛顿流体,享受科学探究带来的快乐。

活动准备

1.相关视频、课件、律动音乐《公共汽车》《小苹果》《江南 Style》。

2.透明碗2只(一只碗里装玉米淀粉浆,一只碗里装水)、装有非牛顿流体的大脸盆1个。

3.音响、透明的塑料薄膜1张(音响上放一张塑料薄膜,在塑料薄膜中间倒入少许非牛顿流体)。

4.布置一个非牛顿流体的家。

活动过程

1.激发兴趣,谈话导入。

(1)做《小手拍拍》律动,教师带领幼儿进入科学实验站。

(2)导入语:小朋友们好! 欢迎你们来到科学实验站,我是科学实验站的罗博士,你们喜欢我吗? 好,给我一些掌声!

2.演示现象,设置疑问。

(1)出示水,提问:① 小朋友看,这是什么? 现在我请一个小朋友尝尝,它是不是水? ② 小朋友仔细看看,晃动时碗里的水会不会溅出来?

(2)出示淀粉浆做成的非牛顿流体,提问:① 看一看,比一比,说一说它们受力后有什么不同。② 非牛顿流体同样是液体,为什么晃动时不会溅出来?

3.观看视频,了解非牛顿流体。

小结:刚才小博士告诉我们,非牛顿流体的脾气有点怪,我们轻轻地触碰它,它就变得软软的,是液体;我们重重地敲击它,它就会很生气,变成固体。现在我们一起来做实验,看看小博士说的是不是真的。

4.实验验证,探究非牛顿流体的特性。

(1)播放音乐《公共汽车》,罗博士带领幼儿做律动,进入科学实验第一站。

观察脸盆中的淀粉浆,提问:① 小朋友看看,这是什么? (淀粉浆做成的非牛顿流体)② 把你们的小手伸出来,轻轻地放进非牛顿流体中,然后慢慢地把手指抽出来,你看到了什么? ③ 现在重重地捶打非牛顿流体,看看它是否生气了,变成了什么?

小结:刚才我们做实验,知道了非牛顿流体的脾气真的很怪,轻轻地触碰,它是软软的,是液体;重重地捶打,它就会生气,变成固体。

(2)播放音乐《公共汽车》,罗博士带领幼儿做律动,进入科学实验第二站。

提问:① 看看音响上面有什么? ② 音响上的非牛顿流体在无声音时是什么样的? ③ 播放《小苹果》,幼儿做相应的律动,然后观察音响发出声音时,非牛顿流体又有什么变化。

小结:音响无声音、静止时,非牛顿流体是液体;音响发出声音,颤动力度大时,非牛顿流体在受力后就会加大黏稠度形成固体,变成一个个小蝌蚪在音响上面跳舞。

(3)播放音乐《公共汽车》,罗博士带领幼儿做律动,进入科学实验第三站。

现在请小朋友把鞋子脱下来,把袜子也脱下来放进鞋子里,把裤腿卷上去露出小脚、小腿,坐上"小汽车"去非牛顿流体的家。

师:非牛顿流体的家到了,小朋友们,欢迎你们! 你们到非牛顿流体的家里玩的时候,小脚一定要不停地、不停地跳,否则小脚就会陷进去。好,我们一起进去玩吧!

播放音乐《江南Style》,大家一起伴随音乐跳舞。用小脚再次感受非牛顿流体在不同力度下所产生的变化。

5.播放PPT课件,寻找生活中的非牛顿流体。

小结:非牛顿流体并不是实验室里才有的神秘物质,这些东西生活中随处可见。刚才我们看到的番茄汁、蛋清、酱油、炼乳等可以吃的东西,它们也都是非牛顿流体。

还有一些非牛顿流体,平时大家看不见它们,但它们却时时刻刻与我们相依相伴,那便是我们身上的体液:血液、淋巴液、细胞质……这样看来,我们的身体本身就是一个活动的非牛顿流体容器。

活动延伸

在日常生活中继续寻找非牛顿流体,并与同伴或老师、家长交流自己的发现。

(活动设计:湖南衡阳市青少年宫艺术幼儿园 罗娉婷)

活动评析

该活动是一次科学实验探究活动,旨在将科学的严谨性与幼儿的自主探索相结合。"非牛顿流体"对幼儿来说是一个非常陌生的概念,但生活中随处可见。该活动选择的内容来源于生活又新颖独特,教师抓住幼儿对"非牛顿流体"的好奇心和对科学实验的兴趣,让幼儿在操作中一步步了解"非牛顿流体"。整个活动设计浑然天成,环环相扣。即先演示现象,提出问题让幼儿观察,接着观看视频,引导幼儿了解"非牛顿流体"及其特性,然后鼓励幼儿看一看、比一比、玩一玩,进一步探究和验证"非牛顿流体"的特性,最后通过寻找生活中的"非牛顿流体",进一步激发幼儿探索"非牛顿流体"的兴趣。

中班猜想-验证式活动：我们来造桥

扫码看文案

三、科学技术与操作活动的设计与指导

（一）科学技术与操作活动概述

科学技术与操作活动是指学习制作简单的技术产品、使用科技产品或掌握某些工具的操作方法、技能的科学活动。科学技术与操作活动是幼儿了解技术、体验技术的重要手段，科学技术与操作活动对幼儿学习科学的价值表现在以下两个方面。

一是能让幼儿获得对技术的直接体验，加深幼儿对科学现象的理解。在科技小制作活动中，幼儿要设计产品，学习运用工具和材料进行制作。如制作不倒翁，幼儿先要设计制作模型，然后选择材料和工具进行操作，这种制作过程比幼儿在科学探索活动中单纯地玩不倒翁，能获得更多的经验，对科学现象的理解也更加透彻。

二是能让幼儿获得具体的制作和操作技巧，培养动手能力和创造能力。幼儿在活动中需要对产品进行设计、对材料进行选择和操作，可以让幼儿体验到创造的乐趣，培养幼儿的综合运用能力。

（二）科学技术与操作活动的设计

1. 科学技术与操作活动的目标设计

科学技术与操作活动中涉及的最重要的目标是技术操作能力与技术设计能力。技术操作能力是指幼儿运用工具或材料，对客观对象或材料进行加工或制作的能力。技术设计能力是指幼儿根据自己的设想确定制作内容、收集材料与实际制作、探究的能力。其具体目标见表5-6。

表5-6　科学技术与操作活动目标的设计

目标类型	教　学　目　标	适用年龄段	举　　　例
技术操作能力	掌握简单工具的使用方法	小班及以上	学习用推、按、拧等不同方法使用手电筒（小班活动"手电筒亮起来"）
	按程序操作或制作	中班及以上	通过操作了解冰棍的制作程序（中班活动"自制冰棍"）
技术设计能力	设计并制作简单的物品	中班及以上	学习选择合适的材料制作降落伞（大班活动"小小伞儿飞起来"）

2. 科学技术与操作活动过程的设计

科学技术与操作活动可以具体地划分为使用科技产品或工具的活动、科技制作活动两种类型，其具体的设计思路也有所不同。

（1）使用科技产品或工具的活动。

开展这类活动的主要目的是引导幼儿学习现代科技产品的操作方法或日常生活用品、常见工具的使用方法。如打电话，使用小剪刀、手电筒、订书机等。

这类活动的设计通常可采用"观察—尝试操作—交流讨论—正确操作"的模式。即先让幼儿通过观察了解操作对象的外形、结构；然后鼓励幼儿利用各种感官操作和摆弄操作对象，尝试运用各种方法让科技产品运作起来，在操作中逐渐了解和发现科技产品的一些基本特性；在交流讨论不同的操作方式的基础上帮助幼儿分析错误操作的原因，了解正确的操作方法。

（2）科技制作活动。

开展这类活动的主要目的是引导幼儿通过科技制作活动,掌握制作的技巧,进一步发现科学现象,体验其中蕴含的原理。

这类活动的设计可分为两种模式。

① 如果是简单的科技小制作,需要幼儿自己设计的,可采用"设计—操作—交流讨论—展示分享"的模式。如设计并制作拨浪鼓,幼儿通过自己的设计,在教师的帮助指导下,自主完成拨浪鼓的创作与制作。

② 如果是需要幼儿按照一定的程序规范学习制作的,可采用"演示—操作—交流讨论—展示分享"的模式。如制作降落伞、万花筒等,教师先讲解示范操作的步骤与过程,然后幼儿根据自己的理解动手操作,并在操作中发现问题、提出问题,教师及时给予个别指导,对于共性的问题可以再次进行集体演示讲解,帮助幼儿掌握操作的技巧。师幼共同交流讨论,最后完成产品,展示、欣赏和使用产品,进一步激发幼儿对科技制作的兴趣。

（三）科学技术与操作活动的指导要点

教师在组织幼儿开展科学技术与操作活动时,应注意以下问题。

1. 为幼儿提供适当的制作材料

这里的材料包括制作的原材料、制作中必需的或可能需要的工具。提供材料时应考虑以下几点。

（1）应尽量提供半成品材料。

半成品材料对幼儿具有很好的提示作用,有助于引导幼儿成功地通过自己的探索发现关系。如大班制作不倒翁,教师提供不同的填充物,让幼儿探索制作,只要幼儿找到合适的填充物,就成功了。这特别适合大班幼儿,既保证幼儿能有一个成功的结果,又能让其拥有制作的经验。

（2）提供的材料应具有选择性和代表性。

例如,拆装笔的活动中教师提供的笔芯比笔筒要多,材料提供较丰富,让幼儿有选择的余地。同时选择的笔要有代表性,能代表同一类型笔的典型特征。

（3）提供的材料必须安全、卫生。

制作活动时,教师首先要考虑到幼儿安全的需要,不管是活动中的原材料还是使用的工具,都必须适合幼儿的操作,保证安全,尽量避免提供尖锐、锋利的材料或工具。提供废旧物品进行制作活动时,应注意事先对这些废旧物品进行清洗和消毒,以免对幼儿造成不必要的伤害。

2. 引导幼儿明确科技制作的目标、方法和评价标准

在活动开始时,教师可以通过出示、演示制作的成品,引导幼儿对活动涉及的内容与现象进行积极的思考,明确制作的目标和评价标准,知道自己要做什么。在科技制作活动中,教师也可以向幼儿讲解或演示制作的步骤和方法,让幼儿知道怎样做,然后按这个步骤去做并得出结果。

3. 要让幼儿自己探索制作的方法和技巧

幼儿的科技制作活动需要一定的自由度,他们需要在各个方向上都作一些探索,需要熟悉制作的材料,主动参与制作的过程,在反复的操作和试误中自主探索,总结经验,掌握技能技巧,获得经验提升。

（四）科学技术与操作活动案例及评析

案例展示台

大班科技制作活动:小小伞儿飞起来

活动目标

1. 观察探索降落伞,知道降落伞的结构特点及功能。
2. 能选择合适材料制作降落伞,体验制作降落伞的乐趣。

活动准备

1. 降落伞玩具(人手 1 个)、有关降落伞或跳伞表演的视频。

2. 操作材料：手帕、餐巾纸、报纸、塑料袋、泡沫、积木、棉线、剪刀、透明胶、双面胶、胶水、夹子、订书机。

活动过程

1. 观看有关降落伞或跳伞表演的资料片,激发幼儿制作降落伞的兴趣。

教师引导幼儿观看资料片《神气的空降部队》。

提问：(1)解放军叔叔在干什么? (2)他们为什么能从空中降落下来?

2. 在游戏中感知探索降落伞,了解降落伞的结构特点。

(1)师：小朋友们,今天老师给你们带来了一个新玩具——降落伞,请你们每人拿一个降落伞,找一块空地玩一玩,然后说一说,你们发现了什么有趣的现象。

(2)引导幼儿观察后提问：请你们仔细看一看,降落伞是什么形状的? 它是由哪几部分组成的?

师幼共同小结：降落伞通常有一个面积很大的伞面,可以产生很大的空气阻力,下落的人或物体通过绳索与伞盖相连。

3. 讨论降落伞的制作材料。

师：小朋友们,刚才我们已经了解了降落伞,现在我们就一起来制作降落伞。想一想,自己做一个降落伞需要哪些材料呢? 这里有些材料或许可以用上(出示为幼儿准备的操作材料)。幼儿自由选择制作材料。

4. 幼儿尝试制作降落伞。

幼儿根据自己获得的有关降落伞的经验制作降落伞,教师引导幼儿相互交流讨论：(1)谁做成功了? 你用了哪些材料? 你是怎么做的? 试一试用其他的材料再做一个降落伞。(2)谁没有成功? 你用了哪些材料? 你是怎么做的? 再试试其他的材料,看能否成功? (对制作能力较弱的幼儿,教师应加强个别指导)

5. 游戏：试飞降落伞。

师：我们做的降落伞能不能飞起来呢? 现在请你们试一试。

教师在地上画若干个直径 50～60 厘米的圆圈,幼儿分组站在圆圈外往圆圈内抛投降落伞,看谁的降落伞飞得又慢又平稳。

活动延伸

教师在科学区投放手绢、布、丝绸、报纸等多种材料,让幼儿尝试用不同的材料来制作降落伞。

(活动设计：湖南省衡阳市衡东县向阳幼儿园　谢华)

活动评析

该活动体现了技术制作活动中的"设计"要素。具体地说,是让幼儿先观察产品,了解其结构特点;然后让幼儿自己选择材料,制作降落伞。教师为幼儿提供了很多材料,让幼儿自己设计、尝试、作出选择。在这个活动中,幼儿有较大的自主选择的机会,调动了幼儿的积极性。同时教师适时指导,引导幼儿发现伞面、连接的绳子以及重物之间的关系,使幼儿在制作降落伞的过程中提高了发现问题、解决问题的能力。制作完成后,通过游戏试飞降落伞,既让幼儿体会到制作的快乐,又享受到成功的喜悦。

第三节　幼儿园科学区域活动设计与指导

一、幼儿园科学区域活动概述

(一)幼儿园科学区域活动的内涵

幼儿园科学区域活动是指在自然角、科学区角及科学探索室等班级和园区科学活动区域中组织的科学教育活动。幼儿园科学区域活动是除了集体教学活动外的非正规性科学活动形式,它区别于集体教学活动,是一种以个别化学习为主的教育方式。

幼儿园科学区域的场所主要是以班级为单位设立的科学区(自然角、班级科学活动区)和全园共享性的活动场所(科学发现室、种植园和饲养角)(见图5-9)。

图5-9　幼儿园班级自然角

(二)幼儿园科学区域活动的特点

1. 幼儿自主选择、自由组织

在科学区域活动中,幼儿完全可以按照自己的意愿参与到活动中。教师向幼儿提供多种活动材料,供幼儿选择,这样,每个幼儿都可以根据自己的兴趣选择不同的材料,进行不同的学习活动。在组织形式上,没有教师的统一指挥和过多干预,幼儿按照自己的意愿自由组合,或是个别操作,或是三三两两自由组合,共同操作。

2. 以材料为中心组织学习目标和内容

科学区域活动是将学习的目标和内容以活动材料的方式呈现给幼儿。教师的任务是为幼儿提供多样化、可选择的材料,让幼儿自主选择。幼儿通过操作、实验等与材料相互作用,发现和感知材料的特性,发现材料在某种情况下会发生变化,通过自己的发现主动建构知识经验。所以教师在设计和提供材料时要充分考虑到这些材料可以使幼儿获取哪些学习经验。

3. 个别化、操作性的学习与间接的指导

在科学区域活动中,幼儿拥有较大的自主权和自由度。教师的指导通常是一种间接的指导,将指导隐藏在活动材料的设计之中,一般不作直接指导。幼儿通常是以个别化操作的方式来学习,自己决定活动的开始和结束,教师基本上不干预幼儿的操作。

(三)幼儿园科学区域活动的价值

科学区域活动因其选择的自由性和操作的自主性,顺应了幼儿发展的需要和时代的需要,它对于幼儿学科学具有不同于集体教学活动的独特的教育价值。

1. 促进幼儿的自主学习和整体发展

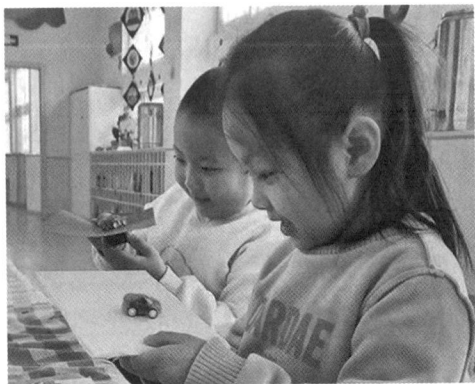

图5-10　科学区域活动:有趣的磁铁

在科学区域活动中,进行什么活动、怎样进行活动都是幼儿自己选择和决定的结果。这就需要幼儿进行更多的自主选择和独立思考,在自己的水平上、按照自己的方式来学习。同时幼儿通过独立、自主的活动经历科学探索的过程,通过自己的努力获得科学发现,能够激发和增强幼儿的自尊、自信和自控的能力,促进幼儿完整人格的发展。

2. 为幼儿提供了自由发现的机会和条件

科学区域活动是幼儿通过与环境、材料的相互作用所产生的一系列探究行为的过程。在活动中,幼儿以自己的进度自由观察和探究,没有追求结果的压力和负担,可以更从容地进行科学探索,满足寻找答案的渴望,尽情享受探索过程带来的乐趣(见图5-10)。

3. 尊重幼儿的个别差异，张扬幼儿的个性

在科学区域活动中，无论从学习内容的选择，还是学习过程的展开，幼儿都享有自主性和选择性，教师不作统一的要求，幼儿可以按照自己的兴趣、不同的发展水平参与不同的活动，幼儿的个别差异得到充分的尊重。

二、幼儿园科学区域活动的设计

幼儿园科学区域活动一般是在幼儿园的某个区域或角落（如活动室、走廊或楼梯间），用一些桌子、墙面或软垫等形成一个便于活动的区域，为幼儿提供科学探索的材料，让幼儿在区域中进行操作、实验和探索活动。幼儿园科学区域活动与集体科学活动在形式上有很大的差别，其设计与指导也有别于集体科学活动。

（一）科学区活动的设计

科学区一般指在班级活动室内为幼儿创设的、可以自由进行实验操作和科学探索的空间。在设计科学区时，要考虑材料的投放和区角的创设。

1. 科学区材料的投放的要求

（1）提供多样性的材料。

所谓多样性的材料，不仅指活动材料要涉及多方面的学习内容，而且对于同一学习内容，教师也要考虑怎样通过多样性的材料，来丰富幼儿的相关经验。例如提供磁铁以及铁钉、曲别针、大头针、木条、塑料片等材料，幼儿通过操作这些材料，可以发现磁铁的特性。

（2）提供层次性的材料。

所谓层次性的材料，不仅指材料本身要有层次性，即提供的材料体现出不同的程度要求；而且指操作方式上要有层次性，以蕴含活动目标的个别差异性。例如"沉浮"的材料，幼儿既可以停留在"玩"的过程中发现物体的沉浮现象，也可以进一步探究沉浮的秘密，甚至还可以自己尝试用各种方式操作材料，探索沉浮转化现象。教师虽然只是提供了一种材料，却可以满足不同水平幼儿的操作需要，让幼儿获得不同层次的发展。

（3）提供结构性材料。

所谓结构性材料，指的是活动材料应该能蕴含着探索和发现的可能性，或者说，要将科学的原理蕴藏在材料和对材料的探索之中。如"沉浮"实验，当幼儿面对好玩的水和各种物品时，他们急于把东西扔进或倒进水里去，用喜欢的方式在水里摆弄和操作这些物品，在这个过程中，幼儿操作材料，通过自己的探索发现物体的沉浮现象。而这正是评判一个科学材料好坏的标准，即幼儿是否能通过操作材料去获得丰富的科学发现。

（4）提供趣味性的材料。

幼儿能否主动参与科学区的操作与材料的趣味性有很大的关系，有趣的材料能激发幼儿操作的欲望。如区角活动"小超人找朋友"，孩子们在操作的过程中发现了小超人手掌有一个小孔，把电夹接线和探测棒接线分别插进小超人手掌的小孔，再把电夹夹在要测试的物体上，用探测棒测试，发出的嘀嘀声引起了幼儿的注意，在反复的实验操作中，幼儿感知了电的存在，用简单的方法判断物品是否导电。

2. 科学区的创设

（1）科学区的设置应符合幼儿的年龄特点。

每个班级的科学区，可以根据班级场地布局，幼儿年龄特点、兴趣需要创设各自不同的小区角，如磁实验区、电实验区、力实验区、水实验区、光影实验区、木工区等多种游戏区。在区角规划和材料的选择上，体现出多样性和层次性。如小班尽可能为幼儿提供与生活密切相关的、更具游戏性的材料；中班给幼儿提供更多的低结构材料；大班给幼儿提供能彰显幼儿创造力的材料。

（2）科学区的设置应为幼儿开展活动提供方便。

提供玩具柜并分类摆放操作材料，每种操作材料都拍摄照片，贴上名称及标识，提供相应的操作指南和操作记录单。利用小区角的墙面，制作展示板块，或者在小区角的隔断处设置展示架，粘贴、展示幼儿作品、记录单或活动照片，也可以张贴实验操作步骤和方法示意图。提供真实的工具，支持幼儿探索和研究。

如测量工具尺、绳子、量杯、量勺等,称重工具天平、弹簧秤等,以及放大镜、三棱镜、显微镜、望远镜等。

(二)科学发现室的材料选择和空间设置

1. 科学发现室的材料选择

科学发现室是幼儿园专门设置的为幼儿提供自主探索活动的环境。它实际上是一个扩大了的科学区域,具有空间大、内容丰富、形式多样等特点。科学发现室材料的提供应该考虑以下几点要求。

(1)新颖有趣。

新颖的材料,幼儿的兴趣都比较大。有趣的材料,容易引起幼儿的注意,吸引他们去探索。

(2)操作方式简便易懂。

幼儿对材料的操作方式是否理解,直接影响他们对材料的利用。容易操作的材料,幼儿很快就被其中有趣的科学现象所吸引。而操作有困难或不会操作的材料,就会阻碍他们的探索和发现。

(3)结构简单且可探索。

材料的结构也会影响幼儿的探索和发现。对于幼儿来说,首先应该提供那些结构简单、容易探索的材料,当他们熟悉以后,再逐渐地把这些材料复杂化。

(4)种类和数量充足。

在活动中提供种类和数量充足的材料,可以给幼儿提供较多的选择机会。即使是同一种材料,也尽可能同时提供2~3个,这样容易促发幼儿之间的交往活动,同时也能避免幼儿因为同时想玩一种材料而出现争执或等待的现象。

2. 科学发现室的空间设置

在进行空间布置时,要注意考虑以下几点:

(1)动静分区合理;

(2)同类的材料靠近摆放;

(3)要保证幼儿进行桌面操作的空间;

(4)有的材料在布置时要考虑邻近水源和光源;

(5)要考虑室内和室外空间的有机结合和充分利用;

(6)要保证一定的存储空间,存放暂时不用的材料。

(三)自然角的设计

自然角就是在幼儿园的活动室内的一角或窗台、阳台、廊沿等处,用于饲养和种植适于在室内生长的动植物或陈列收集来的植物的种子、果实、花朵等。

1. 自然角中可以放置的物品

(1)幼儿喜爱的小动物,如金鱼、乌龟、蝌蚪、小鸟、各种昆虫。

(2)管理方便的植物,如种植的葱、蒜等。

(3)收集的物品,如植物的种子、果实、花朵,鹅卵石等有趣的物品。

2. 自然角的特点

(1)能够集中、真实地再现和反映自然环境中的事物,同时也使活动室增添一份自然美。

(2)能够方便幼儿在日常生活中进行随机的和长期的观察活动。

(3)能够激发幼儿主动探索的兴趣和对周围事物的敏感性及责任感。

3. 自然角的创设

自然角的创设既要从地域资源和生活背景出发,遵循幼儿的年龄特点、认知特点,又要符合季节特点。

(1)规划布局。

自然角的规划和布局要因地制宜,巧妙构思,充分利用班级的空间,将各项内容错落有致地散布于教室各处,减少幼儿观察时的拥挤。如利用班级窗台、走廊等创设植物角,摆放高矮不同的层架、花架,种植各类观赏类植物(见图5-11);教室的一角可以创设水族馆或小饲养角,喂养金鱼、乌龟、蚕宝宝;利用墙面、柜面或展示架来展示观察记录、饲养记录、饲养方法等(见图5-12)。

图 5-11 自然角的布局规划

图 5-12 自然角观察记录表

（2）选择内容。

① 自然角的陈列物应按幼儿的认知特点，选择合适的内容和材料。

小班幼儿年龄小，认知水平低，安排品种不宜过多，以直观、常见、典型、成品类为主，如金鱼、乌龟等。种植类宜选择生长变化快、易观察的，如水仙。中、大班品种可以丰富一些，适宜观察生长周期稍长的动植物，如养蚕、养蝌蚪，种子发芽生长等。成品类可增加盆景、插花艺术、各地特产、矿石等，以开阔视野。

② 自然角的内容应随季节变化和幼儿的学习进程更换。

自然角中的物品应根据科学教育的计划、自然界季节的变换更换内容。比如，春天可以让幼儿饲养蚕、种植大蒜，秋天则可以让幼儿收集秋天的果实、种子或采集树叶、秋虫制作标本。同时还可以根据本班幼儿的实际水平，配合主题教学活动，有计划、有选择地布置一些内容。如实施主题活动"有趣的昆虫"，自然角可以陈列幼儿捕捉的昆虫。

（3）制订计划。

自然角的内容需要及时更新，因此，教师有目的、有计划地创设自然角就显得尤为重要。自然角计划的样表见表 5-8。

表 5-8 中班自然角计划

月 份	自然角陈列主题及内容	自然角活动项目
3 月	走进大自然 ● 昆虫 ● 蚕 ● 迎春花、桃花	● 观赏昆虫，区分害虫、益虫 ● 选择合适的容器饲养蚕宝宝，尝试用多种方式记录蚕宝宝生长情况 ● 捡落花，尝试将零散的花朵拼图，并与同伴分享拼好的花卉图片的名称
4 月	看谁长得好 ● 绿豆、黄豆和大蒜	● 水泡发绿豆、黄豆和大蒜，并记录生长过程 ● 土栽培绿豆、黄豆和大蒜，并记录生长过程 ● 无土栽培绿豆、黄豆和大蒜，并记录生长过程
5 月	有趣的小动物 ● 小乌龟 ● 小金鱼	● 能根据金鱼、乌龟饲养流程图饲养金鱼、乌龟 ● 借助谈话、饲养记录表，了解卵生动物的食性、生活方式
6 月	种子聚会 ● 各种各样的种子	● 观察辣椒、南瓜、苦瓜等蔬菜种子 ● 观察花生、芝麻、大豆等油料作物种子 ● 观察小麦、稻谷、玉米等粮食作物种子 ● 根据某一特征对种子进行分类
7 月	夏天的水果 ● 西瓜 ● 桃子 ● 葡萄	● 观察各种水果 ● 探索不同水果里的种子 ● 水果餐做水果沙拉或水果拼盘

三、幼儿园科学区域活动的指导

（一）科学区、科学发现室活动的指导

1. 制定必要的活动规则

科学区域活动规则是幼儿在活动中必须共同遵守的，最好由师幼共同讨论后制定实施。规则的设置内容应该涵盖进区人数、收放材料、游戏纪律、安全提示、合作分享、鼓励自我解决问题等方面。如：按小区角要求进入相应的人数；自由选择活动内容；可以根据自己的需要更换活动内容；活动过程中相互合作，轻声交流；活动中爱护操作材料，轻拿轻放；参照流程图正确操作，并做好记录；听到收玩具的提示，将玩具放回指定的地方；不争抢玩具，学会合作分享；等。

2. 做好环境的创设、材料的布置和整理工作

科学区域环境的创设，应以幼儿的兴趣、需要、生活经验、年龄特点为出发点：小班应以体验、感知、生活能力的学习为主，创设贴近幼儿的生活环境；中班应以表达、交往、操作为游戏和学习的主线，创设综合的交往环境；大班的环境创设应更多地关注幼儿的探究需求以及创造力的培养。

提供丰富适宜的材料能满足幼儿的操作需求。活动前，教师要关注日常材料的投放与调整，在原来材料的基础上，适当地进行添加、删减、组合、回归，改变材料系统中的要素和关系，使材料具有新的价值。活动后，引导幼儿做好材料的收拾整理工作。

3. 重视幼儿的主体性

(1) 重视幼儿的学习体验，不强求幼儿达到某一知识技能的目标。

在区角活动中，教师要尊重每个幼儿按照自己的方式学习和按照自己的步调发展的权利。因此，教师要尽可能地为幼儿创设自我指导的机会，让幼儿通过体验性的学习经历一个自我发展的过程，而不强求幼儿在短时间内通过教师的指导就达到某一知识技能的目标。

(2) 重视个别化的启发引导，而不是集体的讲解、讨论。

在区角活动中，教师在具体的指导方式上，要避免集体教学中的讲解、讨论等方法，而应更多地了解个别幼儿的不同需要，并根据幼儿的不同情况给予满足。

(3) 重视幼儿在科学区域的自由探究和发现。

在幼儿探究的过程中，教师不干预幼儿操作，而是观察幼儿需求，了解幼儿水平，在旁观中给予幼儿必要的帮助和支持。

(4) 引导幼儿参与科学区域活动后的交流与讨论。

活动结束后，鼓励幼儿自愿进行集体交流、讨论，发现问题、讨论问题和解决问题，引导幼儿积极表达自己的情感并学会分享创意和成功，获得经验，并将经验应用于日后的行为和活动当中。

（二）自然角活动的指导

1. 观察和指导幼儿在自然角的活动

自然角所陈列的物品不应是一种摆设，而应让幼儿通过对这些物品的感知去认识事物，所以允许幼儿自由地观察、接触。教师应注意观察幼儿在自然角的活动，并及时地加以引导，从而造就幼儿随机的学习机会。

2. 让幼儿参与自然角的日常管理

自然角的布置可以和幼儿共同商量，教师可以组织幼儿一起为自然角采集物品，让他们轮流照料和看管自然角的物品。此外，还可安排幼儿参与自然角的整理和清理工作，各种物品应分类摆放，培养幼儿观察或摆弄后归还原处，摆放整齐。小班的孩子可在老师帮助下做一些简单的清理工作，如抹抹灰等。中、大班的孩子可排出值日生表，教师指导幼儿清扫、喂食、换水、记录，使幼儿在参与中加深对科学的认识。

四、幼儿园科学区域活动案例

案例展示台

中班科学区活动：声音探秘

活动目标

1. 通过操作与探究,初步感知声音是由物体的振动产生以及不同的材料可以产生不同的声音。

2. 能自由选择材料对声音的奥秘进行探索,愿意大胆表达自己的想法,体验探究的乐趣。

材料准备

1. 幼儿前期经验:了解不同的物品可以发出不同的声音。

2. 材料准备:鼓 2 个、编钟 1 个、20 音风铃 1 个、糖纸娃娃 4 个。

3. 生活中的各种声音录音。

材料玩法

1. 幼儿通过敲击等方式使各种物体发出声音。

2. 引导幼儿参照"糖纸娃娃跳舞"流程图进行操作。

(1) 将糖纸娃娃放在鼓面上。

(2) 敲击鼓面,糖纸娃娃在鼓面上跳动。

(3) 糖纸娃娃跳动时,用手抚摸鼓面,有什么感觉?

指导要点

1. 教师播放生活中的各种声音录音,让幼儿听一听分别都是什么声音,请他们猜一猜为什么会有各种各样的声音。

2. 引导幼儿将手放在喉咙两侧,通过说话或其他方式,感受声音的形成。

3. 引导幼儿思考:为什么糖纸娃娃会在鼓面上跳动? 糖纸娃娃跳动时,你听到了什么声音? 用手抚摸鼓面,有什么感觉? 从而了解声音是由振动产生的。

4. 引导幼儿敲击编钟和 20 音风铃,观察编钟和 20 音风铃发生的变化,进一步了解声音是由振动产生的。

5. 探究过程中,提醒幼儿保持安静,鼓励幼儿大胆表达自己的看法,与同伴分享。

6. 探究后教师协助幼儿整理,并把材料归位。

活动拓展

1. 给幼儿提供 6 个相同大小的半透明塑料杯,杯中倒入不同高度的水,幼儿通过操作,感知声音高低的不同。

2. 给幼儿提供 PVC 管,玩打电话的游戏,感知声音的传播。

(活动设计:湖南省衡阳幼儿师范高等专科学校附属幼儿园　姜习荣)

第四节　幼儿园科学游戏设计与指导

一、幼儿园科学游戏概述

幼儿园科学游戏是指幼儿在教师的指导下,运用自然物质材料和有关的图片、玩具等物品,进行带有游戏性质的操作活动。自然材料包括水、石、沙、土、竹、木、树叶、贝壳、果实等。科学游戏是对幼儿进行科学启蒙教育的一种有效途径,其作用表现在以下两个方面。

一是科学游戏让幼儿成为活动主人,促进幼儿自主性的发展。游戏是幼儿最喜爱的活动,幼儿在科学游戏中可以按照自己的想法自主地行动,在自由的心态中学习科学。

二是科学游戏让幼儿在"玩中学",能满足幼儿情绪的、探索的需要。科学游戏将游戏材料作为玩具,能引起幼儿的好奇。将科学内容寓于游戏之中,能满足幼儿动手操作和探索的需要,游戏过程中发现的有趣现象能激发幼儿的兴趣,在不知不觉中解决其中的科学问题能让幼儿享受到成功的喜悦。因此,科学游戏使幼儿在一种愉悦、轻松的状态下学习科学。

二、幼儿园科学游戏的类型

幼儿科学游戏的内容丰富,形式多样,在幼儿园科学教育实践中常用的科学游戏有以下几种类型。

(一)感知游戏

感知游戏是指幼儿运用感官,感知辨别自然物体的属性和功能的游戏。例如,"摸箱"是一种训练触摸觉的游戏;"听听谁在叫"是一种训练听觉的游戏;"气味瓶"则是训练幼儿嗅觉的游戏。感知游戏能发展幼儿的感知和观察能力,帮助幼儿学习运用自己的感觉器官来认识物体。这种游戏一般在小、中班运用较多。

(二)操作游戏

操作游戏是指通过给幼儿提供操作玩具或实物材料,让幼儿在自由的操作过程中(有时也要借助于一定的操作规则),获得有关科学经验的游戏。例如:分类游戏,即按照自然物的异同点进行分类(如按树叶的外形特征进行分类);配对游戏,即根据物体的相同点和联系配成"对子"(如根据动物的生活习性把动物与食物进行匹配);排列游戏,即用各种自然材料或图片,按照各种物体的外部特征或发展过程排列(如按照蚕的生长过程有顺序地排列)。操作游戏能发展幼儿的思维能力和操作技能,一般在中、大班运用较多。

(三)情景游戏

情景游戏是指教师提出某个科学方面的问题,并以图画、玩具等替代物及音乐等各种手段设计出特定场景,让幼儿观察、思考、发现事物之间的相互联系,并分析其原因等。如"落叶飘飘"就是一个带有表演性或表现性的游戏。在优美的音乐背景下,一部分幼儿分别扮演微风、大风等,其他幼儿扮演树叶在风中起舞,像一只只美丽的树叶蝴蝶。在这个游戏中,幼儿不仅可以再现风、树叶有关的科学经验,而且可以获得无穷的乐趣。

(四)运动性游戏

运动性游戏是寓科学教育于体育活动的游戏。这类游戏适宜在室外进行,活动量较大,如踩影子、吹泡泡、堆雪人、放风筝、玩风车、玩纸飞机等,这类游戏能充分满足幼儿好活动的特点,帮助幼儿进一步理解事物的特性及事物与现象的因果关系。

(五)竞赛游戏

竞赛游戏是以竞赛的形式判别输赢的游戏。这类游戏能发展幼儿思维的敏捷性和灵活性,适合在中、大班开展。如"看谁找得又快又对",教师呈现一张违背科学常识的图片,让幼儿找出错误,并用语言加以纠正。比一比,看谁找得又快又对。比如在四季的画面上,荷花在春天开放;迎春花在夏天盛开,小朋友在堆雪人;蜡梅花在秋天开花;冬天池塘里小蝌蚪游来游去等。

三、幼儿园科学游戏的设计与指导

(一)幼儿园科学游戏的设计

1. 科学游戏目标要明确

教师在设计科学游戏时游戏目标要明确,如这个游戏幼儿可能获得什么样的科学经验,幼儿参与活动的兴趣、积极性等,教师要做到心中有数。

2. 提供的材料要有效

首先,材料的可操作性要强。如在"会变的颜色"游戏中,师生共同在幻灯片上涂上各种颜色,让幼儿通过幻灯或对着太阳光用色片观察颜色的变化,这样,颜色混合现象就一目了然。再提供颜料让幼儿玩色、调色、涂色,这样幼儿探索的兴致更高。其次,材料要循序渐进地提供,使科学游戏像"魔术"一样有"魔力"吸引幼儿。再次,提倡自制游戏材料,或利用废旧物品进行制作。如在易拉罐的罐壁上安上橡皮泥就成了简易不倒翁,激发幼儿的想象力和创造力。

3. 游戏的玩法要具体

设计科学游戏,要详细说明怎么玩,适合什么年龄阶段的幼儿玩,适合几个人玩,以及要求幼儿遵守的游戏规则,等等。通常科学游戏都是规则游戏,游戏的规则应服从于科学教育的要求和游戏的展开,游戏的规则要简单,便于幼儿操作。如"贴鼻子"的游戏,目的是巩固对鼻子的认识,发展幼儿的手眼协调能力,因此要求幼儿站在三米线外,看准鼻子部位,然后必须闭上眼睛,上去贴鼻子,贴完后才能睁开眼睛。谁贴得准就获胜。"闭上眼睛",就是要求幼儿必须执行的规则,如果不遵守规则,游戏就无法进行。

4. 教师的角色要灵活转变

在游戏中,教师要担任观察者、指导者、评价者的角色。幼儿游戏时,教师要仔细观察,促进幼儿更好地游戏。游戏过程中,教师应注重指导艺术,把握好指导的度和时机,并注重游戏中的评价作用,让幼儿体验快乐。

（二）幼儿园科学游戏的指导

（1）营造游戏氛围,调动幼儿参与游戏的热情。

（2）帮助幼儿理解游戏的玩法和规则。教师要用简单明了的语言和适当的动作示范,让幼儿明白游戏的玩法及规则,必要时可以运用教具讲解游戏的玩法和规则。根据需要,可示范玩一次或做一点儿热身活动,待幼儿完全理解了游戏的规则要求即可正式开始。

（3）正式组织幼儿开展游戏。游戏时教师不仅要关注游戏的进展,同时还要关注幼儿在游戏中的反应,即观察幼儿在游戏中说些什么、做些什么,投放的材料幼儿是否感兴趣,等等。当幼儿遇到问题和困难时教师要给予引导和支持,教师还可以以角色的身份参与到游戏中,以推动游戏的发展。如"弹珠溜滑梯"的游戏,游戏开始时教师将弹珠放入圆盘,让幼儿观察弹珠滚动的路线,并说说为什么飞轮会转动。教师的操作激起了幼儿游戏的兴趣,调动了幼儿参与游戏的积极性。

（4）做好游戏的评价工作。游戏评价是幼儿科学游戏组织的重要一环,评价形式灵活多样。一是自我的肯定。科学游戏重视幼儿的亲身体验,可组织幼儿交流一下游戏中自己的所见所想以及自己的发现和内心的感受等。二是同伴的赞许。活动中一个孩子的发现往往会得到同伴的赞扬,使他真切地体会到成功的快乐,也是激发同伴探索成功的动力。三是成人的赏识。在科学游戏过程中,教师要及时地以赏识的语言、动作、表情去鼓励幼儿的每一个进步,帮助他们不断地体验成功的快乐,让他们在成人的赏识中不断学习、探索。

四、幼儿园科学游戏案例

案例展示台

扫码看视频

中班科学游戏：听声音辨动物

游戏目标

1. 在倾听、辨别的过程中体验与同伴游戏的快乐。
2. 能根据动物声音快速作出判断,并能说出动物的数量。
3. 理解 10 以内数字表示的数量意义。

游戏准备

1. PPT 课件、动物图片。

2. 音频资料:动物管理员音频,小猫和小狗音频。

3. 幼儿对有关动物的声音比较熟悉。

游戏过程

1. 情境导入,激发幼儿兴趣。

在美丽的农场,有很多可爱的小动物,这些可爱的小动物们每天都会发出不同的声音。农场管理员叔叔特别厉害,他一听到小动物们的叫声,就知道是什么动物,有几只。刚刚他向我们发出了邀请,请我们去农场玩闯关游戏。

2. 第一次闯关游戏:看图辨动物。

游戏玩法:教师播放动物图片,幼儿根据图片上动物的数量做相应数量的动作,发出相应数量的声音。

规则:幼儿模仿的动物动作、声音,要与图片上动物的数量一致。

3. 第二次闯关游戏:听声找朋友。

(1)教师发出指令,幼儿游戏。

游戏玩法:教师模仿动物发出相应数量的声音,幼儿根据教师发出的动物的叫声,快速判断动物的数量,找到相应数量的好朋友抱团,并发出相应数量的动物叫声。教师与幼儿共同检查游戏结果。不能找到朋友的幼儿,模仿一种动物的声音,并说出相应的数量。

游戏规则:抱团的好朋友数量要与教师发出的动物的叫声数量一致。不能找到朋友的幼儿,需模仿一种动物的声音,说出相应的数量。

(2)幼儿自主创编指令游戏,教师巡回指导。

幼儿自主创编指令游戏,玩法同上,教师巡回指导。

4. 第三次闯关游戏:动物连连看。

游戏玩法:幼儿两人一组,分工合作,一人操作图卡,一人操作数卡。教师播放小猫、小狗音频,幼儿根据听到的动物的叫声,快速判断动物的名称、数量,在提供的操作材料中找出相对应的图卡和数卡,操作结果与动物的叫声的指令相对应才算成功。

游戏规则:幼儿必须听完指令后才能行动,图卡和数卡要与动物的叫声的指令相一致。

5. 游戏结束。

(1)评价幼儿游戏表现:小朋友们可厉害了,都能快速判断动物的名称、数量,并用叫声准确地表示数量。祝贺小朋友们闯关成功!

(2)找出幼儿游戏的不足,提升幼儿玩游戏的经验。

(3)情景结束:动物管理员叔叔要将所有的小动物带回农场,请小朋友们一起去送小动物回家吧!

游戏建议

1. 鼓励幼儿自己创编游戏,将动物的名称由 2 种增加到多种,丰富幼儿对数量的感知。

2. 游戏刚开始时,教师发出动物叫声的速度要慢,然后逐渐加快速度,发展幼儿快速数数的能力。

3. 在幼儿创编游戏时,鼓励他们大声说出动物的数量,如"3 只小猫,喵喵喵"。

(活动设计与执教:湖南省衡阳幼儿师范高等专科学校附属幼儿园　罗阳)

第五节　生活中的科学教育

一、生活中的科学教育概述

我们知道,生活中到处都有科学,科学就在幼儿身边。广义的幼儿生活中的科学教育活动包括幼儿园一日生活中所有的科学教育活动,如集体教学活动、区角活动、科学游戏活动等。狭义的幼儿生活中的科学教育活动特指教师在专门组织的教学活动、区角活动、科学游戏活动以外,引导幼儿开展的科学活动。生活教育是幼儿科学教育的一个不可缺少的途径,教师教育的目的和计划随幼儿的发现而产生并调整,探索的问题是幼儿遇到的真实的、有意义的问题。因此,生活教育对幼儿的发展具有重要的价值。生活中的科学教育包括种植和饲养活动、远足活动和偶发性的科学活动。

二、种植和饲养活动

(一)幼儿园种植和饲养活动的教育作用

幼儿科学教育中的种植活动是指幼儿在园地、自然角(或用盆、木箱等)种植花卉、蔬菜和农作物等的活动。饲养活动是指在饲养角里喂养、照料小动物的活动。种植和饲养是幼儿喜爱的活动,是一种独特的科学教育途径,也是幼儿探索生命科学的一种重要方法。其作用在于如下几点。

1. 使幼儿形成关爱自然、关爱生命的情感

在种植植物、饲养小动物活动中,幼儿亲历了动植物的生长变化,能激发幼儿热爱自然、关爱生命的兴趣与情感。

2. 帮助幼儿积累直接经验,丰富感性认识

在种植和饲养活动中,幼儿亲自操作,种植一些易于生长的植物、饲养易于照料的小动物,不仅能学习一些简单的劳动技能,而且能了解动植物的外形特征和生活习性,从中获得很多有关动植物生长的知识经验,促进认知能力的发展(见图5-13)。

图5-13 大班种植活动:西红柿

3. 培养幼儿初步的责任感和劳动观念

在种植和饲养活动中,幼儿对动植物进行观察、分析、比较、记录,有利于培养幼儿长期系统观察的能力,培养幼儿的坚持性和责任感。同时,幼儿通过参加力所能及的劳动,不仅可以培养动手能力,而且能培养珍惜劳动成果,尊重劳动人民的情感。

(二)幼儿园的种植和饲养活动的指导

1. 选择合适的种植和饲养内容

幼儿园的种植和饲养有其自身的特点,幼儿年龄小,各方面能力较差。因此在选择动植物时,应根据幼儿的年龄特点和动植物本身的特点,选择一些幼儿常见的、易生长、易照顾、生长周期短的植物。例如,小班幼儿可选择蚕豆、大蒜、向日葵等种子较大、生长快的植物种植。中、大班幼儿既可以选择颗粒较大的

种子,也可以选择颗粒相对小的种子,种植的品种可比小班多些。如花生、萝卜、月季花等。动物可选择性情温和、适合幼儿抚摸、易于饲养的小动物,如兔子、鸡、鸭、娇凤鸟、鸽子、画眉鸟、刺猬、蝌蚪、金鱼等。

2. 种植、饲养活动应与幼儿的观察、探索活动相结合

种植、饲养活动的目的是让幼儿进行生命科学的探索,因此在活动过程中,教师应指导幼儿对种植、饲养对象进行长期系统观察,学习使用工具,掌握简单的劳动技能。例如,大班饲养小蝌蚪,在教师的指导下,幼儿通过长期的观察和记录,发现小蝌蚪长出外鳃,过几天外鳃消失,然后长出后肢,再长出前肢,尾巴渐渐萎缩,从而掌握小蝌蚪变青蛙的生长发育过程。在饲养过程中,幼儿要学习喂食,当蝌蚪长出四肢时,教师在水中放入能露出水面的小石块,让幼儿想一想为什么要这么做。变成青蛙后,教师组织幼儿讨论应该怎样保护青蛙,培养幼儿爱护动植物、关爱生命的情感。

3. 收获工作要与分享活动相结合

包括欣赏成果、计算收获量和品尝等。收获能使幼儿体会到劳动的快乐,分享能让幼儿感受丰收的喜悦,有利于激发幼儿的劳动兴趣。

三、偶发性科学活动

(一)什么是偶发性科学活动

偶发性科学活动是指在事先没有计划的情况下,突然发生的某一自然科学现象、自然物或发现有趣、新奇的科技产品和情景,激起幼儿的好奇,引起幼儿自发投入的一种科学探索活动。例如,幼儿在给螃蟹换水时发现了螃蟹吹泡泡,产生了兴趣和好奇,于是寻找螃蟹吹泡泡的秘密,最终发现了螃蟹吹泡泡可不是在玩,而是在呼吸。一个有价值的科学探索活动就通过生活中的这个偶然发现产生了。

(二)偶发性科学活动对幼儿学科学的独特作用

偶发性科学活动是由外界情景诱发并围绕着偶然发生的事情而开展的,它与幼儿的日常生活、周围物质世界紧密相连,在不同的时间、地点都可能发生。活动的形式、活动的材料、参与活动的人数多少都由幼儿自己决定,幼儿对活动的兴趣、主动性、积极性、探索的迫切性都强于有计划的科学活动,因此,偶发性科学活动对于幼儿学科学具有独特的作用。

1. 能满足幼儿探索周围世界的好奇心

偶发性科学活动是幼儿自发的活动,是在幼儿的内在探索动机的驱使下发生和发展的,幼儿可以按照自己的意愿进行操作与探索,能充分满足幼儿的好奇心与探索欲望。

2. 能有效拓展幼儿学科学的内容

由于偶发性科学活动是在日常生活中随时随地发生的,其内容的广泛性、丰富性、生动性是有计划的科学活动不能比的。这样,使得幼儿学科学的内容范围拓展到幼儿的全部生活。

3. 能培养幼儿对周围世界的敏感和关注,有利于具有科学潜能的幼儿的进一步发展

实践证明,那些具有科学潜能的幼儿,往往对周围世界显示出强烈的好奇心,对自然现象怀有浓厚的兴趣。他们喜欢提出别人不会提出的问题,并且自己想办法解决问题;他们会注意别人不会注意的事物,并且会发现很多有趣的细节;他们会专心致志地投入到探索周围世界的活动中去,而不受他人的干扰。偶发性科学活动正是这些幼儿的科学潜能的具体表现场合。教师如果仔细地观察幼儿的偶发性科学活动,不仅可以发现和鉴别这些具有科学潜能的幼儿,还可以为他们的进一步发展提供更好的条件。

(三)偶发性科学活动指导要求

1. 观察、发现、了解幼儿的偶发性科学活动

教师要做有心人,要用敏锐的眼光随时随地关注幼儿平时的一切活动,观察、了解幼儿在干什么、说什么。如当某一个幼儿单独待在某个地方,或者几个幼儿聚在一起,而对外界其他的事物"漠不关心"时,教师不要干扰他们,应当仔细观察幼儿的行为,对幼儿的探索行为提出启发性的问题,作出针对性的引导。

2.热情支持幼儿的偶发性科学活动

在偶发性科学活动中,教师的热情支持会使幼儿更仔细地观察和延续探索活动。比如户外活动,几个幼儿围在一起捉蜗牛,教师没有指责他们,而是和他们一起玩蜗牛,引导幼儿观察蜗牛的爬行,并提供材料,让幼儿观察蜗牛在木板和玻璃上爬行有什么不同。把蜗牛分别放在两个干燥、潮湿的玻璃瓶中,让幼儿观察了解蜗牛的生活习性,使偶发性活动的探索得到了延续。教师的支持,使幼儿感到他们的探索行为不仅是教师所接受的,而且是教师所赞许、鼓励的。

3.抓住契机、适当引导

教师在支持幼儿的探索活动的同时,还要抓住偶发、意外的情况和在某种时机下发生的自然现象等,引导幼儿对事物的关心和细心的观察,帮助幼儿发现其中蕴含的科学道理。比如,幼儿发现幼儿园的小彩旗发出啪啪的响声,都非常感兴趣,教师则有意识地引导幼儿讨论:为什么彩旗有时发出啪啪的响声,有时没有? 帮助幼儿知道小彩旗的响声与风的关系。可见,教师的适时指导,扩大了幼儿的知识领域,满足和发展了幼儿的求知愿望和兴趣。

思考与练习

真题再现吧

一、单项选择题

1.幼儿对科学概念掌握的特点为(　　)。

A. 可通过日常交往掌握　　　　　　　B. 可通过个人积累经验掌握

C. 需经过专门教学才能掌握　　　　　D. 以上都对

2.小班幼儿观察植物时,下列哪条目标最符合他们的发展水平?(　　)

A. 能感知到周围植物的多种多样　　　B. 会观察记录植物生长变化过程

C. 能察觉到植物外形特征与生存环境的反应关系　　D. 能发现不同种类植物之间的差异

3.教师在区角中投放了多种发声玩具,小班幼儿在摆弄这些玩具时(　　)。

A. 能概括不同声音产生的条件　　　　B. 对声音产生兴趣,感受不同的声音

C. 能描述出玩具是怎么发声的　　　　D. 能描述出不同玩具的发声特点

4.科学活动中,教师观察到某幼儿能用数字、图表来记录和整理自己观察到的现象,该幼儿最可能的年龄是(　　)。

A. 6 岁　　　　　　B. 5 岁　　　　　　C. 4 岁　　　　　　D. 3 岁

二、活动设计题

请根据下列素材设计一个大班科学活动,要求写出活动名称、活动目标、活动准备、活动过程。

大班的胡老师为幼儿提供了各种吹泡泡的工具,有吹管、铁丝绕成的圈、塑料吹泡泡棒等(如下图),让幼儿在户外活动时自己吹泡泡玩。幼儿在吹泡泡的时候,有的能吹出很大的泡泡,有的只能吹出小泡泡;有的能一次吹出好多个泡泡,有的一次只能吹出一个泡泡。结果有的幼儿得意,有的幼儿沮丧。针对上述现象,胡老师打算组织一个科学教育活动,以引发幼儿深入探究的兴趣,并使幼儿了解不同吹泡泡工具与吹出的泡泡之间的关系。

> **能力提升训练营**

一、单项选择题

1. 幼儿园科学教育是( ),重在激发幼儿的认识兴趣和探究欲望。

A. 科学启智教育   B. 科学启蒙教育   C. 科学启迪教育   D. 科学开蒙教育

2. 下列不宜作为幼儿科学领域学习方式的是( )。

A. 直接感知   B. 实际操作   C. 亲身体验   D. 概念解释

3. 幼儿在认识事物时,常常想摸一摸,看一看,听一听,闻一闻,尝一尝等,这说明幼儿科学学习的( )特点。

A. 所获经验的"非科学性"   B. 探究过程和探究方法的试误性

C. 幼儿是天生的科学家   D. 通过直接经验认识事物

4. 引导幼儿认识我国珍稀植物银杏、水杉及丝绸、茶叶等。这说明科学教育内容的选择具有( )。

A. 代表性   B. 时代性   C. 地方性   D. 民族性

5. 幼儿通过动手操作改变变量,以发现客观事物的变化及因果关系的方法是( )。

A. 观察法   B. 实验法   C. 操作法   D. 游戏法

二、材料分析题

1. 请结合以下案例分析幼儿学习科学的特点。

一个3岁半的幼儿在用橡皮泥做糖球。他把橡皮泥一小块一小块地揪下来,再把几块小橡皮泥合在一起做一个糖球。老师发现他每从大橡皮泥上揪掉一块都要在脸上蹭一下。老师好奇地问:"你这是什么意思?"幼儿认真地说:"我试试橡皮泥黏不黏。"幼儿一直一丝不苟地试着,偶尔有一次忘了往脸上蹭,还会马上拿回来补试一次。他终于相信了橡皮泥的黏性。

2. 请评析以下活动目标的设计是否合理,你觉得应该怎样设计会更好。

某教师在设计大班科学活动"中国茶"时,确定了以下活动目标:

(1) 知道中国盛产茶叶的地方。

(2) 知道茶是解渴和健康的好饮料。

(3) 了解中国的茶文化,萌发对祖国文化的自豪和热爱。

三、简答题

1. 集体活动中的科学教育主要有哪些类型?

2. 简述科学主题观察活动、科学技术与操作活动的指导要点。

3. 科学实验探究活动、技术制作型活动的设计思路各有哪些?

四、活动设计题

1. 小班幼儿好奇、好问,他们对很多事物都充满了兴趣:为什么皮球能拍一拍、跳一跳? 为什么橡皮筋能扎头发? 针对这一现象,请你设计一个"好玩的弹性物品"科学活动。

2. 蔬菜是幼儿的常见食物之一,幼儿也积累了一些对蔬菜的认识。但在生活中,幼儿很难区分丝瓜、黄瓜等蔬菜。针对这一现象,请设计一个幼儿园中班认识丝瓜和黄瓜的科学活动。

3. 不倒翁是幼儿喜欢的玩具,可大班幼儿却不感兴趣。于是,教师根据大班幼儿的探究特点,在科学区投放了塑料蛋壳、橡皮泥、泡沫等材料,让幼儿操作。请你根据提供的材料,设计一个有关不倒翁的科学技术与操作活动。

第六章 幼儿园数学教育活动设计与指导

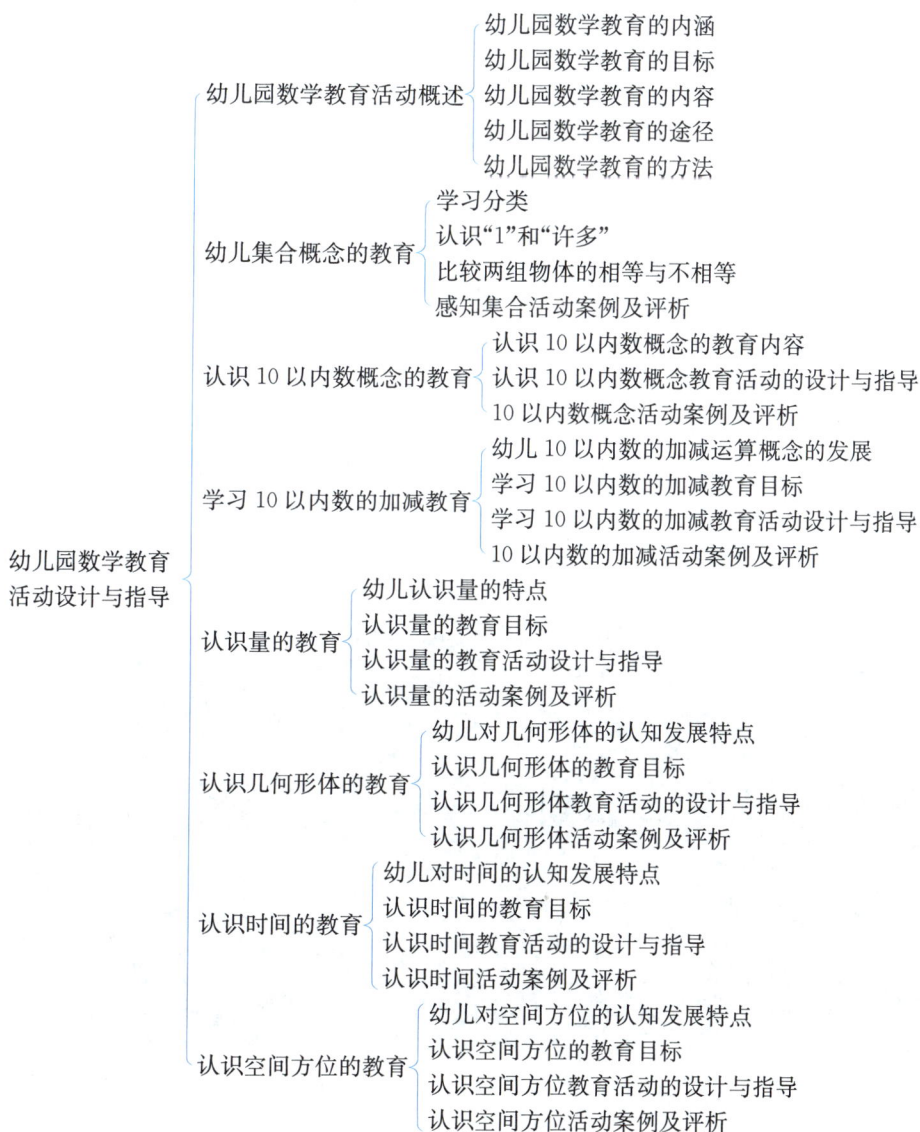

学习目标

1. 了解幼儿园数学教育的内涵,理解幼儿园数学教育的目标、内容和方法。
2. 掌握幼儿园各类型数学教育活动的设计与指导要点。
3. 设计幼儿园数学教育活动方案并进行模拟试教。

知识导图

幼儿园数学教育活动设计与指导

- **幼儿园数学教育活动概述**
  - 幼儿园数学教育的内涵
  - 幼儿园数学教育的目标
  - 幼儿园数学教育的内容
  - 幼儿园数学教育的途径
  - 幼儿园数学教育的方法
- **幼儿集合概念的教育**
  - 学习分类
  - 认识"1"和"许多"
  - 比较两组物体的相等与不相等
  - 感知集合活动案例及评析
- **认识10以内数概念的教育**
  - 认识10以内数概念的教育内容
  - 认识10以内数概念教育活动的设计与指导
  - 10以内数概念活动案例及评析
- **学习10以内数的加减教育**
  - 幼儿10以内数的加减运算概念的发展
  - 学习10以内数的加减教育目标
  - 学习10以内数的加减教育活动设计与指导
  - 10以内数的加减活动案例及评析
- **认识量的教育**
  - 幼儿认识量的特点
  - 认识量的教育目标
  - 认识量的教育活动设计与指导
  - 认识量的活动案例及评析
- **认识几何形体的教育**
  - 幼儿对几何形体的认知发展特点
  - 认识几何形体的教育目标
  - 认识几何形体教育活动的设计与指导
  - 认识几何形体活动案例及评析
- **认识时间的教育**
  - 幼儿对时间的认知发展特点
  - 认识时间的教育目标
  - 认识时间教育活动的设计与指导
  - 认识时间活动案例及评析
- **认识空间方位的教育**
  - 幼儿对空间方位的认知发展特点
  - 认识空间方位的教育目标
  - 认识空间方位教育活动的设计与指导
  - 认识空间方位活动案例及评析

第一节 幼儿园数学教育活动概述

一、幼儿园数学教育的内涵

(一)幼儿园数学教育的意义

幼儿数学教育是幼儿全面发展教育的重要组成部分,数学教育对幼儿发展的价值突出体现在以下几个方面。

1. 有助于幼儿正确认识生活和周围客观世界

幼儿生活在社会和物质的世界中,周围环境中的形形色色物体均以一定的数量、形状、大小和位置等呈现在幼儿面前。幼儿从出生之日起,就无时无刻不在体验着数、量、形的世界,不可避免地要和数学打交道。如儿歌《小手帕》:"小手帕,四方方,天天带在我身上,擦擦鼻涕擦擦汗,真是我的好伙伴。"就包含了对数(四)、量(小)、时间(天天)等方面的简单数学知识。教幼儿掌握一些简单的数学初步知识和技能,能使他们更好地认识客观事物,与人们交往,解决生活中遇到的各种有关问题(见图6-1)。

2. 有助于促进幼儿的思维能力和解决问题的能力的发展

数学是一门培养和锻炼人的思维能力的基础学科,被人们形象地称为思维的"体操"。由于数学本身具有抽象性、逻辑性和广泛应用性等特点,决定了数学教育是促进幼儿思维发展的重要途径。幼儿在数学活动中,需要对感知到的数学材料、对所出现的数学关系进行充分的观察和比较、分析和综合、抽象和概括、判断和推理,这一过程就是思维训练的过程。所以,幼儿数学教育能较大程度地满足幼儿思维发展的需要。

幼儿数学学习的主要目的是"学习用简单的数学方法解决生活和游戏中某些简单的问题",而幼儿的问题都来源于幼儿有意义的经验或情境,解决这些问题需要一定的过程。如幼儿用积木搭房子,有的时候能搭建成功,有的时候却会倒下来,这不仅需要了解积木形状之间的关系,还需要了解积木大小之间的关系,进行观察、比较、分析、判断,在解决问题的过程中,促进幼儿思维的发展(见图6-2)。

3. 有助于培养幼儿良好的学习习惯和学习品质

幼儿数学学习中有许多较为正式的操作活动,活动本身具有明确的任务。幼儿在进行数学操作活动时,起初并没有明确的任务意识和规则意识,如小班幼儿在操作的过程中经常会忘记自己的操作任务,但在教师有目的的指导下,幼儿能逐渐明确活动的目的和要求,具有初步的任务意识,按一定的规则进行操作,这对幼儿学习习惯、学习品质的形成具有重要的意义。

图6-1 幼儿观察下雨时温度计是否有变化

图6-2 幼儿用积木进行拼搭活动

（二）幼儿园数学教育的含义

幼儿园数学教育是一门关于幼儿数学学习与教育指导的学科,它是将幼儿探索周围世界的数量关系、空间形式等需求纳入有目的、有计划的教育中,通过幼儿自身的感知、观察操作、发现等主动探究活动,使之积累大量的有关数学的感性经验,建构表象水平上的初步数学概念,学习简单的数学方法和技能,发展初步的逻辑思维能力,对数学活动产生兴趣并形成良好的学习和思维习惯的过程。①

二、幼儿园数学教育的目标

幼儿园数学教育的目标是指导幼儿园数学活动设计与实施过程的关键准则,是根据幼儿身心发展、社会需求和数学学科特点等因素制定出来的。幼儿数学教育的目标按其层次,可以分为幼儿园数学教育总目标、各年龄阶段教育目标和教育活动目标三个层次。

（一）幼儿园数学教育的总目标

幼儿园数学教育的总目标是幼儿在园三年接受幼儿园数学教育之后最终要达到的目标。它是幼儿园数学教育总的任务要求,对各年龄阶段教育目标、教育活动目标具有指导作用。幼儿科学教育的总目标包含了数学教育的目标,根据《纲要》和《指南》中科学领域的目标精神,幼儿园数学教育总目标应包含以下内容②。

1. 情感与态度目标

对周围事物中的数量、形状、时间和空间感兴趣,有好奇心和求知欲;喜欢参加数学活动和游戏,能按规则进行活动,有良好的学习习惯。

2. 认知目标

能从生活和游戏中感受事物的数量关系、形状与空间关系,获得有关数、量、形、时间、空间等方面的感性经验,体验到数学的重要和有趣;学习用简单的方法解决生活和游戏中某些简单的问题,能用适当的方式表达、交流探索的过程和结果。

3. 操作技能目标

学会正确拿取、摆放、整理、操作数学活动材料。

（二）各年龄段数学教育目标

各年龄段数学教育目标是指各年龄段幼儿一年内的数学教育发展目标,它是根据总目标提出来的,根据小、中、大班幼儿不同的发展水平确定的。《指南》分别对 3~4 岁、4~5 岁、5~6 岁三个年龄段末期幼儿应获得哪些数学学习经验、发展哪些能力等进行了详细的描述,《指南》中各年龄段幼儿数学教育的目标表述见表 6-1、表 6-2、表 6-3。

表 6-1　目标 1　初步感知生活中数学的有用和有趣

3~4 岁	4~5 岁	5~6 岁
1. 感知和发现周围物体的形状是多种多样的,对不同的形状感兴趣 2. 体验和发现生活中很多地方都用到数	1. 在指导下,感知和体会有些事物可以用形状来描述 2. 在指导下,感知和体会有些事物可以用数来描述,对环境中各种数字的含义有进一步探究的兴趣	1. 能发现事物简单的排列规律,并尝试创造新的排列规律 2. 能发现生活中许多问题都可以用数学的方法来解决,体验解决问题的乐趣

---

① 俞芳. 学前儿童数学教育[M]. 南京:南京大学出版社,2022：2.
② 徐莹莹.幼儿园数学教育与活动指导[M].南京：南京师范大学出版社,2018：18.

表6-2　目标2　感知和理解数、量及数量关系

3～4岁	4～5岁	5～6岁
1. 能感知和区分物体的大小、多少、高矮、长短等量方面的特点，并能用相应的词表示 2. 能通过一一对应的方法比较两组物体的多少 3. 能手口一致地点数5个以内的物体，并能说出总数。能按数取物 4. 能用数词描述事物或动作。如我有4本图书	1. 能感知和区分物体的粗细、厚薄、轻重等量方面的特点，并能用相应的词语描述 2. 能通过数数比较两组物体的多少 3. 能通过实际操作理解数与数之间的关系，如5比4多1，2和3合在一起是5 4. 会用数词描述事物的排列顺序和位置	1. 初步理解量的相对性 2. 借助实际情境和操作(如合并或拿取)理解"加"和"减"的实际意义 3. 能通过实物操作或其他方法进行10以内的加减运算 4. 能用简单的记录表、统计图等表示简单的数量关系

表6-3　目标3　感知形状与空间关系

3～4岁	4～5岁	5～6岁
1. 能注意物体较明显的形状特征，并能用自己的语言描述 2. 能感知物体基本的空间位置与方位，理解上下、前后、里外等方位词	1. 能感知物体的形体结构特征，画出或拼搭出该物体的造型 2. 能感知和发现常见几何图形的基本特征，并能进行分类 3. 能使用上下、前后、里外、中间、旁边等方位词描述物体的位置和运动方向	1. 能用常见的几何形体有创意地拼搭和画出物体的造型 2. 能按语言指示或根据简单示意图正确取放物品 3. 能辨别自己的左右

从以上目标中可以看出，对不同年龄段的幼儿，在情感，数、量、数量关系，形状和空间各方面的目标都是不同的，也是逐级提高的。强调了生活中的数学和数学在生活与游戏中的运用，以及幼儿对数学活动兴趣的培养，反对脱离幼儿生活的抽象的学习与训练。强调幼儿的数学学习要尊重幼儿的心理发展特点和幼儿学习数学知识的特点，让幼儿在"直接感知、亲身体验、实际操作"中学习数学，让幼儿在做中学、生活中学、游戏中学习数学。坚决反对脱离幼儿身心发展特点的盲目拔高和"小学化"的数学教育方式。

（三）幼儿园数学教育的活动目标

幼儿园数学教育活动目标是指某一具体数学教育活动的目标。其目标表述具体，操作性较强，所期望的教育成果基本上是可以观察或测量的。在数学教育实践中，各年龄段的目标要通过各个数学教育活动来实现，数学教育活动目标是年龄段目标的具体化。

例如，大班学习6的加法的活动目标表述为：

◁ 复习6的组成，学会看情景图片列出得数是6的加法算式，能用简单的语言表达算式所表达的含义。

◁ 能理解并掌握加法交换律，懂得运用加法交换律列出另一道算式。

◁ 增加对加法运算的学习兴趣，体验在数学活动中与同伴合作带来的愉快。

从该数学教育活动目标，我们可以看出教育活动目标的内容包括幼儿应获取哪些数学经验，幼儿认知能力的发展及幼儿兴趣、情感和态度方面的发展等。目标的表述越具体，可操作性就越强。

三、幼儿园数学教育的内容

幼儿园数学教育的内容对于完成教育目标是至关重要的，它是实现数学教育目标的媒介，也是设计与实施数学教育活动的主要依据之一。

　　幼儿园数学教育内容包括对幼儿集合概念、数概念、数运算、几何形体概念、量概念、空间方位概念等的教育。每一部分内容又可进行具体划分,主要项目及范围见表6-4。

表6-4　幼儿园数学教育的内容

主　要　方　面		具　体　内　容
集合概念	对应	1. 学习将相关的物体进行一一匹配 2. 用一一对应的方法比较两组物体的数量是否相等
	分类	1. 学会按物体的某一个或两个以上特征进行分类 2. 按物体的特征进行多角度分类 3. 按物体的内在包含关系进行层次分类
10以内的数概念		1. 学会手口一致地点数10以内实物并说出总数 2. 认识10以内的自然数和零,理解数的实际意义 3. 理解数与数之间的数差关系,理解相邻数 4. 认识序数,正确使用序数词 5. 认读和书写阿拉伯数字
10以内的数运算		1. 学习10以内数的组成和分解,感知体验一个数和它分出的两个部分数的关系,以及部分数之间的互换、互补关系 2. 认识加号、减号、等号,理解这些符号的意义 3. 学习10以内的口头加减运算,运用加减法解决日常生活中的简单问题
量概念	量	感受、体验并说出物体大小、长短、粗细、厚薄、高矮、宽窄、轻重、远近、容积等量的差异
	排序	理解量的相对性、量的守恒,能够进行10以内量的正、逆排序
	计量	学习自然测量,即利用各种自然物做计量单位测量物体的长度、高度、体积等
	时间	1. 学习区分早上、晚上、白天、黑夜,昨天、今天、明天,知道一周七天的名称及顺序 2. 认识时钟,会看整点与半点,知道时钟的长针和短针及其用途
空间概念		1. 区分和说出上下、前后、里外、旁边、左右等空间方位 2. 按指定方向进行运动,正确运用空间方位词 3. 初步理解不同视角所看到的物体是不同的,发展空间旋转能力
几何形体概念		1. 辨认常见的平面图形(如圆形、正方形、三角形等)和立体图形(如球体、圆柱体、正方体等),说出它们的名称和主要特征 2. 初步建立图形守恒概念,理解图形的对称和等分

四、幼儿园数学教育的途径

　　幼儿园数学教育的途径,是指实施数学教育所采取的活动形式。幼儿园数学教育的途径有幼儿园数学教学活动、游戏、各种教育活动和日常生活中的数学教育及数学角等。

(一)教学活动中的数学教育

1. 数学教学活动

　　数学教学活动是指教师有目的、有计划地安排专门时间,提供活动环境和材料,组织幼儿参加的一种专项数学活动。数学教学活动是向幼儿进行数学教育的主要途径。目前幼儿园数学教学活动的组织形式一般有三种。

　　(1)集体活动形式。集体活动形式是指教师组织和指导全体幼儿进行学习的活动形式。它是以全体幼儿进行同一活动为特征。不论是幼儿自己操作探索还是教师启发探索或讲解演示,幼儿均是在教师的指导下,对相同内容的任务,通过共同的步骤,以相同的方式进行。

　　(2)小组活动形式。小组活动形式是指教师将相关的数学内容设计成多个不同的操作活动,分小组提供给幼儿,幼儿在教师的指导下,选择其中的部分内容或全部内容进行操作。小组活动形式可以更好地满足不同水平幼儿的发展需求,帮助他们获取更加丰富的操作经验。

(3)集体与小组活动相结合的活动形式。集体与小组活动相结合的活动形式是指在一个教学活动中兼用集体与小组活动两种形式。集体与小组相结合的活动形式较好地解决了一般的教学要求与个体不同需求的矛盾,促使每名幼儿在其原有基础上得到发展。

以上三种类型的活动形式各具特色,均可用于学习新内容和复习旧知识。教师可以根据幼儿园、班级和幼儿发展的具体情况,采取灵活的方式,将集体活动与小组活动有机结合起来。

2. 其他领域教学活动

各个学科之间的知识是互相联系和渗透的,数学以外的其他领域教学活动(如社会、语言、艺术、健康等)都与数学教育有一定的关系,在其他领域活动中渗透数学教育,能够巩固、加深、补充和促进幼儿数学概念的发展,能使幼儿数学学习更为生动和有效。

(二)游戏活动中的数学教育

游戏是幼儿最喜爱的活动,也是幼儿数学教育的有力手段。一方面,由于数学知识的抽象性,易造成幼儿学习上的困难,采用游戏的方式寓教于乐,能提高幼儿对数学学习的积极性,使他们在愉快的情绪中,轻松、自然、饶有兴趣地学习,取得最佳的教育效果。另一方面,在各种游戏活动中,蕴含着大量的数、量、形、空间等方面的知识。幼儿参加游戏,不仅愉快地进行着各种活动,同时也感受着其中蕴含的数学知识,积累了丰富的数学感性经验。

游戏中的数学教育可以落实到建筑游戏、角色游戏、体育游戏、玩沙玩水游戏,区域活动等中进行。其中,要特别重视数学区域活动。

(三)日常生活中的数学教育

在幼儿的生活环节中,蕴含着许许多多数、量、形、空间等方面的知识,对幼儿的数学学习产生潜移默化的作用和影响。教师如果巧妙地将数学教育的内容渗透到一日生活中,让幼儿能够在生活中"学数学、用数学",幼儿的思维将变得更为精确和富有逻辑性,从而促进幼儿更好地发展。

五、幼儿园数学教育的方法

幼儿园数学教育方法的选择要结合数学教育的目标内容、幼儿学习数学的特点以及数学的学科特点而定,常用的方法具体有以下几种。

(一)操作法

1. 含义

操作法是幼儿运用教师提供的操作材料,按照一定的操作规则和要求,在操作材料的实践过程中进行探索,获得数学感性经验、知识和技能的一种方法。

2. 运用要点

(1)提供充足的操作材料,创设适宜的操作条件。

(2)引导幼儿明确操作的目的、要求和规则。

(3)引导幼儿交流、讨论和总结操作结果。

(二)比较法

1. 含义

比较法是通过对两个(组)或两个(组)以上物体的比较,让幼儿找出它们在数、量、形等方面异同的一种方法。

2. 种类

比较法按照物体排列形式的不同,可以分为对应比较和非对应比较两种。

（1）对应比较。对应比较是把两个（组）物体一个对一个进行比较。具体分为以下三种方式（见表6-5）。

表6-5　对应比较的分类

分　类	定　　义	举　　例
重叠式	把一个（组）物体重叠在另一个（组）物体上，形成两个（组）物体一个对一个的对应关系，从而进行比较	在比较"瓶子和盖子"哪个多、哪个少的活动中，教师引导幼儿用重叠式方法（即将瓶盖盖在瓶子上）进行比较，得出结果
并放式	把一个（组）物体并排放在另一个（组）物体的旁边，形成两个（组）物体一个对一个的对应关系，从而进行比较	在数学活动"招待小客人"中，教师为幼儿提供布娃娃和茶杯，引导幼儿用并放式方法（即将茶杯放在小客人前面）进行比较
连线式	将图片上的物体和有关的物体、形状或数字等，用线连接起来进行比较	在"连连看"活动中，教师提供相应的实物图片，让幼儿根据图片找出对应圆点数或数字

（2）非对应比较。非对应比较也可以分为三种方式（见表6-6）。

表6-6　非对应比较的分类

分　类	定　　义	举　　例
单排比较	将物体摆成一排或一行进行比较	在数学活动"好玩的盖子"中，教师提供大小不同的盖子，引导幼儿进行比较
双排比较	将物体摆成双排进行比较	排列成两排的物体，可以出现异数等长、异数异长、同数异长等不同的排列形式让幼儿进行比较
不规则排列的比较	将物体没有规则地摆放，进行比较	在"连连看"活动中，教师提供相应的实物图片，让幼儿根据实物图片上的数量，找出对应圆点数或数字

3. 运用要点

（1）引导幼儿仔细观察，在观察的基础上进行比较。

（2）运用提问等方式引导幼儿进行比较。

（3）根据幼儿的年龄特点和教学内容选择相应的比较形式。

（三）游戏法

1. 含义

游戏法是将抽象的数学知识寓于幼儿感兴趣的游戏中，让幼儿在自由自在、无拘无束的游戏活动中学习数学的一种方法。它是幼儿数学学习中一种十分重要的方法，它能更好地调动幼儿的学习积极性，激发幼儿的学习兴趣。

2. 种类

数学游戏的种类很多，以下是几种常用的游戏。

（1）操作性游戏。操作性游戏是通过操作玩具或实物材料，获得数学知识的一种游戏，具有一定的规则性。如"小兔拔萝卜"，引导幼儿感知、体验"1"和"许多"的关系。

（2）竞赛性游戏。教师引导幼儿开展竞赛性质的数学游戏。如"钓鱼比赛"，引导幼儿点数10以内的数，比较数的"多"与"少"。

（3）感官游戏。幼儿通过不同的感官进行数学学习的游戏。如"我做你说"，训练幼儿的听觉及反应的敏捷性。

（4）智力游戏。教师以发展幼儿智力为主要任务，引导幼儿运用数学知识进行的游戏。如"拼搭石头

图6-3 "拼搭石头"游戏

游戏",复习巩固幼儿对几何形体的认识(见图6-3)。

（四）启发探索法

启发探索法也称发现法,是指在教学过程中,教师不把数学的初步知识和概念直接向幼儿讲解,而是启发幼儿依靠已有的数学知识和经验去发现和探索,并获得初步数学知识的一种方法。这种方法充分调动了幼儿学习的积极性和主动性,能提高幼儿学习数学的探索精神及独立解决问题的能力。

（五）讲解演示法

讲解演示法是教师通过语言和运用直观教具把抽象的数学知识加以说明和解释,具体地呈现出来的一种教学方法。它是讲解与演示相结合的方法,因为抽象的数学概念不能单独依靠口头讲解,而演示本身也离不开口头语言的讲解。教师在讲解演示时要注意语言简练、生动、易懂,突出重点,用于演示的教具要恰当。

（六）寻找法

寻找法是让幼儿从周围生活环境和事物中寻找数、量、形及其关系的一种方法。寻找法不仅可以提高幼儿学习的积极性,使幼儿的好奇心得到一定的满足,同时也有利于培养幼儿的观察力、注意力和分析综合的能力。

寻找法包括三种具体形式：在已准备好的环境中寻找、在自然环境中寻找、运用记忆表象来寻找。

第二节 幼儿集合概念的教育

把具有某种共同属性的事物看成一个整体就形成一个集合,集合中的每一个具体的对象叫作这个集合的元素。集合是现代数学的一个最基本的概念,整个数学都可建立在它的基础之上。在幼儿数学教育中渗透集合教育,不仅为幼儿学数提供了准备,而且也是幼儿形成数概念和学习加减运算的感性基础。

幼儿感知集合的教育是指在不教给集合术语的前提下,让幼儿感知集合及元素,学会用对应的方法比较集合中元素的数量,并将有关集合、子集及其关系的一些思想渗透到整个幼儿数学教育的内容和方法中去。对幼儿进行感知集合的教育分别从分类、区别"1"和"许多"以及比较两个物体组数量的相等和不相等等方面进行。

一、学习分类

分类是把相同的或具有共同特征(属性)的东西归并在一起。分类活动是幼儿数学教育的一项重要内容,在不同的年龄阶段都应该体现和渗透这项内容。

幼儿学习分类的过程也就是感知集合的过程,幼儿将一个个物体加以区分和归并,这样又能促进幼儿对集合中元素的感知,是计数的必要前提,也是形成数概念的基础。幼儿进行分类时,要经过辨认(区分)和归并(归类)这两个步骤。

（一）幼儿常用的分类方式

在幼儿期,幼儿通常会采用不同的分类方式对物体进行分类,如表6-7所示。

表6-7　物体的分类方式

分 类 方 式	定　义	举　例
按名称分类	将相同名称的物体归为一类	将辣椒归为一类,将黄瓜归为一类
按外部特征分类	将相同特征(颜色、形状等)的物体归为一类	将红色的积木归为一类,将黄色的积木归为一类
按量的差异分类	将大小、长短、宽窄等相同的物体归为一类	如将大的布娃娃归为一类,将小的布娃娃归为一类
按用途分类	将用途相同的物体归为一类	将汽车归为一类,将飞机归为一类
按材料分类	将材质相同的物体归为一类	如将布娃娃归为一类,将塑料娃娃归为一类
按数量关系分类	将数量相同的物体归为一类	将数量是3的物体归为一类

从思维的要求看,以上的分类方式都是按照物体的一维特征进行分类。实际上,按照思维的维度个数(即需要在头脑中同时考虑事物的多个特征)分类,它具体包括:一个维度分类、两个维度分类、三个维度分类等。另外,分类也可以从肯定和否定的方面考虑。

(二)学习分类的教育目标

1. 小班

(1)学习从一堆物体中,根据范例和口头指示将相同名称的物体归为一类。

(2)学会按物体的一种外部特征(如颜色、形状)或量的差异(如大小、长短、高矮)进行分类。

(3)要求幼儿理解并掌握有关词语。如"一样""不一样""放在一起""都是"等。

2. 中班

(1)学会按物体的外部特征(颜色、形状等)或量的差异(大小、高矮、长短、粗细等)进行分类。

(2)学会按物体的内部特征(性质、功能、用途等)进行分类。

(3)按物体间的数量关系进行分类。

(4)初步学习对物体进行多重角度分类。

(5)初步学习运用分类标记。

3. 大班

(1)学会对集合做层级分类,体验集与子集的包含关系。

(2)能将物体集合进行多重角度分类。

(3)学会按物体的两种以上特征进行分类。

(4)学习运用分类标记。

(三)学习分类的方法

1. 操作

操作是幼儿学习分类的最主要、最有效的方法之一。分类活动中的操作材料或学具对幼儿来说非常重要,教师要根据教学需要,尽可能给幼儿充分的、足够的材料去操作不同形式的分类。

(1)让幼儿感知和辨认分类对象的名称、特征和差异。如在小班应对要区分的一堆物体分别说出它们的名称或者颜色等。

(2)说明要求和分类的含义。进行分类时应向幼儿清楚地讲明按什么要求分类,同时要使幼儿理解"把一样的东西放在一起"的含义。这样才能使幼儿在行动上正确分类(见图6-4)。

图6-4　幼儿分类整理果子棋

（3）按范例或口头指示进行分类。

按范例分类：在和幼儿共同观察物体的基础上，先由教师拿出一个物品作为范例，让幼儿学习从一堆物品中把和教师的范例一样的物品都拿出来（或放在一个小盒子里）。继而可出示两个不同的物品作为范例，请幼儿将一堆物品分别归类。

按教师的口头指示分类：由教师说出物体的名称或特征，请幼儿将物体分类。如"请小朋友把苹果放在红色的盒子里，把香蕉放在黄色的盒子里"等。

对小班幼儿可先由教师示范如何按范例进行分类，然后再按教师的口头要求进行分类。

（4）启发幼儿思考探索如何进行分类。当教师提出分类的要求后，应让幼儿在观察的基础上认真想想老师要求的是什么，再进行分类。例如，对大班幼儿要求按两种特征分类时，想想是不是和教师所要求的条件相符合，再采取行动。小班幼儿也往往不能把一样的东西全找出来，教师也应提醒幼儿再仔细想想看看，是不是一样的东西都找出来了。另外，对大班幼儿可以让他们对一堆物体自由分类，要求他们认真思考探索怎么分，按什么条件分，以及为什么这样分。

（5）对不同年龄幼儿提出不同的分类干扰条件，以逐步提高分类的难度。例如，对小班幼儿一般分类的条件要单一，按大小分类时，应选用同颜色、同形状、不同大小的物体；对中班要求按长短分类时，可提供不同颜色、不同长短的小棍，让幼儿能排除小棍颜色的干扰，正确按长短分类；对大班进行宽窄分类时，可提供不同颜色、不同长度、不同宽窄的纸板，要求幼儿排除颜色、长度的干扰正确按宽窄分类。

（6）讨论分类的结果，以巩固类概念和理解类的包含关系。幼儿进行分类后讨论分类的结果是分类教学的重要一步，是巩固和加深对类概念理解的重要方法。

如当小班幼儿把同样物品取出以后，教师分别请几位小朋友将他们取出的物品给大家看，共同讨论他做得对不对，为什么对。中、大班幼儿分类后应和幼儿一起讨论他们是怎样做的以及为什么这样做，在幼儿讲述理由过程中，引导他们理解类和子类的关系。例如，"我把 3 辆小汽车、2 辆自行车和 1 辆救护车放在一起，因为它们都是车"。教师可进一步提出"是自行车多？还是小汽车多？""小汽车、自行车和救护车合起来与车比哪个多？哪个少？还是一样多？""小汽车、自行车和救护车又是哪个多哪个少呢？"等问题，经过幼儿的共同讨论，最后教师做出总结时，应重点强调类包含着子类，类大于子类的包含关系，从而渗透集合的思想。

2. 游戏

游戏对幼儿学习分类也是十分有效的，尤其对于小班幼儿，游戏是幼儿最喜欢的活动，可以激发幼儿对分类的兴趣，又可以训练幼儿迅速、敏捷的分类能力。如"小动物找家""帮片片回家"等游戏。

二、认识"1"和"许多"

"1"是自然数的基本单位。"许多"是一个笼统的词汇，它表示集合中有两个以上元素。在小班幼儿学数前教幼儿认识"1"和"许多"，可以帮助幼儿感知集合及其元素，感知元素的分化过程，为正确学习逐一计数和认识 10 以内的数奠定基础。

（一）认识"1"和"许多"的教育目标

（1）能区别"1"个物体和"许多"物体。

（2）理解"1"和"许多"之间的关系（"许多"可以分成"1个""1个"……"1个""1个"……合起来是"许多"）。

（3）学会在生活中正确运用"1"和"许多"。

（二）认识"1"和"许多"的方法

1. 多种感官感知，区别"1"和"许多"

可以通过开展"看一看""听一听""摸一摸""跳一跳"等活动，让幼儿运用视觉、听觉、触觉、运动觉等感知物体是"1个"，还是"许多"，从而理解"1"和"许多"都可以表示物体的数量，发展幼儿的感知觉。

2. 寻找活动，准确区分"1个"和"许多"

教师可以引导幼儿运用寻找法在周围环境中或记忆表象中寻找数量为"1个"和"许多"的物体，通过多种形式的寻找活动,激发幼儿对活动的兴趣,提高幼儿的观察、比较能力。一般有三种形式,按照从易到难的顺序可以是:让幼儿在准备好的环境中寻找、引导幼儿在自然环境中寻找、教幼儿运用记忆表象寻找。

3. 分合操作活动和游戏,理解"1个"和"许多"的关系

在幼儿学会区别"1"和"许多"的基础上,教师可以提供材料让幼儿进行分与合的操作活动和游戏,即幼儿自己动手把"许多"物体分成"1个1个",再把"1个1个"的物体放在一起合成"许多",让幼儿在操作中感受理解"1个"和"许多"的关系。同时,教师要注意引导幼儿用语言概括和表达出"1个"和"许多"的关系。

例如,"小白兔拔萝卜"是一个贯穿上课全过程的情节性教学游戏。整个教学过程都紧紧围绕着"1"和"许多"之间的关系进行(详见本节教学活动案例)。

三、比较两组物体的相等与不相等

比较两组物体的相等与不相等,就是教幼儿学会用一个对一个的对应比较方法,比较两个集合中元素的数量,确定是一样多还是不一样多。这是不用计数进行的数量比较活动,是在小班认识"1"和"许多"之后,学习计数之前的感知集合教育的内容。

（一）比较两组物体相等与不相等的教育目标
(1) 学会将两组物体一个对一个地进行对应摆放。
(2) 学会用对应的方法比较出两组物体的"多""少"或"一样多"。
(3) 能理解和运用"多""少""一样多""不一样多"等词语。

（二）比较两组物体相等与不相等的方法
1. 重叠比较法
将一组物体从左向右摆成一行,再将另一组物体一个对一个地重叠在前一组物体的上面,比较两组物体是一样多还是不一样多(见图6-5)。

图6-5　重叠比较法

例如,比较盘子和碗的多少,先发给每个幼儿3个玩具盘子和3个玩具杯子,请小朋友将盘子从左向右依次放好,再把杯子一个个地放到盘子上面,然后让幼儿比较并回答多少的问题。

2. 并放比较法
将一组物体从左向右摆成一行,再将另一组物体一个对一个地并排放在前一组物体的旁边,比较这两组物体的数量(见图6-6)。教学方法和重叠法一样。

图6-6　并放比较法

幼儿掌握并放比较法要难于重叠比较法。虽然这两种方法都要求幼儿精确分辨元素,学会用对应的方法,但并放比较法除了要求会一一对应外,还有间隔距离和方位的要求,上下对齐,并保持一定的间隔距

离。教学中应先采用重叠比较法,再使用并放比较法。也可以结合情节性活动或游戏,让幼儿掌握这两种比较方法。

运用这两种方法要注意:摆放物体时要教幼儿从左向右摆好,以培养幼儿动作的规范性;应将物体摆成横排进行对应比较;在比较中,要先教幼儿比较两组数量一样多的物体,再比较数量不一样多的物体;比较不一样多物体时,两组物体数相差为一个更合适;每组中物体的数量一般不超过 5 个;对应比较时要用具体的实物或教具,但无须要求幼儿说出数词,不要用数进行比较。

3. 连线法

将两组物体用线联系起来进行比较。这种方式的比较往往在幼儿的个别操作活动,尤其是书面材料的操作中比较常见。

四、感知集合活动案例及评析

案例展示台

扫码看视频

小班数学活动:谁的纽扣

活动目标

1. 乐于思考,喜欢动手操作,大胆表达纽扣配对的理由。
2. 在故事情境中分辨纽扣的颜色、形状、大小及扣眼数量的不同。
3. 尝试按纽扣的特征进行对应匹配,初步获得对应经验。

活动准备

1. 经验准备

(1) 幼儿认识常见的基本形状(如三角形、圆形、正方形)和颜色(如黄色、白色),能点数 5 以内的数。

(2) 幼儿认识纽扣,知道纽扣的特征。

2. 物质准备

(1) PPT 课件"谁的纽扣"。

(2)"纽扣找朋友"操作单幼儿每人一份、黑色勾线笔幼儿每人一支。

活动过程

1. 创设"小老鼠捡到一颗纽扣"的故事情境,激发幼儿兴趣。

(1) 师:小老鼠正在散步,突然前面滚来了一颗纽扣,小朋友们看一看:这颗纽扣是什么颜色的? 是什么形状的? 纽扣有几个扣眼?

小结:小老鼠捡到的纽扣是白色的、圆圆的、有 4 个扣眼。

(2) 师:这颗纽扣是谁的呢? 小老鼠想要去找到这颗纽扣的主人,我们一起去帮帮它吧!

2. 教师播放 PPT,引导幼儿仔细观察、比较,发现画面中两颗纽扣的不同。

(1) 出示小老鼠和小狗的画面,引导幼儿仔细观察、比较,发现画面中两颗纽扣颜色的不同。

提问:小老鼠拿着纽扣找到了小狗,这颗纽扣是小狗的吗? 为什么?

小结:小狗的纽扣是黄色的,小老鼠捡到的纽扣是白色的,小狗的纽扣与小老鼠捡到的纽扣颜色不同,所以这颗纽扣不是小狗的。

(2) 分别出示小老鼠和小兔子、小老鼠和小刺猬、小老鼠和大象的画面,引导幼儿仔细观察、比较,发现画面中两颗纽扣颜色、形状、扣眼的数量、大小的不同。

(3) 出示小老鼠和老鼠妈妈的画面,引导幼儿仔细观察并将两颗纽扣进行比较,说说自己的发现。

提问:小老鼠拿着纽扣回到了家里,发现妈妈的衣服上掉了一颗纽扣。小老鼠捡到的纽扣是老鼠妈妈的吗? 为什么?

小结：小老鼠捡到的纽扣和老鼠妈妈衣服上的纽扣颜色、形状、大小、扣眼数量都一模一样,所以,小老鼠捡到的纽扣是老鼠妈妈的。

3.分组操作,巩固强化。

(1)教师出示操作单,引导幼儿观察并讲述操作要求。

师：纽扣王国里有一些纽扣找不到自己的好朋友了,想请小朋友们根据纽扣的颜色、大小、形状、扣眼数量等特征,用勾线笔圈出每颗纽扣的好朋友。

(2)幼儿分组进行操作,教师巡回指导。

(3)个别幼儿分享操作单,教师与幼儿共同评价与总结。

4.师幼谈话,结束活动。

师：小朋友们,平时我们穿的衣服上的纽扣和爸爸、妈妈衣服上的纽扣一样吗?纽扣有颜色、形状、大小以及扣眼的数量的不同,衣服上的纽扣有可能不一样。小朋友们回家后注意找一找,比一比,家里衣服上的纽扣有什么不一样。

今天,小朋友帮助小老鼠找到了纽扣的主人,它们非常高兴,说："谢谢小朋友!"

活动延伸

1.家园共育：回家后请家长们提供不同的纽扣,陪伴幼儿对纽扣的颜色、形状、大小、扣眼数量等特征进行观察与比较。

2.区域活动：在区角投放打印好的衣服图片,请幼儿用彩笔或黏土为衣服添上各式各样的纽扣。

(活动设计与执教：湖南省衡阳市衡州幼儿园　邓晓丹)

活动评析

本活动在故事情境中,为幼儿提供了小老鼠找纽扣主人的画面,让幼儿通过观察发现纽扣不同角度的特征(如形状、颜色、大小、扣眼数量),并让幼儿用语言表述出配对的理由,这些为后续操作活动提供了匹配的标准,使幼儿初步掌握和理解对应关系。

小班数学活动：小兔拔萝卜

扫码看文案

第三节　认识 10 以内数概念的教育

幼儿数概念的形成是一个长期而复杂的过程,也是一个连续而有序的发展过程。简单来说,幼儿数概念的形成有三个标志：掌握 10 以内数的实际意义、理解 10 以内自然数的顺序、理解 10 以内数的组成。

一、认识 10 以内数概念的教育内容

幼儿 10 以内初步数概念包括以下几方面内容：10 以内数的实际意义;10 以内序数;10 以内相邻数及等差关系;10 以内数的守恒;读写 10 以内数字和 10 以内数的组成。而计数活动则是幼儿形成初步 10 以内数概念的基本活动。

计数活动即数数,是一种有目的、有手段、有结果的操作活动,其结果是说出总数。计数活动的实质是

将具体集合的元素与自然数列里从"1"开始的自然数之间建立起一一对应关系。即口说着数字、手点着实物,结果用数字来表示。计数活动是幼儿形成初步数概念的基本活动,它贯穿于数概念形成和发展的全过程。

幼儿计数能力的发展过程可分为以下几个阶段:口头数数→按物点数→说出总数→按群计数。按群计数是指以数群为单位进行计数,如两个两个数、三个三个数、五个五个数。按群计数相对来说更为抽象,一般5岁以后的幼儿逐渐开始发展按群计数的能力。

二、幼儿10以内数概念教育活动的设计与指导

(一)认识10以内基数

基数表示集合中元素的个数,通常表示为"几个"。认识10以内基数是数概念中最基础的内容,这项内容的学习从小班开始,贯穿于各个年龄班。

根据《纲要》中科学领域的目标要求和《指南》中"数学认知"的相关要求,并结合3~6岁幼儿数概念的发展,提出了小、中、大班不同年龄班幼儿认识10以内基数的教育要求。

1. 认识10以内基数的目标

(1)小班。

① 会手口一致地点数5以内的物体,并说出总数,初步理解5以内基数的实际含义。

② 能用各种感官感知5以内物体的数量。

③ 能按数取物,能用数词描述事物或动作。

(2)中班。

① 会正确点数数量为10以内的物体并说出总数,正确认识10以内数的实际含义。

② 能通过实际操作理解数与数之间的关系。

③ 知道10以内相邻两个数的多"1"、少"1"关系。

④ 能不受物体大小、形状和排列形式的干扰,正确判断10以内物体的数量。

(3)大班。

① 会10以内倒着数、顺着数和倒接数,熟练地掌握10以内数的顺序。

② 能区分单、双数,会按群计数。

③ 认识10以内三个相邻数的关系及自然数列的等差关系,按顺序排列1~10的数目中,除1以外不管哪个数都比前面一个数多"1",比后面一个数少"1"。

2. 认识10以内基数的方法

认识10以内基数是幼儿数学教育的一个重点,可以通过多种形式的计数活动,帮助幼儿理解基数意义,获得初步的数守恒概念。

(1)教幼儿按物点数。

按物点数是让幼儿点数物体的数量并说出总数。按物点数是幼儿计数活动的基本形式,是幼儿认识数的实际意义的基础。

小班幼儿刚开始学习点数时,往往出现手口不一致的情况,教师一般先采用讲解演示法,向幼儿示范并说明按物点数的要领,如:教幼儿用右手食指从左到右地点一个物体说一个数词。为防止幼儿出现顺口溜的现象,还可以出示一个物体,让幼儿说一个数词。教师数到最后一个物体时,要用手指围绕所数过的物体画个圈,对最后一个数词提高声音或延长声音,以突出总数,使幼儿理解总数的含义。以后每次点数完了,都要问幼儿:"一共有几个?"

教师示范后可以让幼儿自己进行点数练习并说出总数。教学时,要注意通过数多种多样的实物,逐步抽象出数的概念,使幼儿初步体会到一个数可以代表相同数量的任何物体的个数。

中班幼儿在比较熟练地掌握了按物点数的方法后,可以教幼儿不用手而用眼睛点数物体的个数。刚开始有困难可以教幼儿用点头动作帮助他们用眼睛点数。大班可以进一步教幼儿学会默数(或心数),即数数时口不说出数词。幼儿从用手点数到用眼睛点数,从大声数到小声数,最后到不出声的默数,标志着

他们计数能力的逐步提高。

另外,中、大班幼儿在学会逐一点数的基础上,可以继续学习按群计数。

(2)教幼儿运用各种感官计数。

感官计数是复习 10 以内数的方法,运用各种感官计数主要指运用视觉、听觉、触觉和运动觉来感知物体的数量,通过开展"看一看""听一听""摸一摸""跳一跳"等活动让幼儿感知物体的数量,可以加深幼儿对数实际意义的理解,还有利于促进幼儿各种感官的协调发展。

运用各种感官计数,除了各种感官独立运用外,还可以同时运用多种感官来感知数量。

(3)教幼儿理解数的形成。

数的形成是指一个数添上 1 形成后面的一个新数。

教幼儿学习数的形成时,可以用对应比较的方法,将两组相同数量的物体一一对应地摆放,让幼儿数数确认一样多后,在其中的一组物体上增加一个,让幼儿数数变成了几个,这样使幼儿在直接观察下,看到一个新的数是由原来的数添上 1 形成的,在这过程中概括出:2 个添上 1 个是 3 个,2 添上 1 是 3,从而理解数的形成。接着再让幼儿比较出相邻两个数多 1 少 1 的关系,概括出:2 个比 3 个少 1 个,2 比 3 少 1;3 个比 2 个多 1 个,3 比 2 大 1。

(4)教幼儿按物取数、按数取物。

按物取数是指教师出示一定数量的实物或卡片,要求幼儿取出(找出)相应的数字。按数取物是指教师出示数字或口头说出数词,要求幼儿取出相应数量的物体。这种从具体实物到抽象的数,从抽象的数到具体实物的双向活动,能使幼儿在数字与实物数量之间建立起正确的对应关系。

(5)教幼儿理解数的守恒。

数的守恒是指物体的数量不因物体外部特征(大小、形状等)和排列形式的变化而改变。学习数的守恒,主要是教幼儿学会不受物体大小、颜色、形状或排列形式等的干扰,正确判断物体的数量。教幼儿学习数的守恒,关键在于教具的设计,可以按照由易到难的顺序进行不同层次的练习。第一,选择大小、颜色、形状等不同的同类物体让幼儿数数。第二,选择大小、颜色、形状等不同的不同类物体让幼儿数数。第三,选择各种不同排列的物体让幼儿数数。

(6)教幼儿顺数、倒数和接数。

从 1 开始,按递增的方向有序地数数,即从 1 数到 10,就是顺数;从 10 开始,按照递减的方向有序地进行数数,即从 10 数到 1,就是倒数;从 10 以内任何一个数开始顺(或倒)接数到 10(或 1),就是接数,分为顺接数和倒接数。教幼儿顺数、倒数和接数,可以帮助幼儿了解自然数的排列顺序及大小关系。可以采用以下方法。

① 借助讲解演示,理解顺数和倒数的含义。教师结合教具演示,把物体按照从 1 到 5(或 1 到 10)的顺序从左到右竖着排成 5 列(或 10 列),并在下面配上数字,让幼儿从 1 到 5(或 1 到 10)顺数,再从 5 到 1(或 10 到 1)倒数,先数物体,再数数字,使幼儿看到:顺数时,一列比一列多一个;倒数时,一列比一列少一个。并进一步理解:顺数时,一个数比一个数大 1;倒数时,一个数比一个数少 1。

② 游戏练习。可以通过卡片游戏、口头游戏、拍手游戏等练习数数。

(二)认识 10 以内序数

序数是用自然数表示集合中元素的排列次序,通常表示"第几个"。认识序数要以基数为基础,因此序数教育一般安排在学习 10 以内基数以后进行。学习 10 以内的序数一般分为两个阶段:第一阶段学习 5 以内的序数,第二阶段学习 6~10 之间的序数,理解数字的序数意义。

1. 认识 10 以内序数的目标

(1)理解序数的含义,能用序数词正确表示 10 以内物体的排列次序。

(2)学会从不同方向(从左到右、从右到左、从上到下、从下到上)确定物体的排列顺序。

2. 认识 10 以内序数的方法

(1)学习用计数的方法确定序数,理解序数的含义。

教师出示教具(动物卡片),先让幼儿数数有几只,然后进行排队,边挪动小动物边说:"我从左边开始排,请小狗排在第1个,小猴排在第2个,小熊排在第3个,小兔排在第4个,大象排在第5个。"接着可请个别小朋友回答教师提出的"某某排第几个"或"排第几个的是谁"的问题,巩固幼儿对序数的认识。然后可改变玩具的位置,或请小朋友来排列和提问等,改变方式继续进行游戏。

可以再出现5个玩具小房子,玩"小动物搬新家"的游戏,问幼儿什么动物住在第几幢房子里,再一次练习5以内的序数。在幼儿初步掌握了序数词的基础上,应引导幼儿对基数和序数进行比较并作出区别,可问幼儿:"有几个"和"第几个"的问题是不是一样的?为什么不一样?最后教师应作出总结,强调说明"有几个"是问东西一共有多少,"第几个"是问什么东西排在第几个位置上,从而使幼儿明确地掌握序数的含义。

(2)向幼儿说明确定序数的方向。

物体排列的位置可因起始的方向而不同。教幼儿学习序数,应注意说明从什么方向开始,如果从左到右,排在最左边的是第一,反之最右边是第一;楼房的层次应从下面开始,最下面的是第一层;小朋友爬山,最高的是第一;小动物赛跑,跑在最前面的是第一……先学习从左往右的排列顺序,再学习其他方向的排列顺序,最后再进行综合练习。例如,"楼房游戏"运用画有几层楼房,每层有若干个窗户,每个窗户上画有不同动物头像的图画,告诉幼儿楼房的第几层是从下面数起,第几间房子是从左边数起,然后让幼儿回答"老山羊住在第几层第几间房子里""小鸽子住在第几层第几间房子里"等问题。又如"开玩具店的游戏",在玩具架的每一层上放若干个玩具。教师要讲明规则,玩具架的最下面一层是第一层,玩具架最左边的玩具是第一个,可先由教师当售货员做一次示范,幼儿当顾客,然后改由幼儿当售货员。幼儿必须正确说出要买第几层第几个的什么物品,才能买到需要的物品等。

(3)通过操作和游戏活动进行练习。

如发给幼儿每人五张不同动物卡片和一张五层楼房的卡片,按教师或小朋友"请××动物住在第几层"的要求,将动物卡片放到楼房卡片的第几层上,或者按要求将动物排好次序等。还可以组织幼儿玩"换位置"的游戏,先请几位小朋友到前面依次排好,请幼儿记住他们的排列次序,然后请大家闭上眼睛,教师调换其中两个小朋友的位置,让幼儿判断第几位小朋友和第几位小朋友换了位置等。

(4)结合其他各科教学和日常生活练习。

在其他各科教学和日常生活中渗透序数知识,可以进一步巩固幼儿序数概念,也可以培养幼儿运用数学知识解决问题的能力。

(三)认识10以内相邻数

认识三个相邻数及自然数列的等差关系是大班认识10以内基数的主要内容。有了中班学习相邻两数的多1或少1的基础,大班学习三个相邻数及自然数列的等差关系,就比较顺利了。

1. 认识10以内相邻数的目标

知道每个自然数在自然数列中的位置以及与相邻两数之间的大小关系(即任何一个数都比前面的一个数大"1",比后面一个数少"1")。

2. 认识10以内相邻数的方法

(1)借助讲解演示,理解相邻数的含义。

先在绒布上贴出对应并置的两排圆片2和3,让幼儿比较后明确3比2多1,2比3少1。然后在3的下面贴出第三排4个圆片,让幼儿比较第二排和第三排的圆片数量,明确4比3多1,3比4少1。再进行三个数之间的连续比较,以中间一个数为主,先与前面一个数比,再与后面一个数比,3比2多1,3比4少1,3的"邻居"(或"朋友")是2和4。

教幼儿认识三个相邻数及其关系,应从直观教具入手结合数字进行。教5以内相邻数时进展要慢些,多做练习,让幼儿掌握比较相邻数的方法(先比前面一个数,再比后面一个数)。在这个基础上进行6~10相邻数的教学,不仅进度可以加快,而且可以用启发探索的方法,促进幼儿知识的正迁移和推理能力的发展。例如学习6的相邻数时先不采取上述具体的教学步骤,而是在复习5的相邻数后,向幼儿提出"6的邻居是几和几""为什么6的邻居是5和7"等问题,让幼儿对不同的回答进行比较讨论后给出统一的正确答案。教师还可以请幼儿运用教具来论证自己答案的正确性。比较时,要以中间一组为中心,先与前面一组比较,再与后面一组比较,要比较出物体的数量关系和数字的大小关系,以帮助幼儿理解相邻数的含义及相互关系。

（2）探索相邻数的规律。

在幼儿掌握了 10 以内各个数与它前面一个数和后面一个数的相邻关系的基础上,引导幼儿对 10 以内各数之间普遍性的规律（等差关系）作出归纳概括（见图 6-7）,使幼儿理解按顺序排列的 10 以内的数,除 1 以外,不论哪个数都比前面一个数多 1,比后面一个数少 1。

理解 10 以内自然数列的等差关系,是认识 10 以内数相邻关系的总结和必然结果,它能帮助幼儿将数与数之间关系的知识组织起来并系统化,从而认识自然数列的本质规律,为认识更大的数目奠定基础,并能巩固幼儿对数序的理解和培养幼儿对知识的初步抽象和概括能力。

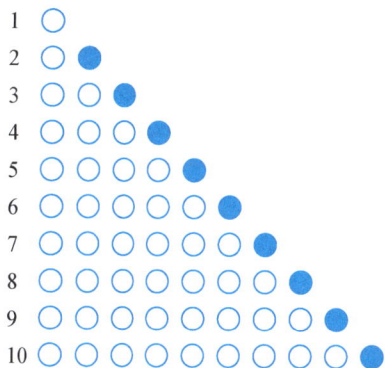

图 6-7　10 以内数的等差关系

（3）游戏活动。

可以开展一些类似"找朋友""找邻居"的游戏,巩固认识。

（四）认识 10 以内数的组成

数的组成又称数的分合,包括数的分解与组合,即把一个自然数分解成两个或者两个以上的部分数,把两个或者两个以上的部分数组合成一个数。教幼儿学习数的组成,是为了帮助幼儿理解整体与部分、部分与部分之间的关系,加深对数概念的理解,并为以后学习加减运算打下良好的基础。10 以内数的组成的教学宜在幼儿园大班下学期进行。数的组成的教育活动一般可以分成两个阶段:第一个阶段,掌握 5 以内数的组成;第二个阶段,掌握 6～10 的组成。

1. 认识 10 以内数的组成的目标

（1）理解数的组成的含义,知道 2 以上各数都可以分成两个部分数,两个部分数合起来就是原来的数;学会按顺序将一个数分成两个部分数,并将这两个部分数合为原来的数。

（2）懂得一个数和它分出的两个数之间的关系,即:总数比分成的两个部分数都大,分成的两个数都比原来的数小。

（3）理解分成的两个数之间的互换、互补关系,并掌握 10 以内各数的全部组成形式。

2. 认识 10 以内数的组成的方法

数的组成包括两个不可分割的过程:分（解）与组（合）。幼儿学习数的组成,这两个过程要同时学习,既学分又学合,先学分再学合。

（1）分合操作并学会做记录。

学习数的组成最好的方法就是让幼儿动手操作。教师可以为每个幼儿提供适当的学具,让幼儿自己操作,并把操作结果用数字和分合符号记录下来,最好请幼儿把自己的操作结果告诉大家。教师也可以把幼儿的记录结果呈现在黑板上,与幼儿一起进行评价总结。

在幼儿自己操作的过程中,教师要引导幼儿发现多种不同的分合形式,并教幼儿学会按顺序整齐记录的方法。在这个过程中,教师可以让幼儿自己讨论、解决两个问题。

问题一:每个数的分合方法各有几种? 和这个数本身有什么关系?

问题二:怎样分合才能又快又准?

例如,学习 4 的组成。

第一,幼儿探索。教师发给幼儿每人一盘扣子（或图片、塑片等）,数量不少于 12 个。请幼儿先取出 4 个扣子,试着将 4 个扣子分成两个部分。

第二,指导探索。大部分幼儿完成一种分解任务后,再启发幼儿继续拿出 4 个扣子,探索其他的分法,要求这次分的形式要和前面的不一样,并提醒幼儿注意,分出来的数合起来要和原来的数"4"一样多。

第三,归纳探索结果。在大多数幼儿已经完成任务后,应将幼儿的各种分法集中归纳起来。教师要请那些有不同分法的幼儿,分别说明自己是怎么分的。对幼儿说出的每一种组成形式,教师要用数字有顺序地在黑板(或绒布板)上记录下来。

(2)探索数的组成规律。

在幼儿理解数的组成含义,积累了较丰富的分合经验后,可以引导幼儿发现数的组成中两个重要的规律,即互换关系和互补关系,这是数的组成内容的一个重点,也是难点。互换关系指的是一个数分成的两个部分数位置可以交换,总数不变。互补关系指的是一个数分成两个部分数,一个数逐一增加,另一个数逐一减少,总数不变。

例如,学习4的组成。

教师引导幼儿运用记录下来的4的各种组成形式进行分析、比较和思考,想一想是否从中可以找出什么好办法能把数分得又快又正确。为此,教师可启发幼儿先比较左边一行的数有什么特别的地方(逐一递减),再看右边一行的数(逐一递增),从而得出这样的认识:分出来的两个数一个数减去1,另一个数就增加1,总数不变(互补关系)。同样再引导幼儿比较第一和第三组形成,认识到:它们都有1和3,只是换了位置,3和1、1和3合起来都是4(互换关系)。

幼儿掌握数组成的互换、互补规律后,就可以让幼儿根据互换、互补规律进行推理,自主学习6、7、8、9、10各数的分合了。

(3)巩固活动。

可以通过口头游戏、卡片游戏、填空游戏、念儿歌等活动巩固知识。

例如,10的组成歌:

10只鸭子水中游,9和1,1和9;

10只鸭子嘎嘎嘎,8和2,2和8;

10只鸭子笑嘻嘻,7和3,3和7;

10只鸭子顺水流,6和4,4和6;

10只鸭子来跳舞,最后一组5和5。

(五)认读和书写阿拉伯数字

数字是用来记数的一种抽象符号,数字所表示的物体数量就是数的实际意义。通常用的数字有10个,即阿拉伯数字0、1、2、3、4、5、6、7、8、9。

1.认读和书写阿拉伯数字的目标

(1)学会认读阿拉伯数字,并能用数字正确表示10以内物体的数量。

(2)学会正确书写阿拉伯数字,掌握正确的书写姿势、笔画顺序和书写格式。

2.认读阿拉伯数字的方法

认读阿拉伯数字在中班进行,最好结合认识10以内基数的实际含义同时进行,一方面认识了数字,同时又使幼儿知道每个数字所代表的物体数量。

(1)用多种教具,结合数数讲解数字的意义。

例如,认识数字"3",出示教具3个苹果、3个梨等,让幼儿数数说出总数,再出示数字"3",讲解说明可以用"3"来表示3个苹果、3个梨等。最后再引导幼儿联系周围事物,说说数字"3"还可以表示什么物体。

(2)用比喻法记住字形。

当数字符号出示后,教师可利用幼儿熟悉的事物与数字形象相比较。如"1"像小棒,"2"像鸭子,"3"像耳朵,"4"像旗子,"5"像钩子,"6"像哨子,"7"像拐杖,"8"像葫芦,"9"像勺子,"10"像小棍和鸡蛋等。这样有利于幼儿记住字形。

(3)用比较法区分形近数字。

幼儿方位知觉发展不够完善,观察不仔细,对字形相近的数字容易混淆,像"6"和"9"、"3"和"5",幼儿在辨认时极易混淆,因此,要重点对字形容易混淆的数字作比较,帮助幼儿正确识别。

(4)用比较法读准字音。

幼儿在读字音时也极易混淆,常常将"3"(sān)错读成(shān),"4"(sì)错读成(shì),"7"(qī)错读成(xī)等,因此,应要求幼儿用普通话读准字音。

（5）用游戏法体验数字与物体数量的关系。

例如，"看物找数字""连线游戏""按数画物"等活动，让幼儿将抽象的数字与物体的数量联系起来，学会用数字来表示物体的数量。

3. 书写阿拉伯数字的方法

书写阿拉伯数字在大班进行，幼儿书写数字时间不宜过长，一般不专门用一节活动时间进行，可以在学习数的组成时结合进行，也可以与其他数的教学内容结合进行。

（1）示范讲解书写姿势。

首先教师应以正确的书写姿势做出示范，说明坐姿和拿笔的姿势。接着，教师应在黑板的日字格里边示范边讲解，讲清所写数字的字形特点和结构，数字的日字格的位置比例。讲清所写数字的笔顺，从何处起笔，向什么方向移送，何处转笔，何处落笔等。

（2）书写练习。

教师进行示范讲解后，可以要求全体幼儿用右手食指在空中或在本子的范体字上，按数字的笔顺要求做书空练习，以熟悉笔顺和笔画。

书空练习后，也可以请1～2名中等水平的幼儿在黑板的日字格上试写，让大家评议，以进一步帮助幼儿掌握书写要领，然后再组织全体幼儿在作业本上练习。

在幼儿写字过程中，教师要注意观察，经常提醒书写的常规要求，并及时纠正幼儿书写中出现的差错。另外，幼儿学习写字以分散练习为好。

三、10 以内数概念活动案例及评析

案例展示台　扫码看视频

大班数学活动：有用的条形统计图

活动目标

1. 感受统计给生活带来的帮助，体验同伴合作完成任务的乐趣。
2. 了解条形统计的方法，能在统计表中做统计记录。

活动准备

1. 经验准备

（1）幼儿看过《超级飞侠》，认识多多和小爱。

（2）幼儿已学习1～10按群计数。

2. 物质准备

（1）《超级飞侠》动漫主题视频，条形统计表 PPT 课件。

（2）多多或小爱的徽章每人一个；条形统计表三份；红、黄、蓝长条形小贴纸若干；包裹袋 2 个，袋里分别装有糖果、饼干图卡若干。

活动过程

1. 创设情境，激发幼儿的学习兴趣。

（1）师：小朋友，今天你们最喜欢的超级飞侠乐迪来了！听一听乐迪要和我们说什么？（播放视频，乐迪邀请孩子们加入超级飞侠）

（2）幼儿自主选择角色（多多或小爱），并粘贴角色徽章。

2. 完成乐迪发布的任务一，了解条形统计的方法。

任务一：（播放课件）非常高兴今天又有新的多多和小爱加入超级飞侠的队伍，现在请你们利用统计表统计出小爱有多少，多多有多少。

(1) 引导幼儿仔细观察、初步感知条形统计表。

提问:① 乐迪要我们干什么?

② 我们一起来看看统计表上有什么?有哪些数字?我们一起来数一数。

③ 这些格子有什么用?(记录数量)

④ 这个箭头表示什么意思?(从1开始由下往上逐一记录)

(2) 利用条形统计表,集体统计多多和小爱的数量,并说出统计结果。

小结:我们先将多多和小爱分为两队,然后从1开始逐一往上将多多和小爱的人数记录在格子中,这样,我们就知道多多有多少,小爱有多少。

3. 完成乐迪发布的任务二,分组合作统计糖果和饼干的数量。

任务二:(播放课件)今天,我要去广州送两个包裹给那里的小朋友,一个包裹装满糖果,另一个包裹装满饼干。请多多帮乐迪统计都有哪些糖果,每种糖果有多少。请小爱帮乐迪统计都有哪些饼干,每种饼干有多少。相信你们一定能圆满完成任务!

(1) 教师指导幼儿分组统计糖果和饼干的数量,并记录在条形统计表内。

(2) 每组请1名幼儿分享统计的结果。

4. 拓展生活经验,了解统计在生活中的应用。

(1) 提问:除了用条形统计表统计人数、糖果、饼干的数量,在我们的生活中,什么时候还会运用到统计?

(2) 播放条形统计图表PPT课件,分别观察某幼儿3～5岁的身高、幼儿园所在班级的男孩和女孩、一个星期的平均气温、近几届奥运会中国运动员奖牌榜条形统计图表。

小结:在我们的生活中,很多时候都会用到统计,统计能帮助我们解决更多更复杂的问题。

5. 放松律动,活动结束。

今天的任务圆满完成,乐迪队长说小朋友们是最棒的! 邀请大家一起跳舞庆祝!

师:幼儿随乐迪视频一起律动,自然结束。

活动延伸

在生活中注意把相同的物品(每种物品数量在10以内)进行分类,用数字、图画的办法进行统计,并说出每种物品的数量。

(活动设计与执教:湖南省衡阳市政府机关第二幼儿园　刘欣)

大班数学活动:8的分合

扫码看文案

第四节　学习10以内数的加减教育

一、幼儿10以内数的加减运算概念的发展

(一)幼儿加减运算概念的一般发展过程

1. 从具体到抽象的发展过程

幼儿的加减运算能力从具体到抽象的发展过程一般要经历三个水平:动作水平的加减→表象水平的

加减→概念水平的加减。

动作水平的加减是指幼儿以实物或图片等直观材料为工具,借助于合并、取走等动作进行加减运算。

表象水平的加减是指幼儿依靠头脑中呈现的客观事物的表象进行加减运算。

概念水平的加减是指幼儿直接运用抽象的数概念进行加减运算。

例如,学习"2+4=?"的教学。首先出示教具演示,同时讲述:有2只蝴蝶在花丛中飞舞,一会儿又飞来了4只蝴蝶,现在花丛中一共有几只蝴蝶? 这是动作水平的加减,幼儿可凭直观,计数蝴蝶的数量。然后不出示教具,只口头叙述这道应用题,这是表象水平的加减,幼儿凭借口头叙述的情景,引起头脑中蝴蝶数量的再现进行运算。最后,口述或出现数字试题"2+4=?"。这是仅凭抽象的数字进行的加减运算,是概念水平的加减。

2. 从逐一加减到按数群加减的发展过程

逐一加减就是用计数的方法进行加减运算,表现在加法上就是先将两组物体合并在一起,再逐一计数它们一共有多少。或者是以第一个加数的值为起点,再接着计数第二个加数的物体,直到数完为止。如3只小鸟加2只小鸟,就数成3、4、5,一共是5只小鸟。在减法上则是先将要减去的物体拿走,再逐一计数剩下的有多少以求得数。或是从被减数开始逐一倒数,数到要减去的数量为止,如:5只小鸟飞走2只还剩几只? 算法是4、3,还剩下3只。这种加减法实际上是顺接数和倒数。

按数群加减就是前面所述的依靠抽象数概念进行加减运算,这时幼儿已能够把数作为一个整体去把握,从而进行抽象的数群之间的加减运算。幼儿掌握了10以内数的组成后才能逐步达到按数群加减的水平。

（二）幼儿学习加减运算的特点

幼儿学习加减运算,主要表现出三个方面的特点:学习加法比减法容易;学习加小数、减小数的问题容易,学习加大数、减大数的问题难;理解和掌握应用题比算式题容易。

二、学习 10 以内数的加减教育目标

（1）学习10以内数的口述应用题,学会用加减法解决实际生活或游戏中的一些简单问题。

（2）理解加法和减法的含义。

（3）认识加号、减号和等号及其含义;初步认识加、减算式并会运算。

三、学习 10 以内数的加减教育活动设计与指导

10以内数的加减运算是大班幼儿数学教育的重要内容,具体包括自编口述应用题、实物加减和列式运算三个部分的内容,根据幼儿学习加减运算的特点,要按照一定的步骤进行教学。

（一）学习自编口述应用题

引导幼儿学习自编应用题,有助于幼儿理解生活中的简单数量关系。幼儿学习编应用题的重点是引导他们掌握应用题的结构,难点是如何根据两个条件提出一个问题。设计和组织这一类活动可以按下列步骤进行。

1. 教师示范编题,引导幼儿了解应用题的结构

教师可利用有数量关系变化的三幅图引导幼儿理解题意,可向幼儿指出三幅图讲的是同一件事,然后通过提问:图上有谁? 有多少? 在做什么? 是怎么做的? 引导幼儿把每幅图小结成一句话(即说出题意)。例如,"妈妈先买了1个皮球,后来又买了1个皮球,妈妈一共买了几个皮球?"教师可以让幼儿反复套用这一句式来说说自己或同伴在生活、游戏、劳动等活动中的事情,以此让幼儿了解应用题的基本结构。

2.教师示范如何提出问题,引导幼儿比较疑问句和陈述句的区别

例如,引导幼儿听下面两句话的区别:"妈妈一共买了几个皮球?"和"妈妈一共买了2个皮球",使幼儿明白疑问句中没有问题的答案,然后让幼儿模仿提问。

3.采用各种形式让幼儿练习编题

(1)模仿编题。

(2)补充编题。

(3)教师演示教具,幼儿编题。

(4)看图编题。

(5)根据教师提供的算式或数字编题。

(6)自由编题。

(二)学习实物加减

实物加减是幼儿学习加减运算的最初阶段,一般在5以内的加减法教学时进行,教学中不出现加号、减号、等号,也不讲解这些符号名称,不列算式,只是借助直观教具,结合口述应用题来分析说明运算过程。这一阶段教育的主要目的是为了帮助幼儿理解加法和减法的含义。方法如下。

1.借助直观教具编讲口述应用题(适合于初学者)

第一步,教师边演示教具边编出加法或减法应用题。例如,"树林里有2只小鹿,又来了1只小鹿,一共有几只小鹿?""妈妈给我买了5个气球,飞走了2个气球,还剩下几个气球?"

第二步,讲解应用题的运算方法。"这道题告诉我们什么?问我们的是什么?可以用什么方法运算?"通过教师的演示讲解,使幼儿从加法应用题的解答过程中,看到两组物体合并的过程,又看到合并结果,从而理解加法含义;也从减法应用题的解答过程中,看到从一组物体中取走一部分的过程和取走的结果,从而理解减法的含义。

在这个环节上,教师应该编出各种题目,让幼儿逐步理解"送来了""飞来了""开来了"等都是合起来的意思,用加法;"游走了""飞走了""送走了"等都是去掉的意思,用减法。

2.运用数的组成知识进行运算

幼儿算出答案后,教师可以问:"你是怎么算出是3只小鹿的?"幼儿往往是用数数数出来的。教师应肯定幼儿算的是对的,但应加以引导:"2只小鹿和1只小鹿合起来是几只,2和1合起来是3,所以一共有3只小鹿。"在学习减法时,"5可以分成2和3,去掉2还剩3,所以还剩3个气球"。这样使幼儿运用已经学过的数的组成知识进行计算。

(三)学习列式运算

幼儿初步掌握了实物加减之后,就可以提出如何把运算过程用简单的符号记录下来的问题,借此引入"加号""减号""等号"的表示方法,教幼儿用算式将活动的过程和结果记录下来,学会列式运算。

1.借助直观教具编讲口述应用题

在幼儿理解加减法含义的基础上,继续用这种方法教幼儿认识加号、减号、等号及加减算式。具体步骤如下。

第一步,教师边演示教具边编出加法或减法应用题,让幼儿说出答案。

第二步,分析题意,用数字表示出已知数和答案。

第三步,分析运算方法,出示运算符号引出算式。

在幼儿认识加号、减号、等号及加减算式的基础上,教师继续用各种不同的应用题,引导幼儿正确运用运算符号列出算式,巩固认识算式中每个符号及每个数代表的意思,并学会运算。

2.运用数的组成知识列式运算

在幼儿学习了数的组成后,可以引导幼儿把数的组成知识和加减法内容联系起来,运用数的组成知识列式运算。例如,让幼儿根据分合式列出算式。

3. 启发幼儿探索加减运算中的规律

在幼儿理解加减含义,学会列式运算的基础上,可以引导幼儿探索发现加法交换律和加减的互逆关系。

加法交换律指的是加号前后的两个数交换位置后,得数不变。可以在幼儿列出两道算式后,引导幼儿发现:两道算式什么地方一样,什么地方不一样?然后再引导幼儿根据交换律学会从一道算式推出另一道算式。

除了加法交换律外,还可以让幼儿知道:按数的组成关系的三个数可以列出两道加法算式和两道减法算式。列出四道算式后,引导幼儿对四道算式进行比较:四道算式哪些地方一样,哪些地方不一样?引导幼儿发现:四道算式中的三个数字都一样,就是位置不一样,而且两道是加法,两道是减法。然后再引导幼儿学会根据规律从一道算式推断出另外三道算式。

4. 运用多种形式练习列式运算

幼儿对抽象的符号运算还是有困难的,需要进行较多的练习。常见的练习方法有看物列式、看图列式,感官感知活动、游戏活动、操作活动等。

(四)认识零和得数是零的运算

认识零可以在幼儿学会减法算式的基础上进行。首先,教师编出一道得数是零的应用题,让幼儿根据前面学过的解题思路选择用减法运算,列出算式,教师出示"0",讲解"0"的含义(可以表示没有),引导幼儿认识这个符号(像鸡蛋、鸭蛋)。然后,教师继续编出多道得数是"0"的应用题,让幼儿自己列式运算。最后,教师可进一步引导幼儿观察上面列出的多道算式,找出它们相同和不同的地方,通过比较得出一个结论:两个相同数相减,得数都是零。

四、10 以内数的加减活动案例及评析

案例展示台

大班数学活动:破译电话号码

活动目标

1. 对破译电话号码感兴趣,提高口头运算的能力。

2. 梳理、提升加减口算的经验,初步发现并运用快速口算的方法。

3. 学习运用快速口算的方法列出加法算式。

活动准备

1. 课件:PPT 2 张(陈老师家电话号码的密码题——8 道算式;×××小朋友家的电话号码密码题——8 道算式)。

2. 幼儿操作材料 3 套,其中第三套上打印了幼儿照片、住宅电话。

3. 有免提功能的电话机一台。

活动过程

1. 提问导入。

师:新年到了,小朋友都留了电话号码,你们给好朋友、老师电话拜年,电话能打得通吗?为什么打不通?

2. 破译电话号码。

(1)破译陈老师家的电话号码。

① 出示 8 道密码题(PPT):我给你们准备了一张破译电话号码的卡,请你们根据这 8 道密码题,破译出我家的电话号码,并把号码一一填写在密码题下面的空格里,看谁破译得又快又正确。

② 幼儿操作,教师观察指导。

提醒幼儿注意:第一,破译时,不发出声音;第二,完成破译后举手示意。

③ 交流破译的号码、集体验证。

师:谁能报出我家的电话号码?

请一位幼儿报数,老师记录号码。然后请一个幼儿打电话验证。

④ 梳理、归纳快速口诀的方法,并加以记录和小结。

师:我发现刚才有的小朋友在破译电话号码时,8道密码题只算了7道,就知道我家的电话号码了,这是为什么?(个别回答)(密码题中有相同的算式,只要算一道就行了)有没有只算了6道或5道题的?(个别回答)我们把好办法记录下来,以后就能又快又正确地口算了。

小结。在这张卡上,我们找到了两个快速口算的好办法:一个是"+"号前后的两个数字交换位置得数相同;另一个是出现两道相同的密码题就不要再重复算了,这样就能加快口算的速度。

(2) 破译×××小朋友家的电话号码。

师:刚才我们用了两个好办法破译了陈老师家的电话号码,如果再换一个电话号码,密码也就变得不一样了,我们再来试一试。

① 出示另外8道密码题(PPT):我们一起来帮助×××破译他家的电话号码吧。

② 幼儿操作,教师观察指导。

③ 交流破译的号码:幼儿报号码,教师逐一出示号码,幼儿验证。

④ 梳理、归纳另两种快速口算的方法,并加以记录、小结。

师:你们在破译×××的电话号码时,用到刚才的两种好办法了吗?有没有只算了4道密码题就知道×××的电话号码的?(个别回答,教师记录)

小结。在这张卡上我们又发现了两个快速口算的好方法:一个是任何一个数,不管是加0还是减0,得数都等于这个数;另一个是只要相同的两个数相减,得数都为0。今天我们一共发现了4种快速口算的好办法。

3. 幼儿自编密码。

(1) 提出要求。

师:我给你们每人准备了一张纸,纸上打印好了你家里的电话号码和你的照片,一会儿你要找到有你照片的那张纸,然后在下面一排空格里编出与上面号码相对应的密码题。老师希望你们在编密码题的时候最好能把刚才学到的四种好办法都用进去,当然,你用一种、两种也可以,用三种、四种那就更好了,看看谁能又快又正确地编密码题。

(2) 幼儿自编密码题,教师指导。

(3) 交流编制的密码题。

师:你在编密码题的过程中用到了几种好办法?(教师根据幼儿编制的密码题讲评)

4. 小游戏:打电话。

每个幼儿找一个好朋友组成一组,互相破译电话号码,然后玩打电话的游戏。

活动延伸

1. 区域活动:全班幼儿一起动手制作一本电话密码本。

2. 日常活动:在日常生活中,教师引导幼儿观察加减法事件,列出相应的算式。

(活动设计:上海市静安区南阳实验幼儿园　陈青,有改动)

活动评析

加减运算,是大班幼儿数学学习中的一个重点。本活动教师从生活中取材,从幼儿平时看得见、摸得着的周围事物——电话号码出发,着眼于幼儿运算方法和运算能力的培养,关注幼儿数学学习的兴趣,创设了"打老师家的电话""破译同伴家的电话号码""自编我家的电话号码"等有趣的情境,让幼儿在快乐的猜猜、算算、编编、做做中,进行数学活动。每个段落、层次结束后,教师都用清晰的数学语言进行归纳、小结,有效地帮助幼儿梳理了学习的思路。

大班数学活动：仿编 4 以内的加法应用题

扫码看文案

第五节 认识量的教育

量是指客观世界中物体或现象所具有的可以定性区别或测定的属性。量可以分为不连续量和连续量两种。不连续量是表示集合中元素多少的量；连续量是表示物体属性的量，如物体的面积、体积、长度、重量等。物体量的测量结果可以用数来表示，即数量。幼儿认识的是一些基本的常见的量，如：大小、长短、粗细、高矮、宽窄、厚薄、轻重、远近等。本节只涉及幼儿认识连续量的教育。

一、幼儿认识量的特点

（一）从笼统、不精确到逐渐精确

物体的量是物体固有的特性，是客观存在的。幼儿从出生起就感知并积累了大量的有关物体量的感性经验。但由于幼儿语言能力的发展晚于感知觉能力的发展，因此幼儿常常不能用恰当的词来表示物体的量。

（二）从明显差异到不明显差异

如小班幼儿只能对大小、长短差别明显的物体加以辨别。中班幼儿不仅能区别差别明显的物体，而且开始区分差别不太明显的物体。他们能对不同大小的物体作出区分和排列，能从一组物体中找出相同大小的物体。大班幼儿能准确熟练地感知物体的量并且能用语言准确地表述物体的量。

（三）从绝对到相对

小班幼儿在感知和区分量的特性时，对量的概念的理解常常绝对化，他们常常把大小、长短等特征看成是完全绝对的。到了大班，幼儿能认识到物体的量是相对的。

二、认识量的教育目标

（一）小班

（1）学会用比较的方法区别和表达大小、长短、高矮等差别明显的两个物体，并能用相应的词表示。

（2）能从 4 个以内大小、长短、高矮差别明显的物体中找出并说出最大的（最长的、最高的）和最小的（最短的、最矮的）。

（3）能按物体的外部特征（如形状、颜色）或量的差异（如大小、长短、高矮）进行 4 个以内物体的正排序。

（二）中班

（1）学会区别和表达物体的粗细、高矮、厚薄等特征，并能用相应的词语描述。

（2）能按物体量的差异，对 7 个以内物体按照递增和递减的顺序进行排序（正、逆排序）。

（三）大班

（1）学会区别和表达物体的宽窄、轻重、远近等特征，初步理解量的相对性。

（2）能按规律排列和自由排序以及按物体量的差异进行 10 个以内物体的正、逆排序，初步理解依次排列物体之间的可逆性、双重性和传递性关系。

（3）理解量的守恒。知道物体的外形、摆放位置等发生了变化，它的量不变。

（4）学会自然测量。

三、认识量的教育活动的设计与指导

教幼儿认识物体的量，首先要弄清有关量的基本概念和基本属性，这样才能正确地选择教具，正确地作出示范和进行正确的讲解。认识量包括量的比较、量的排序、量的守恒和学习自然测量四个方面的内容。

（一）量的比较

1. 运用各种感官感知、比较物体的量

幼儿对物体量的认识主要是通过各种感官的感知，因此，教幼儿认识物体的量可以通过视觉、触摸觉、运动觉等多种方式引导幼儿感知比较物体量的特性。教师应提供各种材料，让幼儿在充分地看、摸、摆弄等活动中进行感知和比较，认识物体的量。其方法是：第一，通过两个物体的比较，认识和区别物体的某个量，这个过程中教师可以示范并告诉幼儿相应的量词；第二，通过 3 个以上物体的比较，认识量的相对性。

2. 运用重叠、并放法，比较物体的量

重叠法就是把两个以上物体重叠在一起进行比较，并放法就是把两个以上物体并排放着进行比较。选用重叠或并放的方法进行比较时，要根据物体材料和比较内容的不同选择合适的方法。幼儿动手操作比较时，要提醒幼儿注意物体重叠或并放时应该对齐，例如，比较长短、高矮，被比较的物体应放在同一水平面上。

当幼儿进行量的比较时，教师应该通过比较 3 个不同量的物体去帮助幼儿认识量的相对性。同样，对于传递性的理解，教师需要引导幼儿在两两比较的基础上进行合理的逻辑推断。例如：小熊一家，熊妈妈与小熊比，熊妈妈高，小熊矮；熊妈妈与熊爸爸比，熊妈妈又成为矮的了。那么，小熊与熊爸爸比，当然是小熊矮，熊爸爸高了。

3. 运用寻找法，描述物体的量

在幼儿初步认识量的基础上，教师可以有意识地引导幼儿在周围环境中寻找哪些物体是大的（长的、粗的等），哪些物体是小的（短的、细的等）。可以先在教师预先准备好的环境中寻找，然后在自然环境中寻找，最后可以让幼儿通过记忆表象寻找，并用正确的词汇描述出来，以巩固幼儿对物体的量的特征的认识。

4. 运用游戏法，巩固对量的认识

可以设计各种形式的游戏，让幼儿区别物体的量，加深对物体大小、长短、粗细、高矮等的认识。例如，"盖瓶盖游戏""钓鱼游戏""看谁找得快又对"等，训练幼儿运用量词的能力和思维的敏捷度。

（二）量的排序

教幼儿排序实际上包含三个内容：按照物体量的差异排序（如从小到大或从大到小等）；按照物体数量的多少排序（如按数量逐一增加或减少，按数字由小到大或由大到小）；按照特定规律排序（如男女间隔排列）。这些内容都可以采用下列方法学习。

1. 示范讲解

幼儿开始学习排序时，教师先说明要求并示范，引导幼儿观察教师排序的过程和结果。教师可以采用先找两端再逐一排中间的步骤为幼儿做出示范，也可以采用先排中间再排两边的方法。

对于排序活动中的重点、难点，教师要重点讲解，向幼儿说明排序的基本要求和方法，明确排序的方向、起始线和规则，例如，高矮排序只能竖排；按长短排序时，要把物体的一端对齐；按形状排序，说明什么形状排第一,什么排第二,什么排第三。

2. 动手操作

教师提供各种材料,要求幼儿按成人的口头指示自己完成排序任务。幼儿有一定的排序经验后,教师再创造条件让幼儿自由排序,幼儿可以按自己的兴趣和想象自由选择、自定规则,排列出各种序列。

3. 探索物体序列中的规律

在进行三个物体的排序时,可以通过提问让幼儿思考、讨论,引导幼儿发现序列中的可逆性、双重性和传递性。

排序中的可逆性,是指按一定顺序排列的物体,反过来也形成一定的顺序排列。例如,从大到小排列的物体,逆排列就是从小到大排列。

排序中的双重性,是指按顺序排列的物体中,任何一个元素的量,都比前面一个元素大,又比后面一个元素小。

排序中的传递性,可理解为如果 A＞B、B＞C,那么 A＞C,在比较过程中,A 和 C 没有直接比较,而是通过 B 这个中介将关系传递(推理)过去。

在排序教学中,应注意以下几个问题:先小数量排序,再大数量排序;先按量的差异排序,再按数量排序,然后再按特定规律排序;先参照排序,再独立排序。

（三）量的守恒

量的守恒是指物体的大小、长短等不受物体的外形和摆放位置的变化而改变。量的守恒包括长度守恒、面积守恒、容积守恒、体积守恒等。量的守恒的教学在幼儿认识了相应的量的基础上进行。

1. 运用单个物体量的变式

量的变式,即通过变换图示,添加干扰因素,使幼儿做到不受外部因素变化的影响而认识到量的不变性。例如,长度守恒,可用同一根绳子摆出长度的各种变式,逐一记录,让幼儿判断它们是否一样长。

2. 运用同等量的两份物体进行比较

比较时,先用同等量的两份物体进行比较,确认是一样的,然后把其中一份进行变式,再引导幼儿将变式量和原来的量进行比较,以判断它们还是一样的。例如,体积守恒,可用大小形状相同的两块橡皮泥,其中一块捏出不同的形状(变式),让幼儿比较观察,学习体积的守恒。

3. 运用数表示量的守恒

有些量的守恒,可以用单位的数量是否相等作出判断。例如,面积守恒,四个小正方形可以组成一个大正方形,也可以组成两个长方形或一个大长方形,只是排列不一样,其面积是守恒的。

4. 渗透整体与部分关系的思想

量的守恒教学中,许多量的变式都涉及整体量和部分量的守恒。例如,容积守恒,一大杯水可以倒在两个或多个小杯子中,所有小杯子中的水的总和与大杯子中的水是等量的。

（四）自然测量

自然测量是指利用自然物作为量具进行的直接测量。如测量长度的自然物可以有冰棒棍、小竹竿、绳子、脚步、手掌等,测量容积的自然物可以有小碗、小瓶等。

1. 讲解示范,教幼儿学习自然测量

首先引导幼儿通过目测判断物体的量,然后引导幼儿学习用自然物对物体的某一量进行测量。在学习测量的过程中,首先要让幼儿明确测量对象及测量工具,其次要向幼儿讲解测量要领(要求)。测量要领包括四部分。(1)怎样开始测量:测量工具的一端与被测量的量的一端对齐。(2)怎样做测量标记:每次测量时在测量工具的一端做个记号。(3)怎样移动测量工具:测量工具要做水平方向移动。(4)怎样统计测量的结果:测量完后计数测量的标记有多少,并记住最后的量数作为测量的结果。

可以用自然测量的方法测量一个物体,也可以用自然测量的方法比较两个物体的不同,运用的步骤不一样,教师要讲解清楚。

2. 实践操作,幼儿自己动手学习测量

幼儿了解了测量的基本方法后,可以让幼儿亲自动手学习测量物体。在幼儿的操作活动中,教师要注意以上四个要领的检查。在幼儿操作时,教师可以提供给幼儿一些测量对象和测量工具,让幼儿操作,也可以让幼儿自由选择测量对象和测量工具自己测量,然后交流测量的情况和结果。幼儿初步学会自然测量后,要注意在日常生活中创造机会进行测量活动的练习。

3. 探索和初步理解测量工具与测量结果之间的关系

在测量过程中,通过使用多种测量工具,可以让幼儿发现:不同大小的量要用不同大小的测量工具测量。还要引导幼儿进一步认识到:用不同的测量工具测量同一个物体时,其结果是不同的。测量的工具长(大),量的次数就少;测量的工具短(小),量的次数就多。因此,要比较两个物体等量或不等量时,应该用同一种测量工具进行测量,才能正确地比较出结果。

四、认识量的活动案例及评析

案例展示台

小班数学活动:小动物郊游

活动目标

1. 体验排序活动的乐趣,提高思维能力。
2. 初步探索大小排列的不同方法,并大胆表达排序结果。
3. 能将三个物体按大小的顺序进行排列。

活动准备

1. 背景图一幅;大小不同的汽车图片3张;大象、小猴、小松鼠卡片各一张。
2. 玩具:大小不同的娃娃、球、汽车、盘子、碗等(同种类的玩具3个)。
3. 幼儿能比较物体的大小。

活动过程

1. 情境导入,引起悬念。

(1) 教师创设情境引出问题:今天,几只小动物想去郊外游玩,它们准备坐汽车去,请小朋友们看看它们分别上了什么车。

(2) 出示背景图,把大小不一样的汽车摆放在背景图上,小松鼠坐上最大的汽车,大象坐在最小的汽车上。请幼儿观察:小动物们是否上错了车? 为什么? 应该怎么办?

2. 仔细观察,分析问题。

(1) 师:请小朋友看一看,比一比:这些动物谁最大? 谁最小? 然后告诉老师。

引导幼儿说出大象最大,小松鼠最小;小猴比大象小,比小松鼠大。

(2) 比一比,说一说,这些汽车哪辆最大,哪辆最小?

引导幼儿得出结论:小动物们坐错了车,大象坐在小汽车上,小松鼠坐在了大汽车上。

3. 动手操作,解决问题。

(1) 按大小规律给汽车排序。

请幼儿根据大小把汽车排好队,先从三辆汽车中找出最大的汽车,放在第一个位置上(或放在最后的位置上),再从剩下的两辆汽车中选出大的一辆放在第二个位置上,将剩下的那辆汽车放在第三个位置上(或放在最前面的位置上)。

(2) 送动物上车。

把大象、小猴、小松鼠分别送到适合自己的汽车上。大象送到最大的汽车上,小松鼠送到最小的汽车上,小猴子送到中间的汽车上。

小结:从小到大来排队叫"从小到大排序",从大到小来排队叫"从大到小排序"。

4. 做一做,说一说。

(1) 为幼儿提供一些大小不同的玩具(娃娃、球、汽车、盘子、碗等),让幼儿根据指示分别把最大的和最小的拿出来,并说出"哪个最大,哪个最小"。

(2) 排序练习。

① 要求幼儿按照老师的指示(从大到小或从小到大)进行排序。

② 幼儿分组按照自己的意愿排序,但是要说出"我是从大到小排的"或"我是从小到大排的"。

5. 小结。

师:小朋友真能干,能先看一看,比一比,找出最大的和最小的,然后将这些物体按从大到小或从小到大的顺序进行排序。

活动延伸

1. 游戏"戴指环":制作指环的材料可以是稻草、彩色纸条、毛线、彩色纤维条等。教师根据幼儿手指的大小做指环,请幼儿找出适合自己手指大小的指环戴在手指上。

2. 手工活动:给幼儿提供橡皮泥,让幼儿搓三个大小不同的"汤圆",并说说哪个最大,哪个最小。

(活动设计:湖南省衡阳市实验幼儿园　刘扬)

活动评析

该活动创设了一个问题情境,给了幼儿很多敢想、敢猜测、敢操作、敢表达的机会,幼儿兴趣浓厚,参与的积极性也高。幼儿在游戏的情境中解决问题,在比较大小、按大小排序等各种新的挑战和不断成功解决新问题的过程中获得自信心,感受和体验其中的乐趣。这样既有利于促进幼儿思维能力的发展,又能将数学教育与科学教育有机地统一起来,从而"在生活和游戏中感受事物的数量关系并体验数学的重要和有趣"。

第六节　认识几何形体的教育

一、幼儿对几何形体的认知发展特点

(一)从局部、粗略的感知到精确辨认

幼儿早期认识形体只注意到外部轮廓,不善于区别图形的细微差别,没有曲、直之分。4岁以后,逐步能把曲线图形和直线图形区分开来,但有些直线图形还不能很好地区分。6～7岁才能较准确地区分常见的图形,并掌握一些图形的基本特征。幼儿从笼统认识到对各种形体精确认识,从先区分曲线图形和直线图形,到再区分平面图形和立体图形。

(二)常把物体与形体相混淆,常用物体名称取代形体名称

我们周围的环境中充满了大量的具有各种形状的物体,幼儿在生活中看到的是具有各种形状的实物而非抽象的形体,幼儿能直呼的是物体的名称,而非数学意义上的几何图形的名称。幼儿对物体比较熟悉,而对几何图形则较陌生。因此,幼儿在认识几何图形时常常出现用物体名称取代形体名称的现象。如把圆形叫作"太阳",把正方形叫作"饼干"等。因此,教师在教幼儿认识几何形体时要注意引导幼儿观察比较物体的形状并告诉幼儿几何形体的名称,帮助幼儿从物体的形状中抽象概括出几何形体。

(三)平面图形与几何体相混淆

幼儿对物体的认识是整个的,是从整体开始的,他们平时所看到的具有各种形状的物体都是几何体。

而幼儿园数学教育活动中对形体的认识是先学习平面图形,再学习几何体。因此,幼儿在认识平面图形时,常常以体代面。例如,寻找正方形时幼儿会说"桌子是正方形的",在认识圆形时幼儿会说"镜子是圆形的"等。对此,教师要注意引导幼儿观察二者的不同。

(四)对几何形体的认识与生活经验有关

幼儿认识几何形体易受生活经验的影响,生活中常见物体的形状幼儿容易认识,反之,认识起来较困难。因此幼儿认识平面图形的顺序是:圆形—正方形—三角形—长方形—椭圆形(半圆形)—梯形。幼儿认识几何体的顺序是:球体—正方体—圆柱体—长方体。

(五)没有形成形体守恒的观念

幼儿对形体的认识会受到几何形体大小和摆放位置的影响,如正方形45°摆放、长方形转90°摆放,幼儿就不认识。因此在教幼儿认识几何形体时教师要强化幼儿对形体特征的认识,并注意对幼儿进行形体守恒和面积守恒的训练,帮助幼儿形成物体的形状和面积守恒的观念。

二、认识几何形体的教育目标

(一)小班

(1)认识圆形、正方形、三角形,知道这些图形的名称和基本特征,并能用自己的语言描述。
(2)能根据实物或图形的标记对圆形、正方形、三角形进行匹配或归类。
(3)能不受图形颜色、大小的影响,对圆形、正方形、三角形进行分类。
(4)体验物体的对称性,会匹配对称图形,能区分整体与部分。

(二)中班

(1)认识长方形、椭圆形、梯形,能正确说出这些几何形的名称,知道其基本特征。
(2)能感知物体的形体结构特征,画出或拼搭出该物体的造型。
(3)能不受图形颜色、大小、摆放位置等的影响,正确地辨认图形,会按照图形的不同进行分类。
(4)会剪对称图,能按对称与不对称的标准将物体进行分类。

(三)大班

(1)认识球体、正方体、圆柱体、长方体,能正确说出几何体的名称和基本特征。
(2)能不受颜色、大小、摆放位置的干扰,辨认立体图形并进行分类。
(3)能用常见的几何形体有创意地拼搭和画出物体的造型。
(4)能理解等分的意义,会对图形或物体进行二等分和四等分。

三、认识几何形体教育活动的设计与指导

(一)认识平面图形的方法

1. 运用视觉、触摸觉感知图形,掌握图形的基本特征

数学意义上的平面图形在生活中是不存在的。生活中存在的是具有各种形状的物体,而物体都是几何体,平面只是几何体的一个部分。为了使幼儿分清平面与几何体,在教幼儿认识平面图形时可以选择尽量接近平面图形的物体做教具。观察感知的基本步骤如下:(1)观察2~3个实物,触摸感知物体面的轮廓;(2)观察图形与实物,找出其相同点;(3)告诉幼儿这种图形的名称、特征;(4)出示颜色、大小、摆放形式不同的图形,理解图形守恒。图形守恒指的是辨认图形时不受图形颜色、大小、摆放位置等的影响。

2. 通过图形和图形的比较,认识图形,掌握图形的基本特征

在已经认识了某些图形的基础上,可以把要认识的新图形与认识过的相近图形重叠,找出相同点与不

同点,从而掌握新的图形的名称和特征。这种方法一般适用于中班幼儿。例如,认识长方形时为幼儿准备一个正方形和一个长方形(注意正方形的边长与长方形的短边一样长,两种图形的颜色最好不同,这样便于幼儿观察),引导幼儿将两个图形进行比较,先看看它们有什么相同,再看看它们有什么不同。这样可以突出长方形的特征,使幼儿更好地认识长方形。

3.通过对图形的分割与拼合,认识图形之间的关系

幼儿对图形之间关系的认识,主要是通过分割与拼合的操作活动进行的。分割,就是把一个平面图形分成两个或两个以上相等或不相等的图形。拼合,就是把两个或两个以上图形拼合成一个图形。在教学内容上应从简单到复杂,先等分,后不等分;先二等分,再四等分;先分割,再拼合。

4.通过操作或游戏等多种活动,巩固对图形的认识

幼儿初步认识平面图形,可以通过让幼儿动手操作或游戏等活动,加深对图形的认识,并进一步调动幼儿学习的积极性。常见的活动有以下几种。

(1)按名称取图形。

(2)图形分类。

(3)给平面图形涂色或连线活动,盖图形印章。

(4)寻找图形和与图形相似的物体。

(5)拼图活动。

(6)折叠、剪切、撕、画图形。

(二)认识立体图形的方法

1.运用视觉、触摸觉感知几何体及其特征

认知几何体时,可以看一看、摸一摸、动一动几何体,全面感知几何体的特征。例如,学习球体时,让幼儿自由观察、触摸和摆放皮球、乒乓球、玻璃球等,思考它是什么样子的,摸上去有什么感觉,放在桌上或地上会怎样。

2.比较平面图形与几何体以及几何体之间的不同

比较平面图形和立体图形,引导幼儿探索发现立体图形有长、宽、高,平面图形只有长和宽,只在一个平面上。例如,比较正方形和正方体的区别,正方形只是正方体的一个面,正方体有六个正方形的面。

立体图形之间的比较在于突出图形之间特征的异同,使幼儿在原有几何体知识的基础上获得新的认识。

3.通过操作或游戏等多种活动,巩固对几何体的认识

(1)手工制作活动。

(2)分类活动。

(3)寻找活动。

(4)拼搭活动。

四、认识几何形体活动案例及评析

案例展示台

小班数学活动:有趣的图形

活动目标

1.复习巩固对圆形、三角形、正方形的认识,能正确地辨认图形。

2.会按图形的外形特征匹配图形,体验游戏的快乐。

活动准备

1. 彩色立体房子;硬卡纸和彩色纸制成的圆形、三角形、正方形。
2. 兔子手偶一个;用图形卡纸拼出的图纸三张:一艘船、一辆车、一个花瓶与花。
3. 幼儿已认识圆形、三角形、正方形。

活动过程

1. 情境表演,引出主题。

师(戴上兔子手偶扮演小兔):小朋友好,我是小兔! 这是我的新房子,我的新房子漂亮吗?

2. 讨论活动,巩固对图形的认识。

师:小朋友看,小兔家的新房子有哪些图形形状?

(1)小兔家的房顶是什么形状的? 三角形是什么样的?

(2)小兔家的房身是什么形状的? 正方形是什么样的?

(3)小兔家的门是什么形状的? 圆形是什么样的?

3. 游戏:铺路。

(1)师:小朋友,小兔子想邀请我们到它的新房子去玩,可是它有些不好意思,因为小兔家门口有各种形状的坑,我们能不能想出好办法,把小兔家门口的坑填平?

(2)师:那我们一起来铺路吧,请你们把圆形的卡纸放进圆形的坑里,把三角形卡纸放进三角形的坑里,把正方形卡纸放进正方形的坑里……直到把坑全部填平。(教师边讲边演示)

(3)幼儿操作。要求幼儿根据坑的形状、大小,寻找相应的图形卡纸进行匹配。

4. 制作礼物。

(1)师:小朋友,我们去小兔家玩,你想送什么礼物给小兔呢? 老师准备了一些图纸,我们用图形卡纸来摆出这些东西送给小兔,好吗?

(2)拼搭活动:让幼儿用几何图形复制图纸上的物体,如照图纸拼出一艘船或车等(提供给幼儿的几何图形,可以和图纸上的一样大小,也可以是按比例放大或缩小的图形,以增加复制的难度)。

5. 结束部分。

师:小朋友的礼物都准备好了吗? 现在我们就把礼物给小兔送去,到小兔家去玩吧!

活动延伸

1. 拼搭活动:在数学区,提供圆形、三角形、正方形彩色卡纸,让幼儿根据经验自由拼搭各种图案。
2. 制作活动:既可以让幼儿给某类图形涂上指定的颜色,又可以让幼儿在有几种图形的纸上剪下某一类图形,还可以让幼儿用钉板勾出图纸上的几何图形。

(活动设计:湖南省衡阳幼儿师范高等专科学校附属幼儿园　杨靓)

活动评析

小班幼儿认识几何图形更多采用归纳的方法,即在接触了大量图形后才能逐步归纳出同一类图形的共同特征。所以,活动设计不宜让幼儿从认识图形的概念入手,而应为他们提供各种感知图形的活动,如找出相同的图形、照样子做图形、用几何图形拼搭各种物体等。让幼儿在活动中充分感知不同图形的特征,为以后概括提炼各种图形的特征奠定基础。在圆形、三角形、正方形这三种图形中,幼儿认识的难点是三角形,因为这种图形有许多变式(即不同形状的三角形),活动中应该出现各种不同形状的图形,消除幼儿认识上的定式。

大班数学活动:图形王国

扫码看文案

第七节　认识时间的教育

一、幼儿对时间的认知发展特点

时间是物质运动、变化过程的持续性和顺序性的反映。时间是一种可以测量的连续量,属于数学学习的范畴。幼儿对时间的认识表现出其特有的特点。

（一）认识时间比较困难

时间没有直观的形象,它看不见也摸不着,但它是客观存在的,同时时间又总是与某种自然现象联系在一起。由于时间没有直观的形象,因此幼儿认识时间比较困难。再现往往趋于缩短。

（二）表达时间的词汇具有含糊性

幼儿使用的时间词汇,经常不是表示确定时间单位的词汇,而是表示时间顺序的和不确定时间单位的词汇,如"先""然后"(表示顺序)、"有时""有一天"(不确定时间)等。在使用时间单位的词汇时,也不能确切地理解它们的含义,如他们往往用"昨天"泛指过去的时间。

（三）易受生活经验的影响

幼儿对时间的感知是在感性经验的基础上形成的。对于年龄较小的幼儿来说,这种感知往往与他们的生活事件相联系,如对"晚上"的理解,就是天黑了,就会与"睡觉"等生活事件相联系;"夏天"是小朋友们穿裙子、短裤和游泳的时候;"星期日"就是不用上幼儿园的日子;等等。越是与他们日常生活联系紧密的时间单位,幼儿越容易掌握。

二、认识时间的教育目标

（一）小班

初步理解早上、晚上、白天、黑夜的含义,并能在日常生活中正确运用这些词汇。

（二）中班

理解昨天、今天、明天的含义,并能在日常生活中正确运用这些词汇。

（三）大班

(1) 认识钟表及其用途,知道时针和分针的名称和运转规律,学会看整点与半点,会记录时间。
(2) 知道一个星期有七天,以及这七天的名称和顺序,知道今天、昨天、明天分别是星期几。

三、认识时间教育活动的设计与指导

（一）通过日常谈话或日常活动帮助幼儿认识时间

日常谈话是指教师利用日常生活中与幼儿交谈的机会,让幼儿理解时间概念,帮助幼儿丰富关于时间方面的知识。日常生活中有大量的谈话机会,如晨间谈话、离园前谈话等。

也可通过日常活动帮助幼儿认识时间。例如,提醒幼儿今天(明天)谁值日,今天是星期几,或通过幼儿期盼的节日活动或生日活动,进行时间教育。

（二）游戏活动

各类游戏活动是幼儿认识时间的主要途径之一,可以设计一些需要运用到时间概念的游戏,如"娃娃家""运动会""火车几点开"等,让幼儿在游戏中不断地感知时间、理解时间,并能正确使用时间词汇。

（三）看图谈话

教师可通过数学课帮助幼儿整理和巩固对时间的认识。可提供表示一天中不同时间段的图片,让幼儿观察和讨论图片中的内容和情节,帮助幼儿巩固对一天各组成部分及其连续性的认识。运用看图谈话时,要注意所设计的图画要有明确的时间性质,正确反映时间,方便幼儿观察理解。

（四）多种方法认识时钟,学会看整点与半点

认识时钟是大班时间概念教学的一个重点与难点,教幼儿认识时钟的方法有如下几种。

1. 讨论时钟的用途

教师可以结合幼儿的日常生活提出问题,让幼儿讨论时钟在我们生活中有什么作用。

2. 观察讲解钟面的结构

教幼儿认识时钟,首先要认识钟面的结构。钟面的 12 个数字及排列方向、分针与时针、两根针的运动方向及速度,这三个因素叫时钟三要素,讲解时这三个要素一定要讲清楚。

3. 演示讲解时针分针转动的规律,认识整点与半点

先认识整点,再认识半点。教师把时针分针都拨到 12 上,边讲解边演示时针分针都是顺着 1、2、3……12 的方向走动的。演示整点时,要强调分针在 12 上,时针在几,就是几点整。在认识整点的基础上认识半点,演示半点时,强调分针在数字 6 上,时针在数字几下面一格的一半就是几点半。

4. 多种方法进行巩固和强化

（1）操作活动:教师报时间,幼儿拨出时间或画出时间点;幼儿报时间,教师拨钟点。

（2）观察活动:出示不同时间的时钟挂图,让幼儿辨认;观察各种类型的钟表图,了解时钟的种类。

（3）游戏活动:例如,传统游戏"老狼老狼几点了"和"时钟"。"时钟"的玩法:12 个幼儿做数字围成圈,两个幼儿做时针和分针指点时间,其他幼儿报出时间;或者其他幼儿报点钟,扮演分针和时针的幼儿用手臂表示出时间,其他幼儿检查是否指对。

四、认识时间活动案例及评析

案例展示台

大班数学活动：认识日历

活动目标

1. 初步了解年月日,感知年月日之间的关系;运用不同的数数法探究:一年有 12 个月,一个月 30(28、31)天,一年有 365 天。

2. 知道记录时间"年月日"的叫作日历,了解日历的种类,学会看日历,并能在日常生活中运用。

活动准备

1. 大字卡"年、月、日、31、30、28、365"各一张;各类挂历、台历、月历、日历;操作卡幼儿每人一份。

2. 自制外形似房子状的 2024 年 1 月~12 月的月历(大月、小月、2 月数房子大小有区分,每间房子上有月份标记)。

3. 幼儿知道一个星期七天的名称和顺序。

活动过程

1. 出示"房子"和字卡,激发兴趣。

引导语:小朋友看看老师今天带来了什么?对了,房子。老师还带来了神秘的字卡,这神秘的字卡与房子有什么联系呢?

2. 听故事《年妈妈》,了解日历。

教师讲述故事后提问:(1)从前有个妈妈叫什么名字?(年)(2)年妈妈的娃娃叫什么名字?(日)(3)年妈妈有许多日娃娃,究竟有多少日娃娃呢?(365)(4)这些日娃娃都住在哪里呢?这些房子的名字叫什么(月)?这些房子有什么不同?

小结:年妈妈有365个日娃娃,这些日娃娃住在12座房子里,这些房子有的大,有的小,还有一座房子屋顶是平的。

3. 猜想数字卡与"房子"的联系,明确探索任务。

(1)提问:这些房子为什么不一样呢?我们去问问年妈妈。

教师一边出示字卡,一边讲解:年妈妈说了,她安排大房子住31个日娃娃,小房子住30个日娃娃,平顶房子住28个日娃娃。

(2)请小朋友说一说,哪些房子里住了31个日娃娃?(1、3、5、7、8、10、12)哪些房子里住了30个日娃娃?(4、6、9、11)平顶房子住28个日娃娃是几号房子?(2)

小结:大月有1月、3月、5月、7月、8月、10月、12月,大月都有31天;小月有4月、6月、9月、11月,小月有30天;最小的月是2月,有28天。

4. 小游戏:看谁数得又快又准。

玩法:请小朋友右手握拳,伸出左手食指点数拳头凹凸处,从凸出的关节处开始数:1月大,2月平(凹)、3月大(凸)、4月小……看谁数得又快又准。

5. 幼儿操作,了解日历。

提问:(1)一年的开始是哪个月?(1月)一年的结束是哪个月?(12月)

(2)小朋友告诉我,今天是几月几日?(1月22日)请你从日历里找出来,用红笔标记。

小结:××小朋友的方法很好,先找到1月,再找到22日,然后用笔画一个圆圈标记。

(3)一年有许多节日,今年的元旦1月1日在哪里?请一个小朋友上来从日历里找出来。(同样的方法找出儿童节、教师节、国庆节等)

(4)小朋友知道老师的生日是哪一天吗?(教师在日历上标记生日)请小朋友一个一个上来,先说出自己的生日,然后在日历上标记自己的生日。

6. 了解日历的种类。

提问:(1)小朋友们,除了这些"房子"可以看日期,你们在家里是用什么看日期的?

(2)出示不同的日历,提问:请你告诉我,你们家里是用哪种日历?

小结:对了,挂在墙上的日历叫挂历,放在桌上的日历叫台历,挂在墙上的每天翻一页的也叫日历。除了挂历、台历、日历能看日期,还有电视机、电脑、钟表、手机上也能看到日期。

7. 操作练习,强化巩固。

每个幼儿一张操作卡,回答年妈妈的问题:

(1)请在12月的日历上找出今天的日期。

(2)一年有多少天?

(3)一年有几个月?

(4)展示并评价操作卡,活动结束。

活动延伸

1. 日常活动:在日常生活中,引导幼儿学习查看日历,并说出日期。

2. 区域活动:组织幼儿观察闰年挂历,引导他们发现2月,从而了解"特殊"一年有366天,每4年就有一次。

附自编故事:

很久很久以前有一个妈妈,妈妈的名字叫年。年妈妈有许多许多的娃娃,她有365个娃娃,他们的名字都叫日。日娃娃住在一起,非常非常地拥挤,于是年妈妈为日娃娃造了12座房子。大房子有7座,小房子有4座,最小的房子有1座,这12座房子有一个共同的名字叫月。等房子造好了,年妈妈就让娃娃住在房子里,年妈妈安排大房子住31个娃娃,小房子里住30个娃娃,最小的房子里住28个娃娃。

(活动设计:湖南省衡阳市政府机关第二幼儿园　封莉莎)

活动评析

本活动选择了幼儿日常生活中经常见到的日历、挂历、台历等来让幼儿认识日期,查阅日期,活动中充分体现了《指南》精神:"引导幼儿感知和体会生活中很多地方都用到数,关注周围与自己生活密切相关的数的信息,体会数可以代表不同的意义。""鼓励和支持幼儿发现、尝试解决日常生活中需要数学的问题,体会数学的用处。"活动开始,教师通过"房子"和有趣的字卡吸引幼儿的注意力。接着通过《年妈妈》故事,让幼儿认认、想想、说说、做做,让幼儿在不断的探索中不知不觉中知道了年月日,感知到了年月日间的关系。最后通过操作练习,强化巩固已获得的知识。整个活动每一环节都环环相扣,层层递进。

第八节　认识空间方位的教育

一、幼儿对空间方位的认知发展特点

(一) 发展顺序从上下到前后、左右

幼儿在掌握空间方位的过程中最早分出的是垂直的上下方,然后是水平方向的前后和左右。这是由幼儿身体的垂直位置所决定的。不管幼儿的身体位置怎么移动,其上下方位的位置是不会改变的,所以幼儿容易辨别。前后、左右的位置都是具有方向性和可变性,会随幼儿身体位置的改变而变化,因此,前后、左右方位的辨别较上下方位的辨别要困难些,尤其是辨别左右方位更困难。前后方位的辨别可以以幼儿的脸的方向为参照,所以幼儿对前后方位的辨别较左右容易。我国心理学研究一般认为,3岁儿童能辨别上下,4岁能辨别前后,5岁以后是左右概念的发展期。

(二) 以自身为中心到以客体为中心

以自身为中心,是以自身为出发点来辨别周围客体的方位。在幼儿认识方位的过程中,幼儿首先学会的是辨别自己身体部位的方位。如身体的上面是头,下面是腿和脚;身体的左边是左耳、左手、左腿、左脚,身体的右边是右耳、右手、右腿、右脚;前面是脸,后面是背等。在此基础上,幼儿再以自身为中心来确定周围客体的空间方位。

以客体为中心,是从客体出发确定与其他客体之间的相互关系。幼儿辨别以客体为中心的上下和前后比较容易,但辨别以客体为中心的左右,则较困难,开始幼儿往往要站在客体的位置上才能确定,5~6岁的幼儿只能以自我为中心区别左右,不能区别客体的左右。

(三) 辨别空间方位的区域逐渐扩展

开始学习辨别方位时,幼儿往往只局限于距离自己比较近的,正对着自己的前面、后面、左面、右面的物体的方位,对于方位稍微有一点偏斜的或距离自己较远的物体,幼儿判断往往有一定困难。随着年龄的增长,在正确的教育下,5岁以后的幼儿不仅可以辨认离自己近的物体的方位,而且可以辨认离自己较远的物体的方位或自己的斜前方、斜后方,以及偏左或偏右物体的方位。

二、认识空间方位的教育目标

（一）小班

（1）能感知物体基本的空间位置与方位，理解上下、前后、里外等方位词。

（2）区分并说出自己身体部位的上下、前后方位并能做出相应的向上、向下、向前、向后的动作。

（二）中班

（1）能以自身为中心，按指令做出向上一向下、向前一向后、向外一向内等相对的动作。

（2）能使用上下、前后、里外、中间、旁边等方位词描述物体的位置和运动方向。

（三）大班

（1）发展幼儿的左右方位感，能辨别以自己为中心的左右，在日常生活中正确运用"左""右"方位词。

（2）初步理解不同视角所看到的物体是不同的，发展空间旋转的认知能力。

三、认识空间方位教育活动的设计与指导

（一）以自身为中心认识上下、前后、左右

幼儿对空间方位的认识是从对自己身体部位的方位的认识开始的。教师在教幼儿认识空间方位时，可以先让幼儿认识自己身体各部位的位置关系。例如，让小班幼儿认识自己的身体上面有什么，下面有什么；让中班幼儿认识自己身体的前面是脸，后面是背；让大班幼儿认识，左手做什么，右手做什么。在幼儿直接感知的基础上将表示方位的词与幼儿的身体部位相联系，使幼儿埋解方位词的含义。

幼儿认识了自身有关部位的方位后，进一步引导幼儿辨别自己与物体的方位关系，达到能正确判断物体间的方位关系。教师可以通过讲解告诉幼儿身体的前面、后面、左面、右面是哪个方位，并请幼儿在直接观察的基础上说说自己身体的前面有什么，后面有什么，左面有什么，右面有什么。

（二）以客体为中心认识上下、前后、左右

在认识客体的上下、前后、左右时，教师可以先进行讲解示范，告诉幼儿某个物体的上下、前后、左右的方位，还可以让幼儿站到物体的位置上去感知。

（三）在操作活动中认识上下、前后、左右

在操作活动中可以要求幼儿按教师的指令将某种物体放到指定的位置，或请幼儿自己将某物随意放在一个位置后，自己说出物体放在什么地方。

也可进行拼合图案的操作练习，教师将一幅图分成几个部分并打乱顺序，引导幼儿利用拼图范例板，在观察各部分图案细节特征的基础上，将几个部分拼成一幅完整的图画。

（四）在游戏或一日活动中认识上下、前后、左右

常见的认识物体空间范围的游戏有许多。如游戏"指鼻子眼睛"，教师发出指示，幼儿按要求指点自己身体的有关部位。又如游戏"摸耳朵"，教师发出指示"请小朋友用你的左手摸你的右耳，用你的右手摸你的右腿"等。再如游戏"捉迷藏"，游戏开始，幼儿自选地方躲藏起来，之后老师和其他幼儿来寻找，找到后要求幼儿说出自己藏在什么地方，或要求找的小朋友说出在什么地方找到了谁。

也可在幼儿的一日生活以及各种活动中进行空间方位的教育。例如，做早操时，手往上举、身体蹲下来等指令；吃饭时，请小朋友左手扶碗，右手拿勺子；音乐和体育活动中，离不开向上、向下、向前、向后、向左、向右等动作的运动方向。

四、认识空间方位活动案例及评析

案例展示台

大班数学活动：我有一双小小手

活动目标

1. 能以自身为中心区别并说出左右方位的物体。
2. 能辨别左右运动方向并按指定方向运动,发展空间方位知觉和判断力。

活动准备

将活动室内桌椅布置成环形,准备小星星贴纸若干。

活动过程

1. 猜谜语。

一样东西人人有,一只左来一只右,穿衣吃饭都靠它,它是我的好朋友。(谜底:手)

2. 区分左右手。

(1) 谈话:我们都有一双手,一只左来一只右。哪只是左手? 哪只是右手? 请你举手告诉我。

(2) 讨论:左手和右手都有哪些本领?

引导幼儿从多角度讨论左右手的作用,例如:你吃饭的时候左手拿什么?(碗、筷子或勺子)右手拿什么?(碗、筷子或勺子)你写字用哪只手? 拍球用哪只手?

3. 游戏"听口令"。

举一举:(老师指示)"举起你的右(左)手。"幼儿边举起右(左)手边说"举起我的右(左)手"。

拉一拉:用右手拉右耳,用左手拉左耳;用右手拉左耳,用左手拉右耳。

拍一拍:用右手拍右腿,用左手拍左腿;用右手拍左腿,用左手拍右腿。

4. 找一找,说一说,做一做。

(1) 你的左边坐着谁? 你的右边坐着谁?

(2) 小朋友们以自己为中心找找并说说,你的左边墙上挂些什么,右边墙上挂些什么?

(3) 请根据老师的指示做:向左转,向右转,向左走三步,向右走两步,向左转一圈,向右转三圈……

5. 游戏:找座位。

(1) 音乐开始,小朋友在椅子周围围成一圈,边听音乐向左边移动,边说儿歌:小朋友听仔细,音乐停下找椅子(下一次游戏可以换成向右边移动)。

(2) 音乐停止,小朋友迅速找到椅子坐好。

(3) 请小朋友说一说:我的左边是谁,我的右边是谁?(或者说:谁在我的左边,谁在我的右边?)

(4) 同伴互相说一说:我的左边是谁,我的右边是谁?

活动延伸

1. 语言活动中,说一说:我的左手和右手能干什么?

2. 幼儿在活动区的方块上跳跃,单足跳或做动作,在辨认方块上几何图形的同时需说明他们是在用左足跳还是右足跳,是向左跳还是向右跳。

3. 可在日常生活中随机进行区分左、右手的活动。

(活动设计:湖南省衡阳市衡东县向阳幼儿园　谢华)

活动评析

能以自身为中心和以客体为中心区别并说出物体的左右方位,能辨别左、右运动方向并按指定方向运动,这是对大班空间方位的教学要求。本次活动以谜语导入,通过讨论分析来区分左手和右手。然后玩游戏听口令,让幼儿在操作中分辨左手和右手。最后通过寻找活动、方位游戏巩固幼儿对左右的理解。整个活动环节安排紧凑,层次分明,运用循序渐进的多种游戏形式让幼儿快速地掌握相关知识,在愉快的游戏中体验空间方位学习的快乐。

思考与练习

真题再现吧

一、单项选择题

1. 下列几何图形对幼儿来说最易辨别的是(　　)。

A. 长方形　　　　　B. 三角形　　　　　C. 梯形　　　　　D. 半圆形

2. 在方位知觉的发展中,儿童在(　　)岁能够正确辨别前后。

A. 3　　　　　B. 4　　　　　C. 5　　　　　D. 6

3. 下列幼儿行为表现中数概念发展最低的是(　　)。

A. 按数取物　　　　　B. 按物说数　　　　　C. 唱数　　　　　D. 默数

4. 芳芳数积木,花花问她有几块三角形,芳芳点数:"1、2、3、4、5、6,6块三角形。"花花又给她四块,问她现在有多少块三角形积木,芳芳边点数边说:"1、2、3、4、5、6、7、8、9、10,我有十块啦!"

就数学领域而言,下列哪一条最贴近芳芳的最近发展区。(　　)

A. 认识和命名更多的几何图形

B. 默数、接着数等计数能力

C. 以一一对应的方式数10以内的物体,并说出总数

D. 通过实物操作进行10以内加减法的运算能力

二、简答题

茵茵已经上了中班,她知道把2个苹果和3个苹果加起来,就有5个苹果。但是问她2加3等于几,她直摇头。

根据上述案例,简述中班幼儿数学学习的思维特点以及教育的启示。

三、活动设计题

以"送玩具回家"(实物归类)为题,设计一个小班的活动方案。

能力提升训练营

一、单项选择题

1. 教师引导幼儿观察上下电梯来"认识10以内的顺数、倒数",此内容适合的年龄班是(　　)。

A. 小班　　　　　B. 中班　　　　　C. 大班

2. 根据幼儿数学方面的认识特点,以下适合中班数学教育内容的是(　　)。

A. 认识整点和半点　　　　　B. 认识上下方位

C. 会手口一致地点数5以内的实物　　　　　D. 认识梯形

3. 教师引导幼儿将大的布娃娃归为一类,将小的布娃娃归为一类,这是让幼儿按(　　)进行分类。

A. 外部特征　　　　　B. 量的差异　　　　　C. 用途　　　　　D. 数量关系

4. 在"图形找家"活动中,教师引导幼儿把各种图形分别送到"家"中,此例运用了(　　)。

A. 比较法　　　　　B. 操作法

C. 启发探索法　　　　　D. 寻找法

5. 教师把同样的两杯水倒入高低、大小不同的杯子中,判断是否一样多,这是让幼儿理解(　　)。

A. 面积守恒　　　　　B. 长度守恒

C. 容积守恒　　　　　D. 体积守恒

二、简答题

1. 幼儿数学教育的总目标是什么?

2. 简述幼儿数学教育的内容。

3. 怎样教幼儿认识 10 以内基数、10 以内数的组成?

4. 如何教幼儿进行 10 以内数的加减运算?

5. 怎样教幼儿认识几何形体?

6. 如何引导幼儿在日常生活和游戏中认识时间?

三、案例评析题

1. 某教师在设计大班数学教育活动"认识圆柱体"时,确定了以下活动目标:(1)能在操作中观察比较、认识圆柱体的特征,初步懂得区分球体与圆柱体,能找出生活中与它们相似的物体;(2)发展幼儿观察、比较和综合概括的能力,提高幼儿的空间想象力、辨别力。

请评析这一活动目标的设计是否合理。你觉得应该怎样设计会更好?

2. 浏览 2~3 个幼儿园数学教育活动方案,尝试对活动方案进行评析。

四、活动设计题

1. 设计"5 的组成""5 的减法""学习 5 以内的数数"教育活动方案。

2. 设计"各种各样的梯形""认识 4 的相邻数"教育活动方案。

学习目标

1. 了解幼儿园美术教育的内涵和作用,理解幼儿园美术教育各层次目标和内容。
2. 掌握幼儿园美术教育活动设计的一般环节与组织原则。
3. 掌握幼儿园各类型美术教育活动的内容与指导要点。
4. 设计幼儿园美术教育活动方案并进行模拟试教。

知识导图

幼儿园美术教育活动设计与指导
- 幼儿园美术教育活动概述
  - 幼儿园美术教育的内涵
  - 幼儿园美术教育对幼儿的作用
  - 幼儿园美术教育的目标
  - 幼儿园美术教育的内容
- 幼儿园美术教育活动的设计与组织原则
  - 幼儿园美术教育活动设计的一般环节
  - 幼儿园美术教育活动的组织原则
- 幼儿园各类型美术教育活动的内容与指导
  - 幼儿园绘画教育活动的内容与指导
  - 幼儿园手工教育活动的内容与指导
  - 幼儿园美术欣赏活动的内容与指导

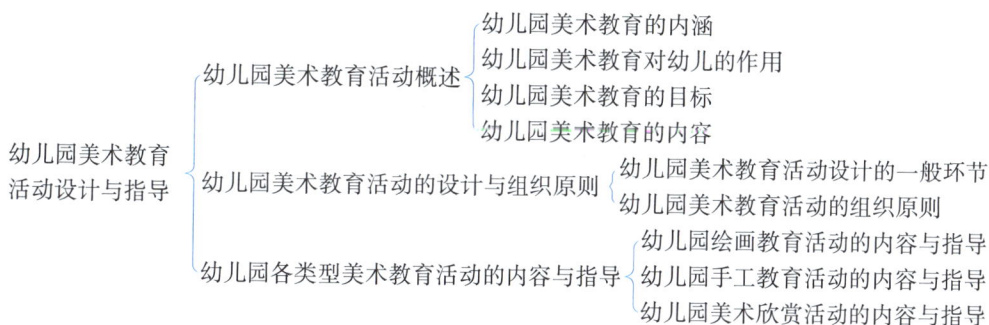

第一节　幼儿园美术教育活动概述

一、幼儿园美术教育的内涵

美术是指将有形的物质材料,运用线条、色彩、明暗、面体的组合,创造有空间、有美感、可视的平面或立体形象,以反映客观事物,表达作者的思想感情和美化生活的一种造型艺术或视觉艺术。美术来源于社会,能全面地反映社会生活;它是人们对社会生活、对世界的一种认识;它既反映现实美,又能创造艺术美。

幼儿园美术指3～6岁的幼儿所进行的美术欣赏活动和创作活动,它应该涵盖幼儿与美术(视觉艺术与操作)之间所发生的一切关系。一般包括以下几个方面。

(一)幼儿对美术语言的思考、领悟(审美思维)

幼儿对美的感悟,是幼儿对视觉艺术领悟与认识的开端。从孩子降生到这个世界开始,就在点点滴滴地进行视觉积累与审美学习。如知道太阳是红色的,小草是绿色的;我喜欢圆圆的太阳,美丽的小草……幼儿在不断接受环境的影响进行审美选择的同时,审美思维也逐渐得到发展。这既是幼儿美术学习的基础,也是幼儿美术的组成部分。

(二)幼儿对美术材料的操作游戏

幼儿对美术材料的尝试与操作使得他们开始了美术造型活动。幼儿操作使用的美术材料包括笔、黏土、剪刀、纸张、颜料等,这些都是幼儿喜欢尝试与操作的材料。幼儿操作材料进行美术造型活动的过程实际上就是游戏的过程,他们画出一个个小人儿,剪出一张张贴花,做出一个个彩蛋,如同他们在玩玩具一样,只是玩法不同而已。这样能使幼儿享受到制作的快乐,激发幼儿创作的兴趣与欲望。同时使他们对艺术语言与材料有了相当的认知与经验,成为其美术创作的技巧储备。

(三)幼儿的美术创作过程与作品(表达、表现)

幼儿的美术创作过程实际上是幼儿借美术语言来表达自己对周围世界的认识、情感和思想的过程。幼儿的作品是他们运用线条、形状、色彩和不同的材料来描绘塑造的所见所感。有时是对熟悉喜爱的人物、事物的描绘,有时是对周围环境不满的改造,有时是对自己喜怒哀乐的抒发……幼儿运用美术语言所作的表达、表现,促进了他们与周围世界的沟通、交流,同时也享受这一过程带来的安慰与回应。

总之,幼儿以自己的审美经验,运用艺术材料游戏般地体验创作与表达,并以视觉形式来传达他们对世界的理解与思考。因此,幼儿园美术教育活动是满足幼儿感受美的需要的情感教育活动,是以培养幼儿创造能力为核心的一种创造教育活动,是幼儿在教师指导下所进行的一种操作活动。幼儿园美术教育是以幼儿美术为手段,实施全面和谐发展教育的重要学科,是促进幼儿心理及其整体素质发展的良好途径。

二、幼儿园美术教育对幼儿的作用

(一)美术是幼儿学习、认识世界的另一种语言

幼儿天生喜欢画画,绘画既是幼儿自我表现的机会,也是其表达思想,宣泄情绪,想象、创造自己的多彩世界的另一种语言。同各种语言学习一样,幼儿在美术活动中能得到成人的鼓励、教导和帮助,从而乐于使用并慢慢擅长美术这种符号化的表达方式。而成人通过解读他们的画,就能了解幼儿的想法与行为,走进他们的内心世界。因此我们要把幼儿的画当作一种语言来解读,而不是苛求其如成人绘画般有完整、清晰的效果。

(二)美术是对幼儿实施审美教育的重要途径

美术作为一种语言、技能和文化,对它的理解和表现需要通过一定的学习来完成。从美术的角度讲,对幼儿实施审美教育主要包含以下两大方面的内容。

1. 美术对幼儿心灵的影响

美术是一种视觉艺术。在美术活动中,帮助幼儿运用感觉器官欣赏各种美术作品,能陶冶幼儿的情操,丰富幼儿对美的视觉经验,激发幼儿的审美情感。同时,通过成人的引导促进幼儿与这个世界的理解与交流,树立起健康的审美情趣。

2. 美术对幼儿美术能力的影响

美术活动能促使幼儿学习多种美术技巧。幼儿要摆弄各种美术工具与材料,体验美术形式与构成;在摆弄的过程中要动手操作,如执笔、画线、涂色、剪纸、折纸、捏泥等,从而培养幼儿的审美感知、审美想象和审美创造的能力。

(三)美术是统合幼儿个性与社会性,促进幼儿身心健康和谐发展的有效途径

一方面,美术与各领域的整合,幼儿在各领域的认知与情感都能通过美术加以形象性呈现,从而促进各领域的学习效果;另一方面,在集体美术活动中,幼儿交流与合作的能力增强了;在美术创作过程中,专心、耐心、克服困难坚持完成工作的习惯在养成;在幼儿的作品被认可与接受的同时,一种因自我肯定而产生的愉悦感在增强。除此之外,美术活动还是幼儿自由地表达自己的观点,抒发内心的情感,获得心理平衡的最安全有效的方式。因此,我们要认识到美术在促进幼儿向更完善的社会人迈进的意义。同时也要意识到,美术教育过程首先是一个精神成长的过程,即幼儿的感情、知觉、智慧、美感、心灵等各个方面统合

的成长过程。然后才成为科学获知过程的一部分。所以,美术教育是一种真正的塑造人的教育。

三、幼儿园美术教育的目标

幼儿园美术教育目标是幼儿美术教育的目的和要求的归纳,是幼儿园美术教育的具体标准和要求。幼儿园美术教育目标具有一定的结构性,可分为总目标、年龄阶段目标及具体的教育活动目标三个层次。

(一)幼儿园美术教育的总目标

幼儿园美术教育的总目标是对幼儿美术教育目标的最概括的陈述,是幼儿美术教育的最终目的,是制定其他美术教育活动目标的依据和基础。《纲要》明确规定了艺术领域的目标为:能初步感受并喜爱环境、生活和艺术中的美;喜欢参加艺术活动,并能大胆地表现自己的情感和体验;能用自己喜欢的方式进行艺术表现活动。

可以说,这一目标既考虑到幼儿发展的年龄特征,又考虑到社会对未来人才的要求。同时充分发掘了艺术特有的通过审美愉悦来健全完善幼儿人格的审美教育价值,体现了"感受与创造并重"的终身艺术教育观。其实质就是培养幼儿的审美感受能力和艺术创造能力。这种艺术教育观落实到幼儿园的美术教育中,我们认为,幼儿园的美术教育总目标可以表述如下。

(1)通过线条、形体、色彩等要素初步感受周围环境和美术作品中的形式美和内容美,对美具有敏感性。

(2)积极投入美术活动并通过各种造型要素自由表达自己的感受,体验美术创造的乐趣。

(3)初步尝试不同美术工具和材料的操作,并用自己喜欢的方式大胆地表现出来。

这一总目标体现了审美教育的性质,强调要培养幼儿的审美感知、审美情感和审美创造等基本能力,并指出了达到这一目标的途径,即通过教师引导幼儿对周围环境和美术作品的欣赏,幼儿在美术活动中自由自在的表达,以及幼儿对美术工具和材料的操作,对线条、形状、色彩、构图等美术形式语言的学习与使用来进行。

(二)幼儿园美术教育的年龄阶段目标

幼儿园美术教育年龄阶段目标是将幼儿美术教育活动具体分解和落实到幼儿各个年龄阶段的目标。在幼儿园美术教育总目标的指导下,《指南》的艺术领域目标部分从感受与欣赏、表现与创造两个方面,提出了3~4岁、4~5岁、5~6岁三个年龄阶段幼儿在美术学习与发展上应达到的合理期望与发展方向。具体表述见表7-1至表7-4。

1. 感受与欣赏

表7-1　目标1　喜欢自然界与生活中美的事物

3~4岁	4~5岁	5~6岁
喜欢观看花草树木、日月星空等大自然中美的事物	在欣赏自然界和生活环境中美的事物时,关注其色彩、形态等特征	乐于收集美的物品或向别人介绍所发现的美的事物

表7-2　目标2　喜欢欣赏多种多样的艺术形式和作品

3~4岁	4~5岁	5~6岁
乐于观看绘画、泥塑或其他艺术形式的作品	欣赏艺术作品时会产生相应的联想和情绪反应	1. 艺术欣赏时常常用表情、动作、语言等方式表达自己的理解 2. 愿意和别人分享、交流自己喜爱的艺术作品和美感体验

2.表现与创造

表7-3　目标1　喜欢进行艺术活动并大胆表现

3～4岁	4～5岁	5～6岁
经常涂涂画画、粘粘贴贴并乐在其中	经常用绘画、捏泥、手工制作等多种方式表现自己的所见所想	1.积极参与艺术活动,有自己比较喜欢的活动形式 2.能用多种工具、材料或不同的表现手法表达自己的感受和想象 3.艺术活动中能与他人相互配合,也能独立表现

表7-4　目标2　具有初步的艺术表现与创造能力

3～4岁	4～5岁	5～6岁
能用简单的线条和色彩大体画出自己想画的人或事物	能运用绘画、手工制作等表现自己观察到或想象的事物	能用自己制作的美术作品布置环境、美化生活

（三）幼儿园美术教育的活动目标

幼儿园美术教育活动目标是指某一具体的美术教育活动的目标。幼儿园美术教育的总目标和年龄阶段目标最终都要通过教育活动目标才能落实,美术教育活动目标既是对活动结果的预示,也是对幼儿提出的具体活动要求。教师在制定活动目标时应注意以下几个方面。

（1）活动目标定位要适宜,关注幼儿的发展。一方面,活动目标应适应幼儿已有的发展水平,符合他们美术学习发展的规律和特点;另一方面,活动目标应把促进幼儿的发展作为落脚点,也就是说,要为幼儿创造最近发展区。

（2）活动目标要体现整合性。一方面,活动目标要考虑幼儿的认知、情感、技能、创造等多方面的整合;另一方面,活动目标要考虑美术与其他教育领域的整合。

此外,教师在制定教育活动目标时,应具体、明确,有较强的针对性、可操作性;应全面、透彻地把握各层次目标的关系,确保目标的实现,达到良好的教育效果。

四、幼儿园美术教育的内容

幼儿园美术教育内容是指幼儿园美术教育中幼儿所要学习的形式、美术内容及其运用的总和。幼儿美术教育内容的选择应遵循幼儿心理逻辑和生活逻辑,还应考虑美术学科所具有的独创和审美这一本质特点。

（一）幼儿园美术教育内容

在幼儿园,美术教育的内容一般可分为绘画、手工、欣赏三大方面。

1.幼儿绘画的教育内容

幼儿绘画教育活动是幼儿学习运用简单的绘画材料和工具(如蜡笔、水彩笔、油画棒、水粉颜料和各种纸张等),通过线条、形状、色彩、构图等手段,创造可视的形象,以表达自己审美感受的一种美术教育活动。它的主要内容有如下几点。

（1）绘画工具和材料的认识和使用。

①了解各种绘画工具和材料的性质。例如,油画棒的油性,水彩颜料的水性,宣纸的渗透性等。

②掌握各种绘画工具和材料的正确使用方法。从不同的工具和材料看,幼儿可学习蜡笔画、彩色铅笔画、彩色水笔画、彩色粉笔画、水粉画、棉签画、指点画、印章画、蜡笔水粉画、纸版画等。

（2）学习用线条、形状、色彩、构图来表现自己的生活感受和想象。

①线条:有线条的形态和线条的变化。

②形状：幼儿对形状的学习主要包括基本几何形状的组合以及自然形体等。

③色彩：幼儿对色彩的学习主要包括色彩的色相、明度的辨认和色彩的运用。

④构图：幼儿需要逐步学习如何处理绘画中形象的分布和主次关系。

（3）学习正确的绘画姿势、握笔方法和集中注意力完成作品等良好的绘画习惯。

2. 幼儿手工的教育内容

幼儿手工教育活动是幼儿学习运用不同的工具和材料（如点状、线状、面状、块状等材料），通过贴、撕、剪、折、塑等手段制作不同形态的物体形象，以表达自己的审美感受和美化生活的一种美术教育活动。它的主要内容有：

（1）学习多种手工工具和材料的使用方法。例如，点状材料的粘贴，线状材料的粘贴、缠绕，面状材料的粘贴、撕、剪、折，块状材料的粘贴、塑造、切割、组合等。

（2）学习塑造和制作不同形态的手工制品来表现自己的意愿，美化生活。

（3）在塑造和制作活动中，学习锻炼手工动作的协调和灵巧。

（4）养成干净、整洁、有序等良好的手工活动习惯。

3. 幼儿美术欣赏的教育内容

幼儿美术欣赏活动是幼儿通过对美术作品、自然景物及周围环境中美好事物的认识和欣赏，了解对称、均衡等形式美的初步概念，感受造型、色彩、构图等的情感表现，体验美术欣赏的快乐，从而丰富其美感经验，培养审美情感和审美评价能力的一种教育活动。它的主要内容有：

（1）学习欣赏幼儿可理解的各种美术作品、自然景物和周围环境的造型、色彩、构图，以及所表现的对称、均衡等形式美。

（2）学习欣赏幼儿可理解的各种美术作品、自然景物和周围环境的内容美。

（3）学习用语言、动作、表情等表达自己的审美感受。

（4）了解作品的背景知识，如艺术家的生平，作品的时代背景、创作风格等。

（5）逐步养成集中注意力观察、欣赏的良好习惯。

（二）幼儿园美术教育内容编排的要求

幼儿园美术教育内容是实现教育目标的载体，选择与编排美术教育内容必须依据幼儿园美术教育的目标，必须符合幼儿美术发展的规律与年龄特点。具体来说，内容的选择与编排应注意以下五个方面。

1. 依据幼儿的生活经验

艺术来源于生活，幼儿园美术活动的内容来源于幼儿的生活。选择符合幼儿的兴趣和需要、幼儿感知过并有积极情感体验的现实生活内容，易于被幼儿接受和理解。例如，在大班幼儿参观海底世界后，安排绘画活动"海底世界"，这个内容是幼儿直接感知过的，能激发幼儿创作的激情和欲望。

2. 具有审美性

从《规程》中幼儿园美育目标"培养幼儿初步的感受美和表现美的情趣和能力"中，我们知道，幼儿美术教育属于审美教育的范畴，美术教育的根本任务应该是对幼儿进行审美教育。因此，在幼儿园美术教育活动中，必须选择符合幼儿认识美的特点的内容，引导幼儿充分感知，丰富和发展幼儿的审美情感，培养幼儿的审美表现能力，进而健全和完善幼儿人格。例如，在春天来临时，教师带领幼儿到大自然中去看看、听听、摸摸、闻闻，充分感知春天的美丽，进而通过绘画创作，激发幼儿热爱春天、热爱大自然的美好情感。

3. 具有联系性

美术活动的内容编排应注意纵向顺序和横向联系。纵向顺序是指同一种类美术活动内容之间的纵向排列。例如，美术欣赏活动内容，小班安排欣赏"大班哥哥姐姐的画""秋天的水果""秋天的树叶""布娃娃""小花伞"等幼儿生活中熟悉并直接接触到的美好事物；中班安排"布老虎""民居建筑""节日的环境"；大班安排凡·高的"向日葵"，徐悲鸿的"奔马"的系列作品等。这些美术教育内容在帮助幼儿建构审美心理结构方面是有序的、连续的、层层推进的，同时也是由易到难、由简单到复杂逐步深化的。

横向联系是指不同种类美术活动之间的相互联系。如在绘画活动中安排画"糖葫芦"，在手工活动中安排做"糖葫芦";又如欣赏过"美丽的窗花"后,安排手工"剪窗花",再将剪好的窗花进行环境布置。这种横向联系内容的安排,能帮助幼儿从各种角度认识、感知事物,学习多种表现技能,体会同一事物的不同形式美。如画的糖葫芦是平面的,而手工做的糖葫芦是立体状的,作品的呈现状态和活动的过程带给幼儿的审美感受是不一样的。

4.具有整合性

幼儿园的教育内容是全面的,各领域内容需相互渗透,从不同角度促进幼儿情感、能力、知识、技能等方面的发展。美术教育是幼儿教育的一个重要组成部分,幼儿园美术活动的内容往往可以来源于语言、科学、社会、健康等领域的活动内容。如社会领域中有认识了解国旗、长城、天安门、家乡等内容,美术活动内容可以选择画国旗、长城、天安门、美丽的家乡等。这种整合,可以帮助幼儿建立起各种学习内容之间的内在联系,带给幼儿丰富而又深刻的体验,使幼儿形成新经验。

5.具有灵活性

幼儿在美术活动中所表现的是自己所看、所听、所接触到的,所以美术教育内容选择恰当与否,直接影响幼儿表达认识、抒发情感的效果。在选择美术教育的内容时,要考虑到不同地区、不同时间、不同场合,灵活安排。农村幼儿园,可多选择具有农村题材的内容,如劳动的场景、庄稼的丰收及各种农产品等;春天可多安排描绘自然景物的内容,如"草地上的鲜花""蝴蝶飞、花儿美",节日前可安排手工"环境布置",欣赏城市披上的节日盛装等;又如原来安排手工活动"折飞机",早晨发现下雨了,教师也可临时更换活动的内容,让幼儿观察下雨天的景物特征和人物动态,开展绘画活动。

灵活性的内容安排,能更好地激发幼儿表现与创造的欲望,在美术活动中得到情感上的愉悦体验,从而对活动产生兴趣和信心。

第二节　幼儿园美术教育活动的设计与组织原则

一、幼儿园美术教育活动设计的一般环节

幼儿园美术教育活动有着丰富多彩的内容、形式和特殊的教育规律。其活动过程的一般环节是:选择内容、制定目标、活动准备、过程提示、效果分析或者反思,这既是幼儿美术教学活动的设计环节,同时也是完整的教学方案应涉及的五个方面。

(一)选择活动内容

幼儿园美术教学的内容,在教案中即课题的名称,体现在教学过程中是整个美术活动中所要围绕的主题内容。教学内容可以是教师选择,也可以是从幼儿的各项活动中产生,还可以在幼儿的需要中生成。

教师选择内容时,要注意所选内容的科学性与合理性。做到内容生动有趣,贴近幼儿生活;在技巧上符合幼儿的认知水平;同时,内容的选择要与季节及时事相适应;要兼顾不同内容之间知识技能的连贯性,并在施教方式上多动脑筋,以吸引幼儿主动热情地参与,激发他们的创作热情。

在幼儿需要中生成的教学内容,幼儿往往会积极去学习与完成。因为,内容并非教师预先准备,对教师来说,较大的困难往往是如何提高完成此内容的技巧支持。选择的内容灵活多样,教师应该放松心态和幼儿一同探索、学习造型表达的方式与技巧,以多种方式帮助鼓励幼儿将需要转化为适合他们技巧水平的内容。这往往是一件十分有创意的工作,教师几乎是和幼儿一起面对、一起思考、一起尝试,也将一同体验探索过程与结果所带来的乐趣。

(二)制定活动目标

针对每一课题的美术活动内容,教师都要制定明确的活动目标。在制定具体的活动目标时,一般可以

从认知目标、情感目标、技能目标、创造目标几方面来进行表述。根据具体的内容，每一次活动可能综合以上各项目标，也可能会侧重于某几个目标来构成，在制定时要根据具体的活动灵活取舍与兼顾。要懂得目标是预设的，而幼儿的活动是生动鲜活的，要解决好目标与实际状况的矛盾，不要拘泥于一时、一事、一技、一幅和短时效果，要着眼于幼儿的发展，注重幼儿的整体成长。

撰写幼儿园美术教育活动目标通常有三种表述方式。

1. 行为目标

行为目标表述的是幼儿美术学习行为变化的结果，具有客观性和可操作性。它包括三个组成部分。

（1）幼儿外显的美术行为表现。说明幼儿通过美术教育活动能做什么，以便教师观察幼儿行为，了解目标是否达到。通常用操作性动词表示，比如"画出""捏出""搓出"等。（2）观察到的这种行为表现的条件。即幼儿的这种行为是在什么情境（方式）下产生的。比如"画出"是"临摹的""在教师指导下的"还是"独立"的行为。（3）行为表现的具体内涵。即学习的结果或幼儿行为的变化程度。一般是合格行为的最低标准。如"画出一只正在吃草的小兔子""用棉签添画出小草、小花"等等。

一般来说，美术知识、美术技能的学习，可采用行为目标的写法。教师在具体撰写时，应注意行为目标的三个方面的完整性和具体性。例如，"在教师的指导下，幼儿学习用线条画出夏天池塘中荷花的特征"，这就比较完整、具体地表达了行为目标。

2. 展开性目标

展开性目标也可称过程目标，描述的是幼儿学习行为变化的过程，所关注的不是外部事先规定的目标，而是强调教师根据实际的活动进展情况提出的相应目标。它与行为目标的区别在于，行为目标关注行为的结果，而展开性目标关注的是行为进展的过程。在幼儿园美术教育活动中，幼儿技能的提高，习惯的养成，艺术修养和情操的陶冶，人格的健全和完善是在长期的教育过程中逐渐地形成的。这种目标的表述，需要用展开性目标的形式。比如"提高对剪纸的兴趣""养成耐心细致的良好习惯""形成对生活中美的事物的关注"等，即是用展开性目标的形式来表述的。

教师撰写展开性目标时，应注意深入研究幼儿身心发展的年龄特征，全面了解美术学科本身的性质，熟悉幼儿美术发展的状况。同时，在展开性目标实施的过程中，要根据活动的实际进展情况，注意灵活机动地调整目标，以促进幼儿更好地发展。

3. 表现性目标

表现性目标是指幼儿参与活动后所得到的各不相同的结果。在幼儿园美术教育活动中，教师希望幼儿能独立而富于想象力地运用和处理美术材料；在解决问题及美术创作方面，不存在单一的正确答案。表现性目标体现艺术的本质特征——独创性。表现性目标是对行为目标的补充，而不是取代。

表现性目标适合表述情感、态度类的目标。表现性目标关注的是幼儿在活动中表现的某种程度上的首创性的反映形式，而不是事先规定的幼儿行为变化的结果。它只为幼儿提供活动的范围，活动的结果则是开放性的。比如"利用教师提供的各种不规则的彩色图形，想象拼贴出一幅美丽的画""学习设计花布，注意色彩和装饰纹样的变化"等，都是表现性目标的描述方式。

总之，幼儿园美术教育活动的三种目标取向各有所长。在制定和表述时，应特别注意各种形式目标的互补作用，用恰当的表述方式来撰写，使之扬长避短，从而有效地实现幼儿美术教育的总目标。

下面是大班美术活动"蚂蚁和西瓜"的活动目标，请分析该目标是否合理，并说明理由。

◀ 回忆绘本故事《蚂蚁和西瓜》的主要情节，感受绘本的美。

◀ 尝试制作西瓜，大胆想象，用简单的形象表现蚂蚁的各种动态。

◀ 培养幼儿对绘画的兴趣。

分析：本活动目标不合理：一是表述前后不统一，前两条是发展目标的写法，第三条是教育目标的写法；二是没有充分考虑幼儿认知、情感和技能等方面的发展，没有充分挖掘活动的教育价值；三是目标的具体内容过于笼统，这使教师在活动的实施过程中无法真正落实到幼儿的发展上，也不便于实施后的评价。因此，这一活动目标可调整为：

◀ 通过欣赏绘本故事《蚂蚁和西瓜》的主要情节及绘本中蚂蚁的各种表情和动作，感受绘本色彩简约、情趣生动的美。

◀ 尝试用颜料绘制西瓜并大胆想象,能用简单线条表现蚂蚁的各种动态。

◀ 体验用不同的绘画方式作画以及创意绘画带来的愉悦感。

(三)作好活动准备

活动准备包括经验准备和物质准备。经验准备即幼儿完成此项内容所需要具备的经验,包括认知、操作、心理、情感等多方面的准备。物质准备就是完成此次美术活动所需要的各种物质材料,包括教师使用的材料和幼儿操作的材料。

(四)设计活动过程

活动过程的设计一般包括导入及演示环节,幼儿操作、教师指导环节,结束评价与欣赏等几大环节。某一内容的活动设计,有时在一次活动中就可以完成,有时则由几个系列活动组成。此外,在活动过程之后也可以根据活动内容的需要预设活动延伸。

(五)效果分析与反思

效果分析与反思是在教学方案最后预留的一项内容,是在教学后对实施效果进行的分析与反思。用以检验教学活动设计的科学性和合理性,记录在教学中随机出现的有价值的案例,从而积累教学经验,作为今后教育实践的依据,有效促进教师教学能力的提高。

效果分析实际上也是对幼儿美术活动进行评价的过程。对幼儿美术活动的评价一般分为两个方面:一方面是针对幼儿美术能力发展状况的评价,即对幼儿的美术能力、表现、作品进行评价;另一方面是对美术活动效果的评价,即对教师美术教学活动的设计、组织、效果的评价。

值得注意的是:幼儿美术活动真正有效的评价必须在具体的环境中,以幼儿的年龄、生活、思想、感情为背景,综合灵活地进行,才能真正有效地促进教师、幼儿的共同成长。

二、幼儿园美术教育活动的组织原则

幼儿园美术教育活动的组织原则是根据幼儿园美术教育的目标、美术本身的特性以及幼儿身心发展的特点和教育规律制定的,是整个幼儿园美术教育过程中必须遵循的基本要求和指导原理。

(一)审美性原则

审美性原则是指教师在幼儿美术教育中,无论是活动目标的制定、活动内容的选择,还是活动的实施都应注意审美性。即活动目标应是以幼儿审美心理结构的建构为主,活动的内容应是有潜在的审美价值的,活动实施中注意审美环境的创设,审美特征的感知、理解与创造,审美情感的陶冶等。因此,贯彻审美性原则应做到以下三个方面。

1. 为幼儿创设充满情感色彩的审美环境

(1)教师应为幼儿创设富有审美情感色彩的日常生活、学习环境。如活动室室内环境的装饰与布置,教师应注意色彩淡雅,形象造型可爱,内容有情趣,符合幼儿的审美趣味;可以展示各种有情感色彩的美术作品,如经典名画、幼儿画等;还可以展示一些自然界的具有形式美的物品,如花草、树木、岩石、贝壳等。

(2)教师应结合具体的艺术活动创设与之相适应的审美环境。如让幼儿画雨,可带幼儿在雨天听雨、看雨、在雨中游戏,充分地感知雨的不同,体会在雨中游戏的乐趣,从而激发幼儿艺术创作的动机。

(3)教师可以在活动室内播放一些优美悦耳的轻音乐作为背景音乐,既可以陶冶幼儿的情感,也可以安定幼儿的情绪。

2. 引导幼儿感知对象的审美特征

(1)着重感知欣赏对象的形的特点、色的特点、声的特点和事物运动变化的特点等审美特征。

(2)要注意感知的侧重点,即把注意力集中于事物的使用、形状、色彩、空间等形式要素及其所表现的对称、均衡、节奏、多样统一等形式美的模式,事物的主题、情节、形象等内容因素,以及这些形式和内容所表现出的情感因素。

（3）应注意教师语言的运用。教师引导幼儿进行审美感知时的语言可分为两种类型：一类是启发性语言,如"为什么""怎么样"等提问,对幼儿具有启发性;另一类是艺术性语言,这类语言的形式应多样化,可以是一些形容词,也可以是谜语、儿歌、诗歌、童话等,其作用在于通过对对象的形的特点、色的特点和运动变化等特点的描述,帮助幼儿把眼前的外在形象进一步加工成完整、鲜明、深刻的视觉表象,同时也调动幼儿的审美情感,使他们能够主动地进行心理操作。

3. 让幼儿在艺术活动中得到审美愉悦

（1）可以以艺术活动的内容吸引幼儿。

（2）用游戏的形式来进行艺术活动,使艺术活动充满生机和兴趣。

（3）提供多样化的工具和材料,激发幼儿从事艺术活动的积极性。

（二）创造性原则

创造性原则是指美术教育中应充分发挥幼儿的创造性,以培养幼儿的创造意识、创造力和创造个性。

每个幼儿都有创造的潜力。幼儿在美术活动中的创造力是指他们在头脑中形成审美心理意象,利用美术工具和材料将其重新组合,创作出对其个人来说是新颖独特的美术作品的能力。这种能力不仅在作品中反映出来,还从其制作的过程中显示出来。美术活动中幼儿的创造包括两方面。一类是实在的可视形象的创造。如我们常常看到的幼儿的绘画作品、手工作品中那些不合逻辑的构思、不合比例的造型等,由于它的可视性,易引起成人的关注。另一类是审美心理意象的创造。这是幼儿基于自身的审美需要和审美能力在特定、具体的审美活动中的一种创造。由于它的不可视性,常常被成人忽视。但它恰恰是前一类创造的前提。所以我们不但要关注幼儿艺术活动实际呈现出来的结果,而且更加要关注艺术创造的过程。

在幼儿美术教育中,贯彻创造性原则应注意以下几点。

1. 创造宽松的心理环境,激发幼儿的创造意识和动机

宽松的心理环境是人们发挥创造性的前提。对于幼儿来说,一个宽松的心理环境应包括如下内容。

（1）信任。在承认幼儿具有创造潜力的基础上,为其提供充分的机会,让他们能进行创造性的活动。

（2）减少规定。过多、过细、过于整齐划一的限制势必阻碍幼儿创造力的发挥。

（3）给幼儿的活动提供一段不受评价的时期,使其自由想象不受阻碍。即教师不轻易评价幼儿的创新成果,让幼儿既能自由自在地表达并实践自己的观念,又能得到有适当信息反馈、提供容许与赞赏的环境。

2. 丰富幼儿的经验,引导幼儿对内在表象进行加工改造

丰富的经验是从事艺术创作的原材料。为幼儿美术创作所提供的经验应有助于幼儿的美术创造表现。应注意其过程性和体验性。这种经验可分为两类,即立体经验和平面经验。

立体经验可通过两条途径来获得：一方面是外出参观,扩大幼儿的视野;另一方面是与幼儿谈论他们的生活状况、家庭和朋友,让幼儿回忆生活中的喜怒哀乐经验。

平面经验也可以通过两个途径来获得：一方面是平时为幼儿选择一些适合他们年龄特点的、有趣的、不同风格的图书,给他们讲解,引导他们感受;另一方面可利用能为幼儿所接受的优秀的艺术作品,丰富幼儿的审美经验。

幼儿的艺术经验还来自对材料的操作。丰富的物质材料可以激发幼儿创造的欲望,因此,应尽可能地为幼儿提供丰富多样的材料,供幼儿在具体的操作中获得艺术的经验。

总之,无论给幼儿提供何种形式的艺术经验,都应该注意紧扣其审美特征。然后在此基础上,引导幼儿通过变形、分解与组合、联想等方式对内在表象进行加工改造。

3. 正确认识创造力与技能的关系

美术活动的基本技能包括四个方面：

（1）手的动作,如手眼协调、手的控制能力;

(2)对工具和材料的理解与运用;

(3)对外界信息的掌握;

(4)对色彩、形状和空间等形式要素的认识与使用。

技能与创造力的关系十分密切,技能为创造力的发挥提供了技术基础和手段。这是因为:在美术活动中,幼儿手的动作越灵活,对材料的性质和用途的了解越多,对形状、色彩、空间认识越多,对外界的信息掌握越多,那么,他经过头脑加工创造出的作品就越有新意。

4. 正确认识和使用示范和范例

在幼儿美术创造教育中,应引导他们掌握材料的基本使用方法、造型规律,以便他们能够举一反三、触类旁通。在这一过程中,要注意让幼儿自己进行探索与思考。辅导要讲究对重点、难点进行恰到好处的引导。这种引导应该是启发式的而不是注入式的。具体地说,在幼儿的创作中,教师可以用提问题、暗示、创设情境、联想、隐喻等给幼儿一些启发的线索,引导他们创作出富有创造性的艺术作品,从而形成独立创作的习惯,促进艺术思维能力的发展。

至于范例,一方面,它可以开阔幼儿的视野,但另一方面,它又会限制幼儿的想象和创造的思路。可以说,范例对于幼儿的艺术创作存在着正效应和负效应。

5. 改革评价方法,鼓励幼儿积极创造

对幼儿美术进行评价有两个方面的价值:一是帮助教师及时判断、了解幼儿美术的发展情况,以便对他们进行有的放矢的指导;二是培养幼儿对艺术的兴趣,并让幼儿通过美术得到更好的发展。这种评价的方式有:对幼儿美术创作结果的评价,对幼儿美术创作过程的评价。

如何对幼儿美术进行评价,教师可以从以下三个不同的方面进行比较评价:

(1)将幼儿当前的美术创作与幼儿自己过去的创作相比较进行评价;

(2)将幼儿的美术创作与某一群体中的其他幼儿的美术创作相比较进行评价;

(3)将幼儿的美术创作与某个评价标准相比较进行评价。

而就每一次美术活动中对幼儿的美术创作的评价而言,可以采取纵向地将幼儿与其过去相比,即从其个人的成长发展来评价的方法。并且在评价过程中,要尽可能以欣赏的态度正面评价每一个幼儿,尽可能找出其进步的地方加以鼓励。

美术活动中的评价者既可以是教师,但更主要的是幼儿。教师的评价起导向作用,幼儿的相互评价更有价值,要鼓励幼儿找出别人有创造性的表现并赞美之,为别人感到高兴,进而激励自己向他们学习,激起希望的火花,争取更具创造性的表现。

(三)实践性原则

实践性原则是指在美术教育中,教师要引导幼儿积极参与美术实践,在实践中发展和培养他们的美术能力和兴趣。由于幼儿对世界的认识具有对自己的感知觉依赖的特点,无论是表达自己的思想情感还是探索外在世界,他们都更倾向于用动作和形象作为媒介来达到目的。因此,幼儿的这一特点决定了他们的学习就是一种实践性活动,只有在具体的操作实践中,幼儿的身心才能处于一种协调统一的状态,才能积极主动地进行自我与世界的双向建构。

贯彻实践性原则要注意以下两点。

1. 引导幼儿运用多种感官进行美术教育活动

幼儿的美术教育应注意让幼儿多感官参与,尽量让幼儿"看看、想想、说说、画画、玩玩",这样不同的活动类型有助于幼儿注意力的持久和兴趣的保持。

2. 注意避免单纯的技能技巧训练和单纯的说教两种倾向

幼儿的美术活动是一种手、眼、脑并用的活动,它需要幼儿用多种感官去感知审美对象,用脑去想象、理解、加工审美意象,用语言去表述自己的审美感受,用手对美术工具和材料的操作去表现自己的思想情感和所见所闻。这一过程包括心理操作和实际操作两个方面。单纯的技能技巧的训练和单纯的说教都只涉及上述两方面的一部分的发展,因而也是不全面的教育,是不可取的。幼儿的美术教育应注意将手、眼、脑的训练协调一致,才能使幼儿得到真正全面和谐的发展。

第三节 幼儿园各类型美术教育活动的内容与指导

一、幼儿园绘画教育活动的内容与指导

（一）幼儿园绘画教育活动的内容

幼儿园绘画教育活动是教师引导幼儿用笔、纸、颜料等工具和材料，运用线条、色彩、形体等艺术语言以及造型、设色和构图等艺术手段，将其生活体验与思想情感通过加工和改造转化为具体、生动、可感的艺术形象，以发展审美创造能力的教育活动。

幼儿园绘画活动按题材内容和形式，可分为命题画、意愿画、装饰画；按工具材料和表现技法，又可分为很多种。其中在幼儿园经常使用的有折纸添画、棉签画、指点画、描画添色、印章画、彩色水笔画、油画棒画、彩色蜡笔画、水墨画、纸版画等。

通常把幼儿园绘画活动分为命题画、意愿画、装饰画三种活动形式，由于它们各自的表现形式和作用不同，因此在指导方式上也有所不同。

（二）各种类型绘画活动的指导要点

1. 命题画的指导要点

命题画是指教师提出绘画的主题和要求，让幼儿根据主题和要求进行绘画活动的一种绘画方式。命题画可分为物体画和情节画两种。

（1）物体画教育活动的指导要点。

物体画是指教师帮助幼儿在充分了解、体会某一物体的形象、色彩、结构等的基础上，以绘画方式对该物进行表达、表现的活动。物体画是绘画活动的起点。其作用在于培养幼儿的观察能力，提高幼儿的绘画知识技能。

物体画教育活动的指导要点如下。

① 引导幼儿详细完整地观察、理解物体的结构特征。

教师可以采用特征对比、形象比喻、几何图形概括等方法来帮助幼儿获得物体的视觉表象。帮助幼儿通过各种感官感知、掌握事物的基本形态，抓住事物形的特征、色的特征等，其中最关键的是抓住写生对象的神韵。当然，对于不同年龄班的幼儿，观察的要求是不同的。小班幼儿要求在教师的指导下观察物体的大致轮廓；中班幼儿要观察物体的基本组成部分及形状、大小、着色、结构等；大班幼儿则要求能比较全面、细致地观察物体的形状、动态、着色、结构等。教师通过必要的示范，教给幼儿表现物体的基本方法。

② 引导幼儿用涂染法和线描法两种方式来描绘物体。

涂染法是指不画物体的轮廓线而是用笔蘸颜料涂画出物体的形，以表现物体的形象特征的方法（见图7-1）。线描法是指先用线条勾画物体的基本部分和主要特征，然后再涂上颜料的方法（见图7-2）。

图7-1 幼儿作品《乌鸡》

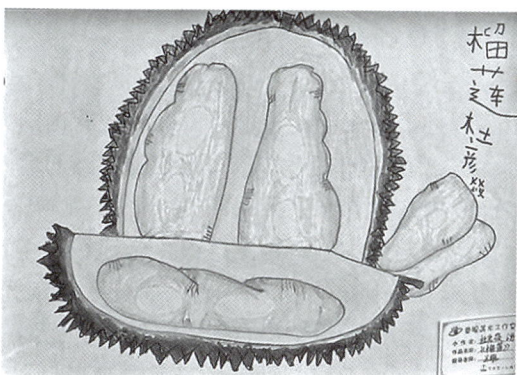

图7-2 幼儿作品《榴莲》

③ 通过系列活动来帮助幼儿掌握物体的造型。

系列活动可以帮助幼儿学会从不同角度来描绘物体的不同造型特征，以便于幼儿在绘画时能根据情节的需要来表现物体的形态，使画面生动，促进主题的发展。例如，主题为"我爱我家"的物体画，可先让幼儿欣赏有着不同造型、色彩和构图的表现"家"的油画作品、风景画和水彩画等，然后引导幼儿观察生活细节，捕捉绘画小"镜头"，依次创作"我的妈妈""我家的电视机""家里来客人了"等系列活动。这样有了造型和搭配色彩的基本能力，幼儿在以后画意愿画和装饰画时就有了经验，只要想出主题拿起笔就会有许多生动的形象浮现出来。

（2）情节画教育活动的指导要点。

情节画要求幼儿根据主题的需要把与之有关的物体形象恰当地安排在画面上，表现出各个形象间的相互关系及其所反映的一定的情节。它以幼儿的构图能力为基础。

① 感知物体间的空间关系。

物体间的空间关系包括现实的空间关系和画面上的空间关系。物体间的空间关系是情节画中情节表现的重要方面，比如主要形象与次要形象的大小比较、主要形象的位置关系等（见图 7-3）。教师可以通过欣赏、观察画面帮助幼儿提高对画面空间关系的认识。

② 学习观察的方法，提高幼儿观察的能力。

在幼儿进行观察活动时，教师用语言组织和帮助他们有目的地进行观察。以写生画《树》为例：带幼儿去操场观察树，采用对比观察法，先引导幼儿比较说出各种树的大致形状，如问："松树远看像什么？柳树像什么？"这样在比较中幼儿很快注意到对象的主要特征。再启发幼儿比较观察这两种树高矮、颜色的不同等。还可以从远距离观察到近距离观察，从整体观察到局部观察。

③ 引导幼儿突出画面的主题。

引导幼儿把主体物放在画面中心位置，并作重点刻画，其他次要物体围绕主体物展开布局。幼儿园常用的情节画教学方式有：故事画，即通过讲故事的方式给幼儿一些简单的情节，由幼儿来绘画（见图 7-4）；添画，即老师提供部分情景引导幼儿补充完成画面的情节，比如，画青蛙捉害虫时，老师画出主体形象青蛙，由幼儿添画荷花、水草、水波等，想象力丰富的幼儿还可添画出小鱼和小蝌蚪等，让幼儿充分展开思路，画出自己喜欢的物体。

图 7-3　情节画《滑滑梯的快乐》　　　　　图 7-4　情节画《自行车比赛》

④ 通过欣赏感受大师作品中的构图形式。

在幼儿积累了一定的构图经验后，可以让幼儿欣赏一些大师的作品，从中感受不同的构图形式所带来的不同视觉效果，以此了解相同的主题可以有不同的构图方式，不同的构图方式会产生不同的视觉效果。

在欣赏和吸纳大师作品的过程中，幼儿绘画构图的形式会变得丰富多样，逐渐发展自己的构图技巧。

⑤ 开展多种形式的构图练习。

可运用合成、连画等形式进行构图练习。合成在美术活动中的运用就是把两个或两个以上的基本图形（包括点、线、面、体等）作有意义的联结，从而构成一幅完整的作品的过程。如把废旧的图书、广告纸上的图片剪下来，根据主题进行重新组合，并添加一些内容，使其成为一幅完整的画。

连画活动是指首先由一幼儿设计一主题，例如题名为《快乐的幼儿园》的连环画，他先完成第一张画，然后由另一幼儿完成第二张画，再由第三个幼儿完成第三张……直至整套连环画完成。

2. 意愿画的指导要点

幼儿的意愿画是指幼儿根据自己的意愿、兴趣和爱好,独立确定绘画内容、形式和表现方法,教师作为支持者协助他们完成的绘画活动。意愿画是幼儿自我创意、表达情感的一种极好方式,因而开展意愿画教学活动能满足幼儿表达的愿望,有利于发展幼儿的想象力和创造力。

(1)意愿画教育活动的指导要点。

① 丰富幼儿的感性认识。

由于意愿画是幼儿根据自己的生活经验或头脑中已有的表象随心所欲地作画,要想使幼儿以新颖的方式表达自己的愿望或感受,感性经验是其源泉,所以从小要丰富幼儿的感性认识。

② 可通过提问题、谈话的方式帮助幼儿进行创作构思和表现。

教师可通过提问、谈话的方式来启发幼儿思考,帮助幼儿进行绘画的构思。首先要启发幼儿确定绘画创作的主题,即"画什么"。然后引导幼儿思考如何表现这一主题,即"怎样画"的问题。教师应鼓励幼儿大胆构图,运用色彩,使绘画作品真正成为幼儿自己的作品,成为幼儿内心世界的真实反映。在绘画过程中,幼儿基本上是自主的、独立的,教师不可影响、干预幼儿的创作。

③ 利用多媒体培养幼儿在绘画中的想象力和创造力。

绘画活动中,可运用多媒体组织幼儿活动,使幼儿在自由自在、活泼、愉快的气氛中发展想象力和创造力。

(2)意愿画指导过程中应注意的问题。

意愿画是幼儿自己独立完成的创作,但这不意味着幼儿在作意愿画时教师就可以放任自流,而应加强指导。为了把握好指导与幼儿创造之间的关系,教师在指导过程中应注意以下问题。

第一,多和幼儿对话。在绘画过程中,让幼儿主动发表自己的看法,就一些不同意见的内容进行对话。这样,幼儿的绘画积极性就会得到提高,创造性思维也会得到发展。

第二,指导语言要富有启发性。在绘画活动的指导过程中,教师的语言是非常重要的。教师的语言是否具有启发性,直接影响幼儿绘画效果的好坏。在绘画活动结束时,教师应指导幼儿比较一下谁的作品更具有创意,然后引导幼儿进行交流,发散思维与集中思维的有机结合能激励幼儿创造性思维的有效发展。

第三,客观、公正、合理地评价幼儿作品。教师要对幼儿的作品进行客观、公正、合理的评价,不要总在"形"上做文章,评价"像不像""美不美"等,而应把视点放在:幼儿在绘画过程中是否是愉悦的、投入的;幼儿是否做到了敢想、敢画。这样的评价才有可能激发幼儿画出真正有"童心"的意愿画。

总之,在意愿画教学活动中,我们应根据幼儿的年龄特点,利用故事、儿歌、谜语、游戏、欣赏中外著名画家的画作等多种形式,唤起幼儿作画的兴趣;引导幼儿接受大自然美的熏陶,让幼儿在看看、想想、画画、做做、玩玩的过程中获得审美教育;对于幼儿完成的作品,无论画得怎样,都要十分珍惜,用孩子的眼光去欣赏和评价,使幼儿对自己的作品充满信心,提高幼儿绘画的主动性,使其形成良好的自我探究、自我表现的独创能力。

3. 装饰画的指导要点

幼儿的装饰画是指幼儿运用各种花纹、色彩在各种不同的纸形上按照形式美的规律进行装饰。装饰画主要是通过对自然具体的形、色彩、线条进行夸张、简化、变形和有序的排列,使画面产生韵律感和节奏感,从而产生高于生活原型的美感体验(见图7-5)。开展丰富的装饰画教学活动能提高幼儿的审美能力、想象力、创造力,对色彩和图案及有序排列的感知能力。

(1)选择适宜内容,激发幼儿装饰兴趣。

① 选择幼儿熟悉、感兴趣且体现装饰特点的事物作为装饰活动的内容。

装饰画内容的选择应是幼儿熟悉和常见的事物,教师要多挖掘幼儿身边的题材来开展活动。如日常的各种生活用品、工艺品、编织物、糖纸、商标,自然界中的动物、植物都含有大量装饰美的元素。这些内容为幼儿所熟悉和喜爱,寄托了幼儿丰富的情感,易激起幼儿装饰的兴趣。有的事物虽然具有美的特点,但不具有对称、重复、简洁、平衡、有序等装饰元素,不宜作为装饰画教学中幼儿欣赏的内容。例如,在引导小班幼儿装饰毛巾时,观察的毛巾应该是教师经过挑选的、有装饰特点的毛巾,而不是普通的毛巾。

② 装饰内容的选择要依据幼儿年龄特点和学习特点由浅入深,体现层次性。

不同年龄幼儿的学习特点、认知特点、表现能力是不同的,教师在为幼儿选择内容时要考虑到他们的差异。如围巾、帽子等方向较单一,可用上下对称等方式进行装饰,多用色块进行表现,适合小班或初次接触装饰活动的幼儿;手绢等方形装饰物装饰的方法比较多,如运用花边纹样、角隅纹样、单独纹样等方法,适合有一定经验的幼儿进行装饰活动。

(2)挖掘环境教育因素,丰富幼儿相关经验。

① 生活中的各种用品(见图7-6)、自然界中的各种动植物都蕴含着丰富的装饰美。引导幼儿进行有意识的观察,发现装饰物品的纹样,颜色的搭配及图案的排列规律,总结它们的装饰特点。

图7-5 幼儿作品《美丽的裙摆》

图7-6 幼儿扇面画《熊猫》

② 创设欣赏角及互动墙饰,帮助幼儿丰富装饰经验。围绕装饰活动的开展组织幼儿搜集相关的资料,建立欣赏角,并创设相关墙饰,为幼儿的表达和表现创造条件。

(3)提供材料和工具的具体支持,帮助幼儿大胆表达和表现。

(4)创设宽松的氛围,使幼儿体验自由表达和创造的快乐。

(5)采取多种指导方式,为幼儿搭建适宜的台阶。

在幼儿画的过程中可尝试运用语言指导、动作支持、描轮廓、借鉴同伴经验等多种方式进行指导。幼儿在表达、表现的过程中会遇到一些技能方面的问题,教师要指导幼儿,为幼儿搭建一个由远及近的台阶。

(6)运用多种评价方式,帮助幼儿梳理、提升经验。

评价时把握装饰画的核心价值,结合目标可从颜色、构图、纹样、创新、想象、解决问题等多方面有针对性地找出幼儿的闪光点,以鼓励为主,帮助幼儿提升相关的经验。在评价过程中可灵活采用幼儿自评、同伴互评、教师评价等形式,并注意随机评价和集中评价相结合。

(三)绘画活动案例及评析

案例展示台

扫码看视频

大班绘画活动:黑白配

活动目标

1. 欣赏生活中黑白配的物品,感受黑白装饰所带来的美感。

2. 能大胆运用点、线、面及黑白色彩来装饰物品。

3. 尝试在黑白用品上进行绘画创作,在创作中享受绘画的乐趣。

活动准备

1. 经验准备:幼儿已尝试制作过装饰画。

2. 物质准备:(1)黑白配动物课件,黑白两种颜色相配的绘画作品,教师着黑白颜色相配的上衣。(2)黑色、白色圆形卡纸若干,记号笔、毛笔、棉签、白色颜料及墨汁。(3)花瓶、碗、盘子、包等黑白生活用品或课件,幼儿作品展示台。

活动过程

1. 出示黑、白圆形卡纸,通过提问导入活动。

(1) 今天老师给小朋友带来了一样东西,看看是什么? 是什么颜色的?

(2) 老师把这张白色的纸与黑色的纸放在一起,请小朋友给它取一个好听的名字。

(3) 老师把黑色与白色放在一起,看看会变出什么?(出示熊猫)

(4) 熊猫是什么颜色的? 小朋友想一想,你们还看到什么东西是黑色和白色配在一起的?

2. 引导幼儿欣赏课件,了解动物身上的黑白配,感受黑白对比色彩的美。

(1) 现在我们看看有黑白颜色的动物有哪些?

(2) 你们喜不喜欢这些动物? 为什么喜欢?

3. 引导幼儿欣赏生活中物品的黑白配,进一步感受生活中黑白对比色彩的美。

(1) 小朋友,你们在家里、幼儿园、大街上还看到哪些黑白相配的东西呢?

(2) 欣赏课件及黑白生活用品,了解生活中黑白配的物品。

看了这些黑白配的物品,你感觉怎么样? 说说你喜欢什么包(或盘子、碗等)? 为什么?

4. 引导幼儿欣赏并了解黑白配的基本方法。

(1) 老师这里有许多小朋友画的画,小朋友看一看他们是怎样用点的方式、用线的方式、用一块一块颜色的方式把它们变成漂亮的画的。

(2) 说一说,他们用黑色在白纸上画出了只有黑白颜色的什么画。

5. 了解工具材料,引导幼儿讨论表现的方法。

(1) 提问:你想用什么工具、什么方法来装饰这些物品?

(2) 讨论:黑色的纸(物品)上用什么颜色的颜料来画? 白色的纸(物品)上用什么颜色的颜料来画?

6. 幼儿作画,教师巡回指导。

(1) 鼓励幼儿大胆用自己喜欢的材料、方法来装饰。

(2) 鼓励幼儿根据需要与同伴合作完成。

(3) 注意巡回指导。

7. 展示幼儿作品,引导幼儿欣赏、评价。

(1) 请幼儿分享自己画的黑白颜色的装饰画。

(2) 引导幼儿说说分别喜欢谁画的作品及为什么。

活动延伸

用黑色、白色装饰活动室或家里的生活用品。

(活动设计与执教:湖南省衡阳市实验幼儿园　宁霞)

活动评析

黑白装饰画,是绘画中的一种表现形式。该活动采取了以下活动形式。① 感知与发现。教师通过语言提示,引导幼儿对黑色、白色相配的物体产生兴趣,启发幼儿回忆生活经验,丰富幼儿的感性认识。② 欣赏与寻找。教师通过直观演示,引导幼儿欣赏发现黑白对比色彩的美。通过寻找活动,感受生活中黑白相配物品的美。③ 尝试与表现。在了解黑白配基本方法的基础上,幼儿尝试画黑白颜色的装饰画。④ 欣赏与评价。引导幼儿欣赏评价自己及同伴的作品,进一步感受黑白装饰画的美。活动中,教师尽可能简化技能与方法的要求,包括工具材料也尽可能简单,以便给幼儿更大的想象和创造的空间。

大班美术活动:手型彩绘

活动目标

扫码看视频

1. 初步了解手型彩绘这一艺术形式。

2. 尝试进行手型彩绘,体验创作的乐趣。

3. 运用不同的色彩及辅助材料大胆地创作不同的造型,具备想象美和表现美的能力。

活动准备

1. 经验准备:了解手的各部位名称,知道通过手指、手掌及关节的变化能够做出各种手型。

2. 物质准备:(1)《手影》视频、手型彩绘PPT课件、手型彩绘步骤图、背景音乐;(2)排刷、毛笔、油彩颜料、湿巾、眼睛贴若干;(3)布置一个"小小舞会"场景;(4)幼儿手指和手臂都涂上防护油、幼儿工作服若干。

活动过程

1. 手指游戏导入,激发幼儿参与活动的兴趣。

(1) 教师和幼儿一起玩"变变变"的手指游戏。

你好! 小蚂蚁,伸出手来拍一拍。

你好! 小鸭子,摆啊摆啊摆一摆。

你好! 小青蛙,跳啊跳啊跳过来。

你好! 小金鱼,游啊游啊游向海。

你好! 小乌龟,爬呀爬呀背锅盖。

你好! 小袋鼠,钻出妈妈的口袋袋。

(2) 提问:小朋友,刚才我们用小手变出了什么? 用小手变小动物时,我们的小手有什么变化?

2. 观看《手影》视频,引导幼儿了解利用手指、手掌能变出不同的手型。

师:小朋友们,现在我们一起观看用小手来表演的动物舞会,看看有哪些小动物来参加动物舞会了。

幼儿欣赏《手影》视频后提问讲解:

(1) 有哪些小动物来参加动物舞会?(鸭子、小兔子、鸟、马)

(2) 现在请你们用小手来试一试,看小手能变出什么小动物。

① 教师和幼儿一边玩手指游戏,一边鼓励幼儿用小手变出小动物。

如:小手变呀变,1、2、3,变出什么啦?

② 请5～6个幼儿上台展示自己变出的手型。

师:小朋友看看,××变出什么啦?(孔雀)大拇指、食指捏一捏,三个手指变成孔雀尾巴抖一抖。

小结:我们的小手真能干! 我们的手指捏一捏、碰一碰就能变出不同的小动物。

3. 欣赏手型彩绘PPT,了解手型彩绘的特点。

师:刚才小朋友变出了许多小动物,还有更多、更漂亮的动物也来参加动物舞会了,我们看一看,还有哪些小动物来了?

提问:(1) 谁来参加动物舞会了?(斑马)你们怎么知道它是斑马呢? 斑马身上有什么样的花纹呢? 斑马的耳朵是用哪个手指变的? 斑马的眼睛在哪里?

(2) 看看,还有什么小动物来了?(火烈鸟)你们怎么知道它是火烈鸟呢? 它的羽毛是什么颜色的? 它的眼睛在哪里? 火烈鸟的手型是怎么摆的?

(3) 看! 又有什么小动物来了?(孔雀)孔雀的手型是怎么摆的? 学一学这个手型。看一看,孔雀的羽毛是什么颜色的?

(4) 看! 还有哪些小动物来了?(章鱼、小狗、鳄鱼)

小结:手变出手型后,再添画上漂亮的颜色、花纹、眼睛,这就是漂亮的手型彩绘。

4. 教师示范手型彩绘,帮助幼儿掌握作画步骤。

(1) 引导语:今天,还有一只小动物也想来参加动物舞会。教师变出蛇的手型,提问:小朋友看看,它是谁呀? 小蛇想来参加动物舞会,可是它没有美丽的衣服,小朋友想不想给小蛇帮忙,给小蛇穿上美丽的衣服呢? 小朋友看看,桌上有许多可以帮小蛇变漂亮的颜料,你们说说,小蛇喜欢什么颜色?

(2) 教师示范讲解作画步骤:① 小刷子,手中拿,上刷刷,下刷刷,里刷刷,外刷刷,每个地方都刷遍。② 小蛇穿上了绿色的衣服,漂亮吗? 能不能把它变得更漂亮? 谁愿意来帮忙?(幼儿自由想象,在蛇的身上添画上项链、花纹、眼睛等)

5. 教师引导幼儿仔细观察,激发幼儿创作的愿望。

(1) 教师介绍彩绘工具、材料。

(2) 幼儿看步骤图,并总结彩绘方法。① 准备材料;② 画出轮廓—添画嘴巴、花纹—用辅助材料进行装饰。

(3) 幼儿自主创作,教师鼓励幼儿运用多种色彩,大胆尝试手型彩绘。

6. 欣赏并评价幼儿的彩绘作品。

(1) 幼儿展示并介绍自己的彩绘作品,如:大家好,我是小螃蟹,我喜欢爬呀爬。同伴间互相欣赏作品。

(2) 教师重点从色彩、造型、创意等方面点评幼儿的彩绘作品。

7. 参加动物舞会,合影留念。

(1) 小朋友们,我们都给小动物穿上了漂亮的衣服,我们一起去参加动物舞会吧! 幼儿随着音乐表演,感受手型彩绘带来的乐趣。

(2) 合影留念,活动结束。

活动延伸

利用废旧物品,鼓励幼儿进行彩绘制作。如制作彩绘蛋、彩绘瓶、彩绘吊饰等。并请幼儿把自己的彩绘作品带到幼儿园,陈列在美工区,大家相互欣赏。

(活动设计与执教:湖南衡阳市青少年宫艺术幼儿园　肖佳)

活动评析

对幼儿来说,身体也是作画的载体,幼儿很乐意用肢体语言去模仿、去创造。教师抓住幼儿这一心理特点,通过欣赏、讲解与示范、观察与发现,帮助幼儿了解手型彩绘的创作特点,掌握手型彩绘的创作步骤及方法,鼓励幼儿大胆尝试手型彩绘的创作。最后欣赏、评价幼儿的作品,让幼儿带着自己的作品参加动物舞会,充分享受到创作的成功感,体验创作的乐趣。

二、幼儿园手工教育活动的内容与指导

(一)手工活动的内容

幼儿园手工活动是指幼儿在教师指导下,运用一些物质材料(如纸、泥等),直接用双手或操作简单工具,通过撕、折、剪、粘、贴、捏等手段,制作出占有一定空间的、可视的、可触摸的多种艺术形象的一种教育活动。它是培养幼儿动手、动脑能力,启发幼儿创造性思维的重要手段。对培养幼儿认真观察、有意注意以及耐心细致的习惯,对培养幼儿的想象力和形成立体空间观念都有非常重要的作用。

幼儿园手工活动主要包括泥工、纸工和利用各种其他材料进行的综合性手工制作三大类。

1. 泥工活动

(1) 泥工活动是指幼儿使用简单的工具将泥塑造成各种立体物象的活动,是幼儿园常见的立体造型活动(见图7-7)。幼儿园常用的泥工工具有泥工刀、竹签、木棍等,辅助材料包括牙签、线绳、纽扣、瓶盖、羽毛、小梳子等,这些工具和辅助材料可以帮助幼儿在泥塑过程中完成连接、装饰、扎花等内容的制作。泥材有橡皮泥、纸黏土、陶泥、面泥等。

(2) 泥工活动的基本技法:团圆、搓长、压扁、粘接、捏泥、拉伸、分泥等。

2. 纸工活动

(1) 纸工活动是以不同质地的纸为材料,结合撕、剪、折、粘、卷、编等多种简单的技巧做出事物形象的活动(见图7-8)。纸工活动常用的工具有剪刀、胶水、胶棒、双面胶等。纸工活动的用纸种类很多,包括蜡光纸、皱纹纸、宣纸、彩色卡纸、吹塑纸、餐巾纸、包装纸、废旧画报、报纸等。

(2) 纸工活动基本技巧:撕、折、剪、粘贴、染纸、卷纸等。

3. 其他材料的综合性手工活动

幼儿园的手工活动还包括许多利用其他材料进行的立体造型活动,如粘贴活动、自制玩具等。经常是为了完成某一主题,需要同时使用多种材料和技法进行综合表现。涉及的材料多种多样,包括自然材料、

生活废旧物品等,如包装盒、饮料瓶等一些废旧的生活日用品,只要符合卫生和安全标准,适合幼儿操作,都可以纳入幼儿手工活动的材料范围。

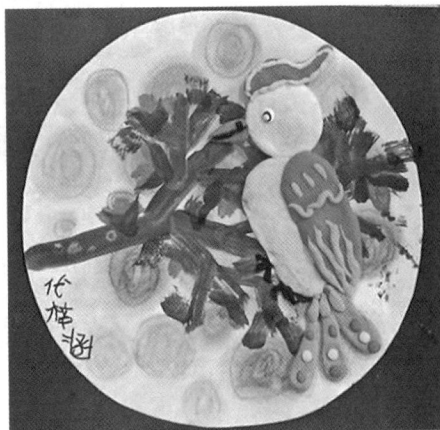

图7-7　幼儿作品《枝头上的小鸟》　　　　图7-8　中班手工活动:端午节的粽子

(二)手工活动的指导

幼儿手工活动与绘画活动的指导有许多相似的地方,都要尊重幼儿能力的发展,尊重幼儿的创造与表达,提供适合幼儿水平的表现技巧。但幼儿手工活动有其自身的特点,它更侧重于对材料性质的体验,对制作技巧与程序的学习,追求较为完整的作品形式。因此在指导方式上应侧重以下五个方面的考虑。

1. 准备精美有趣的范例,激发幼儿学习操作的兴趣

手工活动是通过对各种材料的设计加工,制作出精美的作品。在活动前,对优秀范例的欣赏,能激发幼儿对制作活动的兴趣,对所要进行的操作结果产生明确的直观感受,在审美感召下,在获得有趣作品的目标下,幼儿会更加投入手工活动。根据内容,教师的范例可以是实物,也可以是教师的制作;可以是单一的范例,帮助幼儿完成模仿练习,也可以是不同类型的一组范例,开阔幼儿的思维,提供借鉴与选择的空间。

2. 提供练习的环境与时间,使幼儿充分体验工具材料的性能

任何技巧的掌握都依赖于不断的练习。手工工具和材料是幼儿创作过程中必不可少的,幼儿要正确、合理、灵活地运用各种手工工具和材料,就必然要多多练习。所以,在活动区投放一些基本的手工工具和材料,指导幼儿了解其性能,掌握其使用方法,给幼儿自由操作与练习的时间是非常重要的。

3. 教师清楚地讲解、演示制作的基本技巧

手工活动,特别是折纸等,教师的讲解十分重要。教师的讲解示范速度要根据幼儿的反应来控制,对较难的环节要用幼儿能够理解的语言反复重点讲解,操作环节要让每个幼儿都能看得清楚。

4. 制作过程中耐心地帮助与支持

手工活动涉及许多技能和方法,所以在制作过程中幼儿需要更多的指导与帮助。当幼儿在操作过程中遇到困难,特别是对一些细节的处理感到困难时,需要教师进行小组或个别指导。对于难点,教师应及时作出调整,降低要求,使多数幼儿能顺利地完成操作。对有创意的幼儿的作品应给予支持与赞美。

5. 正确处理幼儿的作品

教师对幼儿作品的重视、积累、应用,既是对幼儿能力的一种肯定,也能潜移默化地影响幼儿对自我作品的态度,所以,教师应妥善处理幼儿的作品。作品处理的方式多种多样,可作为玩教具使用,也可作为艺术品装饰环境,还可作为礼物送给家人或客人等,从而使幼儿的努力与创造体现出相应的价值。

(三)各类型手工活动的指导要点

1. 泥工活动的指导要点

幼儿园手工活动材料丰富,泥材是一种主要材料,它有彩泥、纸黏土、陶泥等多种材质。各种泥材都具有柔软、可塑性。泥塑是通过多种技法进行塑形,成型后大都区分为浮雕和圆雕两种形式。

在泥工活动中,对不同年龄班的幼儿,教师的指导各有侧重。

小班:幼儿刚开始接触泥工活动时,要让幼儿玩泥,体验泥,教师要引导幼儿学习用泥,塑造一些幼儿熟悉的外形简单、容易表现的物体。比如"元宵""饼干"等。在泥工塑形技法学习时,教师要边示范、边讲解,让幼儿跟着教师的动作模仿。中、大班:幼儿进一步学习分泥、连接、捏边、砌合、拉伸等技能,教师应重点示范所学的技能。

另外,在泥工制作活动中,教师还应注意培养幼儿养成良好的卫生习惯,如操作时卷起长袖,将泥块放在泥工板上,以免弄脏桌面等。

2. 纸工活动的指导要点

(1) 折纸活动的指导要点。

折纸是受幼儿喜爱的手工活动之一。折纸取材方便,一切便于幼儿安全操作的薄型纸材均可作为折纸材料使用。折纸的基本技法有很多,折纸活动的内容要按照由浅入深、由易到难的顺序安排,并针对幼儿的年龄特征予以指导。

小班:主要指导幼儿对齐、抹平即可。让幼儿明白最基本的折纸方法和要领。

中班:可以引导幼儿学会看图折纸。教师画好折纸的顺序和步骤图,要教会幼儿认识和熟悉折法符号。开始活动时,教师可以边教幼儿识图边进行演示,启发幼儿理解图上的符号。演示时,教师使用的纸材要大一些,便于幼儿观看,要有正反面,手的动作要明确,语言要简练明确。每一个步骤,待幼儿理解图示后,教师可逐步过渡到仅演示重点和难点,其他部分让幼儿自己看图学折。

大班:幼儿可以进行组合折叠,即把折好的几部分组成一个整体。教师应重点指导几个部分的穿插连接,引导幼儿思考如何插接才会形成完整的形象,并且不会松散。

(2) 撕纸活动的指导要点。

撕纸技能可以锻炼幼儿双手对形的控制能力。方便幼儿撕纸操作的纸材都可以成为撕纸活动的材料,撕纸的方法大致有按折痕撕、按轮廓线撕、折叠撕、自由撕等。活动中教师应明确要求幼儿所撕的物象,应该是外形简单、特征明显、生动有趣的。让幼儿随意撕纸后,还可以根据所撕的形象想象添画,发展幼儿的想象力。教师指导时,重点应该让幼儿掌握撕的技能,启发幼儿按活动要求的技能撕出形象,并且注意粘贴的方法。

(3) 剪纸活动的指导要点。

剪纸属于平面镂空艺术。剪纸主要用的材料是纸张,也可以用金银箔、布等其他片状材料。剪纸的基本剪法主要有目测剪、沿轮廓剪、折叠剪等。活动中教师应引导幼儿从欣赏剪纸作品入手,感受作品的艺术美;将剪纸活动与粘贴、绘画等活动相结合,激发幼儿对活动的兴趣;根据幼儿的年龄特点,培养幼儿的剪纸能力。例如,小班让幼儿认识安全剪刀,可以任意剪开纸张;中班幼儿能够正确地使用剪刀,可以按照直线剪开纸张。大班幼儿沿着曲线、弧线剪开纸张,锻炼幼儿通过目测进行剪纸活动。

3. 综合性手工活动的指导要点

(1) 粘贴活动的指导要点。

粘贴是幼儿园纸工制作的基本技法之一。在小班的粘贴活动中,一般需要教师事先准备好各种纸材,并在准备好的纸张上画好某种形象的轮廓,然后,幼儿根据教师给出的形象进行粘贴练习。在中、大班往往是由幼儿经过想象粘贴成自己喜欢的作品。前者较为简单,它的活动要点在于指导幼儿如何用胶水涂抹;后者则重点启发幼儿构思主题,展开丰富的想象。

(2) 废旧材料制作。

在废旧材料制作活动开始前,教师首先要熟悉材料的基本特征,了解材料的特征适合表现哪些主题形象,需要哪些辅助工具等。

制作开始时,教师要和幼儿一起搜集废旧材料,在区域或自由活动时提供给幼儿自由摆弄这些材料的机会,引导幼儿观察、了解材料的形状、颜色、质地,如何利用,适合表现哪些物体等;通过启发幼儿的日常生活经验,查看书籍、图片等渠道,与幼儿一起讨论、分析所要制作的形象特征,丰富幼儿所要表现的形象知识,帮助幼儿将感性经验进一步升华。同时,要给幼儿提供多样的操作工具和材料,鼓励幼儿自主探索、大胆制作。

（四）手工活动案例及评析

大班手工制作活动：胸花

活动目标

1. 欣赏胸花,学习在圆形卡纸上设计胸花图案。

2. 能看懂制作步骤图,尝试独自制作胸花,大胆使用辅助材料给胸花造型。

3. 能耐心、专注地完成作品,体验制作成功后的乐趣。

活动准备

1. 直径5~8厘米的圆形卡纸若干(与幼儿人数相等),彩笔、各色彩纸、彩带、胶水、剪刀、别针等辅助材料。

2. 胸花作品：花、卡通人物、兔子、蜜蜂、星星等。

3. 胸花展台一个。

活动过程

1. 参观胸花展览,引起幼儿活动兴趣。

师：你们知道这是什么吗？胸花是什么样子的？你最喜欢什么胸花？

2. 欣赏与讨论。

(1) 鼓励幼儿讲述胸花的外形特征。

师：说一说,你最喜欢什么胸花,你为什么喜欢它？

小结：有的小朋友喜欢菊花胸花,因为花很漂亮;有的喜欢小兔子胸花,小兔子手里拿着篮子,好像要去采蘑菇,它穿着白色的裙子,很好看;有的喜欢小星星胸花,它一闪一闪的,好像在眨眼睛;有的喜欢小蜜蜂,它穿着黄色的衣服,在红色的花上采蜜,很美。

(2) 提醒幼儿注意色彩的搭配与色彩的主调。

师：说一说这些胸花什么颜色用得多？

小结：绿色用得多,红色、黄色也用得多。

(3) 引导幼儿了解对比的两种颜色。

① 花的叶子是绿色,配上红色或黄色的花朵,你看了这种配色有什么感觉？

② 什么和什么对比？为什么要这样对比？

3. 激发创作动机。

(1) 谈话：母亲节快到了,你们想送给妈妈什么样的礼物？你们想不想自己做一个胸花送给妈妈？

(2) 现在请你们想一想,你准备做什么胸花？

4. 观察制作步骤图,师幼共同探究胸花的制作方法和连接方法。

(1) 探索胸花的制作方法。

教师出示制作步骤图,边讨论边让幼儿示范,探索胸花的制作方法。

师：看一看,这些胸花是怎么做的？

师幼共同小结：首先在圆形卡纸上画出美丽的花纹,然后涂上鲜艳的颜色。

(2) 观察胸花,讨论胸花的连接方法。

师：胸花设计好后,怎样把花瓣、别针连接起来呢？我们先要怎么做,再怎么做？

小结：小朋友看得很仔细,讲得也好。我们可以先画好自己设计的胸花画像,并涂上最美丽的颜色,然后用彩纸剪成花瓣或用彩带、树叶、糖纸加以装饰,将花瓣用胶水粘在圆卡纸正面,最后在胸花背后用胶带粘上别针。

5. 幼儿制作胸花。

(1)明确制作规则,引导幼儿制作时要保持桌面的整洁,安全使用剪刀。

(2)幼儿制作胸花,教师在幼儿需要帮助时给予指导。

6. 欣赏交流制作的胸花,体验制作的乐趣。

将幼儿制作的胸花陈列在展台上,引导幼儿大方地介绍自己制作的作品。

师:今天小朋友很能干,用这些材料做出了美丽的胸花。你做了什么样的胸花?你是怎么做出来的?你们最喜欢谁的胸花,为什么?

活动延伸

1. 请幼儿将胸花保管好,回家送给妈妈。引导幼儿在送礼物时说一句感谢妈妈的话。

2. 引导幼儿了解除了做胸花送给妈妈作为节日礼物外,还可以做其他的东西送给妈妈。此环节在区角活动时的美工区完成。

活动评析

该活动由欣赏各种不同的胸花导入,激发了幼儿对活动的兴趣。通过欣赏与讨论,了解胸花的外形特征、造型、色彩的搭配与色彩的主调,培养幼儿的审美感受。接着引导幼儿有目的地构思自己的作品,通过观察制作步骤图,探究胸花的制作方法与连接方法。这种探究的结果是一种发现学习的结果,有助于幼儿掌握制作的技巧,培养幼儿的创造力。制作完成后,幼儿相互交流与欣赏,把作品作为礼物送给妈妈,从而体现出幼儿制作的价值。

三、幼儿园美术欣赏活动的内容与指导

(一)幼儿园美术欣赏活动的内容

幼儿园美术欣赏活动是教师引导幼儿欣赏和认识美术作品、自然景物及周围环境,了解对称、均衡、变化等形式美的原理,感受造型、色彩、构图等艺术手法及其情感表现,体验美术欣赏的快乐,从而丰富幼儿的感性经验,激发幼儿审美情趣的一种教育活动。[1]

1. 幼儿美术欣赏的内容

(1)一般性美术作品,包括对古今中外各类题材的美术名作、各种雕塑、工艺美术品和建筑艺术的欣赏,自然景物和环境的欣赏等(见图7-9,图7-10)。

图7-9　徐悲鸿《奔马》　　　图7-10　凡·高《向日葵》

---

[1]　郭亦勤,王麒.学前儿童艺术教育活动指导[M].3版.上海:复旦大学出版社,2014:47.

(2) 以幼儿为创作主体的美术作品,包括国内外的优秀幼儿作品,本园、本班孩子的优秀作品。

2. 美术欣赏内容选择的要求

(1) 选择的美术作品符合幼儿的兴趣、经验和接受能力,可选择名人名作或为社会公认有艺术欣赏价值且适合幼儿欣赏的美术作品。

(2) 形式多样,内容丰富。可以是中国传统的国画,也可以是外国现代的西洋画;可以是生动形象的现实主义作品,也可以是无定形的抽象主义作品;可以是绘画艺术,也可以是建筑艺术;可以是名家名作,也可以是民间艺术;可以是成人美术作品,也可以是幼儿美术作品。

(二)幼儿园美术欣赏活动的设计与指导

1. 选择适宜的欣赏活动内容

不同年龄班美术欣赏活动内容不同。

小班幼儿视觉色彩功能还没有形成,所以小班幼儿的美术欣赏应选择一些贴近幼儿生活、具有鲜明色块、季节特征明显的教学内容,这样能让幼儿亲眼看见,亲身感受、体验和表达,有助于提高幼儿的审美情趣。如美丽的春天、秋天的水果、秋天的树叶,漂亮的糖纸、宝宝的艺术照、全家福等,都可以作为小班幼儿美术欣赏的教学内容。

中班可让幼儿掌握美术欣赏中的色彩美、秩序美、图案的纹样美等,应选择简单的线条、图形,简单的色块画来欣赏。例如,荷兰著名画家蒙德里安的抽象代表作《红、黄、蓝的构成》《百老汇爵士乐》可作为美术欣赏内容,通过对这些大作的欣赏,慢慢过渡到对生活中美丽花边的欣赏,最后还可以延伸到欣赏中国民间流传的布制玩具、图画,如阿福、年画等。

大班幼儿欣赏内容可进一步加深,欣赏层面可以更广一些。如徐悲鸿、齐白石、毕加索、马蒂斯、凡·高等中外画家的名作,再过渡到中国的秦童面具、京剧脸谱,这些都是中国戏曲艺术中的美,以及装饰性的图案美。它们不仅颜色漂亮,而且各种颜色都有不同的含义。

2. 做好欣赏活动的准备工作

教师在指导幼儿美术欣赏开始之前,应创设有效的环境,作好物质准备;还应进行相关的知识准备,充分了解作品产生的时代背景,作者要表达的思想情感,作品的创作形式、作品特点和表现手法等。此外,还要了解幼儿,帮助幼儿扩展知识经验。例如,引导幼儿欣赏花灯前,请家长带孩子逛灯会,帮助幼儿感受花灯的外观造型、结构、色彩和图案的美,以及花灯所表现出来的喜气,与花灯相关的生活背景,丰富幼儿对传统节日的了解,积累有关花灯的表象,增强民族感情。

3. 采用多种方法、手段,引导幼儿充分感受作品的美

幼儿美术欣赏教学,不是单纯地让幼儿看一看欣赏对象,而是要运用灵活多样的方法指导幼儿欣赏美术作品,有意识地引导幼儿了解作品所蕴含的意义,感受作品所表达出来的强烈情感,了解作品背景和内容,感受作品的意境等。一般采用以下三种方法。

(1) 谈话欣赏法。

教师以语言为中介启发幼儿,与之交流对作品的感受和看法。谈话欣赏是一个互动的过程。这种方法有三种层次:讲解、问答、表达。选取哪一种方法需根据幼儿的年龄和欣赏水平。幼儿刚开始欣赏时,教师主要用讲解法,加少量的提问,多用于小班。以后过渡到问答,教师以提问来引导幼儿欣赏,适合于中、大班幼儿。大班后期,教师可以根据作品的内容,先作一些欣赏提示,然后让幼儿自己欣赏,最后用语言或其他方式表达自己的感受。

欣赏一幅作品时,教师应引导幼儿先观看和分析画中的主要事物,看看画中有哪些主要人物或动物,他们在做什么,说什么,然后分析他们的具体特征,他们之间的关系,他们和环境的关系等。运用谈话指导幼儿进行欣赏时,教师自己首先要学会与美术作品对话,找出作品的特点、欣赏的要点,然后将其转化为开放性的问题,比如,这幅画上画着什么? 引导幼儿欣赏内容,如你看了这幅画有什么感受? 引导幼儿进行主动的审美体验,如你为什么会有这种感受? 引导幼儿从内容美和形式美(色彩和构图)两方面进行体验,如你喜欢这幅画吗,为什么? 引导幼儿理解作者的思想、感情和深刻的内涵。少提一些"是不是""是什么""漂亮吗"等问题。

（2）观察比较法。

观察比较法是教师引导幼儿观察、评价不同作品的表现手法、形式和风格的教学方法。进行美术欣赏时，可以就同一主题的不同表现手法引导幼儿观察比较。例如，在欣赏中国的古塔时，教师可以引导幼儿对不同质地的古塔进行比较，引导幼儿仔细观察去发现它们造型上的差异。

（3）游戏法。

用游戏的方法进行美术作品的欣赏，能使幼儿在有趣的活动中不知不觉地熟悉美术作品，了解各种美术作品的形式和风格。常用的游戏法有：找朋友、拼图、抢答等。

4．注重启发引导，帮助幼儿表达欣赏后的感受

美术欣赏活动中，教师要能激发幼儿积极参与审美活动的主动性，而不是让幼儿被动地接受学习。因此，教师不要急于讲解分析作品，因为教师的讲解容易造成幼儿的思维定式。教师应通过提问题的方法，启发幼儿回忆与作品主题有关的多方面知识和生活体验，使之感到亲切，产生共鸣，调动幼儿的想象与情感。教师要留有充足的时间引导幼儿与作品互动，让幼儿自由讨论，表达对作品的感受。

5．自由创作，作品展示

教师为幼儿创设轻松的氛围，让幼儿对所欣赏的美术作品进行模仿或创作，自由大胆地再现作品的美。创作完成后，进行作品展示，有助于幼儿进一步理解作品的美。

（三）美术欣赏活动案例及评析

案例展示台

大班美术欣赏活动：年画

活动目标

1．欣赏古代年画的主要色调和饱满的构图，初步理解年画所表达的含义。

2．体验年画欢乐祥和的气氛和人们美好的愿望，并能大胆地表达自己的感受。

3．能尝试创作一幅具有某种含义或能表达自己美好祝愿的年画。

活动准备

1．活动前了解古代年画的有关内容，并参观过书店的各种挂历、年画。

2．师生共同收集古代年画，将活动室布置成年画展览厅，准备五角星挂件若干。

3．了解一些喜庆吉祥的问候语。

4．《喜洋洋》《金蛇狂舞》《二泉映月》的音乐，有关年画的PPT课件。

活动过程

1．初步感知年画的特点。

（1）在《喜洋洋》的音乐伴奏下，教师和幼儿自由地欣赏活动室里的年画展览，自由地交谈、议论。

（2）让幼儿在活动室中间找个位置坐下，教师介绍：今天欣赏的这些画是以前过年时专门张贴的画，这种画叫年画，是我国独有的一种画。现在，在农村还有贴年画欢度春节的习惯。

（3）提问：你看了这些年画有什么感觉？（高兴、快乐，有种过年的感觉等）

2．欣赏年画，了解年画的构图及要表现的含义。

（1）欣赏年画的内容。

① 引导幼儿自由讨论欣赏。

师：这么多画贴在窗上、挂在墙上，真漂亮！现在请你和好朋友一起看看这些年画上画了些什么。（教师引导幼儿欣赏年画中的主要内容）

② 集中欣赏，请幼儿观察几幅典型年画，并用语言大胆表达自己的感受。

师:你看了哪幅年画,画上画了些什么?(根据幼儿的讲述,教师用PPT呈现相应的年画,帮助幼儿理清讲述的思路)

年画一:中间有个金黄色的"福"字,边上有许多五颜六色的鱼和水波浪。

年画二:画上中间有一个很大的盆,里面有许多的珍珠和元宝,闪闪发光,边上围着三只羊。

年画三:画上有一个财神爷,手里有个如意,还有两个小孩,一个手里拿着做官的帽子,一个手里拿着金元宝,上面还有一棵树,树上都是钱。

年画四:画上有一个小女孩和一个小男孩,他们手里都提着钱,还有用金子做的鱼,身上穿着漂亮的衣服在恭喜别人。

年画五:画上有几个仙人,一个仙人手里拿着桃子,一个拿着钱。

年画六:画上有一匹马在跑,马背上有元宝,地上也有金银珠宝。

年画七:画上有一个小女孩骑在凤上,脸上笑眯眯的,手里拿着一条彩带好像在说祝福的话;还有一个小男孩骑在龙上,脸上笑眯眯的,手里也拿着一条彩带好像也在说祝福的话。

(2)欣赏年画构图,感受年画所表达的美好愿望。

师:刚才我们看了许多年画,每一幅年画上的内容都不一样,那你知道画家为什么要画上这些东西吗?他要表达什么意思?

提问:

① 你怎么知道这幅画表示三阳开泰?三只羊代表什么意思?

② 你怎么知道这幅画表示年年有余?年年有余是什么意思呢?

③ 你怎么知道这幅画表示财源广进,恭喜发财?

④ 你怎么知道这幅画表示新年万事如意,羊年喜气洋洋?

小结:原来这些年画都有一定的含义,它们可以表示美好的祝愿,也可以表示对未来的希望。

3.欣赏年画的色彩,感受色彩所带来的喜庆、吉祥、欢乐的气氛。

(1)提问:

① 我们欣赏了这么多年画,你们发现它们大都用了什么颜色?

小结:年画中红色最多,还有金黄色,衣服五颜六色很漂亮。

② 红色、金黄色给你们什么感觉呢?

小结:红色、金黄色感觉很热闹、很开心、很快乐、很吉祥。

(2)欣赏《金蛇狂舞》和《二泉映月》两段音乐(片段)。

提问:你觉得哪一段音乐与这幅画相配?

(3)放《金蛇狂舞》的音乐,让幼儿学一学年画中人物的姿态,或让幼儿合作用自己的动作来表现这些画。

4.确定设计内容,幼儿自由创作。

讨论:如果请你来设计一幅年画,你想在上面画些什么?为什么要画这些?

师:我们也来设计一幅年画,先想想你的年画上要画些什么?表达什么愿望?然后想想用哪些颜色可以表现出过年时热闹、欢乐、喜庆、吉祥的气氛,看谁设计的和别人不一样。

5.展示幼儿作品。

引导幼儿从色彩、构图等方面欣赏与评价自己与同伴的作品。

(1)请你说说你的年画上画了些什么,表示什么意思?

(2)你觉得谁的年画看上去很热闹、很喜庆,为什么?

小结:今天,小朋友开动脑筋,设计了许多漂亮的年画,掌握了设计年画的本领。长大后,只要我们肯动脑筋,就能设计出更漂亮的画。

活动延伸

1.家长在过年期间,带领幼儿欣赏民间艺术,感受年画的独特魅力。

2.家长和幼儿共同制作对联、年画,庆贺新春佳节。

活动评析

在开展该活动前,教师和幼儿一起收集年画,了解古代年画内容,幼儿积累了大量的感性经验,所以活动一开始,教师能自然地引导幼儿对年画进行欣赏。在欣赏中,教师先采用了自由欣赏讨论的方式,让幼儿在欣赏中初步感受年画的不同形式和内容;然后引导幼儿有针对性地对几幅较典型的年画进行集体欣赏,使幼儿对年画的构图、色彩及所表示的含义有更进一步的认识,同时也给了幼儿大胆表达自己的想法和感受的机会。接下来的自由创作活动,教师通过提问启发幼儿思考,给幼儿提供宽松的心理环境,幼儿在毫无顾忌的环境中自由创造,表达了对所设计的形象及其年画的感受。最后的作品展示,进一步激发了幼儿创作的积极性,提高了幼儿的审美能力。

思考与练习

▶ 真题再现吧

单项选择题

1. 某 5 岁儿童画的西瓜比人大,画的两颗尖牙也占了人脸的大部分,这段时期儿童画的特点是(　　)。

　A. 感觉的强调和夸张　　　　　　　　　B. 绘画技能稚嫩

　C. 未掌握画面布局比例　　　　　　　　D. 表象符号的形成

2. 在"秋天的树"美术活动中,教师不适宜的做法是(　　)。

　A. 让幼儿按照教师的范画绘画　　　　　B. 组织幼儿观察幼儿园的树

　C. 提供各种树的照片,组织幼儿讨论　　D. 引导幼儿观察有关树木的名画

3. 小彤画了一个长了翅膀的妈妈,教师合理的应对方式是(　　)。

　A. 让小彤重新画,以使其作品更符合实际

　B. 画一个妈妈的形象,让小彤照着画

　C. 询问小彤妈妈长翅膀的原因,接纳他的想法

　D. 对小彤的作品不予评价

4. 下列关于幼儿美术教育的做法中,不正确的是(　　)。

　A. 支持幼儿表达自己对美术作品的独特感受

　B. 出示范画让幼儿模仿

　C. 鼓励幼儿用自己的方式表现美

　D. 为幼儿的美术创作提供丰富的材料

▶ 能力提升训练营

一、单项选择题

1. 四角向中心折及变化是(　　)的折纸教育活动内容。

　A. 学前班　　　　　　　　　　　　　　B. 幼儿园大班

　C. 幼儿园中班　　　　　　　　　　　　D. 幼儿园小班

2. 以下关于幼儿园美术教育不正确的论述是(　　)。

　A. 帮助幼儿学习、掌握一定的美术知识和技能是幼儿园美术教育的终极目标

　B. 幼儿美术是幼儿个性的表现

　C. 帮助幼儿发现自我、表现自我是幼儿园美术教育的重要目标

　D. 幼儿美术学科本身的特点是幼儿园美术教育目标制定的重要依据

3. 《纲要》中提到的五个领域,每个领域都可以提炼出一个关键的能力,艺术是(　　)。

　A. 感受能力　　　　B. 表现能力　　　　C. 创造能力　　　　D. 思维能力

4. 学前儿童美术教育中,教师引导中班儿童在绘画中表现感受过的物体的做法是( )。

A. 剪出圆圆的向日葵　　　　　　　　B. 用超轻黏土制作面条

C. 按照画线撕出造型　　　　　　　　D. 创作纸质情节作品《小红帽》

5. 你认为对儿童绘画的评价应更重视以下哪一方面?( )

A. 画得像真的一样　　　　　　　　　B. 画得和老师的范画一样

C. 画面干净,涂色均匀　　　　　　　D. 作画自由、大胆,有感情

二、简答题

1. 简述幼儿园美术教育的总目标和内容。

2. 幼儿绘画活动的指导一般可分为哪几个步骤,各应注意哪些问题?

3. 举例说明幼儿美术欣赏活动的内容有哪些,开展幼儿美术欣赏活动应注意哪些问题。

4. 如何组织幼儿的折纸活动?

5. 如何指导幼儿开展泥工活动?

三、案例分析题

1. 王老师在点评小班幼儿的作品时说:"小草怎么是蓝色的? 太阳怎么是黄色的呢? 重画!"

请分析王老师这一做法是否合适,并说明理由。

2. 王老师在带领幼儿欣赏凡·高的绘画作品《向日葵》时,提了以下问题:"这盆向日葵花画得像吗? 数一数,有多少株向日葵?"

请分析王老师的提问是否适宜。你觉得教师在讲授美术欣赏课程时,该如何提问? 并说明理由。

四、活动设计题

1. 用彩泥制作"一群小鸡",并设计小班的泥工活动方案。

2. 运用连续对边折剪的方法完成剪纸"鱼",并设计中班的纸工活动方案。

3. 变脸是川剧中特有的技巧,也是我国特有的艺术形式。请以"变脸"为题,设计大班美术欣赏活动。

4. 青花瓷,以其突出的风格和独特的艺术特色被誉为中国的"国瓷"。为感受青花纹样独特的简约之美,增进幼儿对传统民间艺术的喜爱之情,请以"青花瓷盘"为题,设计中班绘画活动。

学习目标

1. 了解幼儿园音乐教育的内涵和作用。
2. 理解幼儿园音乐教育各层次目标,掌握幼儿园音乐教育活动的内容与途径。
3. 掌握幼儿园各类型音乐教育活动的设计与指导要点。
4. 设计幼儿园音乐教育活动方案并进行模拟试教。

知识导图

幼儿园音乐教育活动设计与指导
- 幼儿园音乐教育活动概述
  - 幼儿园音乐教育的内涵
  - 幼儿园音乐教育的作用
  - 幼儿园音乐教育的目标
  - 幼儿园音乐教育活动的主要内容
  - 幼儿园音乐教育活动的基本途径
- 幼儿园歌唱活动设计与指导
  - 幼儿园歌唱活动的教育内容
  - 幼儿园歌唱活动的选材
  - 幼儿园歌唱活动的设计与指导
  - 幼儿园歌唱活动案例及评析
- 幼儿园韵律活动设计与指导
  - 幼儿园韵律活动的教育内容
  - 幼儿园韵律活动的选材
  - 幼儿园韵律活动的设计与指导
  - 幼儿园韵律活动案例及评析
- 幼儿园打击乐演奏活动设计与指导
  - 幼儿园打击乐演奏活动的教育内容
  - 幼儿园打击乐演奏活动的选材
  - 幼儿园打击乐演奏活动的设计与指导
  - 幼儿园打击乐演奏活动案例及评析
- 幼儿园音乐欣赏活动设计与指导
  - 幼儿园音乐欣赏活动的教育内容
  - 幼儿园音乐欣赏活动的选材
  - 幼儿园音乐欣赏活动的设计与指导
  - 幼儿园音乐欣赏活动案例及评析

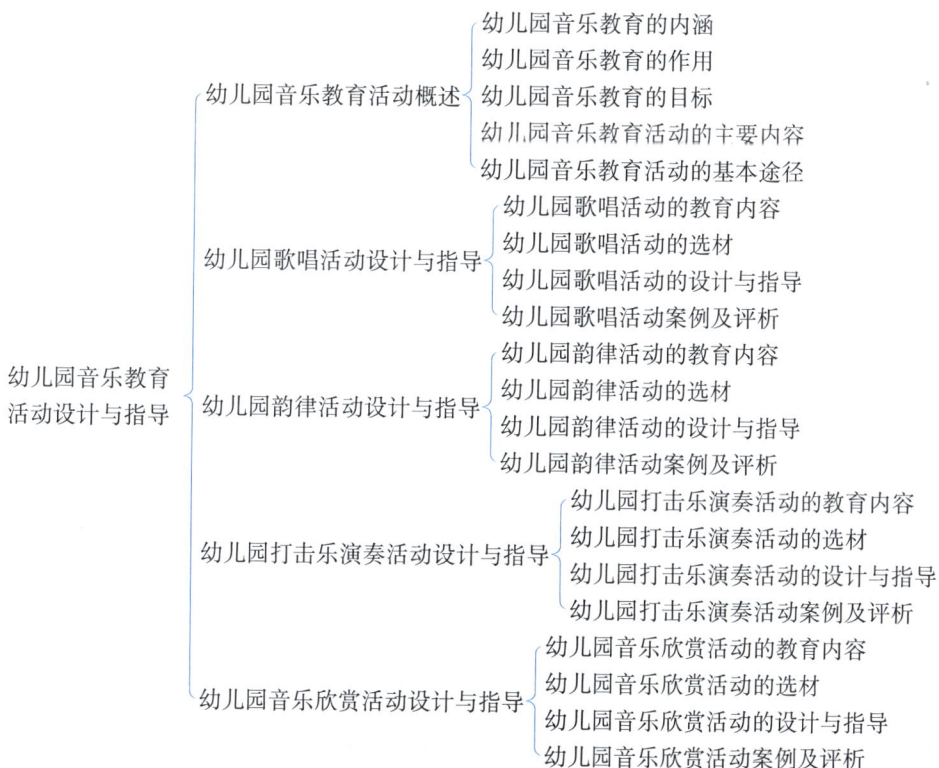

第一节 幼儿园音乐教育活动概述

一、幼儿园音乐教育的内涵

幼儿园音乐教育指根据幼儿身心发展的特点,以提升幼儿对生活和音乐作品中美的感知、促进幼儿运用多种音乐表现方式的能力,培养幼儿音乐的感受力、表现力和创作力为核心目标而开展的一系列教育活动。幼儿音乐教育是以幼儿音乐为学习内容的教育实践活动。作为教育实践活动,幼儿音乐教育既要遵循幼儿音乐学习的过程,按照幼儿心理发展的特点对幼儿进行音乐基本知识、技能的教育和熏陶,更要以全面发展教育为中心,通过音乐的手段、音乐教育的途径促进幼儿在身体、智力、情感、个性、社会性等方面和谐发展,是一种以音乐为手段来进行的人的基本素质教育。

二、幼儿园音乐教育的意义

音乐教育在幼儿园教育中占有很重要的地位,幼儿园音乐教育对幼儿的音乐能力、认知、情感、社会性等各方面全面和谐的成长有着极其重要的意义。

(一)有利于促进幼儿音乐能力的发展

美育是人对自然界、社会生活、文艺作品的正确审美观点,是感受美、表现美、鉴赏美、创造美的一种能力。幼儿音乐教育是一种审美过程,是一种通过音乐活动培养幼儿感受美、表现美和创造美的能力的过程。因为幼儿每唱一首歌、每弹一首乐曲、每跳一支舞蹈,不仅能感受到歌词的语言美,还能感受到表演的体态美,乐器音响的意境美,乐曲的旋律美。如歌曲《小黑猪》音乐形象鲜明,旋律诙谐、幽默,幼儿在轻松、愉快的演唱过程中既能感受到歌曲幽默活泼的风格,又能受到美的熏陶。

(二)有利于促进幼儿大脑的发展

幼儿阶段是脑发育最快的阶段,音乐活动是开发幼儿大脑的重要手段之一。充分地利用歌唱、韵律动作、节奏训练及音乐欣赏等活动,全面地刺激幼儿,让幼儿用活泼欢快的身体动作来体验节奏,借助节奏来引起大脑与身体之间迅速而有规律地交流,用身体动作体验音乐、表现音乐,可使幼儿的大脑各部分处于积极的活动状态中。因此,幼儿音乐教育对幼儿大脑的健全发展是十分重要的。

(三)能促进幼儿认知能力的发展
1. 促进幼儿听觉能力的发展

幼儿阶段是听觉能力发展最迅速的时期,有关研究者曾经做过对成年专业音乐家的调查,发现在2～4岁开始接受音乐教育的人中,有92%的人可能获得绝对音高感;在4～6岁接受音乐教育的人中,这个比例便下降到68.4%。可见,及早地、更多地为幼儿提供各种音乐活动的机会和环境,并有意识地引导幼儿进行听觉的感知和分辨活动是十分有意义的。

2. 促进幼儿注意、记忆能力的发展

音乐具有直观性,幼儿音乐活动形式多样,能集中幼儿的注意力,激发幼儿的活动兴趣。在音乐活动中,幼儿为了学会唱歌,必须记住歌词、旋律;为了学会舞蹈动作或乐器演奏,必须记住与动作或演奏有关的音乐的特点等。实践证明,音乐教育能促进幼儿注意力、记忆力的发展。

3. 促进幼儿想象力的发展

在优美的音乐旋律中,幼儿往往产生诸多的想象,在动作的创编中,时常迁移联想到有关的事和物。音乐教育正是通过音乐形象,唤起幼儿对相关的视觉印象、听觉印象以及有关事物的联想,从而发展他们的想象力。

(四)促进幼儿情感的发展

幼儿期正处于个人情感由低级向高级逐步发展的阶段,富有情感性的音乐活动能满足幼儿情感发展的需要。好的音乐作品、音乐教育活动能使幼儿产生对音乐的情感共鸣,从而激发起幼儿良好的情绪情感,提高幼儿音乐审美感受力和表现能力,净化心灵,升华道德,完善人格。例如,学习《不再麻烦好妈妈》这首歌曲,幼儿不仅能感受到妈妈对自己关爱的情感,同时也激发了幼儿对妈妈的热爱之情,知道自己的事情要自己做。

（五）促进幼儿社会性的发展

首先,和谐的音乐活动能满足幼儿与人交往的需要。教师与幼儿、幼儿与幼儿之间的音乐交往,如合唱、合奏、集体舞等,能使幼儿体会到与人合作和共同学习的快乐。其次,在学习中的集体评价、自我评价、自我教育,培养了幼儿的自律和责任感。再次,音乐作品中的具体内容,又可以让幼儿感受到爱与被爱、尊老爱幼、爱劳动、讲卫生等良好的品质和习惯,这些美好行为潜移默化地影响着幼儿,促进幼儿全面地发展。

三、幼儿园音乐教育的目标

在我国的幼儿园教育体系中,音乐教育目标一般可以分解为:总目标、年龄阶段目标、单元目标和活动目标四个不同层次。幼儿园音乐活动以总目标为导向,逐渐形成小、中、大班的年龄阶段目标,每个年龄阶段根据不同的主题形成单元目标,最终落实到每个具体活动的活动目标。

（一）幼儿园音乐教育的总目标

幼儿园音乐教育总目标主要是借助各类音乐活动促进幼儿身心和谐、健康的发展。《纲要》提出:艺术领域目标的实质主要是培养幼儿的审美感受能力和艺术创造能力。

根据《纲要》与《指南》的精神,结合幼儿音乐活动的特点与幼儿音乐能力发展的水平,幼儿园音乐教育应着重体现以下方面的教育目标。

第一,感受自然界、生活环境和音乐中蕴含的美,体验不同音乐形式所具有的独特表现力,插上想象的翅膀,进入音乐美妙的境界。

第二,喜欢参与和经历听、唱、动、奏等各种音乐实践活动,喜爱并乐于用音乐表现手段表达自己对环境、生活、艺术美的感受与体验,能大胆、自由、富有个性地表现与交流自己的思想和情感。

第三,愿意参与音乐活动,在快乐的游戏中自主探索音乐的奥秘,在喜爱的音乐活动中激发智慧与灵感,满足活动与交往的需要,提升生活质量。

（二）幼儿园音乐教育年龄阶段目标

幼儿园音乐教育年龄阶段目标即依据总目标制定的适合小、中、大班不同年龄阶段幼儿的短期发展目标,为幼儿审美感受能力和艺术创造能力的发展提供更具体的要求和方向。《指南》从感受与欣赏、表现与创造两个方面提出了3~4岁、4~5岁、5~6岁幼儿的"阶梯"式目标,具体表述见表8-1至表8-4。

1. 感受与欣赏

表8-1　目标1　喜欢自然界与生活中美的事物

3~4岁	4~5岁	5~6岁
容易被自然界中的鸟鸣、风声、雨声等好听的声音所吸引	喜欢倾听各种好听的声音,感知声音的高低、长短、强弱等变化	乐于模仿自然界和生活环境中有特点的声音,并产生相应的联想

表8-2　目标2　喜欢欣赏多种多样的艺术形式和作品

3~4岁	4~5岁	5~6岁
喜欢听音乐或观看舞蹈、戏剧等表演	1. 能够专心地观看自己喜欢的文艺演出或艺术品,有模仿和参与的愿望 2. 欣赏艺术作品时会产生相应的联想和情绪反应	1. 艺术欣赏时常常用表情、动作、语言等方式表达自己的理解 2. 愿意和别人分享、交流自己喜爱的艺术作品和美感体验

2.表现与创造

表8-3　目标1　喜欢进行艺术活动并大胆表现

3～4岁	4～5岁	5～6岁
经常自哼自唱或模仿有趣的动作、表情和声调	经常唱唱跳跳,愿意参加歌唱、律动、舞蹈、表演等活动	1.积极参与艺术活动,有自己比较喜欢的活动形式 2.艺术活动中能与他人相互配合,也能独立表现

表8-4　目标2　具有初步的艺术表现与创造能力

3～4岁	4～5岁	5～6岁
1.能模仿学唱短小歌曲 2.能跟随熟悉的音乐做身体动作 3.能用声音、动作、姿态模拟自然界的事物和生活情景	1.能用自然的、音量适中的声音基本准确地唱歌 2.能通过即兴哼唱、即兴表演或给熟悉的歌曲编词来表达自己的心情 3.能用拍手、踏脚等身体动作或可敲击的物品敲打节拍和基本节奏	1.能用基本准确的节奏和音调唱歌 2.能用律动或简单的舞蹈动作表现自己的情绪或自然界的情景 3.能自编自演故事,并为表演选择和搭配简单的服饰、道具或布景

(三)幼儿园音乐教育单元目标

幼儿园音乐教育单元目标,一方面可以根据时间制定,例如制定月计划的单元目标、制定周计划的单元目标;一方面可以根据主题活动制定。如制定"热热闹闹过新年"主题活动的单元目标。

幼儿园大班下学期第九周音乐教育目标:

◆ 学会唱歌曲《吹泡泡》《搭房子》。

◆ 学习边唱歌曲边跟随音乐有节奏地创编动作,体验表演的乐趣。

◆ 学会根据歌曲《搭房子》的节奏与同伴进行游戏,并能创编不一样的"搭房子"的动作。

◆ 欣赏歌曲《小精灵的魔法汤》,感受歌曲所呈现的神秘感。

◆ 尝试根据《小精灵的魔法汤》的音乐自制乐器,并学习用自制乐器伴随音乐进行有节奏的演奏。

(四)幼儿园音乐教育活动目标

1.确定幼儿园音乐教育活动目标

幼儿园音乐教育活动目标,即指某一具体的音乐教育活动所要达到的目标。我们应根据幼儿园音乐教育的总目标、年龄阶段的音乐教育目标和本班教育工作的单元目标确定音乐教育活动目标。除此之外,还需考虑所选音乐素材的教育潜能是否符合幼儿音乐能力的发展需要。

为了使音乐活动有效地促进幼儿的全面和谐发展,我们在提出音乐教育活动目标时,突出了以下三方面的要求:(1)音乐知识、技能的获得与音乐感的发展;(2)学习技能、策略的获得与学习能力的发展;(3)价值观与积极的个性、社会性的发展。例如,大班韵律活动《啄木鸟》活动目标可表述为:

◆ 根据故事,初步感受乐曲A、B、C的乐段,学习按乐句表现鸟飞(A段音乐优美、舒展)、捉虫(B段音乐跳跃、断顿)、大树生长(C段音乐活泼、欢快)等动作。

◆ 根据日常经验,创编啄木鸟和大树在不同音乐下的动作。

◆ 懂得与同伴合作,扮演不同角色进行表演活动。

目标一提出三个不同的知识技能方面具体要求:第一,听辨音乐;第二,表现鸟飞、捉虫,大树生长的动作;第三,用相应的动作匹配音乐。目标二着重关注的是启发幼儿创新思维,引导幼儿进行联想、想象,创造新的动作与音乐匹配,激发创造兴趣。目标三侧重于让幼儿在活动中主动寻找合作伙伴,与同伴沟通配合、合作协调表演。上述三条目标清楚地表明了幼儿在活动过程中将要做什么、应该怎么做及做到什么程度。同时也暗示了教师在活动中应怎样要求幼儿、应怎样帮助幼儿达到要求。

2.制定幼儿园音乐教育活动目标的注意事项

(1)建议以"幼儿"为行为发出的主体,陈述时主语应省略。

以"幼儿的学"为出发点,指出幼儿音乐活动后应该知道和能够做到的最低行为标准,一般常用以下词语进行表述:学习、探讨、理解、尝试、说出、创编、懂得、感受……

例如,中班《小鸡过河》歌唱活动原目标为:

◀ 能根据图片和手势的提示理解歌词内容,培养幼儿的理解能力。

◀ 发展幼儿的创造力,运用表情动作扮演小鸡、小鸭形象进行演唱。

◀ 积极大胆表现,体验关心帮助他人的快乐心情。

第一条目标前半句"理解……"是以幼儿的角度表述,后半句"培养幼儿……"是以教师的角度表述;第二条目标"发展幼儿……"也是以教师的角度表述,第三条"积极大胆……,体验……"是从幼儿角度进行表述。三条目标存在着表述过程中主体不一致的问题。可改为:

◀ 根据图片和教师手势的提示理解歌词内容,初步根据旋律的变化合拍地演唱歌曲。

◀ 尝试运用表情动作扮演小鸡、小鸭进行演唱。

◀ 积极大胆表现,体验关心帮助他人的快乐心情。

(2)必须陈述可检验的行为,清楚表明行为的条件和具体的行为内容。

例如,大班《猫的新娘》歌唱活动目标为:

◀ 培养幼儿音乐知识、技能。

◀ 启发幼儿创造性地表演,大胆地演唱。

◀ 培养幼儿遵守常规,发展幼儿自我表达能力。

第一条目标"大"而"空",无法操作;第二条目标,教师无法知道要通过什么方法和手段实施和落实,所以目标同样是不具体的;第三条目标,幼儿的常规培养无法在一次活动中完成,需要长期坚持不懈的关注和有意培养,因此该目标同样"大"而"空",不具备可检验性。三条目标的表达都没有行为化的概念,内容非常笼统,无法具体操作和落实,我们通常把这种"大"而"空"的目标称为"无法检查""无法落实"的"万金油"目标。根据三条目标存在的问题,可改为:

◀ 感受新疆歌曲《猫的新娘》诙谐、幽默的特点,能在图标演示及教师表演的提示下理解歌词内容。

◀ 学会用连贯的演唱方法演唱歌曲。

◀ 体验歌唱中不断猜"猫的新娘"是谁的乐趣。

四、幼儿园音乐教育活动的主要内容

幼儿园音乐教育的内容主要包括歌唱活动、韵律活动、演奏活动、音乐欣赏。

(一)歌唱活动

歌唱活动是指演唱有旋律、有歌词的歌曲以及进行节奏朗诵、唱名游戏等的活动。对于幼儿来说,歌唱活动的内容主要包括歌曲(幼儿歌曲、传统的童谣以及节奏朗诵)、歌唱的表演形式以及歌唱的简单知识技能等。

(二)韵律活动

韵律活动是指伴随音乐进行的,用协调、有节奏的身体动作来表现音乐的活动。幼儿园韵律活动主要包括律动、舞蹈和音乐游戏。

(三)演奏活动

打击乐演奏是幼儿运用身体的大肌肉动作和精细动作参与活动,通过乐器的不同音色的表达,来表现音乐的一种形式。打击乐器是幼儿最容易掌握的乐器,也是幼儿表达音乐最自然、最直接的工具。

(四)音乐欣赏

音乐欣赏主要是指幼儿通过倾听周围环境的各种乐音或优秀的音乐作品,观赏音乐表演等途径来获得审美享受的音乐活动,是幼儿感知理解音乐、体验音乐情感、探索音乐世界的一种重要的音乐教育实践活动。

五、幼儿园音乐教育活动的基本途径

幼儿园音乐教育活动的基本途径主要有:专门性的音乐教育活动、渗透性的音乐教育活动。

(一)专门性的音乐教育活动

专门性的音乐教育活动是指教师有目的、有计划地设计和组织的音乐教育活动。这类音乐活动的价值主要在于:向幼儿提供比较系统的音乐教育,并为幼儿提供机会提炼和深化在日常生活中获得的音乐经验。通过教师专门设计、组织的系列音乐活动,幼儿可以获得多方面的音乐知识经验与技能。如幼儿在歌唱的学习过程中,不但能够掌握某首歌曲的节奏、旋律和歌词,还可以学会运用嗓音进行明显的强弱、快慢及音色变化的处理,还能以带有创造性的韵律动作进行表演活动。同时,他们在音乐活动中还获得如何学习的方法,如何评价自己、表现自己、管理自己,如何与人沟通、与同伴合作等有益的经验。

(二)渗透性的音乐教育活动

渗透性的音乐教育活动是指各种既应用了音乐又并不以音乐为主要教育内容的其他教育活动。这种音乐教育活动的价值主要在于:强化、深化幼儿其他方面学习经验;为幼儿提供应用非语言的思维、想象和表达方式的机会;调剂、美化幼儿一日生活;向幼儿提供更为广泛、更为丰富的学习音乐和应用音乐的机会。这种音乐教育活动既有教育者发起组织的,也有幼儿自发进行的;既有事先计划好的,也有随机开展的。如在语言、美术、体育教育活动中使用能够强化某些学习内容的特殊音乐;在早操中使用音乐伴奏,加入歌唱、节奏朗诵,使用打击乐器或其他能够击响的小型器械等;在进餐及午睡前后播放背景音乐;在散步时歌唱;在郊游时玩音乐游戏;在节日中举行音乐演出活动或进行联欢活动等。在这些活动中,音乐有时会处在活动的主导地位,有时也可能处在辅助其他教育活动的地位。

一般来说,专门性的音乐活动比较侧重于幼儿对音乐知识、音乐技能的掌握,渗透性的音乐活动则比较侧重于生活中音乐的应用。幼儿学习音乐只有通过不断学习和反复应用,才可能更好地掌握音乐、理解音乐,使音乐成为幼儿进行自我教育和提高个人生活质量的手段。幼儿阶段如果仅靠专门性的音乐教育活动的有限时间,幼儿根本无法理解掌握音乐。音乐如果不能渗透于幼儿的日常生活之中,则不能成为提高幼儿音乐学习的效果、生活质量的手段,音乐的教育价值也不可能得到充分发挥。

第二节 幼儿园歌唱活动设计与指导

一、幼儿园歌唱活动的教育内容

(一)幼儿园歌唱内容

国内外优秀的儿童歌曲是幼儿主要的学习内容之一,除此之外,还有民间童谣、地方童谣和儿童自己创作的歌谣、节奏与歌谣的结合等。

（二）幼儿园歌唱的表演形式

在幼儿园歌唱活动中,常用的歌唱表演形式主要有以下几种。

（1）齐唱:两人或两人以上在一起整齐地演唱完全相同的曲调和歌词。这种形式是幼儿最基本的一种演唱形式。幼儿在初学歌曲的过程中,最乐意大家一起唱。

（2）独唱:一个人独自歌唱。在中、大班的音乐活动中,教师可以有意地鼓励幼儿进行独唱,锻炼幼儿的胆量,增强自信心。

（3）接唱:包括个人对个人的接唱和小组对小组的接唱等。幼儿初步学会了歌曲以后,可以用接唱的方法组织幼儿复习巩固。

（4）对唱:包括个人与个人、小组与小组、个人与小组（或集体）之间的问答式歌唱。对唱可以提高幼儿学习的趣味,可以教师问、幼儿答;也可以幼儿问、幼儿答;还可以用男孩问、女孩答等形式。

（5）领唱齐唱:一个人或几个人演唱歌曲中比较主要的部分,集体演唱歌曲中配合的部分。这种形式在节日、家长与幼儿联欢会表演中比较常用。

（6）轮唱:两个小组（声部）一先一后按一定间隔开始演唱同一首歌曲。例如,间隔一小节的轮唱《萤火虫》,间隔两小节的轮唱《小星星》。这种形式在幼儿园歌唱活动中不常用。

（7）合唱:包括一个声部用哼鸣的方式演唱旋律,另一个声部按相同节奏朗诵歌词;一个声部唱歌词,另一个声部用相同旋律唱衬词;一个声部唱歌词,另一个声部在第一个声部休止或延长处演唱填充式的词曲;一个声部唱歌词,另一个声部演唱固定音型式的词曲或延长音。该活动形式较难,大班幼儿在复习歌曲或节日表演合唱时偶尔可以应用。

（8）歌表演:一边唱歌一边做身体动作表演。这种形式是幼儿最常用的一种歌唱形式。幼儿在初步学会了歌曲的情况下,愿意边歌边舞,他们懂得根据歌词的具体内容,愿意用形象的动作表达自己的内心情感。

二、幼儿园歌唱活动的选材

幼儿的歌唱活动是幼儿音乐活动最主要的形式之一,也是其他音乐活动的基础,懂得合理地选材相当重要。幼儿的歌唱材料主要是歌曲,歌曲是由歌词和曲调两部分组成的,因此为幼儿选择歌曲必须考虑歌词和曲调两个方面。

（一）歌词的选择

1. 歌词的内容和文字符合幼儿的理解能力

由于幼儿生活经验有限,理解事物和语言表达的能力水平较弱,所以选择歌词的内容和语词、语法应首先能为幼儿理解。其次歌词内容应是幼儿熟悉和喜爱的。如动物、植物、交通工具、自然现象、身体部位、日常生活活动等题材。

2. 歌词的内容具有童趣、教育价值和音乐的美

歌曲所表现的内容具有童心、童趣。幼儿对于爱、美和自由的幻想具有天然的追求倾向,所以可以选用歌词内容用拟人、比喻、夸张、诙谐等富于幻想性表现手法的歌曲,幼儿更加喜欢。另外象声词、衬词、感叹词、无意义音节等形式美的作品和积极向上、突出生活中美好高尚情感或音乐感染力强的优美的歌曲,同样受到幼儿的喜爱。

3. 歌词的内容应适于用动作进行表现

幼儿歌唱活动时是无法安静地坐着演唱的。他们总是边歌边舞,常常伴随动作。幼儿期正处在语言学习的早期阶段,用动作来辅助语言的理解和表达,是幼儿学习语言的心理需要。边唱歌边做动作,为幼儿记忆歌词提供了方便,同时也增添了幼儿学习的兴趣。边唱歌边加入动作的方法不仅有利于幼儿发展节奏感和提高动作的协调性,而且可以帮助幼儿更好地表达情感。

4. 歌词的结构应简单多重复,多选第一人称的歌曲

结构简单的歌曲比较适合幼儿演唱,多重复的歌词不但易于幼儿理解、记忆,而且强调了词的内容,使

幼儿演唱容易记忆。旋律的反复出现,给幼儿提供了更多自由编填歌词的机会。另外,第一人称的歌词多半是以自己为主体来讲述某些事情,幼儿会倍感亲切,能更有效地接受教育。

(二)曲调的选择

1. 关于音域

一般的情况下,小班音域 c^1—a^1,中班音域 c^1—b^1,大班音域 c^1—c^2。但偶尔有个别音超出这个范围时,只要不是长时值的音,不是停留在强拍上的音,出现次数也不太多,还是可以容许的。歌唱活动始终要以保护幼儿的嗓子为重,避免幼儿大声喊叫,嗓子过分疲劳影响健康,所以过宽的音域不适合幼儿演唱。只有选择在适合幼儿年龄特点的音域内进行歌唱,幼儿才能唱出最自然优美的声音;也只有在适合的音域中歌唱,幼儿才不容易有"走音"现象。

在幼儿集体歌唱中,教师必须针对幼儿的音域范围来为歌曲确定合适的调高,尽量让幼儿处在好似说话的状态中,唱出最自然、最美的声音。

2. 关于节奏

从节奏上讲,复杂的节奏不适宜幼儿演唱。为小班幼儿选择歌曲以二分音符、四分音符、八分音符构成的节奏为主。有的歌曲可能出现含有少量附点音符的节奏。为中、大班幼儿选择歌曲时,除了二分音符、四分音符、八分音符构成的节奏以外,有时会出现少量十六分音符的节奏、附点节奏和切分音的节奏。总之,中、大班的歌曲显得更活泼、更有变化。

3. 关于节拍

从节拍看,小班歌曲的节拍,一般最好是以 2 拍子和 4 拍子为主,偶尔也可以选择一些 3 拍子的歌曲。为中、大班幼儿选择歌曲时,除了一般仍以 2 拍子和 4 拍子的歌曲为主外,可以适当选择一些 3 拍子甚至 6 拍子的歌曲让幼儿演唱,增加他们对不同节拍歌曲的感受。另外,在中班后期还可以注意选择一些含有从弱拍开始的歌曲,以便发展幼儿对"弱起"节奏的敏感性。

4. 关于演唱速度

从演唱速度讲,过快过慢的速度都不适宜小班幼儿演唱,小班幼儿最好选择一些速度中等的歌曲来演唱。因为较小的幼儿呼吸比较浅也比较短,而快速度和慢速度的演唱,却要求能有较深的呼吸和较长的气息支持。中、大班的幼儿比较容易兴奋,但他们已经开始懂得控制自己的情感、保护自己的嗓子,所以可选一些多种性质的歌曲让他们进行演唱,培养快速和慢速演唱的能力,满足他们歌唱的需要。

5. 关于旋律

幼儿歌曲旋律的起伏一般不会有太大的变化。小班幼儿比较容易掌握的是三度和三度以下的音程,同音重复也包括在内。"半音"比较难于掌握,最好多选择五声音阶为骨干的旋律。中、大班幼儿比较容易掌握的是四度、五度和八度音程。六度和七度大跳音程比较难唱,幼儿不容易唱准。因此,在为幼儿选择歌曲时,宜多选旋律比较平稳的歌曲。

6. 关于长度

幼儿歌曲总体是比较短小的。幼儿一般不宜唱结构过于长、大的歌曲。为小班幼儿选择的歌曲,以 2～4 乐句为宜,总长度一般在 8 小节左右。为中、大班幼儿选择歌曲时,可含有 6～8 个乐句,总长度也可增至 18～24 小节。

7. 关于结构

幼儿不宜唱结构过于复杂的歌曲。为小班幼儿选择的歌曲,多数都是结构比较工整的,也就是说乐句和节奏相同,没有间奏、尾奏。大多数以一段体的歌曲为主,但也会有简单的两段体的歌曲。中、大班幼儿的歌曲偶尔会出现一些不工整的乐句,但总体上还是应以工整为宜。除一段体的歌曲外,还可以唱两段体和三段体的歌曲。

8. 关于词曲关系

幼儿歌曲的词曲关系比较单纯。小班的歌曲大多数是一个字对一个音的词曲关系。中班幼儿的歌曲有一字对两个音或多音对一个字的词曲关系。大班幼儿的歌曲有时会出现一字对多个音或一音对多字的词曲关系。但总体来讲,为幼儿所选的歌曲在词曲关系方面还是应该相对单纯为好,一字对一音的关系应是主流。

三、幼儿园歌唱活动的设计与指导

在组织幼儿歌唱教育活动之前,教师就要设计好教育活动方案。教师要以最新的教育观念,以可持续性发展的眼光,着眼于促进幼儿身心全面发展设计歌唱教育活动。一个完整的活动方案包括活动目标、活动准备、活动过程等部分。

(一)歌唱活动目标的制定

幼儿园歌唱活动目标的制定需考虑幼儿园音乐教育的总目标和本年龄阶段音乐教育目标,结合本班幼儿的实际情况,从以下几个方面着手制定具体音乐活动目标:享受参与歌唱活动的快乐;积累一定的音乐语汇;提高运用嗓音进行艺术表现的能力;提高感受音乐的能力。

(二)歌唱活动的准备

歌唱活动的准备包括经验准备和物质准备。经验准备主要有:丰富幼儿的相关知识经验,或引导幼儿体验、观察与歌曲相关的知识问题等。物质准备则是指要准备与教学相关的教具,如学习歌词时的辅助材料、挂图、图片、木偶、影像;还有幼儿学习表演时需要有相关道具及环境布置和场地的准备。

(三)歌唱活动过程的设计

幼儿园歌唱活动过程的设计要根据幼儿的年龄及心理特点而定,每个环节和步骤的设计要建立在幼儿原有的知识经验、技能的基础之上,是一个重新建构新知识、提高能力的过程,要体现递进性;同时要保持幼儿学习的欲望和热情,各环节层层相扣,衔接过渡自然、紧凑。

1. 新授歌曲

新授歌曲之前,吸引幼儿的兴趣非常关键,教师可以采用多种形式吸引幼儿的注意力,可以玩一些与新授歌曲相关的简单手指游戏,做一些简单有趣的肢体动作等,等待幼儿注意力集中,乐于参与活动时方可正式进行教学活动。

(1)新歌导入和范唱。

新授歌曲导入的设计非常关键,有趣的导入方法可以立刻吸引幼儿的注意,激发幼儿的学习欲望。导入的设计要根据歌曲的不同类型、具体内容而定。导入的方法很多,有动作导入、故事讲述导入、具体实物或教具导入、游戏导入、韵律活动导入、创编歌词导入、副歌前置导入等。教师无论采用什么样的导入方法,目的都要明确,要自然过渡到理解歌词内容和感受音乐的旋律上。

教师的范唱十分重要,幼儿学习歌曲主要依靠反复倾听和模仿。所以教师在范唱时应注意:首先要有正确的唱歌技巧,如正确的姿势、呼吸,清楚的咬字吐词,准确的旋律和节奏,适当的体态、表情、动作等;其次,要有真挚的感情,把幼儿当成亲切的听众,使幼儿真正受到情绪上的感染和影响。教师的范唱可以多遍,每一遍都必须让幼儿带着新的任务和问题进行听唱,目的是让幼儿渐渐熟悉旋律、了解歌词、感受歌曲。

(2)理解、记忆歌曲内容。

幼儿的思维以具体形象为主,可借助具体的、形象的教具(如挂图、贴绒、木偶等)或故事来理解、记忆歌曲内容;也可通过情景表演或操作教具表演来理解、记忆;此外,还可通过与幼儿谈话或随伴奏有节奏地朗诵歌词进行理解、记忆。

(3)体会歌曲性质。

幼儿的每首歌曲,表现着不同的性质,比较雄壮有力、进行曲风格的歌曲,教师要引导幼儿用坚定、果断、饱满、有力的声音进行演唱;比较轻松活泼、欢快风格的歌曲,可以用跳跃、有弹性的声音进行演唱;比较安静舒缓的歌曲,可以采用较慢的速度,用亲切柔和的声音进行演唱;等等。用什么样的方法演唱表现歌曲是歌唱教学的重点。首先,教师引导幼儿注意倾听、欣赏,理解体会歌曲表达的情绪情感。其次,教师用自身的情感感染幼儿,引导幼儿进行模仿。再次,教师可组织幼儿通过反复练习获得较好的演唱方法。

(4)学唱新歌。

教唱新歌一般采用的方法是分句教唱法和整体教唱法。幼儿开始跟唱时教师可以有意地稍微放慢速度,并让幼儿听到自己的声音,重点让幼儿听着教师的范唱和看着教师的口型、表情慢慢跟唱。教师如果发现难唱的词或旋律时,可以采用分句教唱法或用游戏的方法组织幼儿反复练习,教唱可以多遍进行,教师要针对幼儿存在的问题与幼儿共同讨论解决。

2. 复习巩固歌曲

要让幼儿完全地掌握歌唱,需要反复地进行复习巩固。组织幼儿复习时,教师要采用多种形式进行,比如大班的幼儿可以挑战自己的记忆,慢慢去掉相关的具体教具,检查幼儿是否记住歌词,或采取接唱、对唱的方法复习。小班的可以男女幼儿轮流分别演唱,或增加游戏情节、表演等形式进行复习。

复习歌曲的方法可根据歌曲内容选择,常用的复习方法有:边唱边表演、变换演唱形式、边用教具边唱、用游戏或绘画的方法复习歌曲、为歌曲伴奏等。在实际教学中,教师还可以将歌曲复习与创造性歌唱活动结合起来,使复习形式更加生动、有效。

3. 创造性的幼儿歌唱活动

在幼儿对歌曲有了一定的理解后,教师可以组织幼儿进行创造性表现。第一,可以为歌曲内容创编动作,充分组织幼儿讨论,分享幼儿创编的成果。第二,可以为歌曲填编新歌词,在旋律不变的情况下,引导幼儿迁移生活经验,填编新的歌词内容,并组织幼儿演唱,教师必须及时肯定、鼓励幼儿的想法和创造。第三,可以为歌曲创编伴奏,增强幼儿的节奏感。第四,可以为歌曲创编丰富的演唱形式,让幼儿为同一首歌曲创造不同的演唱形式,帮助幼儿增加对歌曲的理解,提高歌唱的表现力。

(四)歌唱活动组织策略

1. 创设一个具体、形象、生动的学习歌词的环境,促进幼儿理解、记忆歌词内容

幼儿可以通过看歌词内容、讨论歌词内容、读歌词内容等学习歌词。首先看歌词内容,即看具体的辅助材料(如挂图、图谱、图片、幻灯、木偶等)的演示,教师引导幼儿详细观察,并说出自己看到了什么。其次组织幼儿充分讨论歌词内容,如"你看到了什么""讲了什么事情""怎么样了"等。最后就是读歌词内容,教师引导幼儿完整地朗读歌词内容,理解记忆歌词,掌握歌词出现的前后顺序。

2. 创设一个安静、舒适的倾听环境,引导幼儿充分感受歌曲的旋律

幼儿学习歌曲,靠的是听觉和模仿来完成的。旋律的学习必须通过反复的倾听来达成,倾听的方法有两种:第一是倾听教师的正确范唱,第二是倾听多媒体原声演唱。如果是教师的范唱,必须做到亲切、自然、清晰、有吸引力,引导幼儿注意倾听老师唱了什么,哪句是你最喜欢的。如果是多媒体范唱,教师必须给幼儿树立安静、认真倾听的榜样,必要的时候可以增加一定的肢体动作或有目的性的问题,引导幼儿带有一定的任务参与倾听。

3. 创设一个丰富有趣的学习情境,激励幼儿大胆歌唱、表现与创造

幼儿学习新歌的完整过程必须通过感受—理解—练习系列进行。在学习的过程中,未免会显得单调无趣,所以教师必须设计趣味化、多样化的练习方式,给幼儿创造更多的机会和平台,鼓励幼儿大胆表现创造。如角色的扮演、有趣的游戏或动作的伴随,用多种形式的练唱支撑幼儿的学习热情。

4. 巧妙抓住重点,突破难点

在幼儿歌唱活动的学习过程中,歌曲的表现风格、情绪情感的表达是教学的重点。幼儿的学习必须在有充分感受和理解的基础上,辅以教师正确的榜样和引领。另外,每一首幼儿歌曲在歌词或旋律上,往往会或多或少地出现幼儿比较难于掌握或理解的地方,构成幼儿不易掌握的难句,此时教师必须采用多种形式、方法引导幼儿练习,使幼儿能尽快理解掌握。

5. 与各相关学科领域整合,提高幼儿各方面能力

幼儿歌曲中的歌词内容,往往就是一首朗朗上口的儿歌、诗歌,或是相关的数字,或是与人交往沟通的内容,往往与其他领域内容有机地联系在一起。所以音乐教育要与其他相关学科领域整合,促进幼儿各方面能力的发展。

6.充分挖掘教材显性及隐性的教育价值,促进幼儿全面和谐地发展

一首歌曲,其教育人的功能有显性和隐性的,教师往往抓住了显性的功能,忽略了隐性的教育价值,所以教师在时间较短的歌唱教学中,必须最大化地凸显教育价值功能,促进幼儿全面和谐地发展。

四、幼儿园歌唱活动案例及评析

案例展示台

中班歌唱活动:小黑猪

活动目标

1.感受歌曲幽默风趣的特点,通过图谱、动作理解歌词内容,初步学唱歌曲。

2.根据手势暗示,学习有起落地演唱副歌部分。

3.体验小黑猪憨厚可掬的形象,懂得要坚持锻炼才不会肥胖的道理。

活动准备

1.经验准备:幼儿对双簧表演已有初步了解。

2.物质准备:

(1)歌曲:《小黑猪》《健康歌》。

(2)根据歌词的内容制作成的PPT画面4张(画面内容分别为"小黑猪""小猴子和小黑猪""小黑猪爬树""小黑猪睡懒觉")及副歌图谱。

(3)醒木(双簧表演的道具)若干,猪鼻子(纸板做)人手一份。

活动过程

1.副歌前置导入,了解副歌节奏。

教师扮演"小猪",提问导入情境:

(1)大家好,你们认识我吗? 我长得怎么样?

(2)我可爱打呼噜了,你们知道我是怎么打呼噜的吗?

2.学习副歌部分,掌握副歌节奏,并初步唱准音高。

(1)完整地欣赏歌曲《小黑猪》,重点聆听副歌部分。

(2)幼儿讨论:小黑猪是怎么打呼噜的? 能用手势拍出节奏吗? 什么地方比较难唱而且容易唱错?

(3)教师范唱副歌部分,幼儿根据教师在副歌旋律起伏部分的手势暗示,感受音高。

指导要领:副歌第一乐句身体和手向上,第二乐句身体和手向下沉,第三乐句身体和手向上,第四乐句身体和手回水平位。

(4)出示副歌图谱,引导幼儿巩固对节奏型"X X X X　X X│X　－│"的掌握,并尝试唱出副歌旋律的起落。

① 提问:(图谱中)箭头向上代表声音应唱得怎样,箭头向下代表声音应唱得怎样呢?

小结:箭头向上,声音唱得高一点儿;箭头向下,声音唱得低一点儿。

② 再次聆听副歌部分,教师引导幼儿在倾听过程中跟随自己一起拍出该部分节奏"X X X X　X X│X　－│"。

谈话:小黑猪睡觉的时候发出什么声音? 当唱到小黑猪打呼噜的时候,你们帮忙拍手伴奏吧。

(5)幼儿尝试与教师一起拍手唱出副歌部分。

3.通过范唱及图片指引,学习主歌部分,重点理解歌词,熟悉基本旋律。

(1)教师完整地范唱全首歌曲,重点引导幼儿了解歌词内容。

师:小黑猪为什么会在树下睡觉呢? 让我们来听一听……

(2)幼儿倾听教师再次范唱主歌部分,并借助多媒体画面理解歌词。

师:小黑猪长得什么样?它想做什么?后来发生了什么事情?

(3)幼儿回答,教师帮助归纳出主歌部分的歌词。

(4)教师引导幼儿根据歌曲旋律有节奏地朗诵歌词,配合画面播放,帮助记忆歌词。

(5)引导幼儿尝试跟随教师唱出主歌部分,重点指导旋律与歌词的对应之处。

4.创编动作,幼儿边表演边复习演唱。

(1)完整欣赏全曲,幼儿根据每一句歌词内容,分乐句创编相应的动作和表情。如胖乎乎的小黑猪、小黑猪爬树、小黑猪抱不住树干摇摇欲坠的样子,重点表现出小黑猪在树底下形态各异的睡懒觉动作。

(2)教师帮助幼儿提炼所创编的动作,带领幼儿一边巩固动作一边演唱歌曲。

5.幼儿尝试进行简易的"双簧"表演,学习与同伴合作表演,巩固对歌曲的掌握。

(1)幼儿欣赏教师的表演,了解双簧表演唱的特点。

师:两只小黑猪来了,它们今天要给我们表演节目。我们一起看看它们是怎么表演的?(与配班老师示范表演)

玩法:敲击一下"醒木"后,一人坐在前面跟随歌曲做相应的动作,一人蹲在其后面唱歌。唱完歌曲后,后面的人亮相,用各种有趣的方式(如轻拧耳朵、挠痒痒、揉揉肩等)唤醒前面的人(饰小黑猪):小黑猪,别睡懒觉啦!

(2)全体幼儿两两自由结伴表演,让每个幼儿都有机会体验两种不同的角色。

师:你们找一个好朋友,商量一下,谁先坐在前面表演,谁蹲在后面唱歌。商量好了我给坐在椅子上表演的小朋友贴上有趣的猪鼻子。

6.结束部分:在歌曲《健康歌》的伴奏下,幼儿扮演"小黑猪"退出活动室。

师:小猪宝宝们,别睡了,要减肥了,跟我一起到外面锻炼锻炼吧!

活动延伸

在区域活动继续进行简易"双簧"表演,可在家中尝试亲子"双簧"表演。

附:歌曲

小 黑 猪

佚 名 词

沈 颖 曲

(活动设计:广州军区政治部幼儿园 张少茜,有改动)

活动评析

歌曲《小黑猪》音乐形象鲜明,旋律简单,风格诙谐幽默,能调动幼儿参与活动的积极性。活动开始采用副歌前置导入,然后引导幼儿学习副歌部分,掌握节奏与音高。再学习主歌部分,掌握歌词与旋律。学习过程中注重启发诱导,如在学习节奏时,让幼儿进入"小猪"角色的状态中,引导其通过呼噜来探索并掌握副歌歌词的节奏。又如设计的图谱美观、简洁、有效,其中,箭头、长短不一的下划线等元素,都很好地暗示了旋律中音符的高低、长短,再辅以教师体态语的运用,使幼儿能看图谱表现出节奏音的高低、长短、连贯性,从而更好地掌握和表现歌曲。最后,考虑到中班幼儿对作品中形象动作和体态模仿很有兴趣,还设计了让幼儿进行歌表演创编环节;同时,尝试结合简易的"双簧"表演形式进行演唱,让幼儿在轻松、愉快的表演过程中既能感受到歌曲幽默活泼的风格,又再一次掀起他们演唱歌曲的小高潮,这样的练唱必然事半功倍。

第三节　幼儿园韵律活动设计与指导

一、幼儿园韵律活动的教育内容

幼儿园音乐教育中的韵律活动是指随音乐而进行的各种有节奏的身体动作。幼儿园的韵律活动内容比较广,总的来说可以概括为以下四个方面。

（一）基本动作

基本动作是指幼儿在反射动作基础上发展起来的动作。如走、跑、跳、摇头、点头、弯腰、屈膝、击掌、招手、抓握等。小班基本动作练习占有比较多的分量。

（二）模仿动作

模仿动作是指幼儿在表现特定事物的外在形态和运动状况时所做的身体动作,具体可分为以下四个方面。

（1）模仿动物、植物的动作：如鸟飞、鱼游、兔跳、花开、叶落等。

（2）模仿日常生活的动作：如走路、跑步、洗脸、刷牙、踢球等。

（3）模仿成人活动的动作：如炒菜、洗衣、采茶、开车、摘果子等。

（4）模仿人文自然现象及游戏、舞蹈中的动作：如刮风、下雨、雪飘、手腕花等。

小班幼儿的律动主要以模仿动作为主。

（三）舞蹈动作

舞蹈动作是指经过多年的演化和进步,已经程式化了的艺术表演动作。幼儿园各年龄班幼儿学习的舞蹈动作主要有一些基本舞步和简单的上肢手臂手位动作以及简单的少数民族舞蹈组合。基本舞步小班的有走步、小碎步、小跑步;中班的有蹦跳步、垫步、踵趾小跑步、侧点步;大班的有进退步、跑跳步、交替步、跑马步、秧歌十字步等。

幼儿园学习的舞蹈类型有表演舞(含各民族民间、地方简单的舞蹈组合),集体舞组合(含邀请舞、双圈集体舞、单圈集体舞、队形集体舞),自娱舞组合等。到了大班,幼儿更关注动作的形式美,所以大班幼儿可以多增加舞蹈的学习内容。

（四）音乐游戏

音乐游戏是指在音乐伴随下进行的游戏活动。它是一种比较特殊的韵律活动,是一种有规则的活动。其特殊性主要表现在游戏和音乐的相互关系上。在音乐游戏中,音乐和游戏是相互促进、相辅相成的。音乐指挥、促进和制约着游戏活动,而游戏动作又能帮助幼儿更具体、更形象地感受和理解音乐,获得一定的情绪情感体验。

音乐游戏可按主题分为：有主题的音乐游戏和无主题的音乐游戏;可按形式分为：歌舞游戏、角色表演游戏和听辨反应游戏等。幼儿园较常选用的是角色表演游戏。

二、幼儿园韵律活动的选材

幼儿园韵律活动是幼儿音乐活动的重要形式,是否懂得选择适合的材料关系到幼儿活动的质量。材料的选择主要从动作、音乐和道具三大方面来考虑。

（一）动作方面

为幼儿选择韵律活动的材料时,动作方面尽量考虑来源于生活、高于生活,夸张、富有童趣。

小班幼儿最感兴趣的是模仿动作。他们大动作发展先于小动作和精细动作,所以为小班幼儿选择韵律动作时,最好是以模仿动作和基本动作为主。如生活动作、劳动动作以及模仿各种动植物、交通工具、自然人文现象等。小班幼儿比较愿意接受连续重复的动作,刚开始学习时可以选些坐着不移动的上肢大动作,并由重复连续进行动作练习过渡到模拟性的创编,如吹喇叭、打鼓、敲锣,梳头、刷牙、洗脸等。这一阶段之后,小班动作可以从不移动的上肢大动作增加过渡到移动的简单的下肢动作的配合,从单纯的动作学习逐渐过渡到简单的复合动作的配合。如小鸡走路、吃虫、喝水等。

中班幼儿动作的灵活性、准确性比小班有所提高,但他们的学习内容同样以模仿动作和基本动作为主,可较多地学习移动动作,包括含有腾空过程的跑、跳动作和复合动作。中班动作的难度可以增加一些手腕、手指的比较精细动作,躯干动作可以增加眼神和脸部表情,耸肩、硬肩、前后弯腰、扭胯等动作,下肢动作可以增加基本舞步、颤膝、踢腿等动作的学习。

中大班幼儿对合作性的、有角色扮演的音乐游戏十分感兴趣,在音乐游戏中,游戏动作可以比较自由发挥不受太多限制,所以可以更多地选择音乐游戏让幼儿学习。

总体来讲,幼儿动作能力的发展是十分有限的,选取的动作最好是幼儿熟悉、愿意参与而又形象性强、容易接受的动作。

（二）音乐方面

为幼儿选择的韵律活动的音乐,应注意以下四个方面。

1. 基本动作音乐选择

幼儿的基本动作练习主要是反复练习日常生活动作,所以,最好选择节奏感强、速度和力度适中、旋律优美、有一定规律、结构工整、长度两个乐句八个小节为宜,旋律不断重复,便于幼儿做动作或创编基本动作的音乐。

2. 模仿动作音乐选择

幼儿模仿动作的学习过程中,可以增加一定的情节内容,选择音乐最好是形象性强、旋律优美动听、结构工整的音乐,以两段体音乐为宜,以便增加情节角色时能从容表演,提高幼儿活动的趣味。

3. 舞蹈音乐选择

幼儿舞蹈音乐必须能引起幼儿参与活动的欲望,可以选择适合幼儿进行表演活动的乐曲或歌曲。音乐选择上做到旋律优美动听、节奏清晰、结构工整,如果是集体舞最好与基本动作音乐相同,长度不宜过长,旋律以不断重复为宜。

4. 音乐游戏音乐选择

幼儿对有情节有角色的表演游戏比较感兴趣,所以音乐游戏的音乐应重点突出形象性,旋律要优美动听、节奏清晰,结构要工整,最好是两段体或三段体的音乐,以便幼儿扮演角色进行有情节性的表演活动。

总的来说,教师应该注意多选不同节奏、不同性质、不同风格的音乐,以扩大幼儿的音乐视野,提高他们对音乐作出动作反应的能力。如可以为同一种动作选用不同的音乐,以锻炼幼儿的迁移能力;也可以为不同的动作选用同一曲音乐,使用时可根据具体要求改变音乐的某一种或几种要素(如节奏、音区、速度、力度等),以锻炼幼儿的应变能力。

（三）使用的道具

幼儿在韵律活动中使用的道具一般有头饰、胸饰、服饰、手臂或手腕佩戴花簇,还有手中握的花、飘带、棍等道具,这些道具的使用一般要考虑以下三点。

第一,安全第一,便于表演。道具的来源、制作材料要求无味、无毒,不宜有尖利的顶端,以免伤害幼儿。道具不宜过大、过重,应不妨碍幼儿做动作,能增强幼儿活动的趣味性,扩大动作的表现力。道具必须便于幼儿自己管理,取放方便,但又不能使幼儿过于关注而影响正常的活动。

第二,牢固、美观、耐用,能引发和丰富幼儿的想象、联想。道具是幼儿表演的辅助物,能促进幼儿想象,或能引起幼儿的关注,使其愿意去探讨使用方法。如彩绸舞,有了彩绸能激发幼儿活动的热情,讨论彩绸的应用方法,营造活动气氛。所以道具制作不宜粗制滥造,也不应过于讲究逼真,最好事先引导幼儿自己设计制作道具,这对发展幼儿的思维能力和动手能力大有益处。

第三,不宜在经济上或教师的精力上作过多的投入。教师的经济来源是有限的,教师的精力也是有限的,所以道具的配用不可以过大地影响到教师的生活和工作。教师应组织幼儿选择利用废旧的物品并设计加工使用,既经济又实惠,同时还可促进幼儿的创造意识、环保意识和动手能力的发展。

三、幼儿园韵律活动的设计与指导

幼儿韵律活动的设计包括分析幼儿动作发展的具体情况,分析幼儿创编韵律动作的能力,选择合适的学习材料,制定活动目标,做好教学前辅助材料准备工作,拟定活动过程,等。

(一)韵律活动目标的制定

幼儿园韵律活动目标的制定需考虑幼儿园音乐教育的总目标和本年龄阶段的韵律活动教育目标,从本班幼儿的实际出发,着眼于从以下几个方面制定目标:(1)让幼儿享受参与韵律活动的快乐;(2)发展幼儿运用身体动作进行艺术表现的能力;(3)发展幼儿感受音乐的能力;(4)积累一定的音乐语汇与艺术动作语汇。

幼儿园韵律活动的
年龄阶段目标

(二)韵律活动准备

幼儿韵律活动准备包括知识和物质两个方面。其中知识方面,必须事先考虑丰富与幼儿动作关联并有相应发展变化的系统动作技能,或引导幼儿体验、观察有关的知识问题等。物质方面包括教师准备的相关教具,幼儿学习动作时形象的辅助材料,如图谱、录像,还有幼儿学习表演需要的相关道具,教学环境的布置,场地的准备等方面。

(三)韵律活动过程的设计

幼儿园韵律活动过程的设计要根据幼儿年龄及学习心理特点而定,每个环节的学习内容要有层次性,由易到难,前后环节的衔接过渡要自然、紧凑。

幼儿园韵律活动,一般有六个环节。(1)活动开始时,教师可以通过设计情境等方式吸引幼儿的兴趣导入,也可以借鉴歌唱活动导入。教师无论采用何种方式导入,都要明确目标,并自然过渡到感受音乐的旋律和情感上。(2)倾听音乐。教师引导幼儿倾听音乐,感受音乐的节奏、旋律、情感等,熟悉音乐结构的变化,思考每段音乐如何与动作相结合。(3)教师示范。在引导幼儿自主创编动作时,教师应为幼儿进行示范。示范动作要领,示范情感传递,让幼儿能在教师示范的基础上,进行一定程度的创编。(4)练习。引导幼儿自主练习、小组合作练习,引导幼儿从分解到组合进行练习。(5)编排队形。幼儿掌握基本动作后,教师可以创设情境,为幼儿编排队形,培养幼儿合作能力。(6)完整展示。教师通过小游戏等形式,带领幼儿完整展示,帮助幼儿巩固所学内容。具体来说,可以从以下三方面设计流程。

1. 律动方面

幼儿律动的内容主要以模仿动物动作、成人劳动、自然现象、生活游戏动作为主,这些方面的内容与幼儿的生活经验息息相关。在教学中教师组织幼儿仔细观察是律动学习的一个重要环节,该内容的学习重点以引导幼儿自己观察模仿、联想想象、创编动作为主,必要时教师给予一定的示范帮助。

(1)观察讨论导入。

教师要充分利用实物、影视或图片引导幼儿仔细观察讨论,从观察对象的形状特征、动态、发展变化等方面进行一系列仔细的探讨,并引导幼儿用肢体动作进行形象的模仿表现。此外,可选择故事导入、复习歌曲导入、情景表演导入、游戏导入。导入的方式可以根据教材的具体需要来确定。

(2)熟悉音乐,创编动作。

教师可以引导幼儿一边倾听音乐,一边进行联想想象,将肢体动作、音乐与观察对象进行匹配。可以从"像什么""做什么""怎么做"入手,随音乐的变化逐一进行创编。

(3)相互观摩学习。

请幼儿上台表达自己的想法和表演自己创造的动作形象,这对幼儿来说是一种成功的尝试,可以树立幼儿的自信心。教师要尊重幼儿的创造和表现,及时给予表扬和鼓励。同时幼儿之间也可以相互借鉴、相互学习。

(4)结合音乐进行表演活动。

教师可以从幼儿创编的零散动作中,进行提炼加工,组成一组或几组与音乐吻合的完整的律动动作,并带领幼儿完整表演。因为动作来自幼儿的创造,幼儿表演会备感亲切。

(5)游戏复习巩固。

单纯的律动动作因为没有情节、缺乏情趣,幼儿的学习无法持久,所以教师可以创设一个有一定情节、趣味性较强的游戏环节,引导幼儿边玩游戏边复习巩固律动动作。

2. 舞蹈方面

舞蹈的学习与律动不一样,它有规定的舞步、手位动作、队形或舞伴变化等,幼儿学习的方法主要以感受模仿练习为主。

(1)完整欣赏舞蹈导入。

教师在舞蹈教学之前,充分利用影视资料,引导幼儿观看欣赏,让幼儿对现代舞蹈或民族舞蹈的风格特点有一个完整的印象和了解。此外,还可以选择队形学习复习导入、动作的学习复习导入、复习歌曲导入等多种导入的方法,具体的导入形式可以根据教材的需要来确定。

(2)教师完整示范。

为了引起幼儿的兴趣,教师示范前可以穿上漂亮的服饰,引导幼儿欣赏服饰的特点、花纹、属哪个民族进行切入。教师示范的动作要合拍、准确、优美,有较强的表现力。示范后要引导幼儿说说:看到了什么动作? 表现了什么意思? 你喜欢什么动作? 教师的示范可以多遍,以便幼儿更仔细地感受和理解。

(3)分解动作学习及练习。

在幼儿学习舞蹈动作时可以针对难以掌握的动作进行逐个分解学习。为了让幼儿明白动作的发展变化过程,可将上肢动作和舞步分开,教上肢动作或舞步时,教师逐个动作示范,可以用口令或教师哼唱旋律进行,速度稍微放慢,简单的动作不必分解可以直接配乐练习,动作学习的过程最好按音乐及舞蹈动作的顺序进行。

(4)完整合乐表演。

在幼儿初步掌握的基础上,教师组织幼儿完整合乐进行表演。刚开始教师要带领幼儿练习,待幼儿比较熟练后可以分小组进行表演交流。如果有队形的学习,教师可以采用相应的辅助材料帮助幼儿记忆方位的变化,或在地面上做特定的符号,方便幼儿队形变换使用。

3. 音乐游戏方面

音乐游戏有角色表演游戏、歌舞游戏和听辨反应游戏。后面两种形式的设计可以和律动大致相同。角色表演游戏,由于有一定的情节和角色,关系到角色的动作和情节的发展,所以要有游戏规则的制约。教学时幼儿事先要掌握各角色的动作,了解情节的发展,掌握游戏的规则方能进行游戏。

(1)熟悉音乐,理解音乐的性质。

在音乐游戏中,音乐是指挥棒,游戏的开始、进行、结束都必须按照音乐的性质进行,所以引导幼儿倾听音乐是关键的一步。在倾听时可以引导幼儿讨论:A段音乐发生了什么事情? 有什么动物出现? 做了些什么? B段音乐又发生什么事情? 有谁出现? 做了什么? 最后怎样? 按情节的发展变化引导幼儿理解音乐。

(2)学习游戏角色动作,分段表演。

教师带领幼儿分别扮演学习游戏中各角色的动作,也可以引导幼儿自由创编新的动作形象。待幼儿初步掌握时,教师可以用哼唱的形式分段表演。

(3)交代游戏规则和玩法。

游戏规则制约着幼儿的游戏,交代规则环节不可忽略,也是成功进行游戏的条件,教师最好以简短的形式进行强调。同时,教师可以先给幼儿提供一种玩法,在幼儿熟悉歌曲及玩法后,再引导幼儿在规则范围内创造新的玩法。

(4)共同游戏。

幼儿游戏可以多遍进行,教师必须观察幼儿游戏进行时出现的问题,比如动作与音乐关系上是否匹配,角色的扮演是否形象生动,幼儿是否按规则进行等,每一遍游戏重新开始时必须有所强调,提出新的要求,不断提升幼儿的游戏质量。

(四)韵律活动组织策略

1. 创设一个完整欣赏、感受的环境,帮助幼儿对肢体动作表达的理解

幼儿学习韵律动作可以通过反复欣赏感受,加深对肢体动作表达方式的印象和理解,教师必须引导幼儿详细观察,组织幼儿进行讨论:你看到了哪些动作? 该动作告诉了我们什么事情? 你最喜欢哪个动作? 为什么? ……

2. 创设一个宽松的学习和表演环境,以便幼儿模仿学习和表现

幼儿对动作的学习,主要靠视觉和模仿来完成的。动作学习的方法有两种:一是教师分解动作、讲解示范,幼儿模仿练习;二是引导幼儿发挥想象创造性自由表演。如果是教师的示范,必须做到动作形象夸张、有吸引力;如果是幼儿自由表现,幼儿的感性经验必须丰富。教师可以利用相关的图谱或语言的帮助引导幼儿大胆联想、想象进行创造表现。

3. 创设一个探讨、创编、表演动作的平台,引导幼儿大胆想象表现

幼儿学习韵律动作的完整过程必须通过欣赏感受—理解动作的实际意义—模仿练习或自由创编系列进行。在韵律动作创编的过程中,尽量做到动作形象化、生活化、趣味化、幼儿化,要有情趣、夸张。教师引导幼儿创编时,必须给予一个主题,丰富幼儿的生活经验,运用语言的指导帮助,鼓励幼儿大胆想象、联想,为幼儿创造更多的机会和平台,让幼儿有充分的时间、空间和同伴进行交流及表现。

4. 巧妙抓住重点,突破难点

幼儿在韵律活动中,对动作的理解学习及动作和音乐的匹配是教学的重点,在整个学习过程中,教师要有正确的示范或指导。在学习中也会出现许多难点问题,例如集体舞的队形、舞伴变换、扮演角色、游戏的规则都是比较难于掌握的,此时教师必须采用多种形式、方法或形象图谱暗示引导幼儿,使幼儿能尽快理解,以便能尽情地表演或游戏。

5. 与各相关学科领域整合,提高幼儿各方面能力

幼儿韵律活动除了能和本学科的歌唱、打击乐、欣赏活动相互整合以外,也可以和社会、健康、语言等领域整合在一起。

四、幼儿园韵律活动案例及评析

案例展示台

扫码看视频

小班音乐游戏:钻泥巴

活动目标

1. 在音乐游戏中感受"钻泥巴"的趣味,体验与同伴游戏的快乐。
2. 能根据音乐节奏用动作去表现豆芽"钻"出泥土的样子。
3. 初步理解音乐游戏的玩法与规则,积极参与游戏活动。

活动准备

经验准备:幼儿在自然角观察过豆芽生长。

物质准备:《钻泥巴》音频、豆芽头饰、泥土造型。

活动过程

1. 情景导入,激发幼儿游戏兴趣。

师:豆芽王国的国王邀请我们去豆芽王国里玩游戏。我们出发去豆芽王国吧!(随着音乐伴奏带领幼儿入场)

咦,这个小豆芽在干什么?(情景表演小豆芽钻泥巴)

师:小豆芽钻泥巴钻不出来,我们有什么办法可以帮它钻出来呢?

2.倾听音乐,初步感知音乐节奏。

师:小朋友们,你们听到小豆芽在做什么呢?(教师带领幼儿跟着音乐做动作)

小结:原来小豆芽在钻泥巴,开花花,结瓜瓜。

3.感知节奏,丰富音乐游戏动作。

师:小豆芽是怎么钻泥巴的?

播放音乐,教师带领幼儿跟着音乐边唱边做动作。

小结:小朋友们都玩会了小豆芽钻泥巴的方法,要钻一下、动一下才会开出小花,结出瓜瓜。

4.共同游戏,了解游戏玩法与规则。

(1)教师介绍游戏玩法与规则。

师:老师想请一位小朋友和我来玩小豆芽钻泥巴的游戏。

游戏玩法:教师和幼儿两两合作,面对面坐好,一人单手手掌向下做"泥土",另一人伸出手指做"豆芽"。边唱歌曲,边做手指与手掌穿插、手指顶着手掌上下移动、两只手掌开花状的动作。在音乐的结束部分,两人交换角色,再次进行游戏。

游戏规则:两人手指与手掌跟随音乐较为默契地做出相应动作。

(2)幼儿游戏。

第一次游戏:幼儿自由组合,两人一组玩游戏。

师:小朋友们,现在请找到你们的好朋友,像老师一样面对面坐好,跟着音乐一起边唱边玩游戏吧。

师:你和好朋友的手指和手掌要像老师一样跟着音乐做动作。

第二次游戏:老师与幼儿一起玩游戏。

师:哎呀,我发现这块泥巴地太小啦。我们去找更大的地方钻泥巴!

教师带领幼儿在场地中随音乐节奏走动游戏,引导幼儿倾听音乐,感受旋律的变化,鼓励幼儿大胆表现自己。

第三次游戏:老师引导幼儿用不同的方式玩游戏。

教师引导幼儿用自己喜欢的动作或方式钻泥巴。

5.游戏结束。

带幼儿去找更大的泥巴地玩钻泥巴的游戏。

活动延伸

1.科学活动:去自然角观察小豆芽的生长过程。

2.亲子活动:与家长一起玩钻泥巴的音乐游戏。

附歌曲

钻 泥 巴

(配乐:两只老虎)

1 = C 2/4

1 2 3 1 | 1 2 3 1 | 3 4 5 | 3 4 5 |
小 豆 芽 芽, 钻 钻 泥 巴, 钻 一 下, 动 一 下。

5 6 5 4 3 1 | 5 6 5 4 3 1 | 2 5 1 | 2 5 1 ‖
钻 呀 钻 呀 钻 呀, 钻 呀 钻 呀 钻 呀, 开 花 花, 结 瓜 瓜。

(活动设计与执教:湖南省衡阳市高新区衡州幼儿园 万若岚)

大班韵律活动：小皮球

扫码看视频

活动目标

1. 欣赏音乐,感受乐曲的连贯与跳跃的音乐旋律。
2. 学习根据音乐的不同变化尝试用肢体动作表现皮球的滚动与跳跃,享受音乐游戏带来的快乐。
3. 了解乐理知识"连奏"和"断奏",并能分别用 legato 和 staccato 演唱歌曲。

活动准备

1. 音乐《小皮球》,钢琴一架。
2. 小皮球(或小布球)若干个,打棒、手摇铃若干个。
3. 长条形篮子 3 个,分别用来装小布球、打棒、手摇铃。

活动过程

1. 设置悬念,激发幼儿对活动的兴趣。

导入语：今天宝宝一个人在家,没有谁陪他玩,宝宝很伤心。他的好朋友小熊看见了,给他送了一个玩具。小朋友猜猜,小熊给宝宝送了什么玩具?

(1) 出示小皮球,提问：小朋友看,这是什么?

(2) 讨论：说说小皮球是怎么逗宝宝开心的。

小结：小皮球可以拍一拍,也可以抛起来、踢出去、滚动等,可以逗宝宝开心。

2. 初步感知音乐,探索随音乐用肢体动作表现小皮球的各种玩法。

师：今天,老师带来了一首好听的音乐,我们来听一听,音乐里小皮球是怎么逗宝宝开心的?

(1) 幼儿边听音乐边看老师随音乐节拍玩小皮球。

听完音乐后提问：刚才老师是怎样玩小皮球的?(滚、拍……)

(2) 幼儿探索不同的小皮球玩法,肢体律动感应曲式。

师：老师给小朋友带来了许多小皮球(给每个幼儿分发一个小皮球),你们想不想玩小皮球? 当我们听到音乐"滚过来滚过去"的时候,小皮球可以在哪里滚动呢?

小结：小朋友说得真好。当我们听到音乐"滚过来滚过去"的时候,小皮球可以在头上、肩上、肚子上、鼻子上等地方滚动。我们的身体上有许多的肢体部位,小朋友想一想、说一说,可以用哪些肢体动作来表现小皮球的滚动与跳跃呢?

现在我们听着音乐一起来玩一玩吧!

(3) 皮球律动。

A 段(感应圆滑)：手拿着小皮球在身体的胳膊、腿上上下滚动,身体左右摇晃。

B 段(感应断奏)：做跳、丢、踢、拍球的动作。

小结：小皮球滚的时候像滑滑梯,是圆滑段音乐,听到这些音乐的时候请你拿着小皮球在身上滚一滚。小皮球跳、丢、踢、拍的时候是欢快的、跳跃的感觉,这是音乐的断奏部分,听到这些音乐的时候请你拿着小皮球做跳、丢、踢、拍球的动作。

(4) 音乐游戏：小皮球。

① 教师与配班老师合作,一边提问、讲解,一边演示游戏玩法：圆滑音乐,两人牵手转；断奏音乐：两人合作做跳、丢、踢、拍的动作。

② 幼儿两两自由组合玩游戏。

玩法：幼儿两人一组,一人扮演玩皮球的人,另一人扮演皮球,跟着音乐尝试用肢体动作表现小皮球的玩法。

3. 乐器合奏,进一步感受音乐的旋律。

(1) 出示手摇铃、打棒：① 提问：乐器也想来参加我们的音乐游戏,你们看有哪些乐器? ② 讨论：手摇铃、打棒哪个适合演奏圆滑段音乐? 哪个适合演奏断奏音乐?

(2) 乐器合奏：把幼儿分成两组,一组幼儿拿手摇铃演奏圆滑音乐,一组幼儿拿打棒演奏断奏音乐,幼儿随音乐看老师指挥一起演奏。

235

4. 了解圆滑线和断奏点。

(1) 师:圆滑线和断奏点飞到我的黑板上来了,我们一起来看一看。

(画出图谱)认识圆滑线(legato)和断奏点(staccato)。

(legato)
····················(staccato)

(2) 教师带领幼儿用 legato 和 staccato 的声音说话。

(3) 听琴声,分辨 legato 和 staccato 的旋律。

(4) 请幼儿用 legato 和 staccato 的旋律歌唱《小星星》,理解圆滑和断奏。

5. 请幼儿用 legato 和 staccato 的声音向客人老师说"再见",活动自然结束。

活动延伸

将乐曲曲谱移至音乐表演区,幼儿利用游戏时间练习唱乐曲唱名。

(活动设计:湖南省衡阳市政府机关第二幼儿园　封莉莎)

活动评析

　　小皮球是一项幼儿常见的活动,该活动内容的选择符合幼儿的生活经验和兴趣点。在活动中以玩皮球为载体,将音乐语汇和动作语汇有机结合起来,让幼儿在轻松愉快的情境中感受圆滑与断奏,快乐活动。

　　该活动巧妙地用滚皮球和拍、跳皮球等方式来表现音乐节奏中的圆滑和断奏,改变了以往反复手指画拍的学习节奏的现象,启发幼儿通过探索玩皮球的不同节奏感觉,在理解皮球不同玩法的前提下再学习用肢体动作表现乐曲节奏,实现生活与艺术的整合,使得艺术活动中的小皮球游戏更加丰富精彩。

大班韵律活动:木偶之舞

扫码看文案

扫码看视频

第四节　幼儿园打击乐演奏活动设计与指导

一、幼儿园打击乐演奏活动的教育内容

(一)打击乐曲

　　在幼儿园中使用的打击乐曲一般分为两类。一类是伴随歌曲或演奏旋律的器乐曲进行的打击乐器演奏的乐曲,一般由两个部分组成:一个部分是某一首特定的歌曲或器乐曲;另一部分是根据这首特定的歌曲或器乐曲专门创作的打击乐器演奏方案,即配器方案。另一类是纯粹由打击乐器或替代性的打击乐器来演奏的打击乐曲,是指专门为打击乐器创作或仅由打击乐器来演奏的乐曲。

(二)幼儿打击乐器演奏的简单知识技能

　　首先要认识乐器,掌握与乐器有关的知识及演奏打击乐器的一般技能。与乐器有关的知识主要有:知道乐器名称,了解演奏方式与音色的关系等。与演奏打击乐器有关的一般技能主要有:用自然协调的动作演奏,奏出适中的音量和美好的音色;注意倾听音乐和他人的演奏,并使自己的演奏与整体音响相协调;等。

　　其次要了解音乐的配器,能选择适当的节奏型以及合适的乐器,为熟悉的歌曲或乐曲设计伴奏。与此有关的知识技能主要有：知道如何按乐器的音色给乐器分类；知道如何利用乐器的搭配制造某种特定的音响效果；知道如何为指定的歌曲或乐曲选配合适的节奏型及音色安排方案，并能用简单的图形、语音、动作等符号记录设计好的配器方案。

第三要会指挥演奏乐器，学习如何与人沟通、与人合作，以及如何与人相互协调。与此有关的知识技能主要有：知道如何用动作表示准备、开始和结束，并能使自己的动作清楚、明确，易于让被指挥者作出反应；知道在指挥时将身体倾向于被指挥者，用眼睛注视被指挥者，并能用体态和表情激起被指挥者的合作热情；知道如何用指挥动作表现节奏和音色的变化，并能使自己的动作与音乐协调一致。

（三）幼儿园打击乐演奏形式

一种形式是教师专门组织的集体的打击乐演奏活动，在幼儿园里大多以集体演奏活动为主。

另一种是幼儿音乐区角自发的打击乐演奏活动，活动比较零散，幼儿自由选择乐器，自由打击节奏型，不受任何制约，似乎是一种游戏。幼儿对乐器的选择、节奏型的编配、音响效果的和谐并不考虑，以一种比较自由的方式进行活动。

二、幼儿园打击乐演奏活动的选材

为幼儿选择打击乐器演奏材料时，基本上从以下几个方面进行考虑。

（一）乐器的选择

幼儿园打击乐器大致有三种类型的音色：一种是金属类制作的乐器的音色，声音比较清脆、柔和，有延续音（如碰铃、三角铁、锣等）；一种是木竹、塑料类制作的乐器的音色，声音比较干脆、明亮，几乎无延续音（如圆弧响板、木鱼、双响筒、响板等）；还有一种是皮革类的音色，声音比较强、低沉（如大鼓、手鼓）。铃鼓、串铃声音比较特殊，摇奏时有杂音（见图8-1）。在为幼儿选择乐器时教师要从选择乐器和演奏方法两方面进行考虑。

1. 乐器选择上的考虑

首先乐器的音色要好，有各种乐器音色的搭配形成音色上明显的对比。其次乐器的大小、重量、样式上要适合幼儿操作的能力，如铃鼓直径一般不宜超过15厘米，最好选用12厘米左右的，铃鼓鼓面一般不宜选用塑料制的或铁皮制的；碰铃铃口直径最好在3厘米左右；三角铁钢条的横断面直径最好在0.5厘米左右；木鱼的底面积一般不宜大于幼儿的手掌面积。为小班幼儿选用的打击乐器主要有：串铃、沙球、铃鼓、大鼓、圆弧响板和碰铃等。为中班幼

图8-1 幼儿园常用的打击乐器

儿选择打击乐器除以上的乐器外，可以增加木鱼、蛙鸣筒、小钹和小锣。大班可以再增加双响筒和三角铁。

2. 在演奏方法和使用上的考虑

小班幼儿使用的乐器都是以双臂的大肌肉动作为主，各乐器演奏时对手眼协调的要求并不会很高。使用碰铃最好是以木柄连接为好。铃鼓和圆弧响板主要使用拍奏法，铃鼓的使用方法是右手握铃鼓，轻轻敲击左手；圆弧响板可以放在左手上，用右手进行拍击，使用时左右手轻轻碰击演奏。在演奏方法上，教师要强调幼儿轻轻地敲击乐器，使乐器发出最美的声音。

中班幼儿乐器的演奏对小肌肉动作和手眼协调动作有一定的要求。碰铃要使用可以用软绳连接的；演奏铃鼓时拍奏和摇奏可以相互结合；使用蛙鸣筒时需要使用腕部的动作，刮奏需均匀地持续用力；中班幼儿控制能力也明显比小班强，他们懂得注意控制小钹和小锣的音量。大班幼儿乐器的演奏对用力均匀和手眼协调都有较高的要求。大班幼儿选用圆弧响板可以运用捏奏法进行演奏，串铃和沙球可以用振奏

法进行演奏,小钹可以用擦奏法进行演奏。以上这么多的乐器并不是在一次活动中全部使用,教师要根据需要和幼儿的能力水平进行有目的的选取。

(二)音乐作品的选择

幼儿的打击乐曲主要选择节奏清晰、结构工整、旋律优美、形象鲜明的音乐,节拍可以是两拍子的也可以是三拍子的。长度不宜过长。小班的打击乐曲最好是幼儿比较熟悉的歌曲或韵律活动的音乐。音乐的节奏最好比较简单,结构大多数应是短小的一段体。

中班的打击乐音乐可以是大班的歌曲、韵律活动或器乐曲,这些音乐结构相对比较工整,可以有两段体或三段体的,便于配器时从段落上形成较丰富的音色和节奏上的对比效果。

大班幼儿音乐的选择可以是比较优美的器乐曲,也可以是幼儿没学过的歌曲或韵律活动音乐。音乐结构可以是一段体,也可以是两段体或三段体的。大班的音乐节奏可以稍复杂些,在乐曲的乐句与乐句或乐段与乐段之间存在比较明显的差异,包括一些比较鲜明、有规律的对比因素,幼儿演奏起来会比较喜欢和有兴趣。

(三)打击乐曲的编配

1. 熟悉音乐

教师带领幼儿反复欣赏感受理解音乐性质、情绪、风格特点。

在理解音乐的基础上,选择适合该乐曲(或歌曲)性质、情绪、风格内容特点的打击乐器,小班 2~3 种为宜,大班 3~4 种为宜。

2. 进行简单的配器

配器时尽量做到简单、实用,使乐曲更加悦耳动听,教师必须注意以下几个方面的问题。

(1)强弱拍的对比。要使音乐的强弱拍更加清晰,可以使用两种办法:一是将声音低、音量大的乐器用于强拍,将声音高、音量小的乐器用于弱拍,这样音乐的脉搏更明显;二是强拍采用多种乐器同时演奏,弱拍选择单一乐器演奏。

(2)音色的对比。在旋律有呼应、有对比、有变化的地方可以更换不同的乐器,使音色上形成明显的变换,犹如人的对话,采用一问一答的形式,使演奏音色更加丰富,有一定的新鲜感。

(3)节奏的对比。打击乐中除了一种比较固定的主节奏型外,还可以根据乐曲的变化改变节奏型,有时也可根据乐曲中的节奏变化来演奏打击乐器。

(4)力度的对比。在整个演奏过程中应有力度的变化对比。有时根据乐曲表情的需要进行处理,有时可以加强某些乐句的强度,或让某些乐句更弱些,以突出力度上强弱、音量上大小的对比。可用齐奏与某些乐句独奏来表现,也可用音量不同的乐器,如大鼓与小铃轮流演奏来表现。

(5)速度的对比。根据打击乐的需要应有速度快慢的变化,以引起不同的情绪反应。

总之,在配器时要符合幼儿的年龄特点和实际演奏能力。首先要考虑适合幼儿使用乐器的能力,在配器方案中选用的乐器种类和演奏方法应是本年龄阶段幼儿能够接受的。其次要适合幼儿对变化作出反应的能力,配器方案中的节奏变化和音色变化,频率和复杂程度应是本年龄阶段幼儿都能够接受的。

3. 掌握记谱方法

打击乐的记谱方法,一般用×进行记录,写在旋律的下面,只记节奏。如×　×　×　｜××　×　｜×　×　｜×　—　‖等。如果采用变通总谱记录,方法有多种,有的直接用符号表示或用语音表示,有的将符号或形象的打击乐器符号直接记在乐谱的下面。不管采用哪种记法,只要幼儿容易记忆,便于幼儿使用都可以。

(四)变通总谱的设计

变通总谱主要有三类:动作总谱、图形总谱和语音总谱。

1. 动作总谱设计

主要是通过使用不同的动作来表现配器方案。教师在设计时,可用基本动作、模仿动作、舞蹈动作、滑稽动作来作为创造总谱的材料。在设计时应注意,在较密集的节奏型上尽量安排简单的动作,幼儿较容易掌握,如果设计得太复杂,会给幼儿掌握总谱内容造成不必要的困难而失去学习兴趣。下面以大班《拔根芦柴花》第一句旋律为例:

旋律:1 3 2 1 6 | 1 3 2 1 6 | 5 5 3 5.6 |

节奏:X　X　X | X　X　X | X　X　X |

动作:跺脚　拍手　跺脚　拍手　跺脚　拍手

跺脚——碰铃、铃鼓演奏,拍手——圆弧响板演奏。

2.图形总谱设计

主要是用不同的形状和色彩来表现配器方案。教师在设计时,可用几何图形、乐器音色的象征图、乐器形象简图来做乐谱的材料。设计时要注意简单易懂,图案不宜复杂,要有规律,幼儿一看就明白,并即刻懂得根据图谱进行打击乐器。以《拔根芦柴花》第一句旋律为例:

旋律:1 3 2 1 6 | 1 3 2 1 6 | 5 5 3 5.6 |

节奏:X　X　X | X　X　X | X　X　X |

图形:◎◘　※　※ | ◎◘　※　※ | ◎◘　※　※ |

◎——铃鼓演奏,◘——碰铃演奏,※——圆弧响板演奏。

3.语音总谱设计

主要是用嗓音来表现配器方案。教师在设计时,可用有意义的字或句子,也可以用象声词或无意义音节来做乐谱材料。设计时尽量注意使创作出的语音总谱有趣、易记、顺口、流畅、动听。以《拔根芦柴花》第一句旋律为例:

旋律:1 3 2 1 6 | 1 3 2 1 6 | 5 5 3 5.6 |

节奏:X　X　X | X　X　X | X　X　X |

语音:叮　当　当 | 叮　当　当 | 叮　当　当 |

叮——铃鼓与碰铃两种乐器同时演奏,当——圆弧响板演奏。

需要说明的是:在实际的教学活动中,以上这些变通总谱幼儿需要做的仅是跟着旋律做动作、看图或朗诵,并不需要看旋律和节奏谱。变通总谱的使用往往是将三种混合使用的,目的就是让幼儿通过多种形式的活动掌握几种所需要的节奏型,同时还可以增添活动的气氛,提高幼儿参与活动的热情,但在过渡到实际乐器演奏之前,徒手分声部练习这个环节也不可以少。

三、幼儿园打击乐演奏活动的设计与指导

幼儿园打击乐演奏
活动的年龄阶段目标

(一)打击乐演奏活动目标的制定

幼儿打击乐活动目标的制定需考虑幼儿园音乐教育的总目标和本阶段的音乐教育目标,从本班幼儿的实际出发,着眼于从以下几个方面制定目标。

(1)让幼儿享受参与打击乐器演奏活动的快乐。(2)发展幼儿运用打击乐器进行艺术表现的能力。(3)发展感受音乐的能力。(4)积累一定的音乐语汇。

(二)打击乐演奏活动准备

幼儿打击乐演奏活动准备包括知识方面和物质方面。知识方面,首先要考虑的是幼儿的节奏基础及操作打击乐器的相关经验和能力,其次是幼儿对音乐的感受能力问题等;物质方面包括教师准备的相关教具(图谱)、打击乐器及环境布置、幼儿位置的安排等问题。

(三)打击乐活动过程的设计

幼儿园打击乐演奏活动过程的设计要根据幼儿年龄及学习心理特点而定,每个环节的学习内容要有层次性,由易到难,前后环节的衔接过渡要自然、紧凑。

1. 新授打击乐活动

(1)打击乐演奏活动导入设计。

根据音乐的不同性质、风格、表现不同的形象来确定导入的方式。良好的导入方式可以稳定幼儿的情绪,激发幼儿的学习欲望。打击乐导入的方式很多,可以采用图谱导入、动作总谱导入或语音总谱导入,也可以组织幼儿创编节奏型导入等。教师选取导入的方式要根据音乐材料的需要而定,无论采用什么方式导入,只有一个目的,即自然过渡到节奏型的学习上。

(2)初步感知音乐的旋律、风格和节奏。

教师带领幼儿通过倾听或运用动作体验音乐的旋律、风格和节奏,帮助幼儿对音乐整体的认知。

(3)运用变通总谱或辅助材料,帮助幼儿学习不同的节奏型。

幼儿学习最好先从单一节奏型开始,教师可以将整首的节奏型根据乐曲的前后顺序分解成各个部分,逐一带领全班幼儿学习、练习。为了让幼儿的学习多样化、趣味化,也可以借助变通总谱从动作、图形总谱逐一练习。变通总谱的应用可以避免分组练习等待的状况,增加幼儿学习的趣味,使幼儿全身心参与活动。

(4)熟悉音乐,同步徒手练习不同的节奏型。

在打击乐活动中,音乐是指挥棒,幼儿理解熟悉音乐非常关键。教师要运用各种方法帮助幼儿熟悉、感受、理解音乐的内容、情绪、性质、风格、曲式结构及节奏、节拍、旋律等基本要素。在欣赏音乐的同时,教师可以根据变通总谱的学习过渡到节奏型的练习中来,组织幼儿用拍手的形式一边感知音乐,一边练习相应的节奏型。

(5)分声部徒手合乐练习。

在幼儿初步掌握所有的节奏型的基础上,教师可以根据幼儿座位,为幼儿分声部进行徒手练习。分了声部,幼儿必须按声部的节奏进行匹配,教师可以一边用指挥手势一边用哼唱的方法去顺应幼儿,速度可以稍慢些,待幼儿比较熟练后再用正常速度合乐练习。

(6)分声部持乐器完整演奏。

持乐器演奏前要教幼儿记住乐器的名称,辨认乐器的外形特征和音色特点,掌握乐器的使用方法。要求幼儿必须认真倾听音乐,结合看老师的指挥,还要注意倾听演奏的音响效果,尽力要求演奏整齐划一、协调优美。教师的指挥动作要明确大方,动作的意思清楚,易于幼儿作出反应,教师要用体态和眼神提前暗示幼儿作好准备。同时教师要用自己的情绪感染幼儿,激发幼儿与教师相互配合。刚开始演奏幼儿会比较忙乱,教师要善于鼓励,树立幼儿的信心。

2. 复习打击乐演奏活动

经常复习很有必要,首先可以提高幼儿使用乐器的能力及对音乐的敏感性。其次幼儿的节奏感得到提高。第三,能在平时的训练中形成良好的打击乐演奏常规。复习的形式要多样化,可以利用小游戏或者创设情境,让幼儿乐于参与复习巩固环节;可以针对存在的问题进行纠正;也可以尝试相互更换乐器进行演奏。同时可以与表演相结合,也可以邀请幼儿参与指挥等。

3. 创造性的打击乐演奏活动

人们的生活充满节奏。幼儿有了一定的演奏基础后,教师可以组织幼儿进行系列的创编活动,探讨音乐、乐器与生活声音的匹配;探讨音乐、自然界动物叫声的不同节奏与乐器的匹配;探讨乐器的不同使用方法等。进一步丰富幼儿的演奏经验,提高幼儿的节奏感及创造性思维能力。

（四）打击乐活动组织策略

1. 创设一个感受音乐的环境,引导幼儿充分地欣赏理解音乐

幼儿在打击乐活动的学习过程中,倾听、理解音乐非常关键。教师必须组织幼儿反复倾听感受,充分理解音乐的内容、情绪性质、风格、曲式结构及节奏、节拍、旋律等基本要素。

2. 充分运用教学辅助材料,引导幼儿学习各种不一样的节奏型

教师可以充分运用动作总谱、图形总谱、语音总谱的帮助,指导幼儿学习各种不同的节奏型,自然过渡到徒手练习及分声部练习,最后持乐器配乐演奏。在系列过程的学习中,教师可以组织幼儿探讨、讨论,或让幼儿参与设计,尊重幼儿的选择和观点,将高控的组织形式转换为与幼儿共同学习的方式进行。

3. 与生活节奏有机结合,给予幼儿创造节奏型的机会

节奏与大自然、人的生活息息相关,许多节奏型可以在生活中选取。在变通总谱练习过程中,教师可以给幼儿创造选择的机会,引导幼儿根据音乐的情绪特点,选择与生活相应的节奏匹配音乐,并尝试应用,肯定幼儿的选择,激励幼儿的学习热情。

4. 创设轻松的演奏氛围,发挥指挥的重要作用

愉快、轻松、舒适的演奏氛围是保证有效演奏的重要条件,教师必须以饱满的热情感染幼儿,以灵活的指挥方法暗示、提醒幼儿作出相应的动作反应,使打击乐活动达到和谐、完美的效果。

此外,在幼儿园打击乐组织教学中,还要注意培养幼儿良好的活动常规,包括训练幼儿看指挥的习惯。注意打击乐器的分发与收回:可以将乐器放在幼儿座椅下面,或现场分发;收回乐器时,可以让幼儿将乐器轻放在座椅下面,或让个别幼儿到每人身边收取,或让幼儿自己放回指定的地方,等等。

四、幼儿园打击乐演奏活动案例及评析

案例展示台

大班打击乐活动:解放军进行曲

活动目标

1. 知道乐曲名称和内容,感受乐曲旋律并能够用肢体动作表现强劲有力的乐曲特点。
2. 学习合乐进行打击乐表演,体验精神饱满的激动心情及集体合作演奏带来的快乐。
3. 喜欢人民解放军,对人民解放军有一种敬佩的情感。

活动准备

1. 解放军阅兵的视频,音乐。
2. 打击乐器:碰铃、圆弧响板、铃鼓、大鼓若干。

活动过程

1. 观看解放军阅兵的视频导入,激发幼儿的兴趣。

谈话:刚才我们看到了什么?小朋友认识解放军吗?觉得解放军怎么样?

2. 倾听乐曲旋律,感受雄壮有力的乐曲特点。

（1）播放音乐,引导幼儿说说对音乐的感受,教师介绍乐曲名称及乐曲背景。

（2）提问:我们刚才看见解放军在干什么?（吹喇叭、踏步等）

3. 再次欣赏音乐,并学习各种节奏型。

（1）教师带领幼儿表演解放军踏步、吹喇叭、群众欢迎的动作。

（2）说一说,我们表演时做了哪几个动作?（吹喇叭、欢迎、踏步）

（3）现在请小朋友将表演动作转换为拍手动作,按节奏拍手。

（4）看节奏谱听音乐练习拍节奏。

① Ⅹ Ⅹ | Ⅹ Ⅹ | Ⅹ Ⅹ | Ⅹ Ⅹ |。

② Ⅹ Ⅹ | Ⅹ∥ － | Ⅹ Ⅹ | Ⅹ∥ － |。

③ ⅩⅩ ⅩⅩ | ⅩⅩ ⅩⅩ | ⅩⅩ ⅩⅩ | ⅩⅩ ⅩⅩ |。

4. 学习使用乐器进行演奏。

(1) 启发幼儿探索配器方案。

(2) 全班幼儿尝试演奏,练习三种乐器的正确用法。

(3) 教师指导幼儿分组练习,持乐器看指挥演奏。

(4) 交代教师的指挥手势所表示的意思,听音乐看指挥使用乐器进行合奏。

(5) 请一名幼儿当指挥演奏。

(6) 增加大鼓,再次配乐演奏。

5. 小结。

师:今天我们一起合作演奏了解放军进行曲,以后我们要向解放军学习,像解放军一样勇敢、团结合作、遵守纪律。

活动延伸

把打击乐器和图谱移至音乐活动室,让幼儿根据图谱进行演奏活动。

附:音乐素材

(活动设计:湖南省衡阳市实验幼儿园 刘扬)

解放军进行曲

公 木 词
郑律成 曲

注：动作及演奏说明

① 1～2小节：立正。

② 3～10小节：朝左吹喇叭，由圆弧响板演奏。

③ 11～18小节：朝右吹喇叭，由碰铃演奏。

④ 19～29小节：正前方吹喇叭，由铃鼓、圆弧响板、碰铃一起演奏。

⑤ 30～38小节：双手上举欢迎，30、31小节由圆弧响板和碰铃演奏，强拍拍，弱拍停，32、33小节连续摇动铃鼓。

⑥ 39～42小节：朝左吹喇叭，由圆弧响板演奏。

⑦ 43～46小节：朝右吹喇叭，由碰铃演奏。

⑧ 47～63小节：踏步，所有乐器演奏，加上大鼓。

活动评析

乐曲《解放军进行曲》是军歌，节奏鲜明，精神有力，很适合大班幼儿欣赏和学习。本活动通过一段阅兵的视频导入，让孩子亲临其境，感受音乐性质与节奏，使无形的音乐变成了有形的音乐，较好地突破了难点，让幼儿在轻松愉快的活动中渐渐理解了音乐性质。特别是把节奏融入表演动作中，如"吹喇叭"两拍一下，"欢迎"两拍与一拍相结合，"踏步"一拍一下，更好地感受音乐节奏，为按下来的打击合奏活动作了必要的铺垫。活动的过程中注重了音准、节奏、力度、速度等音乐知识的渗透，先理解乐曲的结构，再拍打节奏表演，充分发挥了幼儿的想象力。最后用乐器演奏《解放军进行曲》的打击乐合奏，让幼儿体验精神饱满的激动心情，享受合作演奏的快乐。

第五节　幼儿园音乐欣赏活动设计与指导

一、幼儿园音乐欣赏活动的教育内容

幼儿园音乐欣赏活动的教育内容主要有倾听周围环境的音响和欣赏音乐作品两类。

（一）倾听周围环境的音响

在我们生活的周围环境中充满了各种音响，如鸟叫、犬吠、电闪雷鸣、泉水的叮咚、狂风的呼啸、汽车的笛音、火车的轰隆声、飞机的轰鸣声等。如果能从小培养幼儿对周围生活中各种声音的倾听兴趣和倾听能力，将会为他们欣赏音乐作品打下良好的基础。因此，教师在日常生活中应有意识地引导幼儿倾听周围生活中的各种声音，如倾听幼儿园活动室、活动场所中的声音；倾听家中的声音；倾听各种交通工具、各种建筑机械的声音；倾听公园、社区生活中听到的声音等，丰富幼儿对声音的各种感性经验。

（二）欣赏音乐作品

给幼儿欣赏的音乐作品，应该考虑音乐对幼儿的可接受性、可感性。这类作品主要有以下四种。

第一，带歌词的古今中外优秀的儿童歌曲、歌谣，故事片和动画片插曲等，如《嘀哩、嘀哩》《摇篮曲》《铃儿响叮当》等。这些歌曲的歌词形象具体，幼儿可以借助歌词理解和记忆音乐。

第二，钢琴教材以及其他器乐教材中，一些旋律优美、体裁短小，但音乐形象鲜明、有典型特点的小曲子，也能为幼儿所理解和接受，如《跳绳》等。

第三，专门为幼儿创作的音乐童话片段，如《龟兔赛跑》等。这类作品用不同的乐器表现不同的角色形象，并随着丰富的乐队音响展开故事情节，幼儿可以借助情节和角色，分辨各种乐器的音色和音乐的表现手法，进而感受音乐。

第四，中外著名音乐作品或其中的片段，如歌剧《萨旦王的故事》中的《野蜂飞舞》等。

二、幼儿园音乐欣赏活动的选材

在幼儿园音乐欣赏中,小班幼儿主要以欣赏歌曲为主,中大班幼儿可以欣赏器乐曲等。在欣赏中需要有辅助材料帮助幼儿深入理解音乐,所以欣赏材料从选择音乐作品和辅助材料两个方面来考虑。

(一)音乐作品的选择

为小班幼儿选择欣赏方面的歌曲,可以是国内外的优秀儿童歌曲。所选歌曲的内容首先应是幼儿所熟悉的、能理解的事物与现象。其次歌曲要有明显的教育价值取向,能让幼儿感受到美好的事或物,易于引起幼儿情感上的共鸣。

为中、大班幼儿选择欣赏音乐作品时,要考虑:作品是否符合教育的要求、幼儿的理解能力和欣赏水平;作品的篇幅不宜过长、内容不宜过难;作品的结构是否清晰工整;作品反映的内容是否突出;作品的性质是否易于感受理解;作品是否能实现用动作来表现;等。中班幼儿有时也可以选择歌曲来作为欣赏内容。

舞蹈欣赏的选择最好是形象性强,表现的是幼儿熟悉的事或物;动作达意明确,明显地表现某个形象,便于幼儿理解,能引起幼儿的联想和想象的作品。也可以选择一些优秀的民族民间舞、戏剧、木偶戏等作为欣赏的材料。

(二)辅助材料的设计

在幼儿园音乐欣赏活动中使用辅助材料,其目的是帮助幼儿更好地感受和理解音乐作品。音乐欣赏的辅助材料一般有三种:动作材料、语言材料、视觉材料。

1. 动作材料

动作材料的设计主要是通过肢体动作来表现不同的音乐性质和情绪。教师在引导幼儿创编动作时,要考虑动作与音乐的完美匹配,即优美、缓慢、柔和的音乐能用伸展的体态动作、缓慢的旋转动作来表现;旋律急速、热烈奔放的音乐可以用跳跃、颤抖、快速的动作来表现;进行曲的音乐可以采用果断、有力的动作来表现,也可以根据故事的情景,模仿生活动作来表现。下面以大班音乐欣赏《狮王进行曲》为例。

引子:森林里许多动物自由呼喊、欢呼动作。卫兵们迈着雄壮的步伐排成了整齐的夹道迎宾队伍。

A段:狮王威风凛凛迈着矫健有力的步伐(引导幼儿做狮王走路的形象动作)。

B段:狮王对着森林里的动物们大声地吼叫显威(引导幼儿做狮王吼叫的形象动作)。

A'段:狮王太太和小狮子走路、吼叫的动作(引导幼儿学习狮王太太的体态和走路的动作,小狮子边走路边玩耍调皮的形象动作及吼叫动作)。

2. 语言材料

语言材料特指含有艺术形象的有声文学材料。语言材料的设计主要是以文学中优美的故事、散文、诗歌、绕口令、民谣等来表现匹配音乐形象。在音乐欣赏中要以音乐为主,语言为辅,语言衬托音乐。如以中班音乐欣赏《梦幻曲》为例:

梦 幻 曲

1=F 4/4

[德] 舒 曼 曲

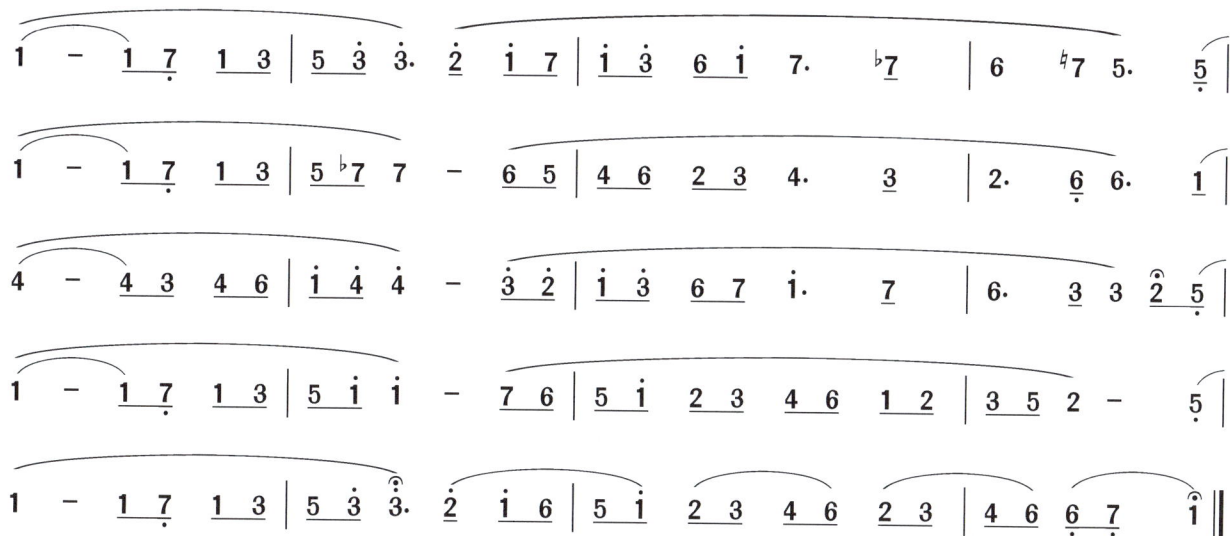

该乐曲总共重复出现八次和尾声正好相应匹配下面故事的内容。

梨子小提琴

（冰波）

（1）小松鼠捡到了一只大梨子。它把梨子切开来，做成了一把小提琴。

（2）琴声传得很远很远。这样好听的音乐，森林里从来没有过。

（3）狐狸听到了琴声，对小鸡说："我不捉你了，我要去听音乐。"

（4）狮子听到了琴声，对兔子说："我不追你了，我要去听音乐。"

（5）动物们都来到松树下，听小松鼠拉琴。拉呀、拉呀……星星也来听，月亮也来听，森林里又美好又安静。

（6）突然，小提琴上掉下来一粒东西。咦？这是什么呀？

（7）小松鼠说："这是小提琴上掉下来的一个小音符。"

（8）第二天，地里长出了一棵小绿芽，它多像一个小音符呀！

（9）小绿芽很快长成了大树，树上结了许多许多梨子。这些梨子呀，都被做成小提琴，森林里到处可以听到音乐，到处都有快乐。

3. 视觉材料

视觉材料的设计主要是运用视觉中的图形、线条、构图、色彩来反映音乐的内容、性质、情绪风格特点。在音乐欣赏中要以音乐为主，图形为辅，图形衬托音乐，可以轻松地帮助幼儿理解音乐的乐句、乐段。下面以大班音乐欣赏《狮王进行曲》为例：

图 8-2 《狮王进行曲》图谱

三、幼儿园音乐欣赏活动的设计与指导

幼儿园音乐欣赏活动的
年龄阶段目标

(一)音乐欣赏活动目标的制定

1. 认知方面

能够形成初步的音乐、舞蹈概念,掌握一些简单的音乐、舞蹈知识,并知道运用各种感知来理解和表现。初步了解从音乐、舞蹈活动中获得的各种艺术和非艺术的经验。

2. 情感与态度

能够体验并努力追求倾听、欣赏音乐,和欣赏舞蹈作品的快乐;对各种不同的音乐、舞蹈的形式、内容有比较广泛的爱好;喜欢与他人分享观赏音乐、舞蹈表演的快乐。

3. 操作技能

初步积累一定的音乐、舞蹈语汇;能够在欣赏音乐、舞蹈表演过程中注意运用有关的概念、知识,并能加强、深化自己的感知和理解;初步学习运用语言文学、美术造型、动作表演等各种不同的艺术表现手段来表达自己对音乐、舞蹈作品的理解、认识、想象、联想和情感体验;初步养成有助于情感参与的安静倾听、观赏的习惯。

(二)音乐欣赏活动的准备

幼儿欣赏活动之前的准备包括知识方面和物质方面。知识方面,首先要考虑的是丰富幼儿的相关知识和生活经验;其次是幼儿对音乐的感受能力。物质方面包括教师准备相关的教具、视觉材料、音响设备,布置幼儿的活动环境等。

(三)音乐欣赏活动过程的设计

幼儿园音乐欣赏活动过程的设计要根据幼儿年龄及学习心理特点而定,教师从初步带领幼儿欣赏音乐,到逐渐深入欣赏理解音乐,每个环节的设计要有层次性。教师不断提出相应的问题让幼儿思考,带有目的性去欣赏感受理解音乐作品,前后环节的衔接过渡要自然、紧凑。

音乐欣赏活动,一般有四个环节。(1)导入音乐。根据音乐不同的特性确定导入的方式。可以采用情境导入、谜语导入、游戏导入、图谱导入、故事导入等。教师在选取导入方式时,需要考虑音乐材料的节奏、情感。无论采用哪种形式导入,其目的都是自然地过渡至节奏和情感上。(2)幼儿初步感知音乐。教师借助辅助材料,引导幼儿反复倾听,初步感知音乐中的节奏、情绪情感、旋律等。(3)深入理解音乐。教师通过创设情境、故事或小游戏等形式,让幼儿用多种感官体验音乐,帮助幼儿分段欣赏音乐、理解音乐。(4)巩固练习,引导幼儿通过欣赏作品,表达自己对音乐的理解。常用的表达方式有歌唱、表演、律动、打击乐器演奏、美术作品、文学作品等。

具体来说,常见的音乐欣赏活动有三种类型,分别有不同的设计思路。

1. 歌曲欣赏方面

(1)完整倾听音乐或教师演唱导入,感受歌曲的性质,也可以以谈话、故事、儿歌等其他方式导入。第一遍欣赏,教师要求幼儿安静倾听,引导幼儿说出歌曲的性质,并丰富相应的词汇。

(2)再次欣赏,运用直观教具,帮助幼儿理解歌词内容。第二遍欣赏,注意引导幼儿听听歌曲唱的是什么内容。出示该方面的直观教具,引导幼儿看一看,说一说,帮助幼儿理解歌词内容。

(3)感受歌曲的演唱形式。第三遍欣赏,可以问问该歌曲是男声还是女声演唱,是独唱还是合唱。

(4)与幼儿探讨创编动作。与幼儿探讨这些歌词可以用什么样的动作来表现。幼儿创编动作,教师指导。

(5)引导幼儿边听歌曲边完整表演,结束活动。

2. 器乐曲欣赏方面

(1)完整欣赏音乐导入,引导幼儿运用语言表达内心的感受。

初次完整欣赏音乐作品,教师提出的问题不宜过多,只要让幼儿表达出对音乐的总体感觉,初步了解

作品的主要内容和情绪性质,并向幼儿介绍作品的名称即可。

(2)再次完整欣赏音乐,运用直观教具帮助幼儿深入理解感受音乐作品。

教师可以充分运用辅助材料,引导幼儿深入欣赏音乐作品,在说说、做做、画画、想想、玩玩的各种活动中反复欣赏理解音乐作品。充分运用语言表达对音乐作品内容、情绪情感的理解,运用动作表达对音乐作品的性质、力度、速度变化的感受等。

(3)分段欣赏。

分段欣赏的目的是让幼儿更细致地感受音乐作品的形象,更深入理解音乐的结构。在分段欣赏中,一般按乐曲的结构逐段欣赏,引导幼儿用说或用动作表现音乐。另外,教师还可以引导幼儿细心倾听音乐作品由什么乐器演奏,用了何种表现方法,同时运用视觉材料分辨音乐作品的曲式结构,并引导幼儿根据音乐作品展开联想、想象。

(4)以游戏或表演的形式完整欣赏。

通过反复欣赏音乐,幼儿对音乐作品有了进一步理解,此时教师可以向幼儿介绍作曲家相关的故事,并运用游戏、表演引导幼儿反复倾听感受理解音乐,在幼儿愉快地欣赏中活动自然结束。

幼儿欣赏音乐的方法除了以上介绍的从完整欣赏到分段欣赏再回到完整欣赏以外,还可以从完整作品开始,由完整到完整欣赏,也可以从作品的某个片段开始由局部再到完整欣赏,因欣赏材料的具体情况而定。

3.舞蹈欣赏方面

(1)完整欣赏舞蹈,让幼儿对舞蹈有初步的印象。

可以观看录像或教师表演,让幼儿对舞蹈有初步的印象。

(2)探讨舞蹈中的服饰,了解各民族人民的生活习惯。

引导幼儿仔细观察服饰:有哪些花纹?是什么民族的服装?这个民族生活在什么地方?有什么民俗生活习惯?……

(3)探讨舞蹈动作表现了什么内容。

再次欣赏,引导幼儿注意观察动作表现:这些动作表现了什么?美在哪里?用了身体的哪些部位进行表现?

(4)谈谈你最喜欢哪个动作,为什么?

幼儿谈谈自己喜欢的动作,并尝试模仿表演。

(5)你也学学你喜欢的动作,动作表演要注意什么?

幼儿跟教师学学动作,说一说什么动作特别难。

(6)跟着教师完整表演。

最后组织幼儿完整欣赏音乐,并跟随音乐表演。教师不要求幼儿动作的美、正确性,只要幼儿能以积极热情的态度参与活动就可以了。

(四)欣赏活动的组织策略

1.创设一个感受音乐的意境,引导幼儿喜欢倾听音乐

美好的音乐能感染人的情绪,陶冶人的情操,对于幼儿也不例外。首先教师必须创设一种欣赏音乐的意境,培养幼儿喜欢倾听,乐于接受;其次引导幼儿通过反复倾听感受、理解音乐的内容、情绪性质、风格、曲式结构及节奏、节拍、旋律等基本要素。

2.充分运用教学辅助材料,帮助幼儿欣赏、理解音乐

教师可以充分借助动作材料、视觉材料、语言材料,指导幼儿了解音乐表现的思想内容、情绪、形象及音乐作品的主要结构,引导幼儿展开联想、想象,并运用一定的媒介表达对音乐作品的感受与理解。

3.创设平台和机会,引导幼儿运用多种方式进行表达和表现

每个幼儿对音乐的理解不尽相同,教师必须给幼儿充分的创造机会,引导幼儿根据自身的体验和理解,通过自己的方法进行创造表达。教师要不断激励幼儿欣赏音乐的主动性和热情,肯定幼儿的看法和表现。

4.与各相关学科领域整合,提高幼儿各方面能力

幼儿欣赏活动首先能和语言融合在一起,把音乐的美用美的语言来表达,音乐旋律的美和语言中的儿歌、故事作品相互呼应。其次可以跟美术活动有效地结合,让视觉形象来表达音乐,让简单的符号理解音乐结构。还可以让音乐融入幼儿的一日生活当中,让幼儿的生活时时充满音乐。

四、幼儿园音乐欣赏活动案例及评析

案例展示台

大班音乐欣赏活动:野蜂飞舞

活动目标

1.学会渐进式欣赏乐曲《野蜂飞舞》,初步感受乐曲中高低起伏的旋律变化与短促紧凑的节奏特点,体会乐曲所表达的情感。

2.通过说说、画画、动动、游戏等形式大胆表达对乐曲的感受,养成大胆表现和创造的良好习惯。

3.体验音乐欣赏活动的快乐,调动热爱音乐的情感。

活动准备

1.积累有关野蜂的外形特征、生活习性的知识。

2.活动前玩过"找带头人"游戏。

3.《野蜂飞舞》音乐,纸笔人手一份。

活动过程

1.引导幼儿分层次欣赏乐曲,感受乐曲的紧张气氛,尝试用语言表述自己对音乐的感受。

(1)初步欣赏一小段乐曲:听了这首乐曲,你感觉到了什么?你喜欢这首乐曲吗?(幼儿自由表述)

(2)完整欣赏乐曲,感受乐曲的旋律与节奏特点。

师:这是一首节奏欢快,旋律跌宕起伏、富有变化的乐曲。我们再来听听,乐曲中野蜂在干什么?(邀请个别幼儿讲述)

小结:这首乐曲表现的是一群野蜂在空中飞舞的故事,音乐家把它取名为《野蜂飞舞》。

2.幼儿再次欣赏乐曲,尝试用线条表达对音乐的感受。

(1)幼儿尝试画路线。

① 成群结队的小野蜂一会儿飞上,一会儿飞下,那你们能不能用手指画一画小野蜂飞舞的路线?

② 现在请小朋友将小野蜂飞舞的路线画在白纸上。幼儿边听音乐边画野蜂飞舞的路线。

(2)展示幼儿作品,请幼儿介绍自己的作品。

师:你们画的野蜂飞舞的路线是什么样的?为什么有的路线是直的,有的路线是弯弯曲曲的呢?请小朋友来介绍一下。

3.幼儿创编野蜂飞舞的动作,进一步用动作感受音乐。

(1)幼儿自由创编动作。

师:现在老师想请小朋友来做做动作,学学小野蜂着急地飞来飞去的样子。你们愿意试试吗?

请几个幼儿展示自己创编的动作,其他幼儿评价并模仿学习。

(2)幼儿听音乐做动作。

师:我们学了这么多野蜂飞舞的动作,现在我们跟着音乐把这些动作连起来做一做。

4.探讨游戏与音乐的匹配,幼儿随音乐玩"找带头人"游戏。

(1)小朋友玩过"找带头人"的游戏吗?现在请小朋友听音乐,用各种表示野蜂飞舞的动作玩这个游戏。

（2）教师在游戏中引导幼儿观察讨论：

① 怎样找到带头人？（如看谁第一个变动作；看大家的眼睛看着谁；看谁的神情最紧张等）

② 带头人怎样不让侦察员找到自己？（如等找的人不看自己再变动作；不要紧张等）

③ 大家怎么保护带头人？（如用眼睛的余光看带头人等）

5. 教师带领幼儿随音乐做野蜂飞舞的动作飞出活动室。

附：音乐素材

野 蜂 飞 舞

扫码听音乐

活动评析

名曲《野蜂飞舞》风格欢快、热闹，描述了野蜂在林间、高山、海洋中急速飞舞的场景。此次欣赏活动旨在引导幼儿循序渐进地来欣赏这首乐曲，通过富有个性的想象、绘画创作、韵律表演、合作游戏等形式表达对乐曲的感受。从活动中分层次感受音乐、画音乐的尝试、随音乐自由律动到音乐游戏等环节，师幼之间凭借音乐作为审美媒介交流审美信息，共同分享了音乐带来的愉悦。活动中采用了"借助动觉、展示听觉体验"的方法，即通过引导幼儿动口回答问题，动脑想象意境形象，动手描绘音乐，动体态模仿野蜂飞舞等，最终使其理解音乐，感受乐曲高低起伏的旋律变化与短促紧凑的节奏特点，使幼儿从感受音乐逐渐到理解音乐、主动参与音乐欣赏，激发了他们的审美情趣，提高了他们对音乐的感受力、表现力和创造力。

思考与练习

在线练习

真题再现吧

单项选择题

1. 在歌唱活动中，帮助幼儿清晰准确地表现内容和富于感染力地表达情感的方法，主要是（　　）。

A. 倾听录音范唱　　　　　　　　　　　B. 欣赏录像带中的优秀表演

C. 倾听教师精湛的弹奏　　　　　　　　D. 教师正确地范唱

2. 由于幼儿是以自我为中心辨别左右方向的，幼儿教师在动作示范时应该（　　）。

A. 背对幼儿，采用镜面示范　　　　　　B. 面对幼儿，采用镜面示范

C. 面对幼儿，采用正常示范　　　　　　D. 背对幼儿，采用正常示范

能力提升训练营

一、单项选择题

1. 幼儿在音乐活动中，能运用相应的知识技能，有表情地表演音乐作品。这种能力的获得需要经过一定的技能培养，例如歌唱的技巧、舞蹈动作及节奏乐演奏等粗浅的音乐知识技能。这是指幼儿音乐的审美能力的（　　）方面。

A. 音乐感受力　　　　　　　　　　　　B. 音乐的表达力

C. 音乐的创造能力　　　　　　　　　　D. 音乐的想象力

2. 曾经在小班做过这样一个实验，幼儿一边听音乐一边跟着老师做动作模仿，几乎所有的幼儿没有什么困难就能分辨出鸭走、兔跳、小鸟飞等动作的音乐并做出相应的动作。这说明音乐可以促进幼儿（　　）的发展。

A. 听觉　　　　　　B. 记忆力和注意力　　　　C. 想象力　　　　　　D. 语言

3. 教师教小班幼儿唱新歌《两只小鸟》的时候，一句一句地教，便于幼儿模仿。这是用的（　　）方法教

唱新歌。

    A. 先教歌词   B. 先教歌曲节奏   C. 分句教唱法   D. 整体教唱法

    4. 一些柔和、抒情、安静的歌曲在演唱时不能过分强调声母,只要唱清楚就可以了;一些雄壮、刚毅、英勇的歌曲,在演唱时声母发音就要饱满有力。这是对幼儿歌唱的(   )方面的要求。

    A. 音准   B. 吐字   C. 节奏   D. 呼吸

    5. 小班王老师在教幼儿小鱼游的动作之前,先让幼儿观察鱼缸中的金鱼是怎样游的,幼儿仔细观察后有的说"鱼用翅膀在游"(将鱼鳍当成了翅膀),有的说"鱼游水没有声音"。王老师在教幼儿舞蹈动作时用了(   )的方法来介绍该动作。

    A. 带领幼儿进入实际的生活情景中去亲身感受

    B. 观察实物的动作

    C. 给幼儿实践的机会以获得亲身体会

    D. 用实物演示动作

二、简答题

    1. 简述幼儿园音乐教育的总目标。

    2. 简述幼儿歌唱活动的一般设计思路。

    3. 简述幼儿韵律活动的一般设计思路。

    4. 简述幼儿打击乐演奏活动的一般设计思路。

    5. 简述幼儿音乐欣赏活动的一般设计思路。

三、案例分析题

    1. 幼儿在学唱歌曲时,总会犯一些习惯性的错误,比如,在《大鹿》的教学中,第一段是"猎人追来了",第二段是"老狼老狼追来了",但幼儿会习惯性地重复前面的"猎人追来了",幼儿在学习的过程中会形成一种习惯性的行为。如何避免幼儿出现这类问题呢?

    2. 教师在组织音乐活动时,很容易变成一节乐理课。如何引导幼儿主动地发现性学习,乐于参与音乐活动呢?

四、活动设计题

    1. 根据幼儿园歌曲活动选材的要求,围绕"红歌代代传,歌声唱祖国"的幼儿园音乐活动,选择一首红色歌曲,设计与组织一个歌唱活动,并评选出最佳教育活动,到幼儿园进行现场教学。

    2. 请以"赵州桥"为主题,设计与组织一个大班律动活动。

    3. 请从《我爱北京天安门》《学做解放军》《娃哈哈》中任选一首歌曲,设计与组织一个打击乐演奏活动。

    4. 请从《国旗国旗红红的哩》《祖国祖国我们爱你》中任选一首歌曲,设计与组织一个大班音乐欣赏活动。

学习目标

1. 了解幼儿园综合教育的内涵、意义及特点。
2. 结合幼教实践理解幼儿园综合教育的实施要求。
3. 设计幼儿园主题综合教育活动方案并进行模拟试教。

知识导图

```
                              ┌ 幼儿园综合教育的内涵
              幼儿园综合教育概述 ┤ 幼儿园综合教育的意义
              │                └ 幼儿园综合教育课程的特点
幼儿园综合教育 ┤
              │                    ┌ 三个方面的综合
              幼儿园综合教育课程的实施要求 ┤ 三个层次的综合
                                   └ 实施综合教育应注意的问题
```

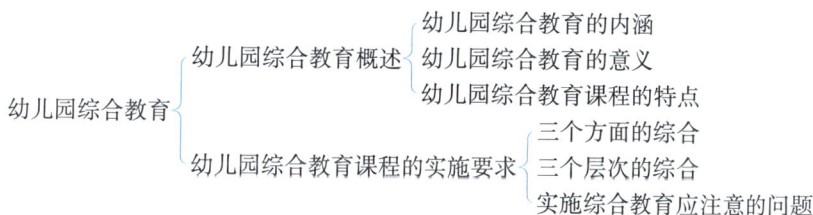

第一节 幼儿园综合教育概述

《纲要》提出：幼儿园教育活动内容的组织应充分考虑幼儿的学习特点和认识规律，各领域的内容要有机联系、相互渗透，注重综合性、趣味性、生活性。目前，幼儿园综合教育正得到越来越多人的认同和倡导，综合教育课程也受到广大幼教工作者的重视和普遍运用。那么，什么是综合教育？综合教育与综合教育课程有何不同？为什么要开展综合教育？综合教育课程有何特点？本节将一一阐述。

一、幼儿园综合教育的内涵

说起综合教育，人们想到的也许就是开设综合教育课程。事实上，综合教育与综合教育课程并不完全等同，前者是进行教育或设计课程的一种观念和指导思想，后者则是综合教育思想指导下的实践产物，是一种具体的课程类型。

幼儿园的综合教育有三层含义：第一，深层次的综合是完全打破学科和领域的界限，以主题或活动为中心组成课程（即综合教育课程），把学习内容融汇成一种新的体系；第二，综合教育作为一种教育观念或指导思想时，并不否认分领域的教育，而是试图建立各领域的联系，使领域之间的界限变得更有弹性，"分"与"合"可以根据实际需要灵活变化；第三，在以某一学科或者领域的教育为主的活动中，充分挖掘隐含在其中的其他学科或者领域的教育价值，也是一种综合。过去过分强调分科或分领域的教育，往往导致教师只注意某一科目或领域的教育价值，如在幼儿园语言教育中，只关注语言领域的教育价值，而对于该活动中隐含的人际交往问题或幼儿感兴趣的科学问题却往往忽视。基于以上理解，幼儿园可以以综合教育的思想为指导，根据本地本园的实际，找准切入点，进行不同层次、不同程度的综合教育。

而综合教育课程就是把教育的主体、客体、中介及家庭、社会环境等各种教育要素综合起来，运用系统科学的理论，以各领域的知识内容为主导线索，有机地构成一系列教育主题，在强化课程整体系统功能的思想指导下对幼儿实施教育。整合的理念是这一课程最好的体现。

二、幼儿园综合教育的意义

（一）有利于提高幼儿的学习效率

幼儿教育的对象是3～6岁幼儿，幼儿的心理发展水平决定了幼儿对事物的理解往往是笼统的、片面的，加之幼儿概括能力较弱，因此幼儿教育不能过于分化，年龄越小越需要运用综合的形式、手段和方法去认识某个具体而综合的事物。综合教育将学科领域知识整理交织成统一、有序、互为联系的知识体系，有利于幼儿吸收，提高学习效率。

（二）有利于提高教育的整体效益

综合教育，就是想办法整合各种教育因素，强调教育手段、教育方法、教育形式的协调配合，全面地落实幼儿教育任务，促进幼儿智能、身体、个性、情感、品德同步协调发展，提高教育的整体效益。

（三）有利于促进幼儿观察力、概括力、创造力的发展

活动中通过操作、讨论、发现等方法，改变幼儿被动接受的学习模式，引导幼儿在活动中探索、讨论、学习独立地完成活动任务，自己寻找答案，能激发幼儿的求知欲，促进其观察力、概括力、创造力的发展。

三、幼儿园综合教育课程的特点

（一）整体性

综合教育课程就是从幼儿发展的整体性出发，思考教育效果的整体性，即整体地思考教育目标、教育内容、教育方法和手段之间的联系和作用，重视各领域之间的联系，重视各教育因素包括幼儿园和家庭、社会间的联系，使幼儿园教育更好地发挥整体功能。

（二）动态性

综合教育课程关注幼儿的学习经验、关注大自然与生活，强调让幼儿在活动、生活中获得全面发展。而幼儿自身的经验及所处的环境，乃至自然界与生活，都是丰富多变、极具动态性的。这使得综合教育课程从本质上看是一种动态、开放、多变的课程。

（三）集中性

幼儿是通过生活及其他活动来学习的，这些活动尤其是生活活动，往往是综合性的，涉及多方面的学习内容。一个阶段相对集中地开展某方面的活动，让幼儿获得的信息相对集中，这既便于幼儿在学习过程中对信息的编码、储存和运用，也有利于幼儿知识经验的积累、思考、提炼和归纳。

第二节　幼儿园综合教育课程的实施要求

幼儿园综合教育课程实施包含了教育内容、教育手段和教育过程三个方面的综合，以及主题活动、一日活动、个别活动三个层次的综合。

一、三个方面的综合

（一）教育内容的综合

综合教育明确提出了学科之间综合的思想，并不是反对分科教学，而是反对分科课程中各科内容重复交叉，学科之间相互割裂。内容的综合涉及两个层面：一是课程中前后内容之间的联系，即内容的纵向联系；二是不同的、相关内容之间的联系，即内容的横向联系。

1. 教育内容的纵向整体性

教育内容的纵向整体性指的是同学科领域内容的顺序性联系，强调把每一个后继经验建立在前面经验的基础之上，由浅入深、由近及远，表现在以下两个方面。

（1）强调学科领域内部的综合。每一个学科领域的教育内容是一个相对独立的体系。如在科学领域中，包含自然科学、现代科技、数学等方面的内容，这些内容有一定的独立性，甚至已自成体系。但在合适的情况下，教育者应努力使这些内容相互联系，有机结合。例如，在科学活动"认识小乌龟"中，教师引导幼儿观察小乌龟的外形特征，数一数它有几只脚、几个鼻孔等（有关数概念的知识），引导幼儿了解乌龟的食性（有关动物的知识），生存环境（有关自然环境的知识），人们根据小乌龟的特点发明的仿生产品——坦克、转动型大炮（有关科技发明的知识）等。

（2）重视同一内容或主题在不同年龄阶段学习的连续性。例如，关于认识水的内容在每个年龄班都可以开展，但教育内容应由易到难，由浅入深，从小班"让幼儿感受水的无色、无味、无嗅、透明"，到中班"让幼儿探索一些与水有关的物理现象"，再到大班"探索固态、液态和气态的水以及相互变化的现象"。各年龄班目标既体现出层次性，又体现了内容之间的纵向整体性。

2. 教育内容的横向综合性

教育内容的横向综合性是指在不影响各学科领域系统性的前提下，各科或各领域之间加强联系与配合，体现领域间的多元整合、渗透的理念。

（1）在学科领域活动中体现综合教育的理念。它是指在坚持某学科领域目标的前提下，同时关注其他学科领域的目标。如文学活动"金色的房子"，在引导幼儿感知、理解作品（涉及语言领域的目标）的同时，可以鼓励幼儿进行角色表演（涉及艺术性的表现方式），在创造性的表演活动中，幼儿的情感发展和语言表述得以交融。

（2）将某学科领域内容渗透于其他学科领域的活动中，即将某学科领域内容以一种隐性的方式出现在其他学科领域的活动中。例如在语言教育活动中，可以通过显性的、直接的方式学习语言，理解语言所表达的意思；而在科学、艺术、社会等其他学科领域的活动中，则是通过隐性的方式发展幼儿的语言。

（二）教育手段、形式、方法的综合

综合运用多种教育手段、形式和方法是确保综合教育取得应有成效的关键。在进行手段、形式、方法的综合时，应注意以下三点。

第一，充分运用集体教学、游戏活动、日常生活活动等多种教育途径，综合运用各自的优点，优势互补，发挥各自独特的作用。

第二，根据教育目标及内容、幼儿的需要和兴趣，从幼儿的学习特点出发，充分挖掘和利用现实生活及游戏中的广泛教育资源，开发形式多样、新颖活泼、具有趣味性的多种多样的教育教学活动。

第三，充分体现幼儿在活动中的主体地位，重视采用多种教学方法，如操作、讨论、发现等，让幼儿动手、动脑、动口，在做中学，在与环境、与物、与人的相互作用中获得发展。

（三）教育过程的综合

综合的理念应贯穿于整个教育过程，具体表现在以下三个方面。

1. "教"与"学"的综合考虑

即教师如何"教"应充分地考虑到幼儿如何"学"。因此，教师在方法的选用上、在语言的表达上，甚至在对幼儿提出的问题上,一定要"以幼儿为中心",以保证教师"教"的有效性和幼儿"学"的有效性。

2. 内容与环境的综合考虑

活动开展过程中,教师要围绕教育内容考虑应创设怎样的教育环境与资源,包括创设哪些相应的环境、创设哪些相应的活动区、需要投放哪些材料,以及如何利用家长资源、社区资源等,还要考虑如何使这些方面形成教育合力,更好地为教育活动服务。

3. 过程与目标的综合考虑

幼儿教育的最终目标是促进幼儿身心全面和谐发展,因此在设计教育活动过程时,教师应遵循幼儿身心发展规律,从促进幼儿全面发展的角度出发,充分挖掘其中的教育价值,重视幼儿认知、能力、情感和社会性的培养,最终实现教育过程与教育目标的综合。

二、三个层次的综合

(一)主题活动的综合

主题活动又称综合主题活动,主要是指幼儿园综合课程中围绕某个中心开展的、具有一定时间跨度的一系列教育教学活动的集合体,是以"主题"为中心的幼儿园课程表现形式。它是一种以幼儿生活为基础,以游戏和活动为基本形式,以幼儿自主探究学习为主要方式的综合性活动。

1. 主题活动的类型

(1)跨学科或领域综合。

即将课程中同类或相关的知识归纳起来,合并同类项并以跨越学科的内容作为课程核心(见图9-1)。领域之间的综合有多种水平,有两个领域之间的综合,多个领域之间的综合;有领域之间的零星联系、多点联系和密集联系。在一个课程中,不同的领域间联系和综合的水平可能是不同的。如综合主题活动"海底世界"涉及的领域有科学、语言、艺术和社会,是明显的跨领域综合。

图9-1 小班主题综合活动:爸爸妈妈我爱你

(2)超学科或领域综合。

即完全超越学科的界限,课程以现实生活中的真实问题为核心,展开专项研究或探索。其特点是学科界限不存在,以现实问题为主题或焦点,内容由幼儿的兴趣、需要而定,并不受任何学科指引而预先确定,如"生成课程"就是主题综合活动的最高境界(见图9-2)。在活动过程中,教师和幼儿不断发现新的活动线索,这些新线索能把活动不断引向深入。因此,活动的生成,要求教师有一种生成意识、生成能力,对幼儿的新的需要、新的兴趣、新的发现有接纳的态度。只有这样,活动的生成才能实现,计划的活动和非计划的活动才能综合,幼儿现有的经验才能与新的经验实现综合。

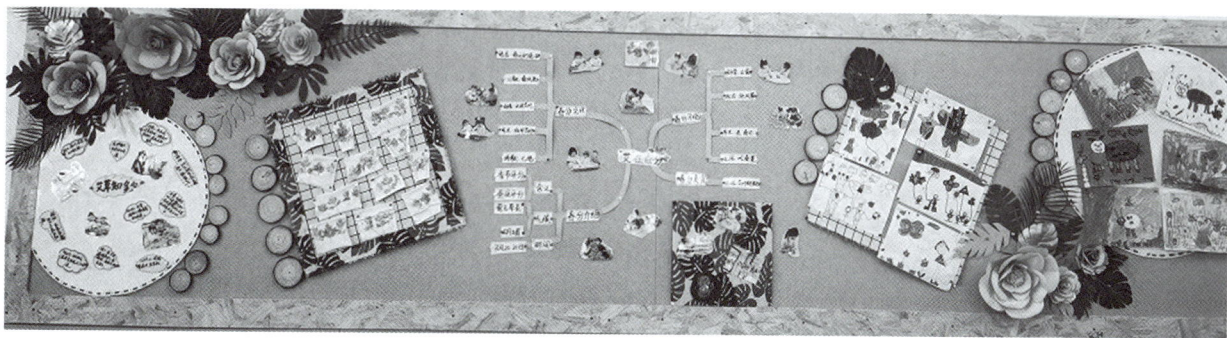

图 9-2　中班主题综合活动:"艾"在春分

2. 主题活动的设计

主题活动的设计是针对一个具体主题而进行的开发活动,也就是事先对整个主题活动进行分阶段的预设。

（1）主题的选择与确定。

选择与确定合适的主题,是主题活动设计的第一步。主题设计的优劣,直接决定了主题活动实施的成效。

在选择与确定主题过程中,应综合考虑以下因素。一是幼儿的需要、兴趣、生活、已有的经验等,这是影响主题选择的首要因素。二是主题中可能蕴含的教育价值、可能涵盖的教育内容。幼儿的兴趣、需要处在动态变化中,教师需要判断主题是否有助于幼儿认知、能力、社会性等全面的发展。三是教育资源的可持续性支持问题。主题活动是一段时间内的系列性教育活动,需要大量教育资源的持续性支持。与主题相关的家长资源、社区资源、幼儿园文化资源,甚至是教师自身素养等,都是应该考虑的重要问题。

选择与确定主题以后,从"幼儿"的角度出发,用幼儿熟悉、喜欢、易记的,能引发幼儿探索与体验的名称给主题命名,如"我上幼儿园啦""炎热的夏天""长大的我""可爱的小动物"等。

（2）主题活动目标的制定。

主题活动目标是主题活动的出发点和归宿,一般有三个层次:主题活动总目标、主题活动阶段性目标、具体活动目标。这三个层次的目标是上位目标与下位目标的关系、一般化到具体化的关系。

主题活动总目标是对主题所要完成的主要任务的描述。在制定主题活动总目标时,应遵循幼儿身心发展规律和学习特点,在幼儿已有经验基础上根据"最近发展区"综合考虑,并从多个维度反映主题的教育价值,涵盖德、智、体、美或语言、健康、社会、科学、艺术诸领域。例如大班"海底世界"主题,活动目标为:

◀ 通过参观或收集活动,知道海底有各种各样的海洋生物,了解海洋生物保护自己的方式,对探索海底世界感兴趣。

◀ 通过对海底动物的观察,能进行仿生联想,大胆表现海底世界的各种奇观。

◀ 运用画、折、剪、贴等技能,发挥想象,对海底世界进行个性化的审美表达与创造。

◀ 在欣赏音乐的基础上,能创编表演各种海底生物的动作,并能大胆地随着音乐协调律动。

◀ 能用各种方式表现自己对海底世界的认识,产生热爱大自然的情感和保护生态的意识。

以上目标至少具有四方面潜在价值,即科学认知、语言表达、艺术表现与创造和社会性发展方面。

主题活动的总目标需要经过一段时间的各类教育活动相互渗透、相互推动才能最终实现。这段时间里的一个个具体的教育活动就成了主题活动最基本的构成要素,每一个具体活动的目标就应该是总目标的具体化表现。教师应将主题活动总目标分解成阶段性目标、具体活动目标,并选择有效的具体活动内容,思考如何通过各具体活动最终实现总目标。

（3）主题网络的构建。

主题网络是以某一主题为中心展开并形成的课程结构,以放射状网络图的形式呈现出来。主题网络以某一主题为中心,将主题内容逐步、逐层分解,形成下一级的次主题(或称二级主题),次主题还可分解成为三级主题、四级主题直至具体活动内容。主题网络的构建能帮助教师对主题活动的教学范围和内容进行初步思考,提前了解后续开展的活动框架,预测幼儿可能获得的经验。如图 9-3 所示。

图 9-3 "海底世界"主题网络图

图中的"海底世界"是该主题网络图的中心主题,"海洋里的动物""海洋里的植物""与人类的关系"则是中心主题下分解出来的二级主题,并且二级主题下还继续分解出三级主题或具体教育活动。在进行主题网络构建时,可以根据主题的特性、功能、构成要素等设计主题网络图;也可以根据主题事物的时间发展顺序设计主题网络图;还可以根据与主题相关的问题线索设计主题网络图。从图 9-3 可以看出,主题网络里的系列活动内容通常有内在的逻辑体系,可以从不同角度呈现出主题活动的教育价值。这种设计有助于幼儿获得较为完整、系统的知识,但也容易出现忽视幼儿兴趣、需要,脱离幼儿生活等弊端。因此,在设计主题网络时,要在"预设"的基础上留有弹性、灵活性,尝试师幼共同建构主题网络。而在幼儿园教育教学实际中,通常会以教师的预先设计为基本框架,再根据主题活动开展过程中幼儿的现有经验、兴趣等调整生成新的目标与内容。

(4)主题活动内容的选择。

在主题网络的提示下,根据主题活动的目标、幼儿的兴趣和需要、可利用的教育资源等因素,进一步筛选出合适的活动内容,基本确定将以哪些类型和内容的活动实现幼儿的学习与发展。如表 9-1:

表 9-1 大班主题"海底世界"活动列表

序号	教学活动	区域活动	日 常 活 动	游 戏 活 动	家 园 活 动
1	谈话:海洋里有什么	在图书区提供有关海底世界内容的书籍和图片	引导幼儿大胆提出有关海底世界的问题,并收集整理		收集海洋生物的资料,看有关录像
2	参观海底世界	提供材料,让幼儿在建构区搭建海底世界	将幼儿参观海底世界的录像反复播放给幼儿看,进一步加深幼儿的印象	表演游戏:海豚表演	
3	科学:各种各样的鱼	在美工区通过绘画、折纸、拼摆、涂色等方式表现各种各样的鱼	吃海带、鲳鱼、鳊鱼等		

续 表

序号	教学活动	区域活动	日 常 活 动	游 戏 活 动	家 园 活 动
4	科学：海洋里的生物		1. 吃海带、海苔、紫菜汤等海产品。收集各类海产品的包装及食品（鱿鱼丝、海米等），开办海产品展览会 2. 观看录像或图片：开采石油、晾晒海盐，说说海洋资源与人们生活的关系	角色游戏：海洋馆	幼儿品尝海鲜、参观农贸市场的海产品
5	让我们的教室成为海洋世界	用废旧物品制作海洋生物，丰富海底世界			引导幼儿用各种物品做海洋生物的模型
6	科学：它们怎样保护自己		在餐前开展"小博士"答疑活动，引导幼儿就感兴趣的问题展开讨论		
7	音乐：《水族馆》			提供头饰和音乐，玩音乐游戏：小鱼和水草	
8	绘画：《远洋船》	继续引导幼儿用纸版画的方式表现对海底世界的认识	参观海军远洋轮船		
9	歌曲：《小海军》		欣赏动画片：《海的女儿》	在音乐区提供音乐音频、道具和服装，鼓励幼儿结伴自由表演《小海军》	
10	语言（创编故事）：小黄鱼历险记	连环画：小黄鱼历险记	故事：《渔夫和金鱼的故事》	引导幼儿共同收集服饰材料，提供流水声等背景音乐，引导幼儿自由创编和表演故事内容	
11	海底世界展示会（一）怎样开展示会		分组准备展示会所需物品：送给客人的礼物（折的鱼、虾、蟹等，画头饰），海鲜馆的各种海鲜		介绍展示会的常识，让幼儿知道：什么是展示会？有些什么内容？有条件的家庭可以带幼儿参加一些服装、家电或食品等的展示会，引导幼儿体验相关服务内容
12	展示会（二）怎样邀请客人	制作请柬、海报		1. 在角色游戏时间，引导幼儿按展示会职责锻炼自己的角色意识 2. 学习当"讲解员"，能较好地向客人介绍班级的环境，及相关展板上的内容	
13	展示会（三）欢迎光临海底世界			邀请家长共同参与活动，对幼儿的表现给予肯定	

从以上活动列表可以看出，主题活动的内容涵盖课程领域较广，一般会形成一系列活动，包括教学活动、日常生活活动、游戏活动、家园活动等多个方面，体现主题内容、教育方法和途径的综合。

（5）主题活动环境的创设。

环境创设是主题探究活动的重要环节之一。主题活动环境的创设强调围绕主题活动内容，设计与之相吻合的主题墙及活动区角,投放适宜的材料,推动幼儿在环境中不断发现和学习。同时,主题活动的环境还要从空间、内容、材料上体现其丰富性,以满足幼儿自主活动的需要。最后,主题活动的环境还需随着主题的推进而变换,随着幼儿与主题的互动而拓展,突出实效性和生成性。如,在"海底世界"主题活动中,创设了四个板块的主题墙,分别为:展示幼儿创作的各种各样的海洋鱼等绘画、手工作品的"美丽的海底世界";科普海洋动物自我保护方法的"动物大揭秘";展示亲子共同制作、品尝海产品活动的照片的"美味的海产品";记录幼儿自行举办展览会过程的"海底世界展示会"。活动区角则可围绕"海底世界"主题,在原有适宜区角增添或更换相关材料,也可新增与主题密切相关的区角。如,在原有的阅读区,投放有关海底世界内容的书籍和图片以帮助幼儿了解更多的海洋知识;在表演区,投放小鲨鱼、海马、海鱼、乌贼等动物手偶或娃娃、动物服装、面具等材料,创设更为浓厚的表演氛围,满足幼儿进行《小黄鱼历险记》表演游戏的需要。

至此,一个完整的综合主题活动就设计完成了。通常情况下,我们会以主题活动方案的形式呈现所有内容,包括主题名称、主题说明、主题目标、主题网络、主题系列活动以及主题环境创设。主题系列活动则需要逐一设计主题网络中的各个活动,一个完整的活动设计框架主要包括活动名称、活动目标、活动准备、活动过程、活动延伸等。

(二) 一日活动的综合

一日活动的综合就是把一日活动的各个环节组成连续的教学过程,形成一个教育整体。

幼儿在园的一日生活包括多种多样的活动,如学习活动、游戏活动及生活活动。幼儿园课程的实施应关注各类活动之间的有机联系,强调一日活动的综合,寓教育于各项活动之中,充分发挥游戏活动与生活活动的教育价值。如主题活动"好听的声音":通过晨间活动,让幼儿寻找大自然的声音;通过科学实验,了解声音的产生;通过欣赏故事《小灰老鼠的故事》,感受三种小动物不同的脚步声;通过游戏活动"打电话",感受声音的传播;通过艺术活动"小小演奏会",分辨乐音和噪声;通过生活活动,感受周围不同的声音。这样,幼儿在生活和游戏中感知声音,在科学和艺术活动中探索声音的特性,了解声音在生活中的运用。做到在生活和游戏中学习,学习联系生活、游戏反映生活、反映学习,真正实现一日活动的综合。

(三) 具体活动的综合

具体活动的综合是指在综合主题教育理念的指导下,幼儿园应尽可能挖掘每一个具体活动中隐含的不同领域的教育价值,尽可能渗透、整合其他领域的教育内容。如活动"亲亲泥土",改变了以往认识泥土的单纯的常识教学的状况,把科学领域、艺术领域和语言领域等内容有机地渗透进去,从对泥土的认识,到收集、欣赏陶艺作品,再到自己动手制作泥制品,最后展示、讲解创作的泥制品等,层层递进,环环相扣,使幼儿在一个活动中获得更多的有益经验。这种渗透是自然的、有机的,而不是拼凑的。

三、实施综合教育应注意的问题

(一) 综合本身不是目的,而是手段和方法

由于综合课程具有特殊的教育作用,有些教师盲目地把综合作为目的,使综合教育包罗万象,而未考虑到主题下各方面的教育内容是否具有相关性,也未考虑统筹各领域教育内容的主题是否在幼儿的生活经验范围或理解范围之内。其实,在综合教育的各个主题中,强行纳入每一个领域的教育内容,是不需要、也不可取的。能否把某一领域的教育内容综合到某一主题中,关键要看能否促进幼儿对主题概念的理解,是否能促使幼儿进行有意义的学习。

(二) 各领域的教育内容必须自然联结

综合教育不是"拼合"教育,也非"多学科"教育。综合教育的实质是把本来具有内在联系而又被人为割裂的内容重新整合为一体的教育模式。这种内在联系须是自然的、真实的,而非人为的、勉强的。综合

课程的主要目的是以幼儿有兴趣的问题和主题作为课程的开展和结束,对主题概念充分探讨,并以主题来统整各领域的知识。

(三)综合教育并非抛弃所有的学科知识

实施综合教育并非抛弃所有的学科知识,每个领域都有促进幼儿发展的关键经验,以前只重视知识点的传授和知识量的积累,而现在则需要激活这些知识,让幼儿利用它们来解决问题,来促进自己思维和能力的发展。可以说,主题是一种组织形式,各领域的关键经验是内容。只有形式而无内容的东西是空泛无意义的,只有内容而无形式的东西则是枯燥乏味的。只有两者的合理结合才能发挥最大的教育价值。

四、幼儿园综合教育活动案例及评析

案例展示台

大班综合活动:海底世界

活动设计意图

"海"是幼儿感兴趣的话题,对于神奇的海洋,幼儿充满了好奇,经常问这问那:"海底有什么?""海洋鱼是什么样子的?""它们是怎样保护自己的?"为了满足幼儿的求知欲望,让幼儿对海洋产生更大的探索兴趣,我们和幼儿一起生成此次活动——海底世界。

主题活动目标

1. 通过参观或收集活动,知道海底有各种各样的海洋生物,了解海洋生物保护自己的方式,对探索海底世界感兴趣。

2. 通过对海底动物的观察,能进行仿生联想,大胆表现海底世界的各种奇观。

3. 运用画、折、剪、贴等技能,发挥想象,对海底世界进行个性化的审美表达与创造。

4. 在欣赏音乐的基础上,能创编表演各种海底生物的动作,并能大胆地随着音乐协调律动。

5. 能用各种方式表现自己对海底世界的认识,产生热爱大自然的情感和保护生态的意识。

活动一:奇妙的海底世界

活动目标

1. 知道海底有各种各样的海洋生物,初步掌握常见海底动物、植物的特征及生活习性。

2. 能用连贯、完整的语言大胆讲述自己获得的信息,乐于分享自己的经验。

3. 能在游戏活动中对海洋生物进行分类,体验参与活动的乐趣。

活动准备

1. 收集有关"海底世界"的资料、海洋动物标本以及若干图书。

2. 视频:《奇妙的海底世界》。

3. 海洋生物卡片若干套,海底背景图两幅。

活动过程

1. 经验分享。

师:这几天,我们收集了关于海底世界的资料。今天,我们都来说一说,把你知道的海底世界的知识告诉大家。

小结:海洋是一个神秘的世界,更是一个美丽的地方,那么,海底还有些什么呢? 我们来欣赏短片,一起找一找吧!

2.观看视频《奇妙的海底世界》,边观看边谈话。

(1)教师播放视频:《奇妙的海底世界》。

(2)师幼谈话:①刚才我们观看了海底世界,请小朋友说一说,你看到的海底是什么样的?②海底有哪些动物,有哪些植物?③你看到的水族馆与看过的图书资料里有哪些奇妙、有趣的海底奇观?你最喜欢的是什么?

3."找朋友"游戏。

游戏玩法:每人一张海洋生物卡片,请幼儿仔细看看手中卡片,想一想,它是海底动物还是植物,然后给它找"朋友",把海底动物卡片贴到海马背景图上,把海底植物卡片贴到海藻背景图上。比一比,看谁贴得又对又快。

游戏规则:分别将海底动物、植物卡片贴到相应的背景图上。

4.海底知识大比拼。

(1)将幼儿分成海马队和海藻队,分小组讲述海底动、植物的特征及生活习性。要求幼儿轮流、轻声地用完整的语言连贯讲述,并注意倾听同伴的讲述。

(2)每组推选一个幼儿讲述。教师用投影仪展示相应卡片协助幼儿讲述。

海马:海马不是马,是鱼,能直立游泳,海马是海马爸爸生的。

海蜇:能吃,营养丰富,美味爽口。

章鱼:章鱼不是鱼,是一种软体动物,可以喷墨,章鱼妈妈产的卵是长长的,卵产下后章鱼妈妈就死了。

(3)每介绍一种获得一朵贴花。最后统计获得贴花情况,给获胜组发奖。

活动延伸

看有关的图书资料,听广播,看视频或向成人请教,了解更多的海洋知识。

活动二:各种各样的鱼

活动目标

1.在欣赏海洋生物的基础上,了解常见海洋鱼的名称及外形特征。

2.能综合运用画、剪、撕、贴等方式制作自己喜欢的海洋鱼。

3.在活动中体验自主制作的乐趣,享受个人作品与他人作品组合成大型成果的快乐。

活动准备

1.活动前组织幼儿参观海洋馆或观看海洋馆的视频。

2.常见的各种各样海洋鱼的图片。

3.水彩笔、油画棒、图画纸、电光纸、皱纹纸、剪刀、胶棒、纸杯、纸盘、透明胶条等材料。

4.在活动室内创设海洋馆环境的墙饰。

活动过程

1.以谜语形式导入活动。

谜语:不是船儿水中游,摇摇尾巴点点头,深海浅水都能去,味道鲜美营养多。

2.欣赏常见的海洋鱼图片,了解海洋鱼的名称及外形特征。

(1)师幼谈话:前几天,我们一起参观了海洋馆,在那里我们看到了许多鱼,请小朋友说说,你们看到了哪些鱼?(燕鱼、鲨鱼、气鼓鱼、章鱼、射水鱼……)

(2)欣赏海洋鱼图片,讨论:这些是什么鱼,它们长得什么样?

(3)分组自由交流,每组请一个幼儿小结。

师:鱼的种类非常多,它们的身体形状各种各样,有的鱼像条带子,有的鱼像个鱼雷,有的鱼像个梭子,有的鱼身上长满刺,有的鱼能变颜色,有的鱼会飞……

3.分组制作各种各样的海洋鱼,综合运用画、剪、撕、贴等技能进行创作。

(1)师:小朋友都特别喜欢去海洋馆看鱼,今天,老师想请小朋友一起动手来制作你喜欢的鱼,放在咱们班的"海洋馆"中。

（2）讨论：你们想用什么方法制作鱼？

（3）幼儿分组制作各种各样的鱼。

① 教师分别介绍材料，幼儿自主选择活动形式。

② 教师分组指导。

剪纸组：重点指导幼儿运用对称的方法剪鱼，在此基础上鼓励幼儿大胆镂空，剪出不同形态及花纹的鱼。

绘画组：重点能画出鱼的外形特征，并大胆运用颜色较均匀涂出美丽的花纹。

撕纸组：教师根据幼儿能力提供不同材料，一种沿线撕，一种脱线撕。

手工制作组：根据纸杯及纸盘的形状粘贴上鱼眼睛、鱼鳃、鱼鳍等，鼓励幼儿大胆装饰。

4. 装饰墙饰"美丽的海洋馆"。

（1）师生共同布置"海洋馆"，幼儿将自己的作品随意粘贴在墙上。

（2）请幼儿简单介绍自己的作品，如是用什么方法制作的，制作的是什么鱼。

（3）请幼儿共同给海洋馆起名字。

5. 教师总结。

师：今天我们做的"海洋馆"可真漂亮，以后小朋友要做小小发现家，看海洋里还有哪些鱼，并制作出来放到我们的"海洋馆"里。

活动延伸

1. 把橡皮泥放在活动区，让幼儿用橡皮泥捏各种海底的动、植物。

2. 在日常生活中吃带鱼、鲳鱼、鳊鱼等海鱼，知道海鱼味道鲜美、营养丰富。

活动三：快乐的海底世界

活动目标

1. 了解常见海洋动物的运动方式。

2. 能根据自己的理解创编表演各种海底生物的动作，并能跟着音乐进行协调律动。

3. 喜欢音乐游戏，体验动作创编与表现的快乐。

活动准备

1. 音乐：《水族馆》《小鱼和水草》。

2. 小鱼、水草头饰若干。

活动过程

1. 欣赏音乐《水族馆》，并讨论、表演。

（1）师幼共同欣赏《水族馆》。

（2）教师引导幼儿用动作表现相关情景：你听到了什么？你看到的大海是什么样子的？你能用身体动作来表现吗？

（3）师：大海一望无际，如果几个小朋友合作表演，我想肯定会更精彩，你们愿意来试一试吗？

2. 随乐律动，结合自己的理解用动作表现海洋动物的运动方式。

（1）师：海里的动物最活跃、最自由，动动你的身体来模仿它们，让我猜猜你模仿的是什么？可以一个人模仿，也可以与好朋友合作试试看。

（2）幼儿自由模仿海洋动物，或者与好朋友合作讨论模仿动物（如螃蟹、鱼、虾、乌龟、章鱼等）。

3. 动作展示。

（1）分别请2～3名幼儿随着音乐展示模仿动作，请其他幼儿猜猜模仿的是什么？

（2）集体大造型：幼儿以小组为单位，把看到的海洋动物来一个大组合，并跟着音乐表演相应动作。

4. 音乐游戏：小鱼和水草。

玩法：幼儿戴上小鱼或水草的头饰，听音乐《小鱼和水草》，模仿小鱼在水草中自由自在畅游和相互嬉戏的情景。

活动延伸

欣赏动画片:《海的女儿》。

活动四:海底世界展览会

活动目标

1. 了解海产品的多样性,知道要爱护动物、保护环境。

2. 能根据展览要求将各种海产品进行分类,积极参与布置海产品展览。

3. 大胆与人交流,体验当"介绍人"的成功感。

活动准备

1. 有条件的家庭可以带幼儿参加一些服装、家电或食品等的展览会,引导幼儿体验相关服务内容。

2. 制作海报、请束,邀请家长参加展览会。

3. 分组准备展览会所需物品:如送给家长的礼物(折的鱼、虾、蟹等,画的海洋鱼卡片等);各种海洋鱼的图片;贝类饰品;菜场找寻可以食用的海洋生物、超市找寻用海洋生物制成的干货等。

4. 被污染的海洋图片一张(海面漂浮着塑料袋、盒子等垃圾,黑色的海水),"小鱼的哭泣"音频。

活动过程

1. 相互介绍,讨论收集来的海产品。

师:海洋生物丰富多样、各不相同,小朋友收集了很多海产品,大家说说你们都收集了哪些海产品。

2. 分类布置展览收集的海产品。

师:请想一想,可以分几组来摆放海产品? 想好后请各个小组分区布置展览。

3. 交流分享,分组介绍展览的海产品。

(1) 贝类展览区:幼儿介绍各式各样的贝类生物及各式各样的装饰品。

小结:贝类生物不仅可以吃,还可以做成美丽的装饰。

(2) 海洋鱼(图片)展览区:幼儿介绍海洋"鱼"的名称、主要特征。

小结:大海里有成千上万的鱼,它们都有着自己特殊的本领,既有趣又有用。

(3) 海产品展览区:幼儿介绍可食用海产品的名称及用途。

小结:大海为我们提供了很多既美味又有营养的食品。

(4) 被污染的海洋图片展览区:播放"小鱼的哭泣"音频,幼儿介绍海水污染对海洋生物的影响。

小结:由于我们不注意保护海洋环境,致使海水遭受了严重的污染,海洋生物越来越少。我们要爱护大海,保持海水清澈,保护海洋生物。

4. 游戏:海产品大派送。

玩法:每个幼儿拿一个礼物,送给家长,送的时候要介绍其名称、外形特征或用途。

活动延伸

1. 在日常生活中品尝海产品,能说出海产品的名称并与家长交流。

2. 调查海水污染给海洋生物带来的灾难,培养初步的环保意识。

(活动设计:湖南省衡阳市衡东县向阳幼儿园　谢华)

活动评析

"海底世界"是个传统的教育活动内容,以往常规教法是:教师讲讲,放放录像,幼儿看看、听听,有时也说说。整个学习过程幼儿较多地处于被动的地位,获取的知识、信息也比较有限。本次主题综合活动,活动前要幼儿自己查找、收集有关资料,寻找答案。这一过程帮助幼儿了解到:获取信息的途径是多种多样的,学习的方法也是多种多样的。集体活动中,小组内幼儿轮流讲,再推荐代表参与集体竞赛性游戏,交流面广,信息量大,幼儿兴趣高。而且这样的点、面结合,使幼儿人人都有表现能力、发表意见的机会与条件。

整个主题活动设计体现了三个特点。一是注重各领域教育内容的自然联结,把科学领域、艺术领域、语言领域和社会领域等内容有机地渗透进去,在对海洋生物认识基础上,进行制作、创编活动,最后展示、讲解等,层层推进,环环相扣。二是注重根据主题中不同的活动内容,选择相应的活动手段和方法。首先通过参观与游戏,感知各种各样的海底生物。然后在此基础上让幼儿讨论、操作,用各种方法来制作鱼(剪纸、撕纸幼儿已有一定基础),随着音乐创编表演各种海底生物的动作等。制作和创编的方法、形式由幼儿自主选择,体现了幼儿在活动中的主体地位,也能激发幼儿乐于创造的情感。最后通过展览,帮助幼儿整理已有的知识,以达到幼儿对已有经验进行系统加工和提炼的目的,有效地实现了活动的教育价值。三是注重围绕活动的开展整合园内外资源。从家园活动(收集资料、参观海底世界和展览会)到区域活动(提供材料让幼儿观看、讨论、操作)再到日常生活(运用看、听、品尝、调查等方式进一步感知),使园内外资源围绕主题形成教育合力。

思考与练习

真题再现吧

一、论述题

在幼儿园领域教育活动中,为什么要关注幼儿学习与发展的整体性?请结合实例说明。

二、活动设计题

1. 请根据下列素材,设计一个大班的能涉及多个领域的系列活动。要求写出三个活动的名称、目标、准备以及主要的活动环节。

大班教室里收集了纸板箱、鞋盒、牙膏盒、药品盒等数量众多的盒子,这些大大小小的盒子吸引了幼儿。教师发现很多幼儿利用盒子自发产生了很多活动,涉及各个领域,于是,决定围绕纸箱、纸盒设计出系列活动,推进幼儿的发展。

2. 大班下学期,李老师发现幼儿普遍对小学的学习生活不够了解,一些幼儿对上小学有些担心。于是,教师准备开展"我要上小学"主题活动,希望通过多种形式的活动,增进幼儿对小学生活的了解,帮助幼儿进一步作好入小学的心理准备。

请根据李老师班级情况,设计"我要上小学"的主题活动。要求:(1)写出主题活动总目标。(2)围绕主题设计三个子活动,写出其中一个子活动的具体活动方案,包括活动名称、目标、准备和主要环节。(3)写出另外两个子活动的名称、目标。

能力提升训练营

一、案例评析题

1. 选择你观摩过的一个幼儿园综合教育活动,尝试对该活动进行评析。

2. 阅读下列小班综合活动"我要拉粑粑"的活动目标,请对活动目标进行评价并修改。

小班综合活动:我要拉粑粑

活动目标

(1)在看看、听听、说说故事的过程中,丰富语言词汇,体验故事情节的有趣。

(2)利用大绘本引发幼儿阅读的兴趣,并学习擦屁股的正确方法,培养幼儿的生活自理能力。

(3)知道多吃蔬菜水果对身体好的道理,养成每天定时大便的好习惯。

(4)能绘声绘色讲述《拉粑粑》的故事内容,感受阅读的快乐。

二、活动设计题

1. "春节"是旺旺幼儿园大班即将开展的主题活动,请写出这一主题活动的目标,并创建三级主题活动网络图,要求包含五大领域内容。

2. 某幼儿园中班正在开展"我爱家乡"主题活动,请设计该主题的综合教育活动。要求:(1)写出主题活动总目标。(2)围绕主题设计至少三个子活动的具体活动方案。

［1］李季湄,冯晓霞.《3—6岁儿童学习与发展指南》解读[M].北京:人民教育出版社,2013.

［2］教育部基础教育司.《幼儿园教育指导纲要(试行)》解读[M].南京:江苏教育出版社,2010.

［3］顾明远.教育大辞典[M].上海:上海教育出版社,1991.

［4］庄虹,陈瑶.新编幼儿园教育活动设计与指导[M].北京:北京师范大学出版社,2011.

［5］华洁琼,杨丹,孙雁.幼儿园教育活动设计与实践[M].长沙:湖南师范大学出版社,2019.

［6］顾荣芳.学前儿童健康教育论[M].南京:江苏教育出版社,2009.

［7］周兢,余珍有.幼儿园语言教育[M].北京:人民教育出版社,2004.

［8］姜晓燕,郭咏梅.学前儿童语言教育[M].2版.北京:高等教育出版社,2014.

［9］周燕.幼儿园语言教育与活动指导[M].南京:南京师范大学出版社,2018.

［10］周世华,耿志涛.学前儿童社会教育[M].2版.北京:高等教育出版社,2014.

［11］张明红.学前儿童社会教育与活动指导[M].上海:华东师范大学出版社,2014.

［12］徐琳.幼儿园社会教育与活动指导[M].南京:南京师范大学出版社,2018.

［13］刘占兰.学前儿童科学教育[M].2版.北京:北京师范大学出版社,2008.

［14］张俊.幼儿园科学教育[M].北京:人民教育出版社,2004.

［15］彭越,王栋材.幼儿园科学教育活动设计与指导[M].5版.长沙:湖南大学出版社,2018.

［16］徐群,巫莉.幼儿园科学教育与活动指导[M].南京:南京师范大学出版社,2019.

［17］施燕.学前儿童科学教育[M].上海:华东师范大学出版社,2006.

［18］黄瑾.幼儿数学教育与活动指导[M].上海:华东师范大学出版社,2015.

［19］张慧和,张俊.幼儿园数学教育[M].北京:人民教育出版社,2004.

［20］徐莹莹.幼儿园数学教育与活动指导[M].南京:南京师范大学出版社,2018.

［21］郭亦勤,王麒.学前儿童艺术教育活动指导[M].3版.上海:复旦大学出版社,2014.

［22］孔起英.幼儿园美术教育[M].北京:人民教育出版社,2004.

［23］陆兰.幼儿园艺术(美术)教育与活动指导[M].南京:南京师范大学出版社,2018.

［24］许卓娅.幼儿园音乐教育[M].北京:人民教育出版社,2004.

［25］许卓娅.幼儿园艺术(音乐)教育与活动指导[M].南京:南京师范大学出版社,2019.

［26］王先达.保教知识与能力考点精练与备考指南[M].上海:复旦大学出版社,2016.

［27］杨莉君,覃志刚,彭越.保教知识与能力[M].长沙:湖南大学出版社,2018.

［28］孙树珍,麦少美.学前儿童健康教育活动指导[M].4版.上海:复旦大学出版社,2021.

［29］杨旭,康素洁,颜香华.幼儿园教育活动设计与指导[M].5版.长沙:湖南大学出版社,2018.

［30］李秀敏.幼儿园健康教育与活动指导[M].南京:南京师范大学出版社,2020.

［31］俞芳.学前儿童数学教育[M].南京:南京大学出版社,2022.

图书在版编目(CIP)数据

幼儿园教育活动设计与指导:综合版/杨白主编.
4 版.--上海:复旦大学出版社,2025.5.(2025.8 重印)
ISBN 978-7-309-17752-7

Ⅰ.G612

中国国家版本馆 CIP 数据核字第 2025GG4527 号

幼儿园教育活动设计与指导·综合版(第四版)
杨 白 主编
责任编辑/查 莉

复旦大学出版社有限公司出版发行
上海市国权路 579 号 邮编:200433
网址:fupnet@fudanpress.com http://www.fudanpress.com
门市零售:86-21-65102580 团体订购:86-21-65104505
出版部电话:86-21-65642845
上海新艺印刷有限公司

开本 890 毫米×1240 毫米 1/16 印张 17.25 字数 559 千字
2025 年 8 月第 4 版第 2 次印刷

ISBN 978-7-309-17752-7/G·2653
定价:59.00 元